超越信仰
——明清高平关帝庙现象与晋东南乡村社会

郝平　杨波　著

2019年·北京

图书在版编目（CIP）数据

超越信仰：明清高平关帝庙现象与晋东南乡村社会 / 郝平，杨波著. — 北京：商务印书馆，2019
ISBN 978-7-100-16224-1

Ⅰ.①超… Ⅱ.①郝… ②杨… Ⅲ.①寺庙－关系－信仰－民间文化－研究－高平－明清时代 Ⅳ.①K928.75②B933

中国版本图书馆CIP数据核字（2018）第124923号

权利保留，侵权必究。

超越信仰
——明清高平关帝庙现象与晋东南乡村社会
郝平 杨波 著

商务印书馆出版
（北京王府井大街36号 邮政编码 100710）
商务印书馆发行
三河市尚艺印装有限公司印刷
ISBN 978-7-100-16224-1

2019年11月第1版　　开本 710×1000　1/16
2019年11月第1次印刷　印张 26

定价：80.00元

教育部哲学社会科学研究后期资助重大项目
（16JHQ008）

目　录

绪　论……1

第一章　高平与高平关帝庙……16

第一节　高平概况……16
一、自然环境……16
二、政区沿革与人口变迁……18
三、高平历史概要……20

第二节　高平关帝庙的发展轨迹……22
一、晚明以前……23
二、晚明的建设高潮……26
三、清代前期到中期……28
四、晚清民国……32
五、关帝庙的时间分布特点……38

第三节　高平关帝庙的空间分布……43
一、关帝庙空间分布的总体特点……43

二、关帝庙空间分布特点的历史变迁……47

三、关帝庙空间分布特点的形成原因……55

第二章 文化层面的关帝庙现象……62

第一节 从庙宇名称看关公文化……62
一、关帝庙名称的复杂性……62

二、由封号和儒释道演变的名称……67

三、民间化的名称……69

四、关帝庙名称的其他情况……74

五、关帝庙名称的分析以及学名的确定……76

第二节 关帝庙的神灵文化……81
一、关帝庙的主神灵：关公……81

二、关帝庙的神灵体系……96

第三节 关帝庙的习俗文化……112
一、演戏酬神……113

二、春祈秋报……118

三、其他活动……120

第三章 社会层面的关帝庙现象……126

第一节 关帝庙中的信仰群体……126
一、官吏和士绅群体……127

二、家庭和家族……132
　　三、关帝庙与女性……134
　　四、职业宗教徒：僧道和堪舆……137
　　五、关帝庙与其他人群……142
第二节　关帝庙的管理组织……144
　　一、关帝庙管理组织的类型与演变……144
　　二、专门的关帝庙管理组织：关帝会……152
第三节　关帝庙的管理制度……165
　　一、兴建关帝庙的直接原因……165
　　二、关帝庙兴建活动的主体……169
　　三、关帝庙兴建与日常管理……178
第四节　关帝庙与村社治理……187
　　一、关帝庙作为村庄中心……188
　　二、关帝庙作为村际关系的纽带……210

第四章　经济层面的关帝庙现象……214

第一节　关帝庙与村庄经济收入……214
　　一、村庄经济收入来源的种类……214
　　二、村庄经济收入的结构类型……236
　　三、灾荒对村庄经济收入的影响……246
第二节　关帝庙与村庄经济支出和管理……248
　　一、庙宇地基的获取方式与管理……248
　　二、费用支出的结构特征……251

三、经费管理制度……254

第三节　关帝庙与工商业……255
　　一、关帝庙与工商业阶层……255
　　二、商人捐款方式……257
　　三、商人分布区域……259
　　四、商人捐款的作用和意义……265

第四节　关帝庙与乡村金融……267
　　一、摇会的运作方式……267
　　二、摇会的功能和作用……272
　　三、摇会的失败与延续……274
　　四、其他筹款的会……276

结　语……277

附录1……282

附录2……291

参考文献……393

后　记……406

绪　论

一、研究对象与目的

　　传统中国是一个遍地神灵的国度，其数量之多、种类之细、职能之全世所罕见。关帝庙作为民间社会最为常见的庙宇之一，历来受到学界的关注与重视。本书不同于一般的关公信仰、关公崇拜或关公文化的研究，也与通常意义上的民间信仰研究大异其趣。本书所研究的问题，直接来源笔者于山西晋城高平地区对关帝庙的长期考察，是基于田野调查与民间文献相结合的史学实证研究；是对于特定历史时期和区域范围内的社会、经济和文化现象的综合剖析。本书将这种现象称之为关帝庙现象，它是以关帝庙作为基本标识符号的综合历史现象。

　　高平位于山西东南部的晋城，总面积约为946平方公里，差不多正好是全中国的万分之一。笔者所在团队经过近五年的田野调查工作，在这片区域发现二百多处独立的关帝庙，已被拆毁但有迹可考的大概有几十处，不可考的无法统计，粗略估计也有几十处。以上数字还不包括其他各类庙宇中以关帝作为配祀神灵而形成的关帝殿和关帝神龛的情况，实际上这种情况很多，几乎所有大型庙宇中都有关帝殿。这些关帝殿事实上理应包括在关帝庙中。如果加上这些，数目就更是惊人。总的关帝庙数目远远超过高平463个行政村的数量，粗略统计可达到上千座。而这些历史上的关帝庙一大半都被保存了下来。可以说高平或许是中国目前少见的在一定程度上依然保存着"村村都有关帝庙"现象的地方。更为重要的是，这些关帝庙中留下大量记载着历史上关帝庙情况的碑刻文献资料。通过对这些碑刻的整理和研究，一幅以关帝庙为文化标识的传统中国丰富多彩的历史画卷展现了出来。最直观意义上的关帝庙现象就是平常俗语中所说的"村村都有关帝庙"。虽然未必就真的是村村都有而没有一个遗漏，但是"村村都有关帝庙"这句话略带夸张地、形象生动地表达了传统中国社会的一种现象。这种现象可以说在世界历史上也是一个奇迹。

对于历史研究来说，很难在研究的开始就对研究对象进行清晰的界定，而是要经过一番考察和归纳之后，逐步地丰富和明确概念的内涵和外延。"这样一个历史概念，……这个概念的最后的完善形式就不能是在这种考察的开端，而必须是在考察之后。"① 然而，在一开始做一些必要的简单描述也是必要的。

关帝庙现象意味着关帝庙的总量很多。如果对历史上各种神灵庙宇的数量做一个统计的话，可以预料到关帝庙即便不是数量最多的神庙类型，也一定在数量最多的那几种之中。再加上中国幅员辽阔，关帝庙的总量即便放到世界上来看恐怕也是相当多的，丝毫不会逊色于世界上其他类型的庙宇，更何况世界各地华人聚居之处也广泛分布着关帝庙。这是从关帝庙的数量上说。

关帝庙现象意味着关帝庙在中国乃至世界上分布很广。中国是一个地域广阔的国家，在这么广阔的地域上到处都有关帝庙，东北、华北、华东、华中、华南、西南等地都有广泛分布，甚至在一些少数民族地区也有关帝庙，这样一种情况不能不说是一个奇迹。要说地域分布之广，传统中国任何一种庙宇都无法和关帝庙相提并论。这是从关帝庙的空间分布上说。

关帝庙现象意味着关帝庙在历史上一定经历了一个传播发展的过程。关帝庙不是从来就有的，虽然其滥觞很早，但是"村村都有关帝庙"的现象主要是在晚明以后逐步形成的，这个过程和16世纪以来商业革命的早期近代化过程恰好在时间上同步。那么关帝庙与早期近代化之间是不是有某种内在的关联呢？这是从关帝庙的历史变迁角度来说。

---

① 〔德〕马克斯·韦伯：《新教伦理与资本主义精神》，于晓、陈维纲等译，生活·读书·新知三联书店1987年版，第32页。

关帝庙现象意味着关帝庙有丰富的文化内涵。不同区域的关帝庙会与当地地方社会的文化习俗相结合而呈现出一定的地方特色。这些奉祀关公的神庙会有不同的名称，履行着丰富多样的功能，人们在关帝庙中会进行各种具有地方特色的习俗活动，当地会流行各种与关公有关的传说和故事，关公也会和当地地方神灵发生各种关系，等等。这是从关帝庙的文化内涵的角度来说。

关帝庙现象意味着关帝庙在基层乡村社会里具有广泛的民众基础。和文庙相比，民间常说"县县都有文庙"，这主要是因为国家政治的推动，并不能代表文庙具有多么广泛的民众基础。而"村村都有关帝庙"就意味着一定有大量甚至可以说是绝大部分的关帝庙都是村民自己修建的。不同区域的不同人群对于关帝庙有广泛的接受，而且很少有人排斥和否定它，关帝庙为什么能够做到这一点呢？它为什么能够得到各种各样的不同群体的共同信奉和崇拜？这是从关帝庙的信奉主体来说。

关帝庙现象意味着在关帝庙的背后隐藏着大量的各种社会关系。乡村社会的人们围绕着关帝庙来建立各种社会关系，把人们组织起来，进行关帝庙的建设活动，进行各种围绕关帝庙的习俗活动，进行各种社会经济活动，将乡村社会凝聚为一个地缘性的共同体。这是从社会管理的角度来说。

关帝庙现象意味着关帝庙的背后有强大的经济支撑。有大量资金用于关帝庙的建设，这些经费一定有相应的来源。这些经费如何筹集，又如何花费，对这些经费筹集和使用的过程又如何进行相应的管理。当地经济发展如何影响到关帝庙的建设及其繁荣的，反过来，关帝庙的存在与建设又如何影响到当地的经济发展的……这是从关帝庙的经济内涵方面来说。

关帝庙现象意味着关帝庙和村庄之间似乎有某种内在的联系。村庄和关帝庙这两个对象之间的联系不是偶然的，关帝庙对于明清以来的传统中国乡村社会来说不是一个可有可无的东西，而是有村庄就有关帝庙，那么村庄与关帝庙之间的内在联系是什么？这是从关帝庙与村庄的关系上来说。

以上这些零散的思考仅仅是对"村村都有关帝庙"这一关帝庙现象的一些十分粗浅和直观的猜测。通过这样的罗列，就会发现今天对于关帝庙现象的理解其实还仅仅是众多中国人心目中的一种大致印象，它在传统中国社会中具有历时性、共时性、社会、经济和文化等各方面的丰富内涵。然而，到目前为止却从未有任何一项研究能够全方位、多角度、多层面、全景式地展示出关帝庙现象这样一种重要现象的丰富内涵，仍还停留在一种大而化之、模糊不清、充满想象、似是而非的"印象"层次。本书的目的就是以高平地区关帝庙为中心，在大量田野调查和丰富的第一手史料的基础之上，将这种"印象"转化为经过史学实证的、具有丰富内涵的、丰满的、多层次的历史事实——关帝庙现象。

二、学术史概述

截至目前，关帝庙现象实际上从未成为一个学术研究的对象，相关的学术史也付之阙如。关帝庙现象更多地停留在老百姓的日常语言之中，如人们常常会说"村村都有关帝庙"，以此来表达关帝庙之多。关公文化的研究者也大多注意到了这一现象，但从未将这一现象作为研究对象，而只是借此来凸显关公文化研究的重要性。本节主要是对一百多年以来关公文化研究的学术史做简单梳理，其目的是说明本书研究的特殊性及其与以往研究取向存在差异的原因。

关公信仰兴起于南北朝时期，盛于宋代晚期。从元代开始，伴随着关公崇拜的勃兴，当时的文人就有意识地编撰关公的事迹、志纪、年谱、图志、类编、文集等著作，这可以看作是最早的关公研究。[①]与此同时，各种与关公有关的善书、经书、小说和戏曲等也开始大量流行。真正近代意义上的关公研究始于早期来到中国的西方人。19世纪中后期，他们就注意到了关公信仰在中国的重要性，产生了最早的一批介绍性的文章，并带有资

[①] 主要的几种包括元代胡琦的《关王事迹》、《汉寿亭侯志》，明代的《关圣类编》、《关帝年谱》、《关帝历代显圣志传》、《义勇武安王集》和《汉前将军关公祠志》，清代的《关圣帝君圣迹图志》、《关夫子志》和《关帝志》等。

料搜集性质。尤其值得注意的是俄罗斯民间文学家 G. N. Potanin 有关中国民间故事和传说的搜集整理工作，其中有不少涉及关公。[①]20世纪20年代，受到顾颉刚等人研究民间故事的启发，以容肇祖和夏廷棫等为代表的学者开始关注关公的研究[②]，但未能深入。40年代到改革开放以前，中国大陆的关公研究集中在小说和戏曲等文学方面，对于信仰方面的研究基本没有。伴随着中国台湾民间信仰的兴起，中国台湾开始出现越来越多关公研究，但大部分是一般性的介绍和资料搜集，其中民俗学家黄华节的《关公的人格与神格》[③]是这一时期台湾关公研究的代表成果。这一时期最重要的研究来自于日本学者，井上以智为、日比野丈夫、大矢根文次郎和驹田信二等做出了最早一批比较有价值的关公研究，特别是井上以智为的《关羽祠庙的由来与变迁》和《关羽信仰的普及》是这一时期的代表性成果。80年代到90年代，大陆、台湾和海外汉学都开始出现大量关公研究的论著。这些研究主要可以分为如下几种类型。第一种类型是对于各地关公信仰和文化表现形式的介绍性质文章，此类文章数量最多，其中不乏像饶宗颐这样的大家，也为《明报月刊》撰写了一系列的此类小文章。第二种类型是对于关羽有关历史事实的考证，例如张庆洲的《关羽卒年辩证》和潘民中的《关羽和吕蒙的卒年》等，属于传统的史学考证研究。第三种类型是对关公信仰的研究，例如郭松义的《论明清时期的关羽崇拜》和郑志明的《明代以来关圣帝君善书的宗教思想》，这属于宗教史和宗教思想的研究。蔡东洲的《关羽崇拜研究》是这方面的重要成果。[④]第四种类型是与关公有关的小说和戏曲研究。[⑤]第五种类型是关公传说的研究，以俄罗斯汉学家李福清的

---

① 参考〔俄〕李福清：《关羽研究目录：附关索目录》，《汉学研究通讯》1994年。文中对19世纪关公研究的外文文章做了整理。关于 Potanin 的情况参考李福清《关公传说与关公崇拜》一文，收入李福清：《古典小说与传说》，中华书局2003年版，第65页。
② 容肇祖的《关帝显圣图说》和夏廷棫的《关于〈关圣帝君〉书目》，均刊于1929年《民俗杂志》。
③ 黄华节：《关公的人格与神格》，台湾商务印书馆1967年版。
④ 蔡东洲、文廷海：《关羽崇拜研究》，巴蜀书社2001年版。
⑤ 关于关戏的研究参考杜鹃：《百年关公戏研究综述》，《四川戏剧》2013年第4期。

众多论著为代表。① 中国台湾的洪淑苓以关公传说为题完成了其博士论文，也是重要的成果。② 第六种类型是关公形象及其演变的研究，胡小伟的主要贡献是将关公放到中国传统儒释道三教共融的背景中来进行考察。③ 刘海燕的《从民间到经典——关羽形象与关羽崇拜的生成演变史论》也属于这类研究。④ 综上所述，90年代以前的关公研究以关公形象、关公信仰演变、关公传说、关公戏曲与小说等主题为主。李福清整理了90年代中期以前有关关公研究的论著目录，基本上反映了这一时期关公文化研究的整体面貌。⑤

进入21世纪，关公研究呈现出丰富多彩的多学科特点，由于相关论著数量很多，这里仅举最有代表性的例子来进行说明。由于文物古迹与遗产保护受到重视，出现从建筑学或文物视角关注关帝庙遗存的研究，例如张强的《关帝庙建筑布局及其空间形态分析——以山西境内现存的关帝庙为例》。艺术史方面的研究也在类似的背景下出现，包括雕刻和壁画等，如袁海婷的《山西解州关帝庙建筑艺术中石艺术图象研究》。戏台等戏曲文物的研究也与上述两个方向类似。着重从历史文化地理角度所做的研究有包诗卿的《明代关羽信仰及其地域分布研究》。从民俗学角度关注现实中关公信仰的功能和习俗仪式的研究也逐步增多，如闫爱萍的博士论文《关公信仰与地方社会生活——以山西解州为中心的个案研究》。与此类似的是人类学的研究，例如刘志军的《对于关公信仰的人类学分析》。社会学同样关注现实中关公信仰的存在形式与问题，例如黄旭涛的《新时期关公信仰复兴的原因探析》。关公与商业伦理之间的关系成为热点，特别是晋商与关公的关系，最重要的成果是卫东海的博士论文《明清晋商精神的宗教伦理底

---

① 李福清对关公的研究参考何觉明：《李福清关羽论著研究》，四川外国语大学硕士学位论文，2017年。
② 以上论著凡没有注释的，均参考〔俄〕李福清：《关羽研究目录：附关索目录》，《汉学研究通讯》1994年。
③ 胡小伟：《关公崇拜溯源》，北岳文艺出版社2009年版。
④ 刘海燕：《从民间到经典——关羽形象与关羽崇拜的生成演变史论》，上海三联书店2004年版。
⑤ 〔俄〕李福清：《关羽研究目录：附关索目录》，《汉学研究通讯》1994年。

蕴》。伴随着区域社会史的兴起，区域性的关公文化研究开始逐渐增多，朱海滨对浙江的研究和包诗卿对江南地区的研究都是这方面的代表成果。① 综上所述，关公文化研究在 21 世纪表现出两个明显的特征：一是与现实结合日益密切，应用性研究日益增多，这与现实当中文化产业发展有密切关系；二是跨学科视角日益凸显，以往更多是文学研究者关注关公文化问题，现在越来越多其他学科学者也开始关注关公文化。一方面，跨学科研究的确有助于深化对关公文化的认识；另一方面，如果跨学科研究仅仅只是表面上套用一些其他学科的概念和理论，其形式上炫耀的意义就大过其实质上对相关研究推动的意义，这反映更多的是当前学术的浮躁而已。不同学科有不同的出发点和理论立场，真正意义上的跨学科研究谈何容易？通过本书的研究可以看出，既然与关帝庙有关的一些基础性历史事实的细节还缺乏足够的挖掘和研究，那么，当前对关公文化的研究还远没有到跨学科综合研究的程度，每个学科从自己的角度进行一些深入细致的研究恐怕才是当前最需要做的工作。

　　从以上对关公研究的简要概述可以看出，这些研究的视角与本书研究取向存在较大的差异，这些研究基本上都是从信仰角度来认识关公文化，没有真正将关公文化放到乡村社会的具体实际中。即便是稍微放大一些视野来看对传统村庄庙宇的研究，也会发现相关研究还是不够深入。例如王庆成《晚清北方寺庙和社会文化》②，将寺庙社会文化功能概括为崇拜地、历史咏叹的场所、村落景观、栖止流浪穷民等慈善活动举办的地方、办学校

---

① 参见张强：《关帝庙建筑布局及其空间形态分析——以山西境内现存的关帝庙为例》，太原理工大学硕士学位论文，2006 年；袁海婷：《山西解州关帝庙建筑艺术中石艺术图象研究》，西安美术学院硕士学位论文，2008 年；包诗卿：《明代关羽信仰及其地域分布研究》，河南大学硕士学位论文，2005 年；闫爱萍：《关公信仰与地方社会生活——以山西解州为中心的个案研究》，山西人民出版社 2012 年版；刘志军：《对于关公信仰的人类学分析》，《民族研究》2003 年第 4 期；黄旭涛：《新时期关公信仰复兴的原因探析》，《山西师范大学学报》2000 年第 1 期；卫东海：《明清晋商精神的宗教伦理底蕴》，中国人民大学博士学位论文，2008 年；朱海滨：《祭祀政策与民间信仰变迁：近世浙江民间信仰研究》，复旦大学出版社 2008 年版；包诗卿：《庇佑"敌国"：明代江南地区关羽信仰的传播》，《史林》2014 年第 4 期。
② 王庆成：《晚清北方寺庙和社会文化》，《近代史研究》2009 年第 2 期。

和容留学子读书的地方、居民活动的地方等。从本书的研究可以看出，由于材料的限制，此文的概括还是不够完整和充分的。这里以社会史角度的研究为例来具体说明一下造成这种问题的原因。按道理说从社会史方面对关公所做的研究似应与本书研究最为接近，而实际情形却令人大失所望。以杜赞奇的经典研究为例，他虽然意识到"不同社会群体对关帝有不同的信仰"，但是他的研究还是利用庙宇碑刻的碑阳中乡绅所写的序文展开，而无视碑阴中存在的大量直接反映关帝庙整体情况的史料。① 这样研究的结果就是将对关公文化的研究局限在关公形象的演变和塑造、国家的象征与社区守护神的结合、儒家文化在乡村的作用等方面。② 而实际上，通过本书的研究，可以看到关帝庙在乡村社会的作用远远不是那么简单，这只是关帝庙研究中极小的一个部分。这个问题并不仅仅存在于杜赞奇身上，而是几乎存在于所有从社会史角度对关公的研究之中。在《中国社会中的宗教》一书中可以找到这些研究的症结所在，杨庆堃将县志中所记祠庙的功能分为六大类，其分类的根据是其中主神灵的特征。③ 这突出地代表了"以神灵为中心"的思维方式，而这种思维方式是其整个研究的基础。当"以庙宇为中心"进行考察的时候就会发现，一个庙宇的功能远远不止杨庆堃所说的那些神灵形象所代表的表面功能。例如：绝非只有奉祀所谓农业神、工商业神之类的庙宇才有经济功能；任何庙宇的修建都要有经济基础，这就需要村庄形成一套筹集、积蓄和管理资金的制度，这是其更为重要的经济功能。而在以杨庆堃为代表的研究中，这些重要的面向全部都被漏掉了。以往这些研究偏差根本的原因在于没有明白乡村庙宇在乡村社会中复杂而多样的作用，仍然只把庙宇看作是一个信仰的场所，仍然停留在信仰研究

---

① 关于碑文内容的区分参看本书绪论第三部分对碑刻史料性质的讨论。
② 以上参考〔美〕杜赞奇：《文化、权力与国家：1900—1942 年的华北农村》，王福明译，江苏人民出版社 2010 年版，第 133 页。
③ 〔美〕杨庆堃：《中国社会中的宗教》，范丽珠等译，上海人民出版社 2007 年版，第 26—27 页。实际上，对于大多数神灵的功能的判定都是出于作者根据士大夫记录所做的推断，而不是这些庙宇在地方社会中实际起到的作用。在乡村社会中，大部分神灵都具有某种"全能神"的特点，很难做出严格的区分界限。

的层面上。从更根本的层面上来看,这些研究存在的问题根源于没有能够找到一处像高平关帝庙这样集中而典型的区域个案,没有进行大量的实地田野调查,没有对一个区域的民间文献做集中的整理和研究,没有真正深入到关帝庙的历史现场之中。这些研究停留在对书本知识的反复"炒冷饭",停留在对地方志或文集等严重缺少细节的传统文献的过分依赖,停留在对新颖的社会科学学科概念和方法的炫耀和套用。

综上所述,无论是从哪个学科、哪个角度所进行的关公文化研究都和本书所研究的问题存在根本方向上的差异,完全不可视作是同一类型的研究。反过来,这恰恰说明,以往对关公文化的研究有巨大的局限性。本书的研究取向实际上意味着对于关公文化的研究从"神灵中心"向"庙宇中心"的转变。经过上百年的研究,特别是最近三十年来,与关公神灵形象有关的问题已经基本梳理清楚,相关基础材料的挖掘也已经比较充分。和其他很多类似研究一样,关公文化的研究陷入瓶颈。这并不意味着关公文化研究已经非常完善,而恰恰说明这方面研究已经到了重新转换思路的时候,新的研究方向已经初露端倪,本书所尝试的研究方向也并非孤例。近年来,部分关公文化研究的内容与本书的取向比较接近。例如卫雨晴的《现代社会秩序下民间信仰中的会社研究》,此论文借助大量的田野调查关注关帝庙背后的组织问题,虽然是研究现实中的会社组织,但历史情况与此类似。再如张亮的《晚清南部县武庙经管研究》,此论文利用南部县档案研究关帝庙的管理与经费使用。[①] 以上研究虽然数量不多,材料也比较单一,但已经表现出未来研究的一种趋势。即通过田野调查和民间文献(或基层政府档案)深入到关公文化在地方社会中存在的细节中去。这种研究取向最容易入手之处就是去考察关帝庙这个具体的研究对象,而不是空洞地讨论关公文化。这种研究取向能够将抽象的关公文化落实到具体的庙宇、村庄和区域社会之中。

---

① 卫雨晴:《现代社会秩序下民间信仰中的会社研究》,中央民族大学硕士学位论文,2016年;张亮:《晚清南部县武庙经管研究》,西华师范大学硕士学位论文,2015年。

三、方法与材料

一定的研究对象对应着一定的方法，本书的研究取向既然与以往研究有所不同，这也就需要对应的新的研究方法。本书的研究方法主要可以从以下四个方面进行概括。

（一）区域性个案研究

要做到"以庙宇为中心"来考察关公文化最好的办法就是找到一个具体的区域性个案。想要实证地梳理清楚究竟什么是关帝庙现象，那么，最好的办法毫无疑问地就是真正去观察、了解和研究现在还实际存在着的"村村都有关帝庙"的现象。在革命的洗礼和现代化的冲击下，传统的关帝庙大多遭受毁坏，就整个中国社会来说，关帝庙现象已经不复存在，似乎成了历史。幸运的是，山西高平地区在一定程度上还存在关帝庙现象的残存形式，更重要的是基本上还保留着与关帝庙现象有关的丰富的文献资源。因此，对于高平地区关帝庙的研究就不仅仅是对地方社会有意义，更重要的是具有了某种方法论的意义。它的主要意义并不在于研究高平地区的特殊性，而是透过这个典型的区域性个案的研究来考察传统社会（至少晚明以后的社会）中一种具有普遍意义的关帝庙现象。

不同区域的关公文化既有普遍性又有特殊性。关帝庙现象在传统中国社会是普遍存在的，但是不同区域在细节上一定有所差异，这种区域之间的比较研究是必要的。目前在中国其他大部分地区，这种现象的细节已经难以弄清楚，而在高平地区却相对比较完整地保存了下来，本书研究重在说明关帝庙现象的普遍性和高平地区此种现象的典型性。最近几年来，各地民间文献大量涌现，各种与民间文献整理研究有关的项目纷纷立项，越来越多的原来不为学者所知的民间文献开始被发现，相关研究日益走向深入，或许在不久的将来，建立在扎实的田野调查和民间文献基础之上的关帝庙现象的比较研究一定会出现，而本书只是这方面研究的一个探索性尝试。

（二）新型田野调查方法

田野调查（field work）最早主要是作为人类学特有的方法，后来被其他各种类似学科借用。其本质含义即是走出书斋，进入研究对象现场的研究方式，译作"实地工作"或"实地考察"更为恰当。在这个意义上，所有学科都可以使用田野调查的方法。本书所采用的田野调查方法之所以说是新型的田野调查方法，是因为它和以往的其他学科的田野调查方法并不完全一样。本书的田野调查是对高平地区四百多个村庄进行了逐村逐庙的调查。调查以村庄为基本单元，以庙宇为基本单位，以碑刻为史料重点，将碑刻文献归户到村庄庙宇之中，将庙宇放到村庄环境之中，将村庄放到高平地区的区域社会背景之中。调查以"史料之获取、整体之认识和同情之理解"为基本目标，以历史为主兼顾现实，以宏观研究为主兼顾微观，以社会经济为主兼顾文化，以文字史料为主兼顾器物。和人类学田野调查相比，本书的调查范围更大，遍及高平地区四百多个村庄，更重视社会经济方面问题，更重视材料的统计意义，而人类学研究更重视对个别村庄进行深入的文化角度的"深描"。和社会学田野调查相比，本书调查更侧重历史，对现实问题的关注没有社会学深入。和考古学的田野调查相比，本书调查更侧重文字史料，对建筑和文物等器物的重视不及考古学。和以往的社会经济史田野调查相比，本书调查是对一定区域整体的逐村逐庙调查，以往的社会经济史调查大多是选点式的个案调查。之所以强调以上差异和本书调查的特色，是因为本书的问题意识、方法论、论证逻辑、结构和材料选择及利用等都是根源于所采用的新型的田野调查方法。因此，这种田野调查方法对于本书具有极其重要的基础性意义。

（三）民间历史文献学方法

民间历史文献学是一个正在发展中的研究领域，其理论和实践都有很多值得探索之处。本书实际上可以看作是以关帝庙为例来探索民间历史文献学的一些尝试。民间历史文献学实际上是本书的一个重要组成部分。历史文献学作为一个传统的研究领域，其主要研究范围是对于图书文献的研究，这也是传统史学所利用的主要史料类型。现代史学的研究其实已经大大突破了传世文献这个史料范围。民间文献就性质而言是由民间产生、为民间服务、保存在民间的特殊类型的文献，传统的历史文献学对于此类文献的重要性、特点、研究方法都缺少足够的研究和重视。碑刻文献在民间文献中尤其具有特殊性，类似文书这些民间文献毕竟是流动性强的，它很容易被相关研究机构所收藏，但是碑刻由于本身具有难以移动的特点，它往往存在于村庄庙宇之中，这给研究带来很大的不便。不过这个特点也有好处，那就是碑刻文献一般都比较容易归户，而文书材料一旦在流通过程中被打乱，其归户性就会很差，从而大大影响到对其的研究和利用。因此，碑刻文献本身天然地就和庙宇研究联系在一起。

（四）整体史的方法

"以庙宇为中心"的关公文化研究一定会涉及所谓"整体史"的方法。整体史的说法多少有些模糊，因此也饱受质疑，大多数人认为其只是一种不切实际的理想，而这里笔者主要是将其看作一种方法论。虽然本书的基本结构是从社会、经济和文化三个方面来全面考察关帝庙问题，但是这也不敢说就真的实现了整体史的目标。然而从方法论的意义上来说，本书的研究确实是体现了整体史的思想。本书的基本研究取向是在对关公文化研究中实现从"神灵中心"向"庙宇中心"的转变，这其实就是整体史方法指导下的结果。在这里，"庙宇中心"实际上意味着以关帝庙为基本地理标识将乡村社会的方方面面与关帝庙有关系的现象贯穿起来进行研究。而由此所形成的核心概念关帝庙现象同时也是本书的核心研究对象，这一研究对象和核心概念都是整体史研究方法的产物。本书的基本结构就是从社会、经济和文化三个方面对以高平关帝庙为中心的田野调查和碑刻文献进行的归纳整理，这种结构也是整体史思想的一种体现。综上所述，本书的基本思路、基本概念、研究对象、论证逻辑和结构框架几乎全部都是整体史研究方法的产物，它和田野调查与碑刻文献形成一种三位一体的基本结构，共同构成了本书研究的基石。

本书所用的材料主要是笔者近几年在高平从事田野调查所获取的庙宇碑刻材料，对于关帝庙来说，这些碑刻绝大部分是清代的，也有一部分是明代和民国的。围绕这些材料有一些问题需要探讨。

首先，以往的研究对于碑刻的理解实际上存在很多认识上模糊不清的地方。传统的文集和地方志材料中就保存了一定数量的碑文材料，这也是传统意义上所说的碑刻材料的主体。实际上真正去考察碑刻的实物就会发现，地方志和文集中收录的仅仅是实际碑刻的一部分，而不是全部。碑刻实际上至少可以分为三个大的部分：第一部分是小序，大部分情况下邀请地方士绅来撰写，这是后来被收入文集或地方志中的那个部分；第二部分是碑刻的落款，一般包括村社等各种组织名称、上述组织的首领人、各种工匠的种类与名字、修庙过程中经费开支的清单，等等；第三部分是捐款题名，包括士绅捐款、本村捐款、外村捐款、各种社会组织捐款和商人捐款等，一般出现在碑阴，也有出现在碑阳的。以往研究者极少使用后面两个部分的碑文内容，以至于很多文献著录中会将碑刻归到第一部分小序的作者名下，实际上小序作者只是碑刻全文的一部分作者，而不是全部。由于缺少大量的田野调查实践，对碑刻文献本身缺少足够的了解，对于碑文后面两部分的重要性认识不足，很多研究者对于碑文的使用局限在前面的小序的部分。这种材料使用的特点就对应着"神灵中心"的传统研究取向，本书将对碑文的使用扩展到对碑文整体的使用，相应地就成了一种"庙宇中心"的研究，能够全面深入地把握关帝庙关于社会、经济和文化各个方面的内容。

其次，虽然高平地区的关帝庙及其碑刻总体上来说保存比较完整，但毕竟历经数百年的历史变迁，特别是经过了民国的社会动荡，解放以前的战争破坏，解放以后的社会改造，"文化大革命"时期的肆意破坏，改革开放以后的经济发展等，这些因素对于庙宇及其碑刻总体上都在一定程度造成破坏。更为重要的是，中国传统的木构建筑本来就容易损坏，即便没有被破坏，如果三五十年不修缮，毁坏也会很严重。近代以来，随着世俗化和现代化的加速发展，很少有人再有意识地修缮庙宇，直到最近二十年村民才开始重建或修缮庙宇。大部分碑刻所使用的青石材料在高平地区实际上是不常见的，在1949年以后这些碑石被用来盖房子、铺路和炼石灰等，有不少被陆续破坏。以上因素的共同作用造成目前留存下来的关帝庙是不完整的，关帝庙中的碑刻也是不完整的。有一部分关帝庙已经不存在了，有一部分碑刻也已经无法找到了。从碑文中也可以明显看到这一点，碑文中提到的不少关帝庙现在已经不存在了，碑文中提到的以前存在的碑刻现在也无法找到了。那么，基于这种不完整的材料所进行的研究是否能够说明当时历史的真实情况？任何历史研究的材料都不可能是完整的，重要的在于留存的材料是否能够形成一个相对比较完整的序列，是否具有足够的典型性。高平四百多个村庄中现存两百多个独立的关帝庙，两百多个关帝庙中有六成以上都有民国以前的碑刻。这样丰富的庙宇碑刻留存已经足够形成一个比较完整的材料序列了。根据对这些庙宇碑刻的研究完全能够对高平关帝庙形成一个完整、全面和深入的认识。

最后，部分高平地区关帝庙的碑刻材料已经被诸如《三晋石刻大全》和《高平金石志》①等碑刻集收录，但是这些地方文化工作者所编辑整理的碑刻集存在三个方面的严重问题。第一是收集不全。这些碑刻集的编撰大多是地方政府推动的政府工程，由于高平地区碑刻众多，稍加整理就足够编辑成书，而完整的调查和收集整理是成本很高的事情，因此，此类碑刻集都存在大量的遗漏。第二是普遍不收录碑阴。由于碑刻文献整理实际上一直以来没有严格统一的学术规范，以及地方文化工作者认为碑阴价值不大，而且整理起来困难很大，所以这些碑刻集中不仅不收录碑阴，碑阳中的捐款题名之类的文字也大多被省略，而且很多时候并不注明省略的内容，对于本书研究对象和目的而言，此类碑刻集几乎完全没有什么用处。第三，碑文整理中还存在一定错误。碑刻整理是难度很大的工作，无论是利用拓片整理，还是直接抄录碑文都无法避免错误。因此，对碑刻的严谨的学术

---

① 刘泽民编：《三晋石刻大全》（晋城市高平市卷），三晋出版社2011年版；王树新主编：《高平金石志》，中华书局2004年版。

利用不能完全根据已出版的碑刻集,而要进行现场的核对。由于存在以上问题,本书研究中所使用的碑刻材料均为笔者所在团队实地调查得到的,并不使用相关已经出版的碑刻集。调查中也感叹地方文化工作条件艰苦,他们所做的艰苦扎实的基础工作值得敬佩。

对于本书研究的问题来说,唯有具有天然归户性的村庄庙宇碑刻材料才是比较合适的史料。其他类型的史料要么没有足够多的细节,要么因为缺少归户性而不好使用。前者例如各种地方志和文集,对比地方志中所记载的关帝庙就会发现,其数量少得可怜,一个县大多只有四五个关帝庙会被地方志记载,而且大多是因循抄袭前志的情形。建立在地方志基础之上所做的研究完全不能反映关帝庙在地方社会中的实际情况。唯有对于那些与官方关系比较密切的关帝庙或者县城里的关帝庙来说,地方志或文集材料才有一定参考意义,但是其意义极其有限。后者如各种文书材料,山西地区现存各类文书数量众多,但是由于经过了文物市场的流通转换,其原始的归户性已经受到巨大的破坏,而难以归户的民间文献在使用上其意义就大打折扣。地方政府的档案则是可遇不可求的,前述利用南部县档案所做武庙研究确实是重要的探索方向,但此类档案留存很少,而且大多和地方志档案一样主要反映官方所管理的关帝庙的情形。相对而言,碑刻材料具有以上各类型史料所不可比拟的好处。一是数量众多,甚至具有一定的考证和统计的意义,能够形成完整的史料序列。二是天然的归户性,碑刻现存村庄庙宇之中,很容易将它放到特定的区域、村庄和庙宇的背景中来研究。缺点是存放分散,需要进行大量的田野调查,整理工作量也很大。三是反映民间社会的史料众多,社会史研究常常说民间社会的村民是"失语"的人群,即便是庙宇碑刻也是由地方士绅来撰写的。至少对明清社会来说,实际情况并不全部如此,碑刻中的大量村庄组织、工匠、账务清单和捐款题名等都是研究民间社会的直接史料,各类民间文书也是反映民间社会的直接史料,只不过它们不是以之前习惯的有条理的、意识形态化的语言来叙述的,而是零散的记录。对这些材料的研究更加复杂,需要结合大量的田野调查才能得到恰当的解读。

第一章 高平与高平关帝庙

第一节 高平概况

一、自然环境

（一）村庄聚落尺度的自然环境

高平位于山西省东南部的古上党地区，位于太行山西麓，丹水上游。高平多山地丘陵，绝大部分村落分布在山间的谷地之中。大多数山往往并没有确切的名字，村民多依地理方位称作东山、北山之类，由于方位是相对而言的，东面村庄的西山就是西面村庄的东山。山谷之中常常有雨水自然形成的小溪，这些小溪也因流经比较大的村庄而得名，1949年以后由于大量修建水库和降水相对减少，很多小溪都逐渐消失或表现出明显的季节性。总的来说，高平大部分村庄都有风水学上所谓的"山环水绕"之势，都可以说是"依山而建、傍水而居"。山勾勒了村庄之间的边界，而水又将村庄联系了起来。因此，村庄理应包括其周围的山水环境在内，而绝不仅仅是指人们聚居的场所。

山和水不仅仅构成了村落的自然环境，还是高平地区村民日常生活不可分割的一部分。人们从山上获取各种物质资源：山区坡地被改造为梯田用来种植粮食，从而发展了山地农业；山岭被改造为林场以发展林业，其上种植的树木可以出产果品（如著名的高平黄梨），也可以砍伐后出售木材；以养羊为主要形式存在的山区畜牧业也充分利用了广大的山区荒地，大量存在的禁桑羊碑可以证明这一点；禁桑羊碑同样可以证明山地可以种植桑树这样的经济作物，可以开采煤铁等矿藏，这些都是高平发达的手工业生产的资源基础。水也同样重要，村民通过水池或水井等水利设施来蓄积雨水或河水，以此来满足人们饮用水、杂用水（如洗濯、饮牲口等）和生产用水的需要（如造纸、炼铁等）。

山和水不仅仅满足了村民物质方面的需要，同时也是他们精神生活中不可缺少的一部分。就庙宇的地理位置而言，庙宇可以分为村庙、山庙和水庙。位于村中的可以称作村庙，位于山上的可以称作山庙，位于河流或者井池旁边的可以称作水庙。

绝大部分的关帝庙都是村庙，这可以说是关帝庙地理分布的一个最显著的特点，以山庙和水庙的形式存在的关帝庙少之又少，基本上可以视作是特例。然而，这并非意味着关帝庙和山水无关，从山上得到的各种收入是修建关帝庙的经费来源，村民还会在关帝庙中处理和协调与山水有关的各种纠纷与矛盾，山庙的信仰权威在明清以后逐步转移到关帝庙这样的村庙中来。关帝庙在经济、社会和文化方面都和山水发生着密切的关系。

（二）村落集群尺度的自然环境

从地理环境的角度来看，若干个村庄会形成一个相对独立的村庄集群，它们和周围其他村庄有比较清晰的地理边界，而内部在地理环境上比较接近。高平地区这样的村庄集群大概只有两种。一种是面积较大的谷地或较小的盆地，例如高平县城小盆地、丹河干流谷地和建宁小盆地等，这样形成的村庄集群在空间上呈块状，村庄布局也大多呈块状。另一种是两列山脉之间的狭长谷地，若干个村落沿山谷带状分布形成一个集群，山谷之间的季节性河流将几个村庄联系了起来。例如，寺庄柏枝村的几个自然村就全部分布在一条山沟之中。这类村庄布局也大多呈带状。地理因素对于村庄社会的影响都是倾向于造成村庄集群内部交往更为密切，而村庄集群与外部的交往相对困难一些。块状分布的村庄集群存在明显的地理中心，各个方向的地理要素基本是一致的，相对而言此类区域人口更加稠密，反之，带状分布的村庄集群不存在明显的地理中心，越靠近山谷出口地理条件越好，相对而言此类区域人口相较前者更加稀少。后面的研究会表明关帝庙的空间分布明显受到这种村庄集群结构的影响。

（三）高平县域尺度上的自然环境

绵延在华北的太行山脉穿过高平东面的陵川县。在这一段，太行山大体的走向是南北向的，在太行山西麓，若干条长岭从太行山腹地的大山中延伸出来，这些长岭大多是东北西南方向的，比较重要的有南北鱼仙山、百花山等。高平西面的沁水县绵亘着一大片高原，习惯上称作沁潞高原，沁水就流淌在这片高原之上。从这片高原腹地也延伸出一条条长岭，比较重要的有西珏山等。高平就在太行山与沁潞高原从东西两个方向延伸出来的长岭之间，东西两侧的长岭就像一双手掌一样将高平环抱其中。东西两端延伸出的长岭在高平北部边界连接起来，形成一条基本上呈东西向的山脉，这条山脉就是泽、潞两个区域的分界线，也是丹河流域与漳河流域的分水岭。这条山脉一方面大体上将高平与长治地区分割开来，另一方面，这条山脉并不险峻，面积也不算很大，高平和长治、长子等北面相邻县之间交往还是比较密切的。

流淌在这样的一条条长岭之间的小溪逐步汇聚成小河，小河又逐步汇聚成更大的河，河流流经每个汇聚点之后一般就会换上另外的一个名字。高平整个县域所有的河流最终全部汇入丹河干流，它们全部属于丹河流域的上游，只不过东部的蒲河是在进入泽州县之后才汇入丹河的。这些丹河支流中比较大的有大东仓河、小东仓河、蒲河、釜山河、永禄河、野川河、马村河、许河等。丹河从高平南部绕过莒山之后流入今泽州县境内，南部丹河干流河谷区域地势平坦，交通与地理条件较好。

二、政区沿革与人口变迁

（一）政区沿革

高平为古冀州地。春秋时期属晋国，三家分晋之后多数时间属韩国。战国末期,这里是韩、赵、秦三国激烈争夺的战略要地。秦汉一统之后属于上党郡,称泫氏县。魏晋南北朝一直到唐代前期,政区设置和名称都比较混乱。唐中期以后,政区基本稳定下来,称高平县,属泽州。此后基本没有什么变化,甚至连县界都基本没有发生过什么改变。这种政区的高度稳定性既反映出高平地区地理环境的特点使得它天然地就容易成为行政区划最简便的标准,又反映出这个区域在宋代以后基本上已经没有太大的政治变动。因此,地理区域与行政区域长期以来基本保持稳定。

高平地区县以下的行政区划只有清代以后有比较详细的记载。清代实行乡、都、里的制度,具体来说,清代是五乡、三十都和八十八里。民国时期则改称区、乡和编村,大体上和清代的乡、都、里有对应关系,具体的区分也基本沿袭清代。但民国政府权力逐步下移,这些区划有了更多官方色彩。和现在的行政区划相比,现在的乡镇比清代的乡略小,现在的行政村又比清代的里略小。

(二) 人口变迁

宋代以来高平的人口数量基本上保持稳定,但是也有两次比较严重的破坏。一次是金元鼎革之际,人口大幅度减少。贞祐之变中高平人口大幅减少,元初的人口统计结果是"高平二百九十(户)"[1]。统计数字如此之低可能是因为人口大量逃亡或隐匿,并不完全反映实际的人口情况,但是贞祐之变中人口大幅减少则是肯定的。另一次是明末农民战争的破坏,在战乱之前高平共有一百六十一个里,战乱过后,崇祯年间的知县董良琼将人口减少较多的里做了合并,里的数目减少到一百,减少了三分之一左右,可见这次人口破坏有多么严重。[2] 入清以后,人口迅速恢复并超过晚明战乱以前的水平。从图1-1中还可以看出明初永乐时期人口也有一个比较明显

---

[1] 李俊民:《庄靖集》,山西古籍出版社2006年版,第462页。
[2] 傅德宜修:《(乾隆)高平县志》,凤凰出版社2005年版,第56页。

的减少，这应当是和明初的大移民有关系的，泽潞地区是当时移民重要的移出地之一。

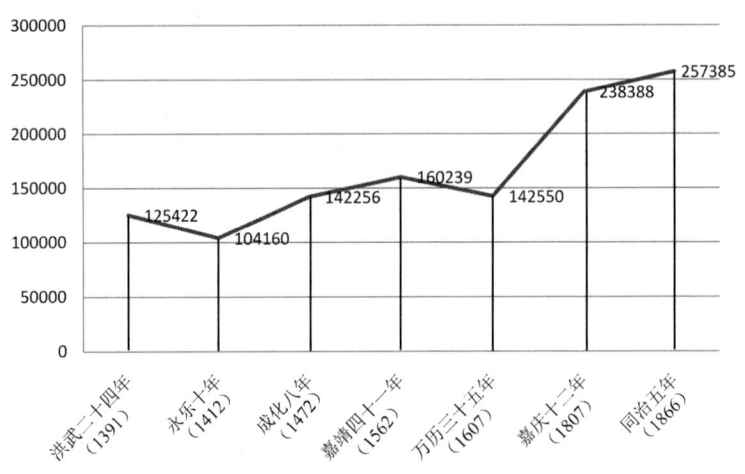

图 1-1　高平明清时期人口变迁图

说明：（1）数据来源：《（成化）山西通志》、《（万历）泽州志》、《（同治）高平县志》；（2）晚明官方人口统计数据一般均偏低，同治以后县志没有出现人口统计数据。

三、高平历史概要

高平地处太行山西麓，泽、潞两府之间，地理位置极其重要。从战国时期开始一直到宋初，其重要性主要体现在军事上。当华北平原和关中地区出现两个分裂的政权的时候，泽州是必争之地，长平之战就是典型的例子，南北朝时期北方东西两部分常常处于分裂状态。当河南地区与太原地区出现两个分裂政权的时候，泽州也是必争之地，五代时期就是如此，周世宗的高平之战是典型的战例。上述两次著名战役全部都发生在高平，高平是泽、潞两地连接的枢纽，高平丢掉，泽州也就丢掉了。五代宋初防御北汉的高平关就设在高平。总之，当宋代以前中国北方常常处于分裂状态的时候，泽州军事地位特别重要。宋代以后，中国北方很少再处于分裂状态，军事要地转变到长城一线和淮河一线。泽州社会也相应发生较大改变，开始了文教化和商业化的社会变迁过程。

宋代以后泽州的一个突出特点是社会高度稳定，自唐代早期隋唐政区改制稳定下来之后，泽州的行政区划基本上没有发生改变。唯一的改变是元初将地广人稀的沁水与端氏两县合并，从原来的"一州六县"变为"一州五县"，除此之外，在一千多年时间里，泽州及其属县的行政区划都没有发生过改变，这在整个中国都是比较少见的情况。秦汉的泫氏县管辖范围较大，包括了后来的陵川县，隋代陵川从高平析出单独设县，自此之后高平行政区划高度稳定，基本没有发生过改变。高平的这种高度稳定性和其社会、经济和文化的特点有关系。

宋代的泽州就开始出现村社组织，现存于河西三嵕庙中的天圣十年（1032）《三嵕庙门楼下石砌基阶铭》就出现了"四社五村"的组织。村社组织原本是一种组织春祈秋报的信仰组织，但后来逐步发展为涉及乡村社会、经济和文化各方面事务的综合性组织。明代中期以后，除了县政府的官方组织之外，各种民间或半民间的社会经济组织开始多样化，各种组织蓬勃发展。主要有里甲、乡地、社、会、夥、堂和商号等。各种组织的性质、职能与界限都不是特别清晰。它们共同维持着高平地区的社会稳定，并在这种稳定中逐步发展。

高平矿产资源丰富，盛产煤铁。自宋代以来，以丝和铁为代表的民间手工业生产日渐发达，到明代中叶之后，以贩卖丝和铁等手工业产品为特色的泽潞商人群体开始兴起。除丝和铁之外，诸如油坊、陆陈、酿造、铜器打造、造纸、粮食加工等各种手工行业都是高平地区工商业的特色。早在金代，高平商人足迹就到达河南南部，到了明清时期，更是远达北京、苏州、汉口等重要商业中心。以手工业为特色的商业形态对市场波动的抗风险能力更强，高平商人所从事的行业大部分都是老百姓日常生活不能离开的，其需求高度稳定，基本不存在衰落的可能性。一直到抗战时期，高平很多行业虽然因为战争破坏有所萎缩，但是仍然不存在大的衰落。

高平地区文化繁荣。科举方面，主要是在晚明清初这个阶段，高平地区科举繁荣，有著名的北庄郭氏家族。思想方面，清初的毕振姬和清前期的司昌龄都是当时名重一时的大学者。更重要的是在民间文化方面，高平地区民间信仰繁盛，村民从小生活在一个信仰神灵的氛围之中，这客观上对于维系固有的价值观和社会稳定有积极的作用。

以上这些因素都使得高平地区自宋代以后保持了高度的稳定，同时社会经济也逐步发展繁荣。

第二节　高平关帝庙的发展轨迹

从历史的角度来看，关公文化就像是地质学或者考古学上的地层，按照历史前后的顺序一层一层叠压在上面，能看到的是一个累积的效果。这样的地层至少可以分出相对清晰的几个层次。第一个层次是在晚明之前，这个时代高平地区只有零星的关王庙。第二个层次是在晚明，以万历时期关公封帝为时间中心，在其前后的一百多年时间是关帝庙修建的第一个高峰期。第三个层次是清前中期，大概是顺治到道光，清建国之后也大力鼓励关帝信仰。这个时期关帝庙的建设高潮得以延续，"村村都有关帝庙"的格局已经基本形成。第四个层次是清代后期，主要指咸丰以后，一直延伸到民国时期。这个时期关帝庙向一些边远地区发展，进一步完善了"村村都有关帝庙"的格局。

实际上与关帝庙有关的很多问题都和其历史发展过程有关系，本节并不打算涵盖所有关帝庙历史发展过程方面的问题，而是将重点放在高平地区关帝庙历史发展过程中整体的兴衰趋势上，从而为后续讨论建立一个初步的历史脉络基础。

一、晚明以前

（一）独立的关王庙

高平地区目前所见到晚明以前关于关王庙的确切记载只有两条。第一条是郭庄关王庙万历九年（1581）的《重修关王祠记》中提到"洪武年创立庙人名开列于后"①，下面罗列了共计43个人名。此碑虽然是万历时期的碑，距离洪武时期已经过去了两百多年，而且也没有对洪武创修关王祠的过程做详细描述，但是有大量创修人名的细节信息，应该是比较可信的。这是目前所知高平地区有确切创修时间的最早的关帝庙。

另一条记录是窑栈村关王庙的万历三十三年（1605）无题名碑中有"关王圣贤宝殿一座，自古成化十二年补修"，这个碑文的记录距离成化十二年（1476）也有一百多年的时间，不过碑文同样给出了具体的补修年份。而且这个年份还是补修的时间，创修还要更早于成化十二年。这条记录也提供了具体的年代信息，所以虽然事隔一百多年，基本上还是可信的。

以上两条是仅有的可以确定为晚明以前就存在的关王庙的记载，其他关王庙最早的记录也是在嘉靖时期了。除这两处外，还有另外几处关王庙是在晚明时期重修的，它们也基本可以确认在晚明之前就存在，时间越是靠前的可靠性越大，万历以前重修的基本可以确认在晚明以前一定存在。这种情况一共有十处，它们分别是河西西李门关王庙嘉靖五年（1526）重修、马村唐东关王庙嘉靖二十三年（1544）重修、原村关王庙嘉靖时期（1522—1566）重修、三甲槐树庄关王庙隆庆六年（1572）重修、三甲西栗庄关王庙万历四年（1576）重修、南城街道办圪塔关王庙万历五年（1577）增修钟楼、建宁张家二郎关王庙万历十二年（1584）重修、箭头五虎庙万历二十一年（1593）重修、南王庄关王庙万历三十七年（1609）重

---

① 《重修关王祠记》，万历九年，现存高平建宁乡郭庄关王庙。

修、石壑关王庙万历时期（1573—1620）重修。其中，原村关王庙和石壑关王庙都是清代碑刻上面的追溯，可信度更低一些。其他均有明代重修碑刻存在。

除了这十处关王庙之外，还有三座庙宇情况比较特殊。第一处是长平关帝庙，长平村的关帝庙同时也是长平驿的所在地，现存嘉靖时期的长平驿匾额。长平的驿站是很早就有的，甚至可以追溯到唐代，但是长平驿站什么时候开始有关帝庙却不得而知。第二处是西沙院的关帝庙，这个关帝庙现存隆庆时期的石刻文字，可以说是晚明之前就存在的一个庙宇，它在早期实际上是一个炎帝庙，后来才改成关帝庙，但是早期关帝庙和炎帝庙之间的关系究竟如何并不是特别清楚，现存最早碑刻是雍正时期的，当时还是重修炎帝庙的说法。第三处是石末侯庄的丰乐馆，现在丰乐馆的神灵是五虎，实际上是一个五虎庙，这个庙在晚明就有重修，现存天启时期重修碑刻，但是碑文上明确说此庙当时是牛王庙，并不是五虎庙，碑文中无法看出究竟是什么时候改祀为五虎的。以上就是可考的晚明以前可能存在的关王庙的情况。

（二）作为配祀神灵出现的关帝殿

晚明以前，关帝作为配祀神灵出现的情况也有一些零星的线索，但都缺乏确切的记载。例如邢村二郎庙，现存元代碑刻，建筑也有明显的金元时期风格。此庙一定是在元代就已经存在的。现存元代碑刻中并未提及关公，在乾隆重修碑中有"又兼左有智伯之殿，右有关圣之庙，并为修理"[①]，这是碑文中最早明确记载有关帝殿存在。现存庙宇正殿三间，东西侧殿各三间，门上都有石条刻字。西侧石条刻字是"协天大帝"。这个石条是晚明时期的风格，类似石条在西栗庄关王庙中也有出现，它应该可以证明在晚明时期这里就是关帝殿了，但在晚明之前此侧殿是否就奉祀关公就不得而知了。大部分情况下，庙宇配殿奉祀的神灵是不会发生改变的。

---

① 重修碑，乾隆三十四年，现存高平三甲镇邢村二郎庙。

另一个例子是北城街道冯庄村玉皇庙的情况。道光碑文中追溯建庙历史时说："庄里有庙一区，前后为殿二，后祀玉皇，前祀关帝。其创建年月不可考。重修于明隆庆万历间，改建于国初。"① 这种前院关帝、后院玉皇的"二庙合一"的格局不知道是什么时候形成的。而此庙在隆庆万历时期重修，则其始建可能是在晚明之前。这样看来，晚明之前，冯庄玉皇庙可能就已经有对关公的奉祀了。

中村的圆融寺，在乾隆六年（1741）增修春秋楼的碑文中提到"吾乡圆融寺，旧有关帝殿一所，颇狭隘"②。说明圆融寺中很早就有一个小规模的关帝殿。圆融寺创立于元代中统三年（1262）③，那么作为配祀的关帝殿可能也在晚明之前就存在。以上这些例子很难确证晚明以前存在关公作为配祀神灵出现在其他庙宇中的情况。不过，晚明泽州地区一定已经存在关公作为配祀神灵出现的情况。沁水县土沃乡土沃村圣王行宫庙元至治二年（1322）碑刻中有"东西二室，作为护国显应王之祠，右为义勇武安王之庙"。泽州县鲁村关帝庙也是元代就创修的。这种情况应该是很普遍的，只是大部分碑刻并不写明配殿的神灵名称。

（三）晚明以前关帝庙的发展阶段

晚明以前高平的关帝庙并不兴盛，远远没有出现"村村都有关帝庙"的现象。这个结论可以从两个方面来证明。一方面，从晚明开始大量的创修和重修关王庙的碑刻出现，即便是现在能够确定的晚明以前的两个关王庙也是在晚明重修时追溯以前修建历史的时候被提到的。目前还没有发现任何一块晚明以前的关帝庙碑刻，这和其他诸如二仙庙、玉皇庙和炎帝庙等情况区别很大。这证明晚明时期确实存在一个明显的关帝庙建设高潮。而在此前这样的建设高潮从来没有出现过。另一方面，高平地区目前遗留

---

① 《玉皇庙改建正门舞楼碑记》，道光十七年，现存高平北城街道冯庄村玉皇关帝庙。
② 《增修春秋楼兼补钟殿宇碑记》，乾隆六年，现存高平神农镇中村圆融寺。
③ 这个说法出自民国时期的重修碑刻，碑文中称是根据残碑上的记载而讲的，目前调查中未发现元代创修碑刻，可以推断这种说法基本可信。

下来的晚明以前的建筑和碑刻数量都很多,但是这些宋元时期古建筑中没有一个是关王庙,碑刻中也没有一个提到关公的。宋元时期,高平地区的民间信仰是非常兴盛的,以二仙庙、三嵕庙和炎帝庙等为代表的民间信仰蓬勃发展,但是其中看不到任何关公的痕迹。这不能用碑刻保存不完整来解释。与此同时,宋元时期关公信仰也有很大的发展,距离高平地区不算太远的解州这个时候已经有明确的修建关王庙的记载。现存唯一的宋徽宗时期的关王庙碑文《新修武安王庙记》就是在闻喜县发现的①,但是这一切似乎和高平地区没有太大的关系。上述沁县的关王庙也是在宋代修建的,但那基本上是一个关公信仰最早传入沁县的例子。泽州现在所知最早的独立关帝庙是阳城东关的元代创建的关侯庙,但这也是零星的例子。总之,高平关帝庙作为一个现象的兴起基本就是从晚明开始的,以前只是零星的存在。

二、晚明的建设高潮

晚明时期,也就是嘉靖到崇祯,约 16 世纪到 17 世纪中叶共计一百五十余年时间里,有确切创修时间记载的关王庙或关帝庙共计九处,从碑文来看万历封帝以前均称关王庙,封帝以后均称关帝庙,碑文上没有任何例外。以下为了叙述方便,对所有庙宇统一称之为关帝庙,具体到单个庙宇则以学名称呼。这九处分别是:万历二年(1574)创修的河西关王庙、万历三十年(1602)创修徘南关王阁、万历三十二年(1604)创修上沙壁关王庙、万历三十二年的大山石堂会三义洞(石窟)、万历三十二年的迪阳关王庙、万历西关关王庙、天启三年(1623)创修的大山石堂会关帝庙、崇祯元年(1628)创修东沟蒲沟关帝庙、崇祯十二年(1640)创修的唐西西寨上关帝庙。其中西关关王庙见于县志记载,没有碑刻材料,顺治《高平县志》记载西关关王庙是"在西关,举人张国仁建"②,而张国仁是万历

---

① 胡聘之:《山右石刻丛编》卷十七,收入《石刻史料新编》,台北新文丰出版公司 1982 年版,第 15327 页。
② 范绳祖修:《(顺治)高平县志》,线装书局 2001 年版,第 138 页。

二十八年（1600）庚子科举人①，则西关关王庙的创建可能大约是在万历三十年以后，但应该不会晚于万历时期。西关关王庙今已不存。

除了以上这些有明确的创修年份的关帝庙之外，还有一些基本可以确定为晚明时期创修的关帝庙。这有两种情况，一种情况是后来的碑文中追溯历史时提到晚明时期创修关帝庙，但是并没有确切的纪年，只有模糊的说法，对于具体的个案来说，这种情况要仔细辨析碑文中记载的可信程度有多大。另一种情况是顺治到康熙早期重修的关帝庙，基本也可以确定其创立时间不会晚于晚明时期。康熙后期到雍正时期重修的关帝庙虽然很难判断，但是晚明创立的可能性也很大。前一种情况有以下几处：北岭关帝佛庙、常乐关帝庙、伯方西关帝庙等。后一种情况包括王报村关帝庙、凤和关帝庙、靳家关帝庙、康营东关帝庙、冯村关帝庙、路家山关帝庙、寺庄关帝庙、中沙壁关帝庙、王降关帝庙等。此外，迪阳后庄关帝高禖庙的情况比较特殊，这个庙是高禖庙和关帝庙"二庙合一"的情况。现存崇祯元年的创修碑，碑文上的庙宇名称是"广生帝君子孙神祠"，这应该是高禖庙的前身，到乾隆六年重修碑中"前人因建关帝庙、高禖神祠于坤方"，意思似乎又是关帝庙与高禖祠同时建立，则关帝庙可能也是在晚明建立的。

就个案来说，以上这些关帝庙不能确定为晚明时期就存在，但是整体而言，这些庙宇能够代表晚明时期高平地区关帝庙的总体情况。除此之外，实际上有大量的关帝庙都可以推断其在晚明已经存在，但是没有明确的文献证据。例如康营的东西两个关帝庙，伯方的东西两个关帝庙。具体考证非常复杂，这里只是梳理关帝庙发展的总体历史脉络，后面涉及具体个案时再详细考证。

除了以上这些在晚明创建的关帝庙之外，还有上一节所谈到的几个晚明以前就存在的关帝庙在晚明也进行了重修或增修，具体修建时间前面都已经提到，不再赘述。根据以上情况估计，晚明关帝庙的数量已经有四五十处之多。这个数量基本和现存炎帝庙、二仙庙、汤帝庙等高平地区

---

① 傅德宜修：《（乾隆）高平县志》，凤凰出版社2005年版，第122页。

几大主要庙宇类型的全部数量差不多。晚明时期，关帝庙已经成为高平重要的庙宇种类之一了。

从洪武到嘉靖不到一个半世纪的时间里可确定的关帝庙修建活动仅有两次，而从嘉靖到崇祯末年也是不到一个半世纪的时间，基本可以确定的修建活动达到二十多次，实际次数可能在四五十次。可见，晚明确实出现了一个关帝庙修建的高潮。实际上大概相当多的关帝庙都是在这一时期创建的。晚明时期大量新修和重修的关帝庙已经体现出明显的时代特点。

总之，晚明时期关帝庙的数量大概有几十处，至多不超过一百处。这个时期虽然出现了关帝庙的建设高潮，但是还不能说已经形成了"村村都有关帝庙"的格局。和二仙、汤王、炎帝等神灵相比，关帝庙的数量已经有一定的优势，但是优势还不明显。不过，关帝庙在空间分布、性质功能等方面事实上已经表现出了和其他庙宇不同的一些特点，相关问题后文逐步展开讨论。

三、清代前期到中期

（一）关帝庙总体格局的形成

入清以后，关帝庙的创修和重修势头一直持续了下去，没有任何衰落的表现。具体创建和重修的情况参看附录1，这里不再一一列出。从创修的情况来看，清代前期到中期（1644—1850）这两百多年时间是创修关帝庙数量最多的。有明确纪年的创修活动，康熙年间三次，雍正年间两次，乾隆年间十次，嘉庆年间三次，道光年间四次。其实，这个时期创建的关帝庙的数量当然远远不止这些，有更多的创修活动都没有留下直接的记载。

就高平村庄庙宇的整体情况而言，一些比较大的村庄，其庙宇格局在晚明就已经成形，清代不再有大的变动，只是不断修缮。最迟到清代中期，高平绝大部分村庄的庙宇格局都已经成形了。关帝庙的建设过程实际上是这整个大的过程的一部分，晚明前清建设关帝庙兴盛时期恰好也是高平地区庙宇大量兴建的时期。清代中期，伴随着高平各村庄庙宇格局基本形成，"村村都有关帝庙"的格局也基本形成了。这个格局的形成有以下几个标志。

第一，大部分村庄都有关帝庙，或者是独立的关帝庙，或者是作为配殿存在的关帝庙。大概至少有一半数量的村庄在这个时期已经有独立的关帝庙。关帝信仰普及每一个村庄。"村村都有关帝庙"首先是村村都有奉祀关帝的场所，这是其最基本的含义。从整体数量上来说，关帝庙的数量在这个时期已经远远超过其他庙宇类型了，只有各类求子类型奶奶庙的数量超过关帝庙，不过奶奶庙的规模一般都很小，规模上没法和关帝庙比较。除此之外，其他绝大部分重要神灵庙宇数量都在几十个左右，不会超过一百个。关帝庙在所有的民间庙宇中数量具有绝对优势。

第二，大部分村庄的关帝庙已经作为一种传统存在，在所有有关帝庙的村庄中，大部分村庄的关帝庙都已历经多次重修。对于很多村庄来说，从晚明开始关帝庙始终在发挥作用。"村村都有关帝庙"应该是一个延续的现象，是一个有历史效应的现象。关帝庙不是运动式地来得快去得也快，而是已经成为很多村庄中一个固定的传统。偶尔出现的关帝庙不是"村村都有关帝庙"，短暂出现的关帝庙也不是"村村都有关帝庙"。"村村都有关帝庙"是一个持续的稳定的现象。

第三，关帝庙在村庄日常生活中起着至关重要的作用，已经成了村社治理的一个重要组成部分。"村村都有关帝庙"应该是一种社会现象，关帝庙不仅仅是一个场所，它要在村庄的社会生活中实际发挥作用，履行一定的功能。

第四，不少村庄中都出现了存在多个关帝庙的情况。比较典型的例子如谷口村有三个关帝庙，济渎庙有春秋楼作为配殿，村中有神阁实际上是关帝观音阁，村南有独立的关帝庙。还有伯方村东西各有一个关帝庙，仙翁庙中另有一个双忠殿也奉祀关公。这样的村庄非常多，寺庄、康营、大野川等，不胜枚举。同一个村庄中出现多个关帝庙的情况表明关帝庙的功能开始出现分化，一个关帝庙不能满足村中的全部需要。

第五，关帝庙在高平地区的神灵谱系中已经占据了重要的位置，关公在村民的意识中已经成为重要的神灵。"村村都有关帝庙"并不仅仅是社会层面的现象，也是人的意识层面的现象。

（二）清代中期春秋楼的修建高潮

高平地区的春秋楼大多建于清代中期，多由山门改建而成，且大部分和演剧看戏活动有一定关系。这样的例子主要有五个，时间集中在乾隆到道光时期。此前和此后均不见这种例子。下面是这五个例子的大致情况，这些都有明确的创修碑文记载。

中村圆融寺乾隆六年（1741）创修春秋楼。在此之前，圆融寺中早就有一个规模很小的关帝殿，这次创修实际上是一次扩建。它是在正殿东侧创修的独立的春秋楼。圆融寺历史比较早，创立于中统三年（1262），但是很难说它是一个典型的佛教寺院，现在还有万历时期武当山进香的碑文。

上韩庄玉皇庙乾隆二十八年（1763）创修春秋楼。上韩庄玉皇庙规模很大，前后三进院。第一进院为戏台院，山门戏台正对春秋楼，春秋楼两侧为看台。这个春秋楼创建于乾隆二十八年，现存乾隆二十八年《创建春秋楼碑记》，碑文中有"是庙南壁中间创修春秋楼七楹"。这是一个山门正对春秋楼的例子，同时是一个比较罕见的戏台正面看楼的例子。[①] 春秋楼与三面看台和戏台围合成一个完整剧场。

赤祥村炎帝庙有春秋楼，创修于嘉庆十六年（1811）。炎帝庙也是一个规模比较大的庙宇。而这次改修实际上是将山门改建为二层，在二层上奉祀关帝。山门和春秋楼就成为一体的了。和圆融寺的情况一样，炎帝庙中本来也有关帝殿，"祀于东北之偏殿，殊非典也"[②]。村人认为将关帝殿作为配殿是不合适的，因此改修了春秋楼。

谷口济渎庙有春秋楼。谷口济渎庙是一个规模非常庞大的庙宇，从晚明创建开始就不断增修扩大，到道光增修之后规模达到五十三间，前后

---

① 颜伟：《山西高平市神庙剧场调查与研究》，山西师范大学硕士学位论文，2015年。
② 《创修春秋楼碑记》，嘉庆十六年，现存高平三甲镇赤祥村炎帝庙。

四进院。第一进院为戏台院，戏台对面是山门，山门上面就是春秋楼。道光时期碑文中称春秋楼为改建，但此前碑文并未提到春秋楼，实际上是将原来山门改建为春秋楼兼做山门，这样谷口春秋楼应该就是创建于道光二十四年（1844）。这是一个山门兼做春秋楼的例子。碑文中直接称之为"山门春秋楼"[①]。

南诗午玉皇庙道光重修春秋楼。和前面的情况不同，这个春秋楼是重修的。碑文中说"考旧碑所志，自乾隆四年重修，阔其旧制"[②]。由此可见乾隆四年的重修实际上是改建，和前面几个个例中一样可能是将原来的关帝殿改修成了春秋楼，这个春秋楼的位置和中村圆融寺的春秋楼基本一致，都在庙宇正殿的东部。如果原来的侧殿也在这个位置的话，那么原来的关帝殿和赤祥改修之前的关帝殿一样都是东北殿，也就是习惯上说的东侧殿。

以上这些例子充分说明在从晚明到整个清代不曾间断的关帝庙建设过程中，关帝的地位在不断提升，这种地位提升的众多表现之一就是清代中期出现了一个修建春秋楼的高潮。上述例子中的庙宇都是规模很大的庙宇，都是村中主庙或大庙，都是历史比较悠久的庙宇。大概最晚在晚明或者清前期，关公就作为配祀神灵进入到了这些庙宇之中，这本身就是关公地位提高的表现之一。圆融寺、赤祥和南诗午在创修春秋楼之前庙中就已经有了关帝殿，就是这种情况。到了清代中期，关公地位进一步提升，开始修建独立的春秋楼。上述个案中，赤祥炎帝庙、谷口济渎庙和上韩庄玉皇庙的情况是类似的，春秋楼都是由山门改造完成，改造完成之后，这些春秋楼都是正对戏台。一方面原本正对庙宇正殿的戏台现在实际上是正对春秋楼了，另一方面春秋楼的创修意味着一个更加完善的神庙剧场的完成，这个过程伴随着戏曲活动地位的提高而同时进行。

[①] 《补修济渎庙碑记》，道光二十四年，现存高平南城街道谷口村济渎庙。
[②] 《重修春秋楼碑记》，道光二十六年，现存高平北诗镇南诗午玉皇庙。

四、晚清民国

晚清（咸丰以后）民国时期高平地区关帝庙现象继续发展，但也表现出一些不同的特点。

从创建的情况来看，这个时期创建的关帝庙已经很少了。有明确纪年的只有八次：咸丰四次，同治两次，光绪一次，民国一次。其中，王寺西王寺关帝阁和常庄关帝阁性质相同，实际上是异地重修改建，是将村中原有的关帝庙异地改修为关帝阁，虽然就关帝阁来说是创修，实际上却只能算重修。寺庄会馆性质比较特殊，其实不能算作是单纯的关帝庙，而是晚清社会经济发展的产物。如果以上三次不计入创修的话，其实只有五次。所以，总体来说，在晚清到民国这个时期，关帝庙的创修速度已经趋于和缓。这当然不能看作是关帝庙衰落的表现，而恰恰是关帝庙已经发展到了顶峰的表现。实际上，这个时期虽然创修活动减少了，但是重修和补修关帝庙的工程数量还是很多。不仅如此，这一时期创修的关帝庙还有其他特点，主要表现在关帝庙的位置在向村庄边缘和边缘村庄移动。

在上述有明确纪年的创修中，除了寺庄会馆以外，其他七次修建活动修建的都是关帝阁。只有庄上关帝庙的规模稍微大一些，但它其实也是建在阁上的。可以说，晚清民国时期出现了一个创修关帝阁的小高潮。这从一方面来说意味着大规模的关帝庙已经很少再创建了，或者说大规模关帝庙的创建使关帝庙的数量已经基本达到了饱和的程度；另一方面，关帝庙的发展开始更多地向小型的庙宇扩展，去占领村庄庙宇格局中的一些次要的位置，这是关帝庙地位提升的又一个表现形式。关帝阁既是阁门也是庙宇，它们在村庄的整个庙宇格局中一般不占有重要的地位。关帝庙从很早时候就开始有阁的形式，最早的关王阁是徘南村创修于万历时期的关王阁。

从另一个角度来看也可以得出类似的结论。以上八个个案之中除了寺庄会馆和常庄关帝阁以外，其他的个案所在地都是山区的小村庄。而正如上面所说，寺庄会馆是商人会馆，它的性质特殊，常庄关帝阁实际上是异地改修重建。除了这两个例子以外，其他村庄都是山区小村庄。王寺西王寺是韩王山脚下的一个小村庄，而且它还是改修的情况。姬家庄是高平陵川交界地的一个小的山区村庄，甚至在清代县志地图上都找不到这个村庄。庄上是依附于拥万村的一个小庄，它基本上不能算作一个独立的村庄，是一个典型的"附于村者曰庄"①的例子。东山村是七佛山脚下的一个小村庄，现在旧村已经废弃。下崖底本来就是高平和泽州边界的一个山区小村，而西坪还是下崖底的一个自然村，现在几乎没有几户人家，下崖底村旧村现在也已经完全废弃。圪塔是野川靠近沁水的崇山峻岭中的一个小村子，而韩家庄还是它的一个小自然村，也没有多少人口。由此可见，这些个案其实都是高平边远地区的一些小村庄。到清代中期为止，大部分的村庄的庙宇格局已经完成了（见表1-1），只有那些少数此类小村庄还有创修庙宇的需要。而这些关帝庙的创修也就是在这个时候出现的。这同样表明，晚清民国的这些关帝庙的创修实际上是关帝庙向着更为边缘的地区发展，影响力扩大和地位提升的表现。

表1-1 高平地区可考的关帝庙始建与重修时间

序号	庙宇学名	始建时间	重/增/补修时间
1	边家沟关帝庙	不详	民国十年
2	南王庄关王庙	不详	万历三十七年、民国九年
3	王降关帝庙	不详（晚明）	雍正、道光十九年、咸丰七年
4	王寺西王寺关帝文昌阁	咸丰四年	不详
5	董庄关帝阁	不详（清中期）	光绪二十八年
6	姬家庄关帝阁	民国十三年	不详
7	龙尾关帝阁	不详（清前期）	道光元年
8	上沙壁关王庙	万历三十二年	不详
9	拥万关帝文昌阁	雍正七年	光绪二年

---

① 赖昌斯总修，谭云等纂修：《（同治）阳城县志》卷五《赋役·里甲》，同治十三年刻本。"在乡之聚落曰村，附于村者曰庄，村之巨者，有商贾集市曰镇。"

续表

序号	庙宇学名	始建时间	重/增/补修时间
10	寨上关帝庙	康熙四十五年	嘉庆七年
11	中沙壁关帝庙	不详（晚明）	雍正四年
12	庄上关帝庙	咸丰九年	不详
13	安河关帝文昌阁	不详（清前期）	嘉庆二十五年
14	大山石堂会关帝庙	天启三年	顺治三年、乾隆、道光、民国十一年
15	大山石堂会三义洞	万历三十二年	不详
16	迪阳关王庙	万历三十二年	康熙十八年
17	迪阳后庄关帝高禖庙	不详（晚明）	乾隆三十七年、光绪八年、宣统二年
18	店上关帝庙	不详（清前期）	道光十一年
19	东山关帝文昌阁	同治十二年	不详
20	段庄关帝庙	不详（清前期）	道光十七年
21	凤和关帝庙	不详（晚明）	顺治八年、乾隆三十八年、道光三十年
22	龙王沟关帝庙	不详（清前期）	不详
23	西南庄关帝庙	不详（清前期）	道光十四年
24	小北庄关帝庙	不详（清中期）	民国十二年
25	北岭关帝佛庙	万历	乾隆二十年、嘉庆十一年、道光二十七年
26	北苏庄关帝庙	不详（清前期）	乾隆十四年、嘉庆六年
27	常乐关帝庙	万历	嘉庆二十五年、民国
28	杜村关帝庙	乾隆三十六年	民国十四年
29	朵则关帝庙	不详（清前期）	同治十一年
30	河西关帝庙	万历二年	嘉庆二十四年
31	刘庄关帝庙	不详（清前期）	道光六年、同治四年
32	梅叶庄关帝庙	不详（清前期）	嘉庆十五年
33	南庄关帝庙	不详（晚明）	乾隆十二年
34	双井关帝阁	不详	民国二十一年
35	双井关帝庙	乾隆	民国二十一年
36	西李门关王庙	不详（晚明以前）	嘉靖五年、康熙壬辰、民国十二年
37	下崖底关帝庙	不详（清前期）	不详

续表

序号	庙宇学名	始建时间	重／增／补修时间
38	下崖底西坪关帝庙	咸丰三年	不详
39	小仙北小仙关帝庙	乾隆	不详
40	义庄关帝庙	不详（清前期）	道光十四年
41	永宁寨关帝庙	不详（晚明）	乾隆八年
42	宰李关帝庙	康熙十四年	乾隆四十年
43	寨沟河关帝庙	不详（清前期）	道光四年
44	朱家庄关帝庙	乾隆十七年	嘉庆二十一年
45	郭庄关王庙	洪武	万历九年、乾隆四十年、道光二十三年、光绪元年、民国十一年
46	张家二郎关王庙	不详（晚明以前）	万历十二年、嘉庆二十一年
47	东崛山关帝庙	不详（清前期）	不详
48	沟头关帝庙	乾隆三十八年	道光十二年
49	金章背关帝庙	不详（清前期）	乾隆三十五年、嘉庆十九年
50	康营西关帝庙	不详（晚明）	不详
51	康营东关帝庙	不详（晚明）	康熙二十九年、道光十七年
52	唐东关王庙	不详（晚明以前）	嘉靖二十三年
53	唐西关帝庙	不详（清前期）	乾隆五十四年
54	唐西西寨上关帝庙	崇祯十二年	乾隆十一年、嘉庆十六年
55	北朱庄关帝庙	不详（清中期）	光绪十四年
56	成家山关帝庙	不详（清前期）	道光五年
57	东南庄关帝庙	不详（清前期）	乾隆四十一年
58	河东关帝庙	不详（清前期）	
59	米东关帝观音阁	不详	咸丰元年
60	石桥口关帝庙	嘉庆五年	道光十年
61	下冯庄关帝庙	不详（清前期）	嘉庆二十四年
62	窑栈关王庙	不详（晚明以前）	成化十二年、万历三十三年、乾隆四十六年
63	云东上村关帝庙	乾隆四十八年	嘉庆元年
64	北陈关帝阁	不详（清早期）	乾隆四十一年、道光二十三年

续表

序号	庙宇学名	始建时间	重/增/补修时间
65	圪塔关王庙	不详（晚明以前）	万历五年
66	谷口关帝庙	不详（清前期）	道光二十四年改建
67	谷口关帝观音阁	不详（清前期）	嘉庆元年
68	琚庄关帝庙	不详（清前期）	不详
69	南陈关帝庙	不详（清前期）	不详
70	南许庄关帝庙	不详（清前期）	不详
71	上庄小韩庄关帝庙	不详（清前期）	乾隆五十三年
72	汤王头关帝庙	不详（清中期）	光绪二年
73	徐庄关帝庙	乾隆	不详
74	庄子关帝庙	乾隆二十五年	同治五年、民国九年、民国十八年
75	槐树庄关王庙	隆庆六年	
76	靳家关帝庙	不详（清前期）	乾隆四十四年、嘉庆二十二年、道光五年
77	刘家王家关帝庙	不详（清前期）	道光十五年
78	路家山关帝庙	不详（晚明）	康熙
79	徘南关王阁	万历三十年	不详
80	三甲南关帝庙	不详（清中期）	光绪二年
81	西栗庄关王庙	不详（晚明以前）	万历四年
82	邢村关帝庙	不详（清前期）	不详
83	朱家山鲁班春秋大王阁	不详（清前期）	乾隆二十八年、光绪三年
84	石壑关王庙	万历	道光二十一年
85	普通神农镇	不详（晚明）	不详
86	西郝庄关帝庙	不详	民国二十四年
87	西沙院关帝庙	不详（晚明以前）	雍正八年、乾隆二十四年、乾隆五十四年、道光三十年
88	许家关帝庙	不详（清前期）	咸丰四年
89	中村关帝阁	乾隆二十二年	道光
90	北凹关帝庙	不详（清前期）	不详

第一章　高平与高平关帝庙　37

续表

序号	庙宇学名	始建时间	重/增/补修时间
91	北王庄关帝庙	嘉庆十三年	不详
92	伯方东关帝庙	不详（晚明）	同治十年
93	伯方西关帝庙	明季	光绪十四年
94	地夺掌关帝庙	不详（清中期）	光绪二十年
95	邰家庄关帝庙	道光七年	不详
96	回沟关帝庙	不详（清中期）	光绪二十年、民国十五年
97	贾村关帝阁	乾隆三十四年	道光四年
98	牛家安家关帝庙	不详（清前期）	乾隆四十七年、道光八年
99	伞盖关帝文昌阁	道光十九年	不详
100	寺庄村会馆	咸丰四年	不详
101	寺庄村关帝庙	不详（晚明）	康熙二十四年、嘉庆元年、咸丰四年、光绪八年、民国二十六年
102	王报关帝庙	不详（清前期）	不详
103	望云关帝庙	不详（清中期）	同治四年
104	西德义关帝庙	不详（清前期）	不详
105	小会沟关帝庙	不详（清前期）	道光三十年、洪宪元年
106	长平关帝庙	不详（晚明以前）	嘉靖
107	赵庄关帝庙	不详（清前期）	道光三十年、民国十二年
108	北杨关帝庙	不详（清中期）	民国二十二年
109	大西社上西社关帝庙	不详（晚明）	道光二十六年
110	大野川北关帝庙	嘉庆二十五年	不详
111	大野川南关帝庙	不详（清中期）	光绪二十四年
112	东沟关帝庙	乾隆三十四年	不详
113	东沟蒲沟关帝庙	崇祯元年	道光十五年
114	杜寨关帝阁	康熙	光绪二年
115	圪塔韩家庄关帝阁	同治十年	不详
116	圪塔西郭庄关帝庙	道光三年	不详
117	沟村南关帝庙	不详（清前期）	道光六年

续表

序号	庙宇学名	始建时间	重/增/补修时间
118	沟村北关帝庙	雍正	不详
119	后山沟关帝庙	不详（清前期）	嘉庆九年、道光三十年
120	路家关帝庙	不详（清前期）	同治五年、民国四年
121	南杨关帝庙	不详（清前期）	乾隆五十二年、嘉庆二十年、道光二十四年
122	寺沟西庄关帝文昌阁	乾隆六十年	不详
123	唐家山关帝庙	不详（清中期）	光绪三十年
124	秋子关帝庙	不详（清前期）	道光二十五年
125	永禄南关帝庙	不详（清前期）	同治十二年、民国二十七年
126	常庄关帝魁星阁	光绪二年	不详
127	大坡沟关帝庙	道光七年	光绪十九年
128	冯村关帝庙	不详（清前期）	康熙十二年、乾隆二十九年
129	交河关帝庙	不详（清前期）	乾隆四十八年
130	良户关帝庙	康熙四年	咸丰四年
131	山和背关帝阁	不详（清中期）	光绪元年
132	窑则头东掌关帝庙	嘉庆	不详
133	原村关王庙	不详（清前期）	嘉庆二十年、道光十五年
134	箭头五虎庙	不详（晚明以前）	万历重修
135	县城关帝阁	不详（清前期）	不详
136	儒林坊关帝庙	雍正三年	不详

说明：（1）本表依据对高平地区关帝庙历史文化遗存的实地调查和现存碑刻文献编制；（2）本表中加括号的时间是推测时间，不见于碑刻材料；（3）由于过于烦琐，本表中不再一一列出每一个时间的碑文出处，具体可参考《高平历史文化遗存调查资料汇编》（待出版，下同）。

五、关帝庙的时间分布特点

（一）关帝庙时间分布的基准与数据

关帝庙的兴建活动持续时间大部分在几个月到一年，也有不少持续几年，极少数能够持续几十年。持续时间很长的情况大部分是因为兴建关帝庙的经费不足，停工以后待资金充足再接着修建。总体来说，单独地看每一次关帝庙的修建都是一次短时段事件。如果把每一次关帝庙的兴建活动当作一次短时段事件的话，那么这每一个事件都是更长时段上总体发展趋势的一种体现。把握关帝庙的时间分布其实就是要把握这个发展趋势。通过对创建关帝庙的数量进行统计，可以看出这个趋势的大致发展过程。而这样做的前提是需要有一个适当的时间基准。

在前面的论述之中，按照明清史研究的习惯使用年号纪年方式来表述时间。对于传统的政治史研究来说，这种表述方式是有很多好处的。因为在传统帝制下，皇帝的更换对于政治会产生巨大的影响，一个皇帝就代表着一个时代。而年号纪年本身也为时间打上了深深的皇权印记。但是，当更多地关注民间社会经济问题的时候，情况就有所不同了。每个年号使用的时间长度是不同的，使用年号来作为时间基准会使人对某些问题产生一些错误的感受。例如，乾隆时期关帝庙创修的数量很多，雍正时期数量要少一些。但是乾隆的年号时间长达六十年，而雍正只有十几年。这样的比较显然并不合适。因此，以年号为时间基准并不合适，应该用等距离的时间作为时间基准。对于关帝庙的创建来说，过于短的时间阶段是不合适的，它不能反映较长时段的发展趋势。过于长的时间阶段也不合适，它容易掩盖一个时段内的变化情况。综合各种情况，这里选择五十年作为一个度量标准，通过统计每五十年中关帝庙修建的数量来考察关帝庙修建的发展趋势（见图 1-2、图 1-3）。时间的起止点从明初开始一直到 1949 年以前，取整之后就是 1350 年到 1950 年，共计六百年的历史。

这里的统计远远不能反映高平地区关帝庙兴建活动的绝对数量，实际上一部分关帝庙现已不存，现存关帝庙有些没有碑刻记载，很多庙宇兴建活动实际上根本就没有留下碑刻。如果综合考虑以上的因素，这里统计的关帝庙兴建活动的数量是大大低于历史上实际发生的关帝庙兴建活动数量的。但是，这里的统计是能够反映关帝庙兴建活动的发展趋势的，这一点需要进一步做些讨论。

实际发生的关帝庙兴建活动数量和现在能够确切知道的关帝庙兴建活

动数量之间有一个比例关系。这个比例关系在不同的时代可能会有所不同。如果不同时代这个比例关系存在很大的差异的话，那么这里的统计就不能反映关帝庙兴建的历史发展趋势了。然而，实际上对庙宇碑刻的破坏并不存在时代的选择性，因此上述比例关系在不同时代的差异是很小的。这是基于两个理由。第一个理由是目前庙宇碑刻的损坏主要发生在1949年以后，在以前的历史上并没有出现过大规模破坏庙宇碑刻的事件，因此，并不存在某一个时刻之前，庙宇碑刻的破坏要比以后严重的情况。反过来，如果将当代修复庙宇的碑刻数量与1949年以前做比较就存在问题，因为当代修复碑刻没有遭到大规模破坏，而1949年以前的碑刻却在以后遭到了大量破坏。第二个理由是1949年以后对碑刻的破坏并没有选择性。没有任何人会专门喜欢破坏明代碑刻，或专门喜欢破坏民国碑刻。既然不存在这种时代的选择性，那么所有时代碑刻的破坏比例应该基本是一致的。综合以上两点理由，这里的统计数据虽然是不完整的，但是统计结果能够反映关帝庙历史发展的趋势。

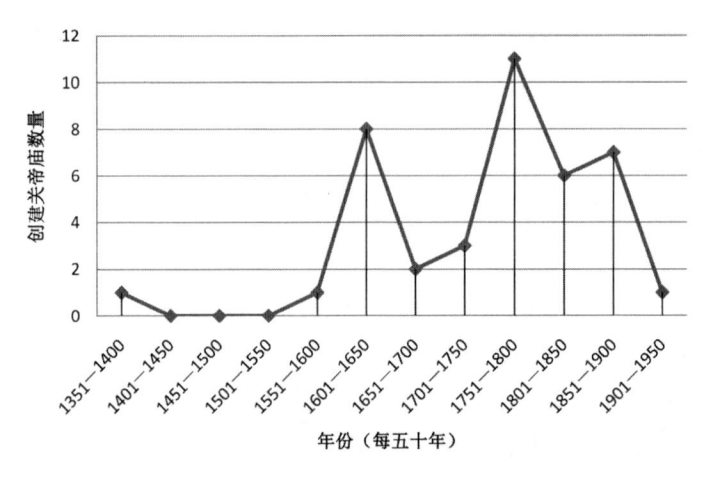

图 1-2　每五十年创建关帝庙数量变化趋势图

说明：（1）本图依据对高平地区关帝庙历史文化遗存的实地调查和现存碑刻文献编制；（2）本图中每一个关帝庙创建时间的具体考证非常烦琐，这里只能从略；（3）本图所用碑文资料可参考《高平历史文化遗存调查资料汇编》。

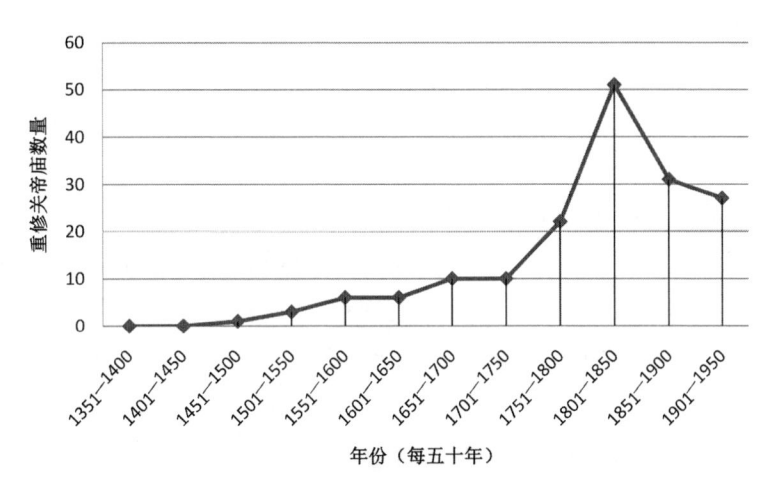

图 1-3　每五十年重修关帝庙数量变化趋势图

说明：（1）本图依据对高平地区关帝庙历史文化遗存的实地调查和现存碑刻文献编制；（2）本图中每一个关帝重修时间的具体考证非常烦琐，这里只能从略；（3）本图所用碑文资料可参考《高平历史文化遗存调查资料汇编》。

（二）关帝庙创建的时间分布特点

从图1-2可以看出，关帝庙的创建有两个明显的高峰，第一个出现在1601年到1650年的五十年间，这个时间正好就是晚明万历封帝前后。从具体的创建时间来看，万历封帝显然不是关帝庙创建高潮出现的原因。这五十年间，关帝庙的创修共有八次，其中五次在万历封帝之前，三次在万历封帝之后，两者相差不多。实际上在万历封帝之前，最早可以追溯到嘉靖时期，关帝庙的兴建高潮就已经出现了。万历封帝可以作为关帝庙兴建高潮的标志，但不是原因。这个高潮在随后的明清之际的社会动荡中有所减缓。

关帝庙创建的第二个高潮出现在1751年到1800年间，这一时期前后五十年，关帝庙的创建数量也不少，但这个时期有明显的高峰。时间上基本上对应于乾隆中后期。实际上，因为这个图中没有反映出关帝庙的大小规模，正如前面所说道光以后大部分关帝庙都是改修或者创建关帝阁，而且集中在偏远的山区村庄中，如果考虑到这个因素，乾隆中后期的这个高峰期就更加明显。

与上述两个关帝庙创建高峰交替出现的三个关帝庙创修相对比较少的时期则又各有特点。晚明以前大部分时间基本上是没有什么关帝庙的创建活动的。明清之际可以看作是两个高峰期的中间过渡时期，这时整个社会都处在明清之际战乱之后的恢复发展阶段，社会经济方面还不具备大规模建设庙宇的条件。晚清出现的衰落反映了创建活动的减缓，这不能证明关帝庙影响减弱，而是由于关帝庙建设饱和，"村村都有关帝庙"已经形成。这实际上是关帝庙影响进一步深化的表现。

（三）关帝庙重修的时间分布特点

和关帝庙的创建不同，关帝庙的重修只有一个高峰，这个高峰出现在1801—1850年间，即嘉庆到道光时期。显然地，这个时间段比关帝庙创修时间的高峰时段推后了，这是非常容易理解的。重修是在创修的基础上来进行的。之前的历史时段中创修的越多，重修的基数就越大。传统木构建筑的维修时间间隔大概就是五十年，因此重修的高峰落后创修高峰五十年是很正常的事情。

除此之外，关帝庙重修时间分布的另一个特点是在嘉庆道光重修高峰之前，关帝庙的重修基本上是稳步增加的，呈现明显的递增变化。这表明创修的关帝庙都在正常的维护和使用之中。但是在1750年之后，关帝庙重修数量的增加幅度明显加大了。而这个时间段也恰好是关帝庙的创修达到高峰的时期。这说明关帝庙的创修高峰和关帝庙大量开始重修的时间段是吻合的。从乾隆后期开始，无论是创修还是重修都在迅速增加。不过，乾隆后期的建设高潮之后，即到了嘉庆道光时期，村庄中关帝庙的数量已经基本饱和，创修数量开始下降，而重修数量继续增加达到高峰。

咸丰以后，不仅关帝庙创修延续了嘉庆道光时期的减少趋势，关帝庙的重修也开始减少。从咸丰到民国时期，这种减少趋势一直存在，不过没有明显的改变，直到1949年以后基本不再有庙宇兴建活动。这种情况表明从晚清开始，关帝庙在村庄的影响力开始减弱，有一部分庙宇没有得到及时重修，开始荒废。这和当时的社会动荡、战乱和灾害频繁有关。有几个时段开始出现长达几年、十几年的长期没有庙宇兴建活动的时期，例如受丁戊奇荒影响的光绪三年（1877）以后的几年，庚子之变的前后几年，清代民国交替的几年和抗战爆发以后。

第三节　高平关帝庙的空间分布

通过对高平所有村庄关帝庙的逐一调查，我们能对关帝庙的空间分布做一个定量研究，从中可以看出关帝庙空间分布的一些规律。值得注意的是，现存关帝庙的空间分布实际上是两方面因素共同作用的结果。一方面的因素是从明代以来关帝庙不断建设的累计效果，在不同的历史时期如果做一个历史的剖面，都可以概括出每一个历史时期关帝庙空间分布的特点，因此，关帝庙的空间分布一定要和其历史发展过程结合起来考虑。另一方面的因素是民国以来，特别是新中国成立以后对关帝庙的破坏使得学界不能完整地看到关帝庙空间分布的特点，对碑刻的破坏和其本身的不完整又加剧了这种情况，很多村庄难以准确判断是否曾经存在关帝庙，也无法准确得知很多关帝庙的创建和重修时间。对于关帝庙历史发展的大脉络来说，这似乎还不是特别严重的问题，但是当区域划分得越小，碑刻的不完整带来的偶然性对结论的正确性影响越来越大。即便如此，高平地区丰富的历史文化资源还是足以让我们形成一个初步的结论，可以比较清晰地概括出高平地区的关帝庙分布的空间特点。

一、关帝庙空间分布的总体特点

这一部分主要是概括现存关帝庙空间分布的总体特征，统计仅仅包括独立的关帝庙。需要指出的是，作为配殿存在的关帝庙实际上数量很大，在高平地区，村民实际上常常把配殿也称作庙，把关帝殿也叫作关帝庙。如果考虑到作为配殿存在的关帝庙的情况的话，"村村都有关帝庙"基本上是可以成立的。但是，关帝殿的研究有史料上的问题，碑文中很少会出现配殿中奉祀何种神灵的记载，现存庙宇中的配殿奉祀的神灵都是村中年纪大的村民根据记忆而安排的，这些记忆大多数应该是可靠的，但是也不排除记忆错误的情况。关键问题是，这些记忆属于口述史料的范畴，很难作为可靠的史料来使用。因此，这里的研究只考虑了现存独立的关帝庙的情况。

（一）关帝庙分布的空白区域

在整个高平地区的关公文化地图上有几处空白区域非常显眼。从北往南依次有如下几个空白区域。

寺庄掘山、柳树、琚家庄以及很多小自然村范围的一条沟里没有发现关帝庙。这与其周边南北两个小区域形成鲜明的对比，其北部赵庄附近的小区域里几乎村村都有关帝庙。其南部以釜山为中心的小区域里也是一样，包括西部山区里的地夺掌、回沟、拌沟等小村庄都是如此。

陈区镇西部以陈区、石村和浩庄为中心的区域里也没有关帝庙。这与陈区镇东部区域的以大山石堂会和迪阳为中心的区域形成鲜明对比，石堂会和迪阳周围不仅关帝庙众多，而且创建时间也很早，大部分都是晚明创建的。

建宁镇的北部除了晚明以前就存在的张家二郎关王庙之外就没有发现其他关帝庙。而反过来南部以郭村和建宁镇为中心的区域关帝庙数量却并不少。

野川镇北部和西北部的圪台、沟南和河底等山区村庄中很少见到关帝庙。而东南部大野川和杜寨为中心的区域关帝庙数量却很多，西南部山区里面也有不少关帝庙。

北诗南部和北部差别很大，北部除了南坪有一个关帝庙之外就没有其他的了。而南部四明山两侧都有不少关帝庙存在。

马村的东部靠近河西的地区，北部靠近原村的地区和南部靠近泽州的地区都有不少关帝庙。但是中部却存在一个空白区域，以古寨、庄头和东西牛庄为中心的中部地区没有发现一座关帝庙。

以上这些空白区域绝大部分都位于山区，都是丘陵或者山地地形，大部分村庄规模都比较小，多成片出现，这些特点值得注意。但陈区附近可能是一个特例，陈区附近庙宇破坏比较严重，现存每个村庄庙宇数量明显少于其他地区，这或许是这个特例出现的原因。

（二）关帝庙分布的密集区域

在高平众多关帝庙中有一部分关帝庙聚集在一些小区域内，这些小区域是关帝庙研究的重点。本节对这些小区域做一些整体介绍。

1. 南北官道上

从高平与长治边界的长平关经过长平驿到县城，再从县城经过乔村驿到高平与泽州（原凤台）交界的界牌岭的南北官道上，两侧的村庄基本都有关帝庙。这条官道上的几个大村庄赵庄、长平、寺庄、伯方、南王庄、汤王头、南陈、乔村等大概晚明时期就全部都有关帝庙了，到清代前期关帝庙已经扩展到沿线所有村庄。而分布在官道两侧进入山区的几条山沟中的村庄则呈现两极分化的特点：有的关帝庙极多，例如北王庄到釜山的一条沟内，大大小小的村庄基本都有关帝庙；有的几乎没有关帝庙，例如掘山到柳村一条沟内都没有关帝庙。

2. 县城周围

县城周围的村庄几乎村村都有关帝庙，北面以店上和冯庄为中心，店上南庙应该很早就有，冯庄玉皇庙中的关帝庙也应该在晚明就有了。东面以张庄和果则沟为中心、西面以汤王头和谷口为中心、南面以南北陈为中心，几乎村村都有关帝庙。

3. 沁水到县城官道上

在今原村乡境内的从沁水到县城的官道上也几乎村村都有关帝庙。沿线的交河、良户、冯村、原村、常庄、陈庄、沟村、唐庄等全部都有关帝庙。

4. 以郭庄为中心的建宁南部和陈区东部

郭庄有现在所知高平最早的关王庙，周围的陈区东部和建宁南部有不少关帝庙，而且历史都比较悠久，大部分都是晚明创建的。这个区域与建宁北部和陈区西部的空白区域形成鲜明对比。

5. 以沙壁为中心的北诗南部和石末北部

上沙壁和中沙壁两村位于北诗和石末两乡镇交界处，这个区域内关帝庙密集分布。向北延伸到北诗镇，向南延伸到石末镇。这个区域与北诗北部的空白区域形成鲜明对比。

6. 以西李门为中心的河西镇中东部

西李门有历史悠久的关王庙，在其周围密集分布大量关帝庙，基本上村村都有。

以上所列出的是一些比较典型的关帝庙的密集区域，实际上和空白区域比较起来，关帝庙的密集区域要多得多，大部分地区都有大量关帝庙集中存在的情况。

（三）大分散、小集中：关帝庙分布特点的初步概括

如果仔细分析以上的这些空白区域还是能够发现一些总体分布规律的。

关帝庙的分布呈现大分散、小集中的特点。从高平地区整体来看，关帝庙的数量没有明显的区域差异，东南西北到处都有关帝庙，数量都不算少。这和其他的信仰有很大的不同。例如高平地区汤王庙明显西南部偏多，东部和东北部基本上没有，这是汤王庙的中心在阳城的缘故。二仙庙与汤王庙正好相反，东部明显更多，西部则很少，这是因为二仙庙的中心在壶关。三嵕庙明显北部偏多，南部很少，这是因为三嵕庙的中心在屯留。关帝庙没有这种明显的区域差异。这就是关帝庙大分散的分布特点。这同时也与关帝庙整体数量多相对应，关帝庙整体上有总量多、大分散的特点。具体到由几个村构成的小区域来看，关帝庙又呈现出小区域内的集中现象。

这种小区域的集中现象又有如下特点：

首先，大的村庄、集镇附近几乎不存在空白区域。所有的空白区域基

本上都是在位置比较边远的山区，县城和各个镇的周围几乎是村村都有关帝庙。米山镇、建宁镇、河西镇、周纂镇、寺庄镇等，这些以前的主要大镇周围都有不少关帝庙，或许只有陈区镇周围是个例外。总体来看地理条件好一点儿的地方关帝庙分布密度要大一些。不过，事实上庙宇数量也呈现同样的分布规律，山区村庄的庙宇数量要少一些。

其次，官道和其他主要道路附近几乎都有关帝庙，没有空白区域。从长子过长平关经过寺庄到河西界牌岭一线的官道两边的村庄几乎都有关帝庙。从神农羊头山到河西莒山的南北道路两旁也都有关帝庙。从沁水过高平关东经过原村到高平的道路附近的村庄也都有关帝庙。

再次，一部分山区有关帝庙分布的空白区域，而另一部分却又分布非常密集。高平地区的地形因为山脉纵横，常常被山脉分割为一条条的山沟，寺庄、野川和原村等乡镇都是典型的这类地形。关帝庙的空白区域常常就出现在这样的众多山沟的某一条里。

最后，虽然不明显，但是总体上来说，高平西部和南部关帝庙略多一些，东部和北部略少一些。这和高平与外界的交通主要是南北方向沟通泽潞和向西通过沁水沟通晋南地区的地理位置有关系。

二、关帝庙空间分布特点的历史变迁

（一）关帝庙空间分布的时代特点

考察不同时代关帝庙的分布特点会遇到资料不足的困难。有一部分关帝庙没有碑刻可以说明其创建和重修的时间，另有更多的情况是仅能知道重修的时间而无法知道创建的时间。因此，这方面的结论只能大致反映历史的面目。

1. 明代关帝庙空间分布特点

晚明以前就存在的关王庙基本能够确认的有以下十二处：建宁郭庄关王庙、米山窑栈关王庙、河西镇西李门关王庙（后改称三义庙）、马村唐东关王庙、原村镇原村关王庙、三甲槐树庄关王庙、三甲西栗庄关王庙、南城街道办圪塔关王庙、建宁张家二郎关王庙、寺庄箭头五虎庙、南王庄关王庙、神农石羣关王庙。这些关王庙遍布在高平各个乡镇，北城街道办一处，南城街道办一处，建宁两处，三甲两处，河西一处，米山一处，马村一处，原村一处，神农一处，寺庄一处，仅野川、石末、永禄、北诗和陈区没有发现。它们的分布非常散，没有集中在一起。从村庄的规模来说差别也很大，郭庄、唐东、原村、箭头、南王庄和西李门都是相邻几个村庄的小区域中比较大的村庄，交通也比较便利，如果追溯这些村庄的历史，大概都是宋代以前就存在的。而槐树庄、西栗庄、张家、石羣和窑栈都是很小的山区小村庄。圪塔本身是很小的村庄，至今规模都不大，但是地理位置靠近县城，交通比较便利。这表明从一开始关帝庙的分布就没有表现出对村庄规模大小的选择性，大村庄有关帝庙，小村庄也有关帝庙。同样地，关帝庙的分布也没有表现出对区域的明显选择性，大分散的分布特点在这个时候就初见端倪，这和炎帝、二仙、汤王等信仰是不同的。这种分布特点表明高平地区关帝庙的起源很有可能是多元化的，也就是说是由不同的人因为不同的原因而创建的。

虽然关帝庙的起源可能是多元化的，但是兴起的时间却可能是很接近的，而到晚明，普遍性的兴盛就开始了。晚明创建的关帝庙有一部分分布在前述几个晚明以前的关王庙附近。箭头五虎庙和南王庄关王庙附近出现了伯方西关帝庙，王报、寺庄和王降的关帝庙这时应该都已经创建。在西栗庄和槐树庄关王庙附近出现了靳家关帝庙和徘南关王阁，三甲南和姬家的关帝庙估计在晚明已经出现。郭庄关王庙附近出现了大山石堂会的三义洞和关帝庙、迪阳的关王庙、迪阳后庄的关帝庙。在圪塔周围县城范围至少有西关关王庙一座。原村关王庙附近出现了冯村和康营关帝庙。在唐东关王庙附近出现了唐西西寨上关帝庙，而唐西关帝庙很有可能也是晚明时期修建的。西李门关王庙附近有常乐关帝庙和河西关王庙。然而，石羣关王庙、张家二郎关王庙、窑栈关王庙等一些关王庙周围并没有出现新的关帝庙。以上这些情况表明关帝庙有明显向周围小区域内的村庄传播扩散的倾向。

除了这些在晚明以前关帝庙周围出现的新建关帝庙之外，一些新的区域在晚明也出现了关帝庙，包括野川的东沟蒲沟关帝庙、北诗的上沙壁关王庙和中沙壁关帝庙、河西北岭关帝庙、凤和关帝庙等。这些关帝庙中的一部分又成为后来关帝庙向周边村庄扩散的中心。这时，关帝庙几乎已经遍布高平所有乡镇，它们同样可以说是"满天星斗"[①]，大范围分散开、小范围内集中分布的特点也表现了出来，上述很多小区域中已经开始呈现出"村村都有关帝庙"的现象了。不过就整体来看，这个时期还没有形成最终的格局。用一句话总结明代关帝庙的空间分布特点，那就是"大分散、小集中"的特点已经初步形成，但"村村都有关帝庙"格局还未形成。

2. 清代关帝庙的空间分布特点

乾隆中期以前，关帝庙的分布情况和晚明大致相同。这个时期不断有新的关帝庙创建，例如良户关帝庙、宰李关帝庙、寨上关帝庙、拥万关帝文昌阁、东南庄关帝庙等。从乾隆中期开始，关帝庙的创建数量明显增加很快，这个建设高潮一直持续到嘉庆时期，这时"村村都有关帝庙"的格局基本已经形成。以晚明以来就存在的几个关帝庙为中心，关帝庙创建的范围逐步扩展到全部高平地区。不过这个时候，位于山区的一些小村庄仍然没有关帝庙，这有两个原因：一是这些村庄的建村本来就比较晚，大概是入清以后人口激增才建村的；一是关帝庙的发展总体上来说是从交通便利的地区向山区扩展的，到清代中期，这些村庄受到影响才开始创建关帝庙。到嘉庆时期为止，关帝庙空间分布的特点是在县域范围内"村村都有关帝庙"的格局基本形成，但是一些小区域的山区村庄还留有较多空白。

从道光时期开始，关帝庙的创建活动表现出明显不同的特点。除了异地改建和新建会馆之外，道光以后的所有关帝庙的创建都是在偏远的山区小村庄，包括圪塔西郭庄关帝庙、邰家庄关帝庙、大坡沟关帝庙、伞盖关帝文昌阁、下崖底西坪、庄上关帝庙、圪塔韩家庄关帝阁、东山关帝文昌

[①] "满天星斗"之说是苏秉琦先生针对中国石器时代遗址的分布提出的一种形象说法，这里借用来描述关帝庙分布的多元化和大分散的特点。

阁、姬家庄关帝阁等。即便从庙宇碑刻保存不完整的角度来考虑，也绝不会在这一时期出现只有山区小村庄的庙宇创建碑刻被保存了下来，而其他大村庄创修碑刻一通都没有保存下来的情况。这从侧面证明了这个时期交通便利的大村庄里几乎早就都有了关帝庙。清代后期关帝庙空间分布的特点在"村村都有关帝庙"格局基本形成的基础上，开始向部分山区村庄扩散，但一部分山区村庄仍然没有关帝庙，这一部分区域成了现在所见到的关帝庙分布的空白区域。

（二）关帝庙空间分布与村庄发展历程

村庄与庙宇之间的关系绝不是偶然的可有可无的关系，它们之间存在着某种共生式的关系。村庄中庙宇的演化过程其实就代表着村庄的发展历程。这样一层关系也就是本书所提到的"村村都有关帝庙"的关帝庙现象背后所蕴含着的村庄与庙宇之间的实质性联系。

1. 关帝庙在村庄建庙历程中的地位

如果将关帝庙放到高平地区村庄的发展历程当中来看待就可以将关帝庙与村庄发展历程区分为几种类型。就常态的发展历程来说，关帝庙主要可以分为两种类型。第一种类型是关帝庙在村庄发展的成熟期开始出现，在这种类型中，关帝庙的出现可以说是村庄成熟的标志，或者换种说法，关帝庙恰好在村庄发展到了成熟的阶段出现。这种类型的关帝庙在创建时村中已经有了其他的社庙存在。第二种类型是关帝庙在村庄发展的起步阶段出现，关帝庙即便不是第一个庙，也是在最早创建的那一批庙宇之中。下面分别讨论这两种情况。

在一些大村庄中，民间性的庙宇的修建历史很早，早在金元时期就有最早的社庙出现了，那个时候的社庙往往是二仙庙、汤王庙、三嵕庙和炎帝庙之类的具有晋东南特色的信仰。因此，关帝庙不包含在这一类村庄所建设的第一批庙宇中。最早建设的社庙一般都位于村中心，而陆续增建的庙宇则位于村庄四周。关帝庙位于村庄四周的情况大部分都属于这一种。村庄在本质上来说是一个时空连续体，村庄的时间演变历程是和其空间拓展过程联系在一起的。明代中期以前村庄中的社庙虽然已经大量出现，但是村庄中庙宇数量还是比较少的，平均每村的庙宇数量大概只有一两个。正是在晚明这个阶段，大量庙宇开始兴建，关帝庙也是在这个时期大量兴建的。庙宇兴建的这种情况实际上反映了在人口增加的基础上，村庄的民间社会经济生活的繁荣和成熟化。伴随着这个过程出现的是社庙功能的多元化，这个进程在清代得到进一步加强。这里仍然以伯方村东西两个关帝庙为例来说明。

伯方村村中有元代兴建的文庙，村北有历史悠久的仙翁庙，始建年代不详，最早的补修庙宇记录是元代，村东西各有一个关帝庙。

伯方村自元代开始的碑文反映了其历代庙宇兴建活动的发起人和管理人的演变情况。在元代，它的管理者是社长，这是元代基层政权的管理人员。这个时候还基本没有后来三社共存的情况。明代中期的几次修建都是个人发起的，而善士和耆老这样的称谓中既包含着一定的信仰成分也包含一定的老人成分，或许明代的老人制在这时仍有一定影响。这一点在晚明的碑刻中也可以看到，其中也有耆民这样的说法。这个时期碑文中看不到明显的村社管理的痕迹。万历四十年（1612）《重修仙翁庙》的碑刻中首次出现了"三社维首"的说法，表明至迟在这个时候伯方村三社并存的格局已经出现。从这个时候社和社首开始变得非常重要。也正是因为三社并存格局出现，开始出现了三社共同管理庙宇和一个社单独管理庙宇的区别。

上述万历四十年《重修仙翁庙》碑刻表明仙翁庙的修建是三社共同进行的，这意味着仙翁庙是三社共同所有，三社对其都有权利和义务。文庙位于整个伯方村的中心，而且由于其官属特色，应该也是属于三社共有的。西关帝庙是一个明确的由西社进行管理的庙宇，前文已经做过说明。除此之外，从地理空间来看，南阁观音阁明显位于南社的所在地，它应该是南社的社庙，而东关帝庙位于东社，它应该是东社的社庙。这三个庙宇正是仙翁庙和文庙这两大中心之外的零散小庙。它们都应该和三社并存的格局有关。其中观音阁有崇祯三年的建阁时间，这个时间和西关帝庙明末建立的时间接近。东关帝庙的创修时间虽没有明确记载，大概也应该是在明末关帝庙大修建的时期。大概三社的分离并存也应该就在明末。如果东西两个关帝庙分别作为东西两个社的社庙这种推论成立的话，那么东西两个关帝庙以及南面的观音阁的出现就意味着伯方村三社既分离又共存的格局的正式形成，而这个时间就是晚明时期。这种三社并存格局的形成实际上标志着伯方村这个村庄聚落也进入了成熟时期。

与上述伯方村这类大村庄不同，在一些比较小的山区村庄中，其修庙本身就比较晚，到清代才开始建设第一座庙，而这个时期，关帝庙的建设已经进入高潮时期，村庄所建设的第一批庙宇中就有关帝庙的存在。野川的寺沟西庄村就是这样的典型例子，碑文中这样描述发起创建关帝庙的过程：

> 盖闻先王以□神道设教，诚以民庇于神，神依于民，随地皆然，岂必各区胜地乃建庙立祠耶？是邑也，僻处山隅，古未有庙，里老张□□永昌者存缔造之志，谋于众曰："村无庙宇，因无享祀，由来久矣。愿东南创观音堂三楹，何如？"众咸曰："善，美举也。惟山有木，取之无禁，用之不竭，兴工作赀费固易易耳。"自是，鸠工萃材，不惮劳勚，历寒暑而冈间一时趋事赴功者如蚁归附而土木丹雘之功焕然一新，阅数载，霍子大生者等张子□□讳有立意在恢复，更于斯地夹路建关帝文昌阁，以补巽峰。①

从碑文中可以看出村中张姓里老最早发起修庙的倡议，是庙宇兴建活动的发起者。张里老明确说村中本来是没有庙宇的，最早建立的庙宇是观音堂，仅仅隔了几年之后又在观音堂旁边修建了关帝文昌阁。这个庙阁合一的建筑群就算完成了。直到今天寺沟西庄这个小自然村也只有这一庙一阁，并没有增加新的庙宇。寺沟西庄位于野川西北部的山区中，村庄很小，现在也只有几十户人家。这样的村庄庙宇总量少，始建时间晚。这通碑刻

---

① 《乾隆创修碑》，乾隆六十年，现存高平野川镇寺沟西庄村关帝文昌阁。

的立碑时间是乾隆六十年，修庙时间应该也已经是乾隆末期，这个时候修建村庄第一座庙确实是属于非常晚的情况了，绝大部分这类山村庙宇的最早修建是在康熙到乾隆时期。

2. 关帝庙在村庄庙宇变化过程中的地位

上一部分讨论的是村庄庙宇发展的正常历程，经历了一个从起步阶段到成熟阶段的发展历程，庙宇是这个发展历程的标志性符号。然而，因为种种原因，即便是不存在大规模的有意识的破坏行为，村庄庙宇也会因为各种天灾人祸而被毁坏，在这种情况下，庙宇就会发生变动，最突出的表现就是庙宇位置的移动。高平地区关帝庙也有几个发生了位置移动的个案，从这些个案可以看出村庄传统的延续和调整的过程。

王寺西王寺关帝阁原本是建于村庄南部的关帝庙，后来改建为关帝阁，在咸丰四年创建关帝阁的碑文中说：

> 吾村昔有关帝神庙。古在南平之地，已久年深，风雨损坏，与村民心何忍？因此，吾村首事会同阖村公议一心，村之四面观望，惟有村南之地可修关帝神阁，保护一村，瑞气凝祥，速将古庙一概全移修理。①

在大多数情况下，村中如果遇到庙宇毁坏的情况都会在原地重建，这是对传统的一种继承，也是对于位置选择的一种审慎的态度。碑文中并没有说明为什么关帝庙没有在原地重建，而是改变了位置。根据实地调查了解的情况来看，王寺西王寺这个村庄位于韩王山脚下，村庄本身很小，是王寺村的一个小自然村，村南面临山沟。因此，没有在原地重建可能有两个原因，一是原来建庙的地方因为洪水之类的破坏已经不适宜重建庙宇，或者重建成本太高。另一个原因是原来的关帝庙位置距离村中过远，因此要移到距离村更近的地方。旧关帝庙不仅发生了位置的移动，还改变了形

---

① 《创修关帝阁碑序》，咸丰四年，现存高平北城街道王寺西王寺关帝阁。

制，原来是关帝庙现在改为关帝阁。碑文中没有记载古关帝庙是什么时候创建的，按照王寺西王寺这类村庄的一般情况而言，应该是在康乾时期创建的。咸丰四年这个时期已经基本上到了村庄庙宇不再发生大的变动的时期了。

原村常庄关帝阁也是改修之后的结果，商人王松龄在碑文中详细叙述了修建过程：

> 若夫庙宇妥神各有其位，如炎帝位南方，大王镇河务。关圣帝君，福神也。凡有血气者莫不尊亲，位宜街市丰隆处。无如我村关夫子庙乃居村外东岸，重修不能，迁移不能。长者曰村中建春秋阁，设其位，神即如在，地利维艰，又不能。数十年，徒嗟奈何。王姓汝舟，三教堂西有坑基，辛未夏与王滋、张书绅等闲谈，愿让大社修理。会间，社友共评授价捌千整，适常姓唯一、（唯）品出入基亦愿与社兑换，如是方有修阁举。①

碑文作者在一开始就讨论庙宇的位置问题，看似无用的闲话其实是为后来的关帝庙改修为关帝阁做铺垫。按照王松龄的观点，关帝庙应该修在"街市丰隆处"才是合理的，但是常庄关帝庙修在了村外的河东岸，因此将其改移到村中来是合理的。常庄村和王寺西王寺完全不同，常庄村规模较大，地理位置优越，位于从沁水端氏到高平的官道旁，旁边有原村河流过。这个古关帝庙修在河东岸的这个位置和大王庙的位置非常接近，很有可能这个古关帝庙也和大王庙一样同路过此地经商的商人有关系，周围几个村都有这样的大王庙，都和商人有关系。看来，常庄关帝庙面临着和王寺西王寺关帝庙同样的问题，"重修不能，迁移不能"，因此，村民决定异地重建。和王寺西王寺不同，常庄的庙宇众多，关帝庙重建为关帝魁星阁一定是综合考虑了村庄布局才做出的决定。现存的以关帝魁星阁为中心形成了

---

① 《建修春秋阁碑记》，光绪二年，现存于高平原村乡常庄关帝阁。

好几个阁构成的建筑群，设计非常精美，在高平众多阁中都是罕见的。

从以上两个关帝庙改建为关帝阁的个案可以看出，关帝庙的改移虽然可能有各种偶然的原因，但是其总的方向有以下几个特点。首先，从村外向村内迁移，王寺西王寺和常庄的古关帝庙都是位于村外，而改修为关帝阁时都向村里移动了。这表明关帝庙与人们的日常生活关系越来越密切，它作为村庄日常生活一部分的特点更加明确。其次，它们都由关帝庙改建为关帝阁，这和晚清关帝庙修建特点有关系，这个时期创修的关帝庙大部分都是以关帝阁的形式出现的，以庙宇形式创修的关帝庙已经很少了。最后，它们都是将关公和文运类的神灵共同奉祀在一起的，一个是文昌，一个是魁星，其实非常接近。这种搭配实际上具有互补的性质，是将文武两种神灵搭配在一起，以使得神灵功能更加丰富。或者即便不做这样的推测，关帝文昌阁这种搭配方式在当时已经成为一种潮流或者风俗了，这表明关公信仰已经深入人心。

三、关帝庙空间分布特点的形成原因

（一）小区域的分布特点及其原因

关帝庙的空间分布是在历史中逐步发展形成的，任何一个时间的横断面上看到的关帝庙的空间分布都是之前很多世代不断积累的结果。

对于关帝庙来说，其空间分布并不是从一个点开始扩散的，也不是由政府推动同时兴起的。前一种情况更符合炎帝庙、二仙庙和汤帝庙等其他庙宇类型，炎帝庙从羊头山开始扩散到长治高平各地，二仙庙从壶关祖庙开始扩散到陵川高平等地，汤帝庙以阳城析城山为中心扩散到泽州和豫北各地。后一种情况更符合明代文庙、城隍庙和厉坛等国家祭祀，在较短时间内依靠行政力量在全国同时推广。

关帝庙则不同，晚明关帝庙开始大规模兴起的时候高平地区各乡镇就已经有一些村庄存在关帝庙，关帝庙的扩散发展首先是以这些村庄为中心向周边的小区域扩展。在以村庄为中心开始扩散的过程中，这个村庄本身

在小区域中的地位具有至关重要的意义。

从前面的叙述可以看出，晚明创建的关帝庙的分布呈现出明显的围绕晚明以前存在的关帝庙为中心向周边扩散的特点。就具体的个案而言，不能说相邻的前后相继创修的关帝庙之间一定有某种联系，也不能说后建的关帝庙一定是受到相邻的村庄先建的关帝庙影响才修建的，这需要根据具体情况来分析它们之间的关系。但是，从整体的情况来看，在一个由几个村庄组成的小区域内，前后相继创修的关帝庙之间一定是有关系的。在创修庙宇的过程中，邻近村庄之间的相互仿效的效应是十分明显的。较早创立的关王庙就成了这个区域内的一个关帝庙传播的中心，相邻村庄在创修庙宇的过程中会仿效周围村庄建设同样的庙宇。这种扩散过程也存在不同的情况。

晚明以前存在关帝庙的村庄可以分为两类，一类是比较大的村庄，包括郭庄、唐西和西李门等，另一类是比较小的村庄，包括张家、窑栈和西栗庄等。这些村庄在小区域中的地位不同，其影响力也就不同。相对来说，大的村庄在小区域中地位更为重要，对周边村庄的影响力更大一些，小的村庄正相反。张家二郎关王庙的修建历史应该是很早的，但是张家本身是一个山区小村庄，在其小区域内没有什么影响力，所以即便到现在张家周围小区域内都没有什么关帝庙。窑栈和西栗庄也是如此，西栗庄情况稍好，但其影响力也只到它周围的槐树庄和姬家，这些村庄都是一些比较小的村庄。但是像郭庄、西李门和唐西这样的村庄就不同，它们都是比较大的村庄，它们对周围其他村庄的影响力就比较大，在它们周围也就容易出现更多的关帝庙。

在围绕原来小区域中心扩展的同时也会出现新的中心，这可能有两种情况。一是原来在这个区域有其他的小区域中心，但是其历史遗迹没有保留下来，这些关帝庙并非新的中心。另一种情况是原来这个小区域中并没有关帝庙，这里就是新出现的小区域中心。这两种情况的区分只对个案研究有意义，从整体上来看，一定是两种情况都存在的。关帝庙的兴建不可能仅仅是从原有中心向周围扩散，一定也存在建立新的中心的情况。

兴建庙宇的过程中涉及很多方面的要素，庙宇的选址涉及地理条件和相关的风水观念，修庙的组织活动涉及村庄"绅、耆、社、会"各种民间力量之间的组织与协调，修庙的资费涉及捐资、募化、摊派和合会等各种经济活动，修庙的直接目的又涉及烧香、磕头和灵验等信仰的实际功能的内容。除了这些之外，修庙还需要解决一个文化方面的问题，那就是究竟奉祀何种神灵，这当然首先取决于所建庙宇的实际功能是什么，神灵的功能要与建庙目的相一致。但是在民间信仰的神灵谱系中同一种功能的神祇是很多的，究竟选择哪一个神灵呢？一般地，在神祇的选择过程中，村庄庙宇会倾向于参考邻近的其他村庄的神祇，仿效周围其他村庄，这样的神祇选择习惯可以称之为邻近性原则。邻近性原则意味着村庄建庙选择神祇的过程其实并不是一个完全理性的选择过程，它不是从一些抽象的大原则出发的。建庙活动并不是出于对某些特定神祇的信奉，也没有一个规范的理性的甄别和筛选的机制，而主要是模仿。这和大型的建制型宗教是不同的。很难想象一个佛教僧侣在修建寺庙的时候会按照周围村庄有什么庙宇来决定寺庙中奉祀什么神灵，他是根据其所信仰的教义和宗派的判教理论来选择寺庙中奉祀的神灵的。

以邻近性原则来考虑庙宇的传播过程的时候，会发现日常所说"某种庙宇在某个区域非常兴盛"其实是存在一定歧义的。如果这句话的意思是说这种庙宇在这个地方很多，那么这是没有什么问题的。但是如果这句话的意思是说这种庙宇所奉祀的神灵在这个区域得到广泛的信仰，这种说法就不一定正确了。例如以阳城析城山为中心的汤王庙确实大量存在于泽州、晋南和晋豫交界地区，这可以表明汤王庙在这个区域确实数量很多、分布很广，但是这只能说明这个区域求雨的信仰需求非常兴盛，但是并不能说明汤王信仰在这里很兴盛。如果邻近性原则是这个地区庙宇兴建的主要原则，那么，这个区域选择兴建汤王庙仅仅是因为原来这个区域就有汤王庙，而并不是因为他们信仰汤王。信仰汤王和选择修建汤王庙之间没有因果关系，选择修建汤王庙是一个依照邻近性原则而完成的非理性选择过程。这个讨论表明学界长期以来在对庙宇的研究中过分重视信仰的方面，而忽略其社会经济方面的要素的倾向是应该纠正的。

邻近性原则并不意味着邻近村庄的庙宇是庙宇兴建的主要原因，实际上庙宇兴建活动是由很多因素共同促成的，邻近性原则只是在神祇选择方面起到一点作用，而神祇是庙宇的一个重要的标志和符号。邻近性原则只是一个经验性的概括，它不能提高到用来说明庙宇兴建的因果机制上。邻近性原则是庙宇神祇选择的一种机制，而并不是庙宇兴建的因果机制。即便在民间社会中，庙宇修建过程中神祇的选择并非一定依照邻近性原则来进行。否则，就无法解释作为邻近性原则前提条件的小区域中心是如何产生的了。问题的关键在于，在某些历史的时点上，对某种神灵的信仰和修建这种神灵的庙宇之间确实存在着因果关系。例如，徘南关王阁的修建者是布政使司的司㘺，这个修建过程可能就确实是因为对关公的信仰而产生的。但是，一旦这个作为小区域中心的庙宇被建立起来之后，后续兴建的庙宇就可能按照邻近性原则来选择神祇了。其实这种情况并不一定仅仅发生在小区域中心庙宇兴建的过程中。在一场庙宇兴建的高潮中，可能有两种原因，一种原因是确实是由对于某种神灵的信仰而推动的庙宇兴建，例如南北朝到唐代的很多佛寺的兴建就是这种情况，这确实表明了佛教信仰在这个时期蓬勃发展，这就是习惯上所说的宗教运动。晚明晚清时期基督教的传播也是如此。但是另一种可能的原因是庙宇兴建高潮的主要原因是社会经济方面的因素，而并非是信仰方面的原因。这个时候邻近性原则就会成为庙宇神祇选择的主要机制了。

邻近性原则不仅仅适用于庙宇神祇的选择，也适用于其他问题的讨论，例如庙宇形制的特点。一个最典型的个例就是康营、沟村、路家和后山沟这四个村构成的小区域中，每一个村都有一个关帝庙，每一个关帝庙对面都有一个戏台，每一个戏台都是过路搭板的戏台，四个村的四个庙的四个戏台的建筑形制几乎完全一样，这是典型的小区域内邻近性原则影响戏台建筑形制的例子。一个扩展了的邻近性原则的表述就是村庄庙宇兴建的过程中，构成庙宇的诸多要素会倾向于模仿周围先在的村庄的类似要素。这里的诸多要素可能是神祇选择、庙宇及其附属建筑的风格特点、碑刻刊立的形制和措辞特点，等等。

邻近性原则并不是一个单纯的空间概念，它既是一个空间概念又是一个时间概念。它是对于周边村庄已经存在的庙宇要素的模仿。在某种意义上，这是对于传统的一种继承和发展，只不过这种继承和发展是跨越了空间的，是某种传统在空间上的扩展和延伸。邻近性原则是传统性和邻近性共同作用的结果。如果没有传统性，邻近性原则就没有了前提；如果没有邻近性，邻近性原则的机制就得不到说明。就关帝庙的具体问题而言，如果没有晚明以前就存在的十余处关帝庙，那么关帝庙在晚明的大发展就没有了基础；如果没有空间分布上的邻近关系，也就无法解释晚明关帝庙的空间分布特点了。

（二）较大区域的分布特点及其原因

邻近性原则不仅仅适用于几个小村庄这样的小区域，在更大的区域上也是成立的。这个时候就需要考虑区域的差异性了。常庄关帝魁星阁的碑文作者这样讲：

> 若夫庙宇妥神各有其位，如炎帝位南方，大王镇河务。关圣帝君，福神也。凡有血气者莫不尊亲，位宜街市丰隆处。①

碑文作者对各种庙宇地理位置分布的概括是非常有见地的，对于关帝庙来说，"街市丰隆处"这一概括虽然是针对村庄内部的地理位置②而言的，但在更大的区域范围来看也是成立的，不过仍然需要考虑不同历史时期历时性的变迁。

高平地区多山，平川地区大概只占24%，其余76%都为山地或丘陵。

---

① 《建修春秋阁碑记》，光绪二年，现存于高平原村乡常庄关帝阁。
② 严格说，关帝庙的空间分布可以分为村庄内部、周边几个村庄的小区域、几十个村庄的较大区域以及超越县域的更大区域等不同层次。

从地形来看大致可以划分成以下一些小区域。

第一，中部县城周围以及向南延伸的丹河河谷地区，包括县城周围和河西镇中部（原河西镇）。县城是一个小盆地，东、北和西三面环山，南部是丹河河谷的平川地区。这个区域地势平坦，其平川面积有七八十平方公里，占高平全部平川面积近一半，是高平地理条件最好的地区。

第二，东部和东南部丘陵地带，包括北诗、石末和河西镇东部。南北鱼仙山一直到龙顶山的一列南北向山脉将高平中部和东部分开，这个区域主要以丘陵为主，山区和平川都不明显。

第三，东部和东北部的小盆地区域，包括米山、陈区和建宁。米山和建宁在历史上都曾经做过府州一级的治所（盖州和高华府），其地形和县城一样都是小盆地，陈区也基本类似。

第四，北部、西北部和西部的山沟区域，包括神农、三甲、寺庄、野川和原村等地区。这是高平地区最大也是最典型的区域。这一部分区域的主要特点是一列一列山脉和一条一条山沟交错分布。这个区域中有三条重要的道路，北面穿过神农和三甲的道路，西北穿过寺庄的道路和西部穿过原村的道路，这是进出高平的主要通道。在这些主要道路的两侧分布着叶脉状的一条一条的山沟。村庄大部分都分布在这些山沟中。

第五，西南部的比较平坦的地区，主要是马村镇地区。马村以南的大阳镇曾经作为阳阿县的县治，从地形上说，马村这片地区是以大阳镇为中心的区域的北部部分，地形相对比较平坦。

晚明以前的关帝庙并没有表现出明显的对"街市丰隆处"的选择性特点，规模较大、交通比较便利的村庄有关帝庙，规模很小、交通不便的山区村庄也有关帝庙。晚明的关帝庙的发展主要在平川地区和交通要道，山区村庄则发展缓慢。晚明时期，县城周围和主要的几条交通要道沿线已经有了大量关帝庙分布，从乾隆末期到嘉庆时期，就较大区域来说，"街市丰隆处"已经形成了"村村都有关帝庙"的格局。这主要包括县城周围以及丹河河谷地区，北部、西北部和西部的进出高平的主要道路，这些地区形成了关帝庙分布比较密集的区域。清代中期开始，关帝庙明显向山区村庄地区扩散，到民国时期为止，一部分山沟中也遍布了关帝庙，另一部分山沟中则基本没有关帝庙。

从上述关帝庙空间分布特点可以看出，较大区域的关帝庙的扩散呈现出一定的选择性和方向性，而不单纯受到地理位置的影响。其中的原因可能是多方面的。首先，山区的小村庄人口一般较少，经济实力也较弱，修庙的能力也比较弱。实际上现存清代中期创建的一些关帝庙是其所在山区村庄所建设的第一批庙宇，也就是说一直到清代中期，这些村庄才开始有了修庙的活动。其原因并不是没有需要，而是没有能力。其次，规模较大的村庄对于关帝庙这类庙宇的需求可能确实更加强烈，关帝庙作为村庄社会经济管理的核心在规模较大的村庄中意义更为重大。在部分大规模村庄中甚至存在两个或三个关帝庙的情况，这也是村庄对关帝庙的需要多元化的结果。最后，交通便利村庄的关帝庙的兴建和流动人口有一定关系。例如长平驿的关帝庙和驿站建在这个村庄附近可能有很大的关系。经过高平去外地经商的行商对关帝庙的贡献也不可忽视。总之，较大区域内关帝庙的空间分布除了前面所说的以村庄为中心向周围扩散的机制外，还要考虑其整体上的空间特点和区域差异。换另一种说法，以村庄为中心的扩散机制在各个方向上的扩散速度并不是均衡的，在平川地区扩散更快，向着交通道路方向扩散更快。

如果把这样一些特点也算作邻近性原则的话，那么邻近性原则就需要进一步的发展，邻近性原则影响力的强弱不仅仅受到中心村庄的地文特点的影响，还要受到扩散区域的地文特点的影响。从较大区域来看，邻近性原则不再能够解释所有的关帝庙空间分布特点，从根本上来说这是因为当空间范围扩展到几个村庄的小区域之外的层次时，就不能再仅考虑村民的活动，还必须将士大夫、宗教徒和商人等其他大范围内流动的群体的活动考虑在内。关帝庙在各个方向扩散的不均衡性正是因为这些流动人口活动的不均衡性造成的。

第二章　文化层面的关帝庙现象

第一节　从庙宇名称看关公文化

关帝庙只是一个笼统的称呼，高平地区的关帝庙事实上有非常复杂多样的称呼，有些比较常见，有些则很罕见。这些复杂多样的名称本身实际上是日常语言中的普通词汇，它们不是经过认真严谨的考察之后的学术概念。因此，首先需要做的就是对这些复杂多样的日常语言词汇进行整理，制定出一套关帝庙学名的规则。这样做既可以方便本书的论述，又可以从中引申出关帝庙名称中所蕴含的关公信仰中的一些深层次问题。

一、关帝庙名称的复杂性

（一）关帝庙名称的多样性

关帝庙的名称很多，也很复杂，同样是奉祀关公的庙宇有不同的名称。严格说，笼统地用"关帝庙"这个名称来概括奉祀关公的庙宇是不准确的，这只是一种权宜之计。北沟关帝庙的正殿檐柱上有一副楹联："汉封侯，宋封王，明封大帝；儒称圣，释称佛，道称天尊。"[1]这个楹联实际上在全国各地关帝庙中常常能够看到，它正好道出了关帝庙名称如此复杂的原因所在。一方面是因为历朝历代对关公有大量各种各样的封号，从不同的封号中可以衍生出不同的关帝庙名称。庙宇名称通常都是用主神灵之名来命名的，神灵的名称众多，庙宇名称也会相应较多。例如东岳庙的名称来自东岳大

---

[1] 现存高平北城街道北沟村关帝庙。

帝，而天齐庙的名称来自东岳的封号天齐。二仙庙的名字来自二仙这个神名，真泽宫的说法则来自二仙的封号真泽。这些信仰都相对比较简单，关公的封号则有关圣帝君、协天大帝、伏魔大帝等很多种，关帝庙的名称也就比一般信仰都要复杂一些。

另一方面也是因为关公的信仰主体很复杂。从主体上来说，因为儒释道、村民和商人等不同主体共尊，不同的主体会用不同的名称来称呼关帝庙。儒释道按照各自的理论架构来理解关公，而民间的村民又会用关爷庙之类的俗名来称呼关帝庙。

除此之外，从空间分布上来说，关帝庙的空间跨度大，不同地域也会有不同的称呼。例如，在闽台等东南沿海地区，关公被称作恩主公，关帝庙也就叫作恩主公庙，这主要和晚清以降关公和鸾堂联系在一起有关系，这种情况在地处北方的高平就不存在。不过，对于本书研究来说，这方面的问题不需要过多讨论。以上这些因素交织起来就造成了关帝庙的名称非常多。

本章所整体统计的关帝庙的名称其实带有一定的随机性和偶然性。在实际的调查中发现，关帝庙的名称本来就是多种多样的，同一个关帝庙同时叫多种名称的情况极为常见。具体体现在碑刻中使用哪个名字可能是有偶然性的，统计性的结果反映的是总的情况，并不是说特定的某个关帝庙就一定用这个名字，而不适用其他的名字。关帝庙的名称在民间社会本来就具有一定的模糊性，并没有一个统一的标准。

（二）关公历代封号对民间关帝庙名称的影响

关公在历朝历代封号的情况已经有很多学者做了研究，这里根据这些研究归纳整理为表 2-1。

表 2-1　关公历代封号情况一览表

序号	时间	赐封号者	封号	备注
1	建安五年	曹操	汉寿亭侯	关羽在世
2	蜀汉景耀三年	刘禅	壮缪侯	死后封谥

续表

序号	时间	赐封号者	封号	备注
3	崇宁元年	宋徽宗	忠惠公	首次封公
4	崇宁三年	宋徽宗	崇宁真君	道教名称
5	大观二年	宋徽宗	武安王	首次封王
6	宣和五年	宋徽宗	义勇武安王	
7	建炎二年	宋高宗	壮缪义勇武安王	
8	淳熙十四年	宋孝宗	壮缪义勇武安英济王	
9	天历元年	元文宗	显灵义勇武安英济王	
10	洪武元年	明太祖	恢复原封"寿亭侯"	错将"汉寿亭侯"当作"寿亭侯"
11	正德四年	明武宗	赐庙曰忠武庙	有武庙之名
12	万历十年	明神宗	协天大帝	始称帝
13	万历十八年	明神宗	协天护国忠义帝	
14	万历二十二年	明神宗	赐庙曰英烈	
15	万历四十二年	明神宗	三界伏魔大帝神威远震天尊关圣帝君	
16	顺治九年	清世祖	忠义神武关圣大帝	
17	雍正三年	清世宗	加封关公为山西关夫子	有夫子之名
18	乾隆三十三年	清高宗	忠义神灵佑关圣大帝	
19	嘉庆十九年	清仁宗	忠义神武灵佑仁勇关圣大帝	
20	道光八年	清宣宗	忠义神武灵佑仁勇威显关圣大帝	
21	咸丰四年	清文宗	忠义神武灵佑仁勇威显护国保民关圣大帝	
22	同治九年	清穆宗	忠义神武灵佑仁勇威显护国保民精诚绥靖翊赞关圣大帝	
23	光绪五年	清德宗	忠义神武灵佑仁勇威显护国保民精诚绥靖翊赞宣德关圣大帝	26字,最长封号

说明：本表根据多种关公研究著作汇集编制而成，包括胡小伟的《关公崇拜溯源》和闫爱萍的《关公信仰与地方社会生活》，等等。

关公这些封号实际上有几个阶段。第一个阶段是宋徽宗以前，虽然民间大概从南北朝时期就有关帝信仰存在，但是关羽的封号基本上还是普通的作为名将的封号。这个时期关帝庙还带有某种祠祀的性质。第二个阶段是从宋徽宗开始到明代以前，宋元时期关公一直称王，这一时期遗留下来的关帝庙都称关王庙。第三个阶段是明初到万历封帝之前，关公王的封号被朱元璋剥夺之后，官方对关公一直只称侯，民间却一直在沿用关王庙的称呼。第四个阶段是万历封帝到清早期，大量不同的关帝名称出现，这些称号影响到了民间对关帝庙的命名，各种关帝庙的称呼基本上都出现了。第五个阶段是清代中期以后对关帝不断加封，但是这些封号对民间影响不大，在民间庙宇中很少见到，民间基本沿用了晚明的称呼。

将这些官方封号和民间关帝庙的名称相互比较就可以看出，有时候官方封号对民间影响很大，有时候很小。影响大的情况往往是官方封号明确地大幅度地提高关公地位的时候，主要是宋徽宗封王和万历封帝这两个时期。影响小的情况要么是官方封号降低关公地位的时候，要么是官方封号越来越复杂但是又没有明显地位提升的时候，这主要是明代前期和清代中后期两个时期。以上是官方封号对民间关庙名称的影响，反过来，民间关庙发展也影响官方封号。历史上官方大幅度提高关公地位往往发生在民间关公信仰有了一段时间的大发展之后，这表明民间信仰会推动官方封号的发展，晚宋和晚明都是如此，官方往往会顺应民间的发展而提高关公地位。但是在某些强势政权统治时期，官方也会漠视民间的发展而按照自己的价值观来规定关公的封号，明初朱元璋就是典型的例子。

（三）关帝庙名称与不同信仰主体

关公信仰从唐宋时期开始就和儒释道三教有密切的关系，由于很难复原当时民间信仰的发展情况，所以现在看到的更多是经过了儒释道三教吸收和改造之后的关公信仰，而那个时代民间信仰的关公被湮没在历史之中。在这种吸收和改造的过程中，其中一个重要的工作就是为关公改名称或增加新的名称，例如道教称关公为崇宁真君，佛教称关公伽蓝菩萨，儒教称关公为武圣关夫子。各种不同的建制型宗教通过改名的办法将关公纳入到自己的神祇系统之中，这客观上造成了关帝庙复杂多样的名称。在这些名称刚刚出现的时候，它们体现着儒释道的宗教家们一些有意的目的，而在随后的历史演变中就成了一种历史残余存在于民间社会之中。

民间社会存在的关帝庙名称和儒释道的那种名称是不同的，因为民间社会没有人像那些高僧高道和大儒们有意识地、理性地去筛选名称，去剔除那些不符合其教义思想的名称，民间社会往往按照习惯，将名称拿来就用，而不去考虑是否合适的问题。因此，关帝庙在历史上被儒释道改造的复杂历程最终都会体现在民间的关帝庙的名称之中。它们事实上早已经失去了其一开始被创造出来的时候的那种含义，只是一种历史残留的表现形式。对于历史上的民间思想，实际上已经基本无法去还原，因为民间的传统往往存在于口头上，在调查中能够从村民那里听到大量民间的称呼，例如关爷庙之类，习惯上把这些名称叫作俗名。这些俗名很难保留在历史文献里，只有在最近几十年的重修中，这些俗名开始大量出现在新刻的碑文中，这是因为现代碑文的刊刻已经和传统社会有了重大的不同。传统社会大部分人没有撰写碑文的能力，只能按照习惯邀请文人来撰写碑文。现代社会村中在修建庙宇撰写碑文时很少邀请专门的文化人，很多都是村民自己撰写。这实际上倒是将民间的传统用文字形式保留了下来。事实上，村民应该是一直在使用这些俗名来称呼庙宇的，但是在民国以前的碑文中几乎看不到这样的名称。撰写碑文的文人回避了这种俗名，而是使用了更为文雅的正式名称，因此，也就无法了解这些名称的历史演变过程。这是在涉及关帝庙的俗名时碰到的特殊困难。

令问题更为复杂的是，一座关帝庙的名称在历史上并非是固定不变的，事实上，从大量碑刻中可以看到，关帝庙的名称在历史上不断发生改变，这些历史名称在习惯上被称之为别名。大量别名的存在或许是因为在不同时期确实有不同的称呼习惯，但是更可能是不同的碑文作者按照他的习惯来称呼庙宇，因为其中大量的名称实际上不大可能是村民的称呼，而是碑文作者自己的称呼。因此，从这些名称当中很难看到什么历史演变的轨迹，而更多的是关帝庙名称在日常词汇中的丰富性。

关帝庙存在着大量的俗名或者别名，这给研究工作带来很多不便，因此，需要按照学术标准给每个关帝庙起一个学名。这样，关帝庙复杂多样的名称就可以分为三类。学名是为了研究方便而为其规定的名称，俗名是在田野调查中村民对关帝庙的称呼，也包括新修碑刻中的称呼，别名则是民国以前的碑刻或者脊枋题字中出现的关帝庙的名称。这三类名称都可以用来称呼关帝庙，在后面各章的行文中笔者将尽可能使用学名。

二、由封号和儒释道演变的名称

（一）由各种封号演变的名称

高平地区从上一节那些封号和儒释道名称中衍生转变过来的关帝庙名称的情况如表 2-2 所示。总的来看，从时间上说，万历封帝是一个重要的分界线。关王庙都是万历封帝以前的名称，之后就都改称关帝庙，没有一个例外。这表明民间对于国家层面上的万历封帝非常了解和熟悉，对于关公地位提升也非常敏感，民间响应很快。但是，明初关公被剥夺王号的国家命令却基本上被民间社会忽略，明代封帝以前所见关帝庙都叫关王庙，没有叫关侯庙的。在高平附近的区域也只有极少数明代关庙叫作关侯庙。

在这些名称中和封号有关系的有关圣帝君阁、关王老爷庙、协天大帝关夫子庙、敕封三界伏魔大帝神威远镇天尊关圣帝君庙、关王祠、关王圣贤宝殿、义勇武安王行祠等。这些名称基本上只有两类，一类是宋代敕封为义勇武安王之后，以义勇武安王或者简称关王的名称来为关帝庙命名。第二类是明代万历敕封帝号之后以关帝庙命名，三种不同的帝号关圣帝君、协天大帝和伏魔大帝都有出现。而清代迭次加封的"忠义神武关圣大帝"和"忠义神武灵佑关圣大帝"等，越来越复杂的封号名称连一例都没有见到。全国的关帝庙名称情况基本上都是如此，各地关帝庙中上述三种明代帝号常常见到，而清代的封号则很少见到。

在有些关帝庙名称中基本上完全严格按照国家的封号名称出现，例如建于万历时期的大山石堂会的"敕封三界伏魔大帝神威远震天尊关圣帝君庙"就和万历时期官方的封号完全一致，一字不差。这说明修建者对于官方的册封有清晰的了解。但是更多的情况下，官方的封号是以简称的形式出现的，或者是和其他一些名称混在一起出现的。例如上沙壁关王庙的"关王老爷庙"的名称中，关王是义勇武安王封号的简称，而老爷庙是一个明显的民间化的称呼。寨上关帝庙的"协天大帝关夫子庙"的名称则是协天大帝的封号和夫子庙这种儒家色彩称呼的合并。这表明民间的庙宇名称不一定严格按照官方的封号名称，常常会按照自己的喜好随意修改，或者省略，或者把很多不同名称堆砌在一起。民间庙宇名称和官方封号既有关系又有一定差异。

（二）儒释道影响的名称

在关帝庙各种复杂的名称中，很难见到明显的属于佛教或道教的名称。这应该从两个方面来分析。一方面，在一些大型的比较正统的佛寺道观之中存在关公配殿。现存一些佛教寺院修建关帝殿的碑文记载，例如金峰寺现存道光二十年（1840）《关圣殿重修碑记》。大周资圣寺现存道光十五年（1835）《重修毗卢伽蓝罗汉三殿记》，这里的伽蓝应该也是关公。道观的情况也是如此，焦河东华观前院东配殿现在奉祀关公。但是，在一般的碑文当中，详细描述配祀神灵的情况比较少见。因此作为佛道教寺观配祀神灵出现的关公的情况不容易在碑文中得到充分反映。同样属于此类情况的还有朱家庄关帝庙门上写的英雄佛的称谓，这种称谓有明显的佛教色彩，同时也有很强的民间色彩，非常罕见，但是仅仅出现在门上，或许只是民间的一种创造，并没有明确的碑文可以证明。总之，独立存在的关帝庙名称中没有明显佛道教名称能证明佛道教不奉祀关公，它们往往以配殿形式配祀关公。

另一方面，从独立的关帝庙名称来看，佛道教名称没有明确体现的同时，带有儒教色彩的名称出现的却不少。这表明在民间的关帝庙中儒教的影响力的确是大于佛道教的，这也是不容否认的事实。当然，这种情况的另外一个原因是碑文的撰写者大部分都是有一定儒教背景身份的士绅阶层，他们也会更偏好使用儒教色彩的名称。即便考虑到这种因素，儒教在民间关帝庙中的影响力确实要大于佛道教。事实上，宋代以后佛道教的世俗化非常严重，佛道教的社会影响力很弱，远远不能和儒教相比。这些带有儒教色彩的名称主要有夫子庙、武庙、圣贤庙、关圣庙、忠义阁等，这些名称大量出现在碑文之中。夫子庙、关圣庙和武庙都是对应于孔子而言的，圣贤庙的称谓在其他地区见到不多，但是在山西地区比较常见，晋中等地都可以见到。忠义阁也是如此，圣贤和忠义都是具有明显儒教色彩的名称，虽然很难断言在明清时期这些名称是属于儒教的，但是其受到儒教思想影响则是毫无疑问的。

三、民间化的名称

民间化的名称大部分出现在老百姓口头上，少数也见于碑文或脊枋题字等文字资料上，笔者主要是通过田野调查中村民的口述来了解这些名称（凡是以口述形式了解到的名称在表中都加括号以示区分）。民间化的名称主要有三类，第一类是按照方位来命名的，第二类是按照功能来命名的，第三类是口语化的命名。下面分别介绍各种情况（见表2-2）。

（一）按照方位的命名

按照方位来命名是最为简单，也是最常见的一种命名方式。中国文化历来非常重视方位，对于传统中国社会来说，庙宇的方位具有极其重要的意义。常庄关帝魁星阁的碑文作者这样讲道："若夫庙宇妥神各有其位，如炎帝位南方，大王镇河务。关圣帝君，福神也。凡有血气者莫不尊亲，位宜街市丰隆处。"①碑文作者王松龄的概括是很有道理的。关帝庙和其他一些类

---

① 《建修春秋阁碑记》，光绪二年，现存高平原村乡常庄关帝阁。

型的庙宇不同，并没有明显在哪个方位的习惯，但是基本都处在村中比较热闹的区域。目前发现的关帝庙中很少有在山上的，而在山沟里的也只有寨上关帝庙一个特例，其余都在村中人烟密集的地方。按照方位来命名的关帝庙名称主要有东庙、西庙、南庙、北庙、后庙、堂庙等。以东西南北方位命名的例子很多，西庙的例子有中沙壁和董寨等，南庙的例子有店上，东庙的例子有东南庄，北庙的例子有唐西西寨上。堂庙的例子有南王庄，南王庄脊枋题字上有"时民国九年正月廿四日辰时动工创修北堂庙楼房上下拾间"①，这里的北堂庙实际上就是正殿的一种民间习惯说法，类似于民居中堂屋的说法一样，高平很多地区都有堂殿的说法，中沙壁脊枋题字上也有堂殿的说法，其实堂殿就是正殿，一般都是指坐北朝南的情形。这同时也说明脊枋题字上面的文字更接近于村民口头的俗名。后庙的说法不常见，仅见窑则头东掌关帝庙一例。"前后"和村庄名称中的"上下"一样是很难清晰界定的民间习惯说法。有时候和地形有关系，有时候也和进出村庄的便利情况有关系。

（二）按照功能的命名

大庙和社庙是按照功能对关帝庙的称呼。虽然一般大庙的规模都不小，但它主要不是指规模，大庙和社庙都是和村社制度有关系的庙宇称谓。大庙一般都是属于村中大社的庙，其含义是它承担着大社的各种功能，包括纠纷调解、商议事务、乡约村规、禁约公示等。社庙也是如此，社庙一般也是大社的庙，但也有不是大社而是其他小社社庙的。大庙和社庙的称谓虽然是民间的，但是有时候也会见于碑文，虽然并不常见。例如郭庄碑文中就有"大庙"的称呼，大山石堂会关帝庙碑文中有"社庙"的称谓。这些称呼在村民的口语中地位完全不同，大庙是村民最常见的一种称呼方式，实际上很多村庄中村民只知道庙宇叫大庙，根本不知道庙中奉祀何种神灵，

---

① 《脊枋题字》，民国九年，在高平北城街道南王庄村关王庙。

对于大庙来说，他们很少用神灵的名称来称呼庙宇。反过来，村民几乎从来不用社庙这个称呼，这一方面是因为村社早就已经在1949年以后消失了，村社组织不存在，其对应的社庙称呼也就不存在了；另一方面，这个称呼可能本来就是过分复杂而不够形象的。对于本书的研究来说，社庙能够非常好地反映出关帝庙那种村社组织与庙宇建筑合一的性质，因此在后面的研究中常用社庙来称呼关帝庙，也正是希望能够用这种称呼来反映关帝庙的这种"社庙合一"的特点。

（三）口语化的命名

口语化的关帝庙称呼主要是关爷庙，实际上村民对关帝庙的称呼最多的就是关爷庙。晋东南地区村民习惯上把所有神灵都叫作老爷，同时也把所有女性神灵都叫作奶奶。关公也就习惯上被叫作关老爷，简称就是关爷。"关爷庙"这个称呼是目前高平地区关帝庙最普遍的称呼，很多村民甚至根本不知道关帝庙，只知道关爷庙。但是，关爷庙这个称呼极少见于碑文，只有新修碑刻上会偶尔出现。"老爷"这种称呼反映出老百姓的一种复杂的意识或者心态，在高平当地方言中，还有另外两种东西也被叫作老爷，一个是指老天爷为老爷，村民抱怨不下雨的时候会说"老爷不下雨"，实际上就是指天。另一个就是知县也被称作老爷或者大老爷，这普遍见于碑刻上。这样三种老爷的称呼能够反映出民众的一种复杂的心态，将所有主宰或者决定他们生活的东西都叫作老爷。

除了关爷庙以外还有"小庙"或"小阁"的说法。小庙一般来说规模都不大，但是也不是说所有规模小的庙都叫小庙，小庙一般是特指的，是一种约定俗成的称呼，不是每一个规模小的庙都叫小庙。这样的例子也不少，例如云东上村的关帝庙就叫作小庙或者小庙上。米东关帝观音阁就被叫作小阁。高平地区非常喜欢在庙后面加个"上"字，称之为"庙上"，大庙也会说大庙上，这是高平地区方言的一种特点。

表 2-2　关帝庙名称一览表

序号	庙宇学名	别名或俗名	备注
1	南王庄关王庙	北堂庙	见于脊枋题记
2	王寺西王寺关帝阁	（南阁）	
3	董庄关帝阁	关帝圣君阁、（东阁）	
4	姬家庄关帝阁	（西阁）	
5	龙尾关帝阁	（西阁）	
6	上沙壁关王庙	关王老爷庙、（武圣宫）	武圣宫见于门楣题字
7	拥万关帝文昌阁	关圣文昌阁	与文昌合祀
8	寨上关帝庙	协天大帝关夫子庙、关圣大帝神庙、关夫子庙	不同时期碑刻称呼不同
9	中沙壁关帝庙	（西庙）	
10	大山石堂会关帝庙	敕封三界伏魔大帝神威远镇天尊关圣帝君、社庙	万历封号
11	店上关帝庙	（关圣庙）、（南庙）	
12	东山关帝文昌阁	（西阁）	
13	张家坡关帝庙	（关爷庙）	
14	张庄关帝庙	（圣贤殿）	2005 年新碑称呼
15	西南庄关帝庙	结义庙	
16	东李门关帝庙	（东庙）	
17	杜村关帝庙	关圣庙	
18	刘庄关帝庙	（南庙）	
19	牛家庄关帝庙	（南庙）	2006 年新碑称呼
20	双井关帝阁	（东阁）	
21	双井关帝阁	（西阁）	
22	西李门关王庙	三义庙	明代为关王庙，清代为三义庙
23	窑头关帝阁	（奶奶庙）	奶奶庙与关帝阁二庙合一
24	寨沟河关帝庙	（西庙）	
25	朱家庄关帝庙	（西庙）（英雄佛庙）	门楣上写英雄佛

续表

序号	庙宇学名	别名或俗名	备注
26	郭庄关王庙	关王祠、（大庙）	
27	筱川关帝庙	（关府）	神龛顶上写关府
28	张家二郎关王庙	关帝二郎庙	早期为二郎关王庙，后改为关帝二郎庙
29	西周关帝阁	（东阁）	
30	东南庄关帝庙	（东庙）	
31	董寨关帝庙	（西庙）	
32	米东关帝观音阁	（小阁）	
33	南圪塔春秋阁	（西阁）	
34	窑栈关王庙	关王圣贤宝殿	
35	琚庄关帝庙	（东阁）	
36	南许庄关帝庙	（北庙）	
37	上玉井关帝庙	（东阁）	
38	谷口关王庙	（奶奶庙）	
39	谷口关帝观音阁	垂慈阁	见于一侧阁顶匾额
40	路家山关帝庙	圣贤庙	
41	徘南关王阁	（西阁）	
42	西栗庄关王庙	义勇武安王行祠	
43	朱家山关帝阁	春秋阁	
44	大西河关帝阁	春秋阁	
45	中村关帝阁	春秋阁、（东阁）	
46	北凹关帝庙	（西庙）	
47	石末关帝庙	会馆	关帝庙与会馆同见
48	草芳关帝庙	（大庙）	
49	贾村关帝阁	（西阁）	
50	伞盖关帝文昌阁	春秋阁、文昌楼、（东阁）	三层阁楼
51	寺庄村北关帝庙	（会馆）	
52	寺庄村南关帝庙	圣贤庙、关帝尊神庙、关帝庙	不同时期称呼不同
53	王报关帝庙	关夫子庙	

续表

序号	庙宇学名	别名或俗名	备注
54	长平关帝庙	（长平驿）	本为驿站
55	大野川南关帝庙	关圣庙	
56	东沟关帝庙	（北阁）	
57	杜寨关帝阁	（东阁）	
58	扶市关帝庙	（关爷庙）	
59	大坡沟关帝庙	（汉精忠庙）	
60	窑则头东掌关帝庙	（后庙）	
61	山和背关帝阁	忠义阁	

说明：（1）本表依据对高平地区关帝庙历史文化遗存的实地调查和现存碑刻文献编制；（2）本表中加括号的名称来自于田野调查中村民的口述，新碑的称呼视作等同于口述，其余名称均有碑刻文献的直接证明；（3）由于过于烦琐，本表中不再一一列出每一个名称的碑文出处，具体可参考《高平历史文化遗存调查资料汇编》。

四、关帝庙名称的其他情况

（一）关帝与其他神灵合祀

关帝庙因为数量众多，常常会和其他神灵合祀在一起，这种情况下关帝庙的名称就会和其他神灵合在一起。这种例子特别多，比较常见的与关帝庙合祀的神灵有观音（高禖）、文昌（魁星）等。这种合祀的情况，阁上比较多，有不少阁属于双面开口的双面阁。两个方向上各有一个神灵。一个朝内，一个朝外，这是阁门类建筑中神灵布局的常见情况。真正庙宇中两个神灵合祀的情况很少见，一般都有明确的主神灵和配祀神灵的区分。

在所有合祀的庙宇中有两类庙宇比较特殊，它们是三义庙与五虎庙。三义庙是奉祀刘关张三人的，而五虎庙则是奉祀关羽、张飞、赵云、马超和黄忠等五虎上将的。这两种庙宇在某种意义上都可以看作是关帝庙。实际上有些庙本来是关帝庙，后来也被叫作三义庙。例如西李门的关王庙在明代就叫作关王庙，后来又被改称为三义庙。与这两类庙类似的还有双忠庙，是奉祀关公和张飞的，这种庙仅见到伯方仙翁庙配殿的一个例子。

第二章 文化层面的关帝庙现象

一般来说，多个神灵合祀还是能够区分主神灵和配祀神灵的。例如，三义庙一般都是以刘备为主神灵，关羽和张飞配祀两边。五虎庙都是以关公为主神灵，其他神灵配祀两边。但是，这种主次的区分有时候是有些勉强的。因此在关帝庙的学名确定中，对于合祀的情况，本书还是将合祀神灵也列入学名之中。

（二）楼阁塔

在高平地区极为常见的阁门上奉祀关公的例子有很多，这种阁一般叫作春秋阁或关帝阁，春秋阁这种称呼出现得更多一些。实际上，凡是高耸的楼阁类建筑上面奉祀关帝的时候一般都可以叫作春秋楼或者春秋阁。这个名称可能有两个来历，一个可能的来历是关帝以读《春秋》而闻名，很多关帝庙中都有春秋楼，山西解州关帝庙祖庙中就有春秋楼。另一个可能的来历是和春祈秋报的迎神赛社活动有关系，拥万关圣文昌阁上的碑文中说"因立一会曰春秋会以供春秋之祭也"[①]，这是说明春秋会名称的来历，或许也可以说明春秋阁名称的来历。无论"春秋"这个名称是怎么来的，看来似乎只有那种高耸的楼阁上奉祀关帝的才能叫作春秋楼或春秋阁，而平地上的关帝庙却很少直接用"春秋"这个称谓。

除了春秋阁之外，关帝阁也可以叫作麟经阁。这种情况在高平仅见到一例，就是北陈村的东阁，碑文中称为关帝阁，但匾额上题为麟经阁。有些关帝阁也可以叫作春秋楼，安河关帝文昌阁上有嘉庆五年春秋楼匾额。实际上，在传统的建筑称谓中只要是二层以上的都可以叫作楼，舞楼的称呼也是十分常见的。因此，二层的阁完全可以叫作楼。除此之外也有一些阁不使用特指的名称，而是直接用神阁这样的普遍化的名称，例如谷口村的神阁实际上是关帝观音合祀阁。

很多庙宇中都有春秋楼，这种春秋楼实际上可以看作是一种关帝殿，关公是这个庙宇的配祀神灵之一，这种庙宇一般规模都很大，是村中的大庙。

---

① 《重修春秋阁碑记》，光绪二年，现存高平北诗镇拥万村春秋阁。

春秋楼在清代中期有一个兴盛时期，大量春秋楼都是这时候修建的。春秋楼没有独立的，都是其他大型庙宇的附属建筑。高平没有解州关帝庙那样的在大型关帝庙中另设春秋楼的情况。

除了关帝的楼阁之外，还有关帝塔。高平地区所存的关帝塔仅有一处，就是大周村关帝塔。大周村关帝塔的修建有比较明显的风水意义。由于楼阁塔的特殊性，高平关帝庙的学名中保留楼阁塔这样的称呼，不改称关帝庙。

（三）会馆与石窟

高平的关帝庙中有几个情况比较特殊，需要做专门的说明。高平地区有几个清代中期以后建立的商人会馆，它们既是关帝庙，也是会馆，所以也可以叫作会馆。这种情况已发现的有四个，包括寺庄北关帝庙也称寺庄会馆，河西关王庙也称河西会馆，石末关帝庙也称石末会馆以及县城中的会馆。这些关帝庙的性质比较特殊，又是关帝庙又是会馆，具有馆庙合一的特点。学界直接称这种特殊的关帝庙为会馆，对于山西商人来说，会馆就是关帝庙的一种特殊类型。除会馆外，还有少数关帝庙是以石窟形式存在的，高平仅有大山石堂会的三义洞一例。这种情况的关帝庙一般直接用三义洞的称谓，不用关帝庙或者三义庙的称谓。

五、关帝庙名称的分析以及学名的确定

总的来说，关帝庙的名称可以分为三大类。第一大类是关公的各种称号再加上庙的类型。第二大类是方位加上庙的类型。第三大类就是庙的性质或功能名称再加上庙的类型。

（一）庙的词汇序列

首先需要说明的是上面所说庙宇类型的含义。村中的庙宇习惯上称作"庙"。而实际上这里所说的"庙"有很多不同的说法，例如寺、观、宫、

馆、祠、庵、堂、殿等，这些即是"庙的各种类型"。而这里所谓的类型并非某种逻辑学或者类型学上的严格分类，只是各种不同的说法，它是一个有待于进一步研究的语言和社会现象。这里笔者无法展开对于相关问题的冗长讨论，只是说明对于研究工作来说需要有一个对于此类公共场所的一个统一的名称来概括所有这些复杂的名称，本书选择庙或者庙宇来作为这个统一的名称。这样就可以在一种很模糊的意义上说庙宇包括寺、庙、宫、观、祠、堂、庵、馆等各种类型。

其次，还需要对庙宇的范围做一个大致的划分。第一，庙宇是一个公共场所，这里既是指物质的建筑意义上的场所，更是指社会空间意义上的场所，即便是庙宇建筑不存在了，庙宇依然可以存在。这种情况其实在民间社会非常普遍，村民常常在已经拆毁的庙宇遗址上烧香磕头，这个建筑的遗址仍然还在履行庙宇的部分功能。这样，凡属私人的场所就不是庙宇了，例如家里自己供着的神像，家里自己亲人的坟墓，这些都不能叫作庙宇。而这里的私人是以家庭为单位来衡量的，不是指个人，也不是指家族。第二，庙宇这种公共场所进行着一种特殊的活动，这种活动就是烧香磕头。烧香磕头是中国庙宇的典型性的行为活动。这种行为活动可以用来区分庙宇与非庙宇。这样村中的阁门虽然主要性质是出于风水、防御、交通通道等的考虑，但是因为阁上一般都有神灵奉祀，也都有烧香磕头的行为存在，阁门就应该算作庙宇。祠堂虽然并非奉祀神灵，而是祭祀先祖的地方，但是因为它也存在烧香磕头行为，所以也可以算作庙宇。村中常见的古树、古井（常常和井泉龙王联系在一起）等，由于也存在烧香磕头行为，其中包含着重要的自然崇拜，所以也应当算作庙宇。

（二）关帝庙名称的格式

通过上面的讨论，可以给出关帝庙名称的一个简单的公式：

关帝庙名称＝关公的称号或方位词或庙的功能词＋庙的类型词

其中，关公的名称可能是如下变量取值：关圣帝君、协天大帝、关圣、武圣（简称"武"，与庙搭配）、关夫子、汉精忠、英雄佛、伽蓝菩萨（简称"伽蓝"）、关王老爷或关帝老爷（简称"关爷"）等。方位词可能是如下变量取值：东、西、南、北、堂、后等。其中堂指正殿，一般是指坐北朝南，实际上是庙宇朝向方位词，与民居中堂屋的说法一致，而称堂庙或北堂庙。后相对于前而言，类似于村名中的上下的说法，前后的区分标准要根据具体情况而定，但也属方位词无疑。庙的功能词可能是如下变量取值：庙、祠、宫、阁、楼、殿、会馆等，其中会馆也可以作为一种特殊的庙来理解。

以上是在高平一地所见到的情况，在不同的时空下可能会出现其他的变量取值。这些不同的变量取值原则上可以自由搭配，但是实际上存在一些习惯上的常见搭配，具体情况参考前面的详细论述。这是对于关帝庙名称的一个静态的简单描述。

（三）关帝庙的名与实

关帝庙的名称是关帝庙的一个重要要素，但是它也仅仅是一个要素而已。它是认识关帝庙的一个线索，但名实之间未必是完全相符的，绝不能仅仅根据关帝庙的名称来判断关帝庙的性质。这种名实不符可能体现在很多方面，也有很多复杂的原因，这里只就上面的两个方面举例说明。

在时间上，关帝庙的名称可能有某种先在性或滞后性。所谓先在性是说一种名称可能在其广泛使用之前就已经有零星的使用了。例如，学界一般认为关帝庙的名称应该在万历封帝之后才会出现，但是实际上，这个名称在这之前就有出现。最著名的例子就是沁县宋元丰三年（1080）创修关帝庙的碑，其碑额就出现了"关帝"字样[①]。其实，就民间情况而言，这是很正常的现象。因此，不能把关帝庙这个名称出现的开始点确定在万历封帝这个事件上，而是应该把万历封帝作为关帝庙这个名称大量出现的开始。

[①] 冯俊杰编著：《山西戏曲碑刻稽考》，中华书局2002年版，第25页。

所谓滞后性是说一种历史上存在的名称会以各种方式遗留下来，即便是在关帝庙的性质早就发生了改变的情况下，民间可能还是会沿用以前的名字。明代出现的大量关王庙的例子就是这样，虽然明代已经剥夺了关公王的封号，正确的名称应该是关侯庙，但是民间仍然在沿用宋代关王庙的称呼。关帝庙的名称有助于推断其时代性的大体线索，但是名称与时代之间的关联性并不是必然的。

从主体的角度上来说，不能单纯根据名称来判断关帝庙的性质。名称作为关帝庙的一个要素，它只具有某种线索的意义。它必须和其他的各种线索结合起来才能形成一个有效的判断。例如，朱家庄关帝庙的门上有一个非常罕见的关公名称——"英雄佛"，这是以佛来称呼关公，那么是否能够据此认为这个庙是佛教庙宇呢？当然不能，佛在中国民间信仰中早就已经不是佛教专有的称呼了。明清以来，民间宗教创造了各种各样的佛作为自己的祖师，例如黄天教的普明佛等，那些佛的名称和佛教都没有太大的关系。甚至另一个广为流传的关公的佛号"盖天古佛"是否与佛教有关系也还有待考证。因此，绝不能仅仅根据名称来对关帝庙的性质进行判断。

因此，关帝庙的名称是关帝庙诸多要素之一，对于关帝庙的研究必须综合考虑各种因素，仅仅根据一两个因素就对关帝庙下判断是不正确的。实际上，由此可以进行反思的倒是"名称"在传统社会中究竟意味着什么？在现代社会中存在着一整套的制度性规范来对名称进行约束，身份证对人的姓名的规范，工商注册对企业名称的规范，甚至网络上都要通过注册用户名来对登入登出进行规范。而这一切在传统社会中几乎都不存在，至少相关的规范非常少，程度也很弱。碑刻中可以看到大量随意书写的人名，很多字只要是同音就可以随便相互替换。神灵的名称也是如此，白衣和白云、高禖和高门、三崚和山东等，只要是谐音的字都能彼此替换。在民间社会中，名称是"野生的"，而在现代社会中，名称是"驯化了的"。

（四）关帝庙学名的确定

关帝庙的学名按照以下原则来确定。

第一，明代万历封帝以前就存在的关帝庙一律称为关王庙，以强调其历史悠久。万历封帝以后创建的关帝庙就称为关帝庙，不能称作关王庙。不能判断何时创建的也称作关帝庙。高平可以称作关王庙的不多，仅有如下一些：郭庄关王庙、窑栈关王庙、西李门关王庙、唐东关王庙、原村关王庙、槐树庄关王庙、西栗庄关王庙、圪塔关王庙、张家二郎关王庙、徘南关王阁、迪阳关王庙、上沙壁关王庙、南王庄关王庙、石壑关王庙、西关关王庙等，共计 15 个，其中仅有一处关王阁，一处与二郎合祀而为二郎关王庙。另有一处三义洞（大山石堂会）和一处五虎庙（箭头）实质上也可看作关王庙。

第二，阁和塔等特殊形式的关帝庙不称作庙，而是称作关帝阁和关帝塔。如果是万历封帝以前的就改作关王，这种情况只有徘南关王阁。阁的情况稍微有些复杂，当阁上庙规模很大时不称阁，而称庙，这时阁是庙的附属一小部分，其主要性质已经不是阁了。有时候，庙在阁旁边而不是在阁上，这种情况也称庙，不称阁，这时的阁和庙相对独立共同构成一个建筑群，庙不再附属于阁。具体情况比较复杂，有时需要灵活处理。奉祀关公的楼没有独立存在的，并不存在庙宇学名的问题，事实上它们统一都称作春秋楼，也可以唤作春秋阁。关帝塔高平仅有大周一例。

第三，关公与其他神灵合祀无法分清主次的时候，关帝和其他神灵名称共同出现。常见的与关公合祀的神灵是文昌（魁星）和观音（高禖），这时称为关帝文昌（魁星）阁（庙）或者关帝观音（高禖）阁（庙）等。这种情况很多，不再一一列举，大多数情况都是阁。其他神灵还有鲁班（朱家山鲁班关帝大王阁）、二郎（张家二郎关王庙）、佛祖（北岭关帝佛庙）等。

第四，一个村庄有多个关帝庙的时候，学名中必须对这些关帝庙做出区分，这时常用地理方位来对它们进行区分。这种例子不多，包括董寨北、西关帝庙，大野川北、南关帝庙，沟村北、南关帝庙，康营东、西关帝庙，伯方东、西关帝庙，永禄东、南关帝庙，等等。特别地，小仙除正式关帝庙外，另有一个神龛关帝庙，学名称作小关帝庙，这是特例。

第五，会馆是特殊类型的关帝庙，直接称作会馆，不称关帝庙。这种例子高平有四个，分别是寺庄会馆、河西会馆、石末会馆和县城会馆。

第二节　关帝庙的神灵文化

关公文化集中体现在关帝庙的神灵上，至少从现象上来看，关帝庙的核心就是其中的神灵。一般来说，明清以来，随着《三国演义》等小说和相关戏曲的流传，关公形象已经固定化而且有极高的辨识度。关公作为神灵的功能虽然非常多样复杂，但是也相对比较固定。需要注意的是关公的这些功能反映的是信众的认识，这和关帝庙在乡村社会中的实际功能并不是同一个概念。实际上，与关帝庙有关的神灵是一个完整的序列。首先是每一个关帝庙的主神灵关公，这是关帝庙神灵序列中最重要的神灵。其次是关帝殿中的配祀神灵。关帝庙中各个配殿的神灵，都可以算作是关公的配祀神灵。在有些庙中，关公与其他神灵是共同奉祀在一起的，如双忠庙（关羽和张飞）、三义庙（刘关张）和五虎庙（蜀汉五虎上将）等，在一些阁上，关公也常常和其他神灵（如观音和文昌）合祀，这些是关公的合祀神灵。进一步扩大尺度应该注意到在村庄中还有一些庙和关帝庙有密切的关系，它们实际上与关帝庙构成了一个神灵的整体体系。本节从神灵的角度来梳理关公文化的一些主要特征。

一、关帝庙的主神灵：关公

（一）作为人、神和圣的关公

关帝庙碑文中并不总是会提到关公，至少有一少半关帝庙的碑文中完全不提到关公，而仅仅叙述庙宇的兴建过程。这从一个侧面说明了对于村民来说，庙貌也许比庙里的神灵更为重要。有些学者喜欢用"神庙"一词来称呼民间社会的众多庙宇。之所以会使用神庙这个称谓恐怕是因为学者们早就发现民间社庙和传统的宗教性庙宇是不同的，用传统的寺观来称呼是不妥的，但是无论其中奉祀着多么复杂多样的神灵，奉祀神灵这一点确是毋庸置疑的，因此他们使用了神庙这个称谓来进行概括。

然而，无论是从实地调查中的感受来看还是从碑文来看，村民们所在乎的似乎更多的是庙宇的建筑是否完备（庙貌），而不是其中的神灵是谁，是神灵塑像是否精美，而不在乎这个塑像是谁。毫无疑问，凡庙皆有神，而且神灵总是居于庙宇核心的位置，但是对于民间庙宇来说，这并不意味着神灵就是庙宇最核心的内容。明代早期的一个著名例子可以作为这种看法的一个旁证。明初将城隍庙列入祀典可以说是顺应了宋代以来民间城隍信仰发展的潮流，这个在宋代被二程批评的神灵在明代进入了国家祀典的序列。不过，明代官方要求所有城隍庙拆毁神像，而改立木主，这个政策在实行过程中遇到了很大的困难。对于民间的老百姓来说，一个可感可知的神像要远比官方规定的抽象的木主容易理解。[①] 在研究者看来，表面化的塑像这种东西对于村民来说恰恰是最重要的，而神灵信仰本身却似乎并不重要。本节主要根据碑文材料来概括高平地区关帝庙中关公的形象，碑文作者所描述的关公形象很大程度上代表了底层知识分子的一种看法，而且这些说法大部分都是来自于当时流行的说法，它并不能充分反映关帝庙在村民实际日常生活中所起到的作用。相对来说，关帝庙创建碑文中描述关公会稍微多一些，但这更多取决于碑文撰写者的偏好。这样的情况或许是因为在创建庙宇时"为什么奉祀关公"更容易成为一个需要回答的问题，而在重修关帝庙时，关帝庙本身已经作为一个传统而存在，不再需要对修建的合理性做出解释，传统社会的人们很自然地认为古迹庙宇就是应该修缮的。

在讨论高平地区关帝庙中的关公形象之前首先做出以上的说明，目的

[①] 王见川、皮庆生：《中国近世民间信仰》，上海人民出版社2010年版，第42—43页。

就是要说明关公形象的问题自然是关帝庙研究中不可或缺的一部分,但是其重要性不能夸大,在关帝庙的研究中,关公形象的问题不是一个核心的问题。这里所说的关公形象大部分来自于碑文上的记载,而碑文记载中反映的基本上就是底层的知识分子对于关公的理解。在从祀典到淫祀的信仰神灵序列中,底层知识分子在碑文的撰写中更多地不过是想要论证关公信仰的合理性,这种合理性不过是一种官方或者儒学背景下解读的合理性,而关帝庙存在的历史合理性的丰富内涵远远超出他们所理解的范围。碑文作者是对关帝庙的最早的解读者,但绝不是最好的解读者。

关公经历了一个"由人到神,由神到圣"的过程,这样关公就有作为汉末武将的人的关公,作为灵验功能的神的关公和作为道义楷模的圣的关公。下面分别整理这三个方面的碑文,以期形成一个对高平地区关公形象的比较完整的认识。

康营东关帝庙碑文中将关公放在和有史以来著名贤臣的比较中展开,同时为关公的具体事迹做了辩护:

> 汉高祖崛起草野,提三尺剑除无道秦,开四百年基。当时,如萧、张、韩、彭莘雷轰电掣彪炳史册,功非不烈也。今考其遗踪,雄风冥矣。凭吊之下,不能无炎尽之喟。
>
> 昭烈龙飞织履,风云际会,虽偏一之势,斩然而后先辉映,曦光炳焕,不可谓匪肖其武也。自汉至今,数经严格,世岂尽考古者即历代国号帝姓周知,而况其他。独至汉刘二字,退及四荒,微及婴孺,无不熟识。此其中非有圣人焉维持之不至是。
>
> 夫子解梁白士也,刷翩一飞为阳九,砥柱威灵施万古。庙貌遍天下,轴旋枢运,上之使二十七帝之灵爽如在,下之使自汉至今三千大地之血食常新。夫岂刑驱势迫而至是哉?何感人于隐微,屋漏之甚也崇哉,德乎?情胶异姓而唯恐其亏,明并日月而恒凛其独威震华夷,义高千古,奉神重国,觉世庥民,穆渊其静缉熙其动,微特萧、张、韩、彭忠臣名将不敢抗衡而望其项背,推而上之益、稷、伊、傅、周、

召、姜、毕①与之第座并与而谕其时事之艰危。岂不折焉输服哉？

而拘儒执其一节恣议，无怪乎班固品老聃为中上元世祖，降孔子为中贤，即如封金、秉烛、刮毒、释曹，细事也，鲁仲达东海之蹈，柳下惠坐怀不乱，高开道凿颊出镞②，江上丈人沉波放胥皆以一事传为千古美谈，至德无名，夫谁知之，达巷党人博学之誉③，太宰多能之称④，少见寡闻，盖自古如斯云。⑤

这篇碑文比较长，首先概述了从汉高帝刘邦到昭烈帝刘备的汉代国运兴起的历史，将关羽与汉初的开国功臣萧何、张良、韩信和彭越放在一起来比较。这样的比较总体上来说还是非常合理的，昭烈帝刘备偏安一隅，实际上并没有完成对汉室天下的恢复，其功绩比不上高帝刘邦，关羽相应地其实也不如汉初的功臣。就作为人的关公来说，这里的评论已经有所拔高，但是接下来的碑文还要继续拔高，将关公与夏商周三代的那些贤臣伯益、后稷、伊尹、傅说、周公、召公、姜子牙、毕公高等人相提并论。碑文作者认为为什么关公可以和这些三代先贤相提并论呢？碑文实际上主要是从两个方面来突出关羽的与众不同，第一个方面是"庙貌遍天下，轴旋枢运，上之使二十七帝之灵爽如在，下之使自汉至今三千大地之血食常新"，这实际上是关公"神"的方面。第二个方面是"威震华夷，义高千古，奉神重国，觉世麻民"，这实际上是他"圣"的方面，也可以说关公在德行和影响力两个方面都远远超过汉初的那些功臣，使之能够与夏商周

---

① 伯益、后稷、伊尹、傅说、周公、召公、姜子牙、毕公高，都是夏商周时代的贤臣。
② 高开道是隋末农民起义领袖，在幽州起兵对抗朝廷，作战时被乱箭射中了脸。高开道叫来医生，让他把箭拔出来，医生说射得太深，不能拔。高开道很生气，就杀了他。另外又找来一位医生，医生说要拔箭头恐怕很痛，高开道又杀了这位医生。第三次找来一位医生，医生说可以取出来。就割开脸皮，凿开骨头，打入楔子，骨头裂开一寸多的缝，取出了箭头。整个手术过程中，高开道不仅没有叫痛，还让人奏乐上菜，边手术边吃饭。
③ 典出《论语·子罕》：达巷党人曰："大哉孔子！博学而无所成名。"子闻之，谓门弟子曰："吾何执？执御乎？执射乎？吾执御矣。"
④ 典出《论语·子罕》：太宰问于子贡曰："夫子圣者与？何其多能也？"子贡曰："固天纵之将圣，又多能也。"子闻之，曰："太宰知我乎？吾少也贱，故多能鄙事。君子多乎哉？不多也。"
⑤ 傅德宜修：《（乾隆）高平县志》，凤凰出版社2005年版，第296—297页。

三代的那些贤臣齐名。完成了正面的论述之后，碑文作者最后围绕关公的一些争议为其做了辩解，"封金、秉烛、刮毒、释曹"，作者将关公的这些事迹与鲁仲达、柳下惠、高开道和江上丈人等著名故事人物联系起来，认为这些事情体现出了关公的勇武和道义的精神。这实际上是对历史上关公其人的所作所为进行了辩护。虽然以上事迹明显来自《三国演义》，正史大多没有记载，多为附会和传说，但是作者显然是将其作为历史事实来讨论的。就碑文的总体倾向而言，作者显然更侧重于从作为历史人物的关公的角度来确立关公的形象，但是又从"神"和"圣"的方面来论证关公的与众不同。这样的一种论述策略在碑文中是有代表性的。

从先秦时代开始，中国的祭祀系统中就存在着"天神、地祇和人鬼"的分类系统。在中国传统的祭祀观念中，并不是只有神灵是可以祭祀的。古圣先贤都是可以祭祀的。孔子是典型的例子，虽然孔子在汉代曾经一度被神化，宋以后新儒学复兴以来，孔子基本上被看作是人而没有被神化，但是孔庙和文庙都祭祀孔子。关公的情况也是如此，作为人的关公并不一定就不能祭祀。这也从另一个侧面表明"神庙"这种说法有其不全面之处，它不能充分表明中国庙宇的性质。这从乾隆《高平县志》中也可以看出来，县志中对关帝庙的记载虽然不多，但是却出现在两个地方，一个是在祠祀中，另一个是在坛庙中。[①] 祠祀中所罗列的庙宇实际上大部分都是对圣贤进行祭祀的场所，其中就包括高平历代著名的先贤或县令的祠祀，甚至还包括为活着的县令所立的生祠。将关帝庙与这些祠祀并列在一起表明县志编纂者认为关帝也属于先贤这一类，隐含着的意思就是将关公当作人来看待的。

作为神的关公主要体现在其"灵验"上，就是神灵对信众祈求的回应，信众功利性诉求的实现。中国古人以"阴阳不测"来理解神，这个意义上的神后来发展为"天人感应"的思想，这和西方的神（God）的概念完全

[①] 傅德宜修：《（乾隆）高平县志》，凤凰出版社2005年版，第77—78页。

不同①。因此，灵验也可以叫作感应："夫村以庙为主，神灵有感。"②又如："神目昭昭而下民有赖，善心耿耿而当庇佑。舒诚舒善，有感有应。"③也就是神灵对于信众诉求的一种回应。这种灵验或感应可以体现在很多层面上。大概说起来，由大到小有以下三类。

首先，关公的灵验可以体现在国家政治的层面上。大山石堂会创修碑上这样描述关公：

> 汉寿亭侯，三国人杰也，精忠扶炎汉，义勇震吴曹，当日孰不畏其英风哉，迄至今千余岁矣，依然为灵，凛凛照耀乾坤，正气漫漫充塞天地，时酋奴猖獗陷辽阳、广宁④，上方蒿目⑤忧之，彼神力默助，则波清浪静，锋息烟销，四海享宁谧之福，我大明封以帝。谁曰不宜？是以上自公卿大夫无不尸而祝之，下至士农工商靡不庙而祀之，其盛德之感人有如此。⑥

晚明与清军作战过程中，关公显圣的传说非常流行。满清和明朝廷都有这种传说流传，这是推动关公信仰在清初大发展的原因之一。这是关公灵验在国家政治层面上的体现，这种类型的灵验事件一般来说很少出现在村庄关帝庙中，这种故事本身即是关帝庙在晚明兴盛的一个结果，同时又再一次推动了关帝庙的兴盛，并且这种兴盛势头在清初得以延续。对于村庄关帝庙来说，这种灵验故事就构成了一个国家层面上关帝庙的合法性的论证。

其次，关帝庙的灵验体现在村庄的公共事务上，村庄最主要的公共事务就是祈雨。"寨上村旧有关圣大帝神庙，因去岁祈祷雨泽，共沾恩膏，凡

---

① 关于 god、gods 和 God 等词的含义可参考 Mark C. Taylor, *Critical Terms for Religious Studies*, University of Chicago Press, 1998。
② 《创建关王庙记》，万历三十二年，现存高平陈区镇迪阳关王庙。
③ 《创建广生帝君子孙神祠碑记》，崇祯元年，现存高平陈区镇迪阳后庄关帝高禖庙。
④ 今辽宁锦州北镇市，和辽阳一起为晚明与清军作战的主要区域。
⑤ 极目远望，语出《庄子·骈拇》"今世之仁人，蒿目而忧世之患"。
⑥ 《关圣帝君庙碑记》，天启三年，现存高平大山石堂会关帝庙。

村中善男信女无不乐施。"① 类似于这种求雨灵验之后而带来的捐施在民间庙宇中是非常常见的现象，这种求雨灵验之后修庙的记载大量出现在诸如汤王、二仙、炎帝等主要的神灵信仰中，但是关帝庙中这种情况相对比较少。

最后，关帝庙的灵验也体现在个人各方面的功利性需求上，主要集中在治病和求财的方面。有"二王趁此庙内，大工数年，求病即愈，求财即得储畜，四方善士布施灯油一百五十缗之谱"②。治病和求财这两种功能其实也是很多庙宇神灵共同的功能。其中尤其需要注意的是求财的功能，就"求财即得储蓄"这种说法而言，关公在这里已经具有了部分财神的功能。关公作为财神出现是很晚的事情，而且主要是在两广等南方地区发生的演变，改革开放以后迅速传播到全国各地。这个时期高平地区的关公不具有明确的财神性质。但是，奉祀关公以求财的现象早就存在了。这或许也是关公演变为财神的原因之一。

大部分情况下，当关帝有了灵验的事迹之后，村民就会有还愿的行为："窃惟有求必应，久蒙呵护之灵，夙愿未酬，时怀中心之报。兹因恒父昔年曾于上西社村大庙关圣大帝前有献戏心愿，不忆恒父偶尔捐馆，斯愿未酬。"③ 这条碑文中虽然没有说具体因为什么而献戏，但是从"有求必应"来看一定是有灵验的事情发生。作为神灵的关公非常特殊，一方面关公被称作"万能神"，几乎所有事情都可以向关公祈求，关公神灵功能非常宽泛，但是反过来看，作为"万能神"的关公没有特别突出的具体的功能，其灵验方面的特点反而不是特别明显。

关公作为武圣是和文圣孔子相对而言的，碑文中就有将孔子和关公比较来立论的。北苏庄嘉庆六年重修碑中有以下一段话：

余因思自古义勇英贤，生而建伟绩，御灾捍患，没而为人钦祀，彪炳史册，代不乏人。然持所泣之方则然耳，或传述于博雅之儒已耳。

---

① 《万善同归碑》（补修碑），道光七年，现存高平北诗镇寨上村关帝庙。
② 无题名碑（重修碑），民国十二年，现存高平河西镇西李门关王庙。
③ 《施地记》，乾隆五十八年，现存高平野川镇大西社上西社关帝庙。

地隔年湮，能举其姓氏者鲜矣。为圣帝祠宇遍九州，自王公大人以及野老婴孺，靡不祗畏瞻依。且灵应昭著，累代褒封，至于配天称帝，何哉？千古共此纲常，人心各有节义。

帝当汉季鼎沸，遭逢昭烈而辅朔之辞爵。魏瞒绝昏，吴竖衷樊之役，威振许雒。虽天不祚汉，赍志昇遐而精忠大义，实足以弥宇宙而贯古今。宜乎千六百年，家家虔奉一关帝，人人虔奉一关帝也。

余尝东至曲阜，恭谒孔林，西过解梁，敬瞻圣迹。窃叹至圣先师，为生民未所有。而帝立心行事如日之中天，孰得而踰之。昔人谓先师钟乾坤元气而立仁之极，帝钟乾坤正气而立义之极。天钟其特则，人绝其俦文，谓山西夫子追宗东鲁，素王不诚然乎？①

碑文作者首先感到疑惑，为先贤立庙祭祀是常见的事情，但是关帝庙却和天下众多的先贤祠祀不同。从信仰主体上来说非常普遍，"祠宇遍九州，自王公大人以及野老婴孺，靡不祗畏瞻依"，从传播范围来说非常广泛，"宜乎千六百年，家家虔奉一关帝，人人虔奉一关帝也"。为什么唯独关公能够做到这一点，关公的特殊性究竟何在？碑文作者将这种现象的原因归结为关公的"大义"，并将关公与孔子比较，以孔子为"仁之极"，以关公为"义之极"，周敦颐早就提出"人极"和"立人极"的概念，碑文可以说是对"人极"的展开和发挥。这种说法可以说将关公放到了与孔子同等的地位上，对关公推崇至极。实际上，碑文作者所提出的问题也正是本书一开始提出的关帝庙现象的问题，但是传统社会中的文人只能从儒家思想中去寻找可能的答案。关帝庙现象背后其实有着更为复杂的社会经济原因，绝不能单纯从思想内容上来寻找答案。

类似于北苏庄碑文这样从仁义角度来理解关公形象的碑文数量最多，下面是一些例子：

---

① 《重修关帝庙创建大士阁记》，嘉庆六年，现存高平河西镇北苏庄关帝庙。

大义之感人也甚矣哉？如关夫子前代历进封号，国朝亦加封，三代煌煌，钜□（典）何其隆欤？盖其仁至，其义尽，其气塞于天地之间□，凡有血气者，莫不尊亲之。①

我国祀典于二月戊日祭武庙，岂徒祈福保平安哉！盖以关圣帝君之精忠若日月之照临，光于四方，显于中土，而民不能忘也。大明天启年，法邑石堂会先民姬仕书尝见村中祠庙东有龙王山，北有高禖祠，虽亦有三义洞，并无专供之武庙，恐淹没其忠义，后人无所取法，于是独出己资创立关帝庙，为村人享祀之所，立社之地，一慈善事业也。②

尝思天理之所以常存，人心之所以一死者，恃有纲常。伦理在□纲常，伦理之能立。拯于上重教，于下独绝，于前不朽，于后者究寥，上无几也。居今而稽往，古孰有于君臣道立。明友宣昭，而且兄弟情深。如汉室之昭烈皇帝，关王帝君，张车骑将军，世所称三义者乎。三神之行事，载在史册者彰也，可考千载。而下无论君公侯王，□□编氓黎庶，所在立庙焚顶，脍炙人口，足以见纲常。伦理倚之以为重，此人心之所不死，天理之所以常存也。③

从这些例子可以看出，将关公与伦理纲常联系在一起的情况非常普遍。在众多伦理规范中，忠义又是最常提到的。就高平地区碑文的情况而言，忠义的重要性远远超过仁勇信等其他常见的伦理规范。仔细考察碑文中所提到的"忠义"两个词的含义，并不完全和儒家伦理规范中的"忠义"一致。忠的含义更接近于"忠"这个词在先秦的原始的含义，所谓"尽己之谓忠"，关公和刘备的关系不同于一般意义上的君臣关系，而是一种以兄弟关系为主的情谊。这种忠因此也就具有了尽心尽力去共同兴复汉室大业

---

① 《重修关圣帝君庙碑记》，乾隆十一年，现存高平马村镇唐西西寨上关帝庙。
② 《重修关帝庙碑记》，民国十六年，现存高平陈区镇大山石堂会关帝庙。
③ 《重修三义庙碑记》，康熙五十一年，现存高平河西镇西李门关王庙。

的含义了。义也不同于宋儒所说的"义者宜也"的含义，它不是一种对于儒家所设立的既定伦理规范的遵守，而是带有民间色彩的"对得起朋友"的含义。由此可以看出，关公形象中的"忠义"的含义和由宋儒所界定的正统儒学的忠义伦理规范其实略有差异。

作为人的关公和作为圣的关公常常会联系在一起。下面是一个典型例子：

> 尝观备以帝室之胄。少与河东关羽，涿郡张飞相友，乃至寝则同林，恩若兄弟。而稠人广坐待立，终日随备周旋，不避艰险，比其义也。若云长刺颜良于白马，报效曹公之恩。而己于刘将军之意，则誓以共死，弗忍背之此其忠也。至于明烛达旦，不杀颜严，而却职归。今神虽没，而其忠义在人心者昭如是星至今。凛凛犹有生气，后出之人闻其风者，畏敬奉承义。足以激人心之非义忠，足以启人心之不忠。祠而祀之天理，人心之不容己者，忠义感于一国，一国祀之感于天下，天下祀之感于后世，后世祀之是神诚有益于民，民诚感忠义。而乐于善，善于乡，乡可以励国，国可以励天下。所谓百世之师，神有之美生也。诛礼讨递，扶植纲常没也。①

从关公本人的事迹出发上升到其精忠大义的道德品质，这样的叙述策略是较常见的。在这种策略中，作为人的关公本身就具备作为圣的品质，两者是统一的，不需要借助于一个诸如玉泉山显圣之类的故事来神化他。佛道教用关公玉泉山显圣或者盐池斩蚩尤这样的故事来神化关公，儒学则用关公本身作为人的故事来体现其圣的方面。事实上，在正史中关公并不是一个完美的形象，即便在《三国演义》这样的文学演绎中，关公也很难说是完美的圣人形象。关公形象和伯夷、伊尹、周公、柳下惠等圣人形象其实是有差异的。这种差异对于碑文作者来说似乎是微不足道的。

作为神的关公和作为圣的关公实际上也是紧密联系在一起的，常常同

---

① 《重修关王庙记》，嘉靖五年，现存高平河西镇西李门关王庙。

时出现在碑文中,例如:

"关圣帝君存正气于雨(宇)间,作明神于千古。"①"正气"是说其圣,"明神"是说其神。

"尝考大夫以下成群立社曰置社,谓百家以上皆立社也,至所谓里社者,二十五家亦立社。其故何也?盖春秋明禋,众姓为祈报之所,神威赫奕千秋,肃毖祀之瞻。溯厥先民即无庙宇之建立,犹必创造以经营。况吾乡之有关帝庙由来久矣,丹心炳青简而常新,浩气贯白虹而不灭。至灵至圣,一乡咸受其恩,降福降祥,四民胥沾其泽。"②至灵至圣分别是"神"的方面和"圣"的方面。

就关公整体形象而言,上面所说的三个方面中,作为圣的关公其重要性远远超过作为人和神的关公。一般地,在民间信仰中"灵验"是神灵形象中最重要的方面,类似二仙、汤王和三嵕等莫不如此。但是从关帝庙的情况来看,以"义"为代表的作为道德价值的圣的方面的重要性明显要超过"灵验"所代表的神的方面。从这方面来看,关公与众多民间神灵确实略有不同。

(二)信众对关帝的各种认识

碑文作者对于关帝庙功能的认识实际上反映着他们自己的认识水平,并不一定和实际情况相符。不过,从碑文中的这些论述却可以了解到当时的信众是如何看待关帝庙的功能的。关帝庙碑文中对于庙宇功能的描述有一些是通用的,适用于几乎所有的庙宇,只是在关公这里表现得更加明显一些,这种情况主要有御灾捍患、神道设教。其他一些功能则更能反映关公这种神灵的特色。

1. 御灾捍患

御灾捍患是传统庙宇兴建中非常常见的一种表述,关帝庙也不例外,先来看一条碑文中的例子:

---

① 《重新改修关帝庙碑记》,道光十九年,现存高平北城街道王降村关帝庙。
② 无题名碑(修观音阁碑),嘉庆二十一年,现存高平河西镇朱家庄关帝庙。

稽《礼·祭法》云："圣王之制祭祀也，法施于民则祀之，以死勤事则祀之，以劳定国则祀之，能御大灾则祀之，能捍大患则祀之。"古□之法施于民、以死勤事、以劳定国、能御大灾、能捍大患，孰有如关圣帝君者哉？其在汉末忠孝节义，功勋事业，昭垂青史，炳若日星，前人之述备矣。延及后世历代加封号为大帝，与夫□体称为夫子，与圣同尊。自天子以至于庶人，自朝庙以讫夫村荒莫不家奉户祝虔诚礼拜焉。讵□□哉。良以□帝君之德之泽，其印刻人心百世不能忘，诚有□法之所云者也。①

南庄关帝庙的这一碑文中详细地说明了御灾捍患的含义，碑文作者首先说明了御灾捍患的说法出处是《礼记·祭法》，并且引用了原文。碑文作者认为最能够代表《礼记》中所说的祭祀原则的就是关公了。接着又从关公作为人和作为圣两个方面来说明关公为什么值得祭祀。御灾捍患代表了非常正统的儒家祭祀思想，它出自儒家经典《礼记》，在传统的儒学思想体系中，经典中的话自然就可以作为论证的依据。御灾捍患这种思想本身就具有儒学思想中的一种折中性。它可以理解为对于民间信仰强调灵验的一种认可，但同时也可以理解为对于具体的实用功能的强调，特别是这种实用的功能还是以村庄集体的利益为主要内容的，这更增强了御灾捍患本身的合理性。然而，如上所述，关公本身其实并不是以御灾捍患为主要职能的神灵，就求雨来说，它显然比不上二仙、玉皇和汤王等神灵，就冰雹来说，它也比不上三嵕，其他方面的灾祸都各有专门的神灵。关公的灵验主要还是在个人方面。不过，御灾捍患对于当时的底层知识分子身份的碑文作者来说其实已经成为一种套话了，它可以用于任何一个庙宇碑文的撰写。

类似的以御灾捍患来说明关帝庙功能的有很多：

---

① 《河东南鲁续修关帝庙记》，乾隆十七年，现存高平南庄村关帝庙。

则神之御灾捍患，保佑一乡之民者，宁有既乎？①
万历甲辰创立帝庙于乾方以御灾捍患。②
余因思自古义勇英贤，生而建伟绩，御灾捍患，没而为人钦祀，彪炳史册，代不乏人。③

御灾捍患这种说法只是传统儒学中对于祭祀活动的一种合理化解释，碑文作者引用这种说法来加强关公信仰的合理性，事实上其本身并没有任何关帝庙的特色。

2. 神道设教

神道设教是另一种非常常见的表述，语出《易·观》："观天之神道，而四时不忒，圣人以神道设教，而天下服矣。"神道设教本身带有某种儒学所特有的不可知论的色彩，实际上和御灾捍患的情况一样，它已经成为碑文作者在谈到庙宇功能时的一种习惯性套话。关帝庙碑文中也常常以这种方式来说明关帝庙建设的合理性，例如：

夫先王以神道设教，凡有功德于民者皆列祀典以不忘，而况帝君秉烛达旦，大义参天，威震中原，德庇古今。④
建庙祀神，亦神道设教之雅意也。⑤
《易》曰：圣人以神道设教。其前人创建此寺之义乎兹者。⑥
而民兴于义焉。未始非先王以神道教人之义。⑦
盖闻先王以□神道设教，诚以民庇于神，神依于民，随地皆然，

---

① 《重修二郎关王庙记》，万历十二年，现存高平建宁乡张家村二郎关王庙。
② 《重修关帝庙记》，康熙十八年，现存高平陈区镇迪阳关王庙。
③ 《重修关帝庙创建大士阁记》，嘉庆六年，现存高平河西镇北苏庄关帝庙。
④ 《重修关帝庙碑记》，嘉庆元年，现存高平米山镇云东村上村关帝庙。
⑤ 《重修春秋阁碑记》，光绪二年，现存高平北诗镇拥万村关帝文昌阁。
⑥ 《重修中太里圆融寺碑记》，民国元年，现存高平神农镇中村圆融寺。
⑦ 《重修十里坡关帝庙碑记》，无纪年，现存高平寺庄镇伯方村东关帝庙。

岂必各区胜地乃建庙立祠耶？①

神道设教实际上是在重视庙宇的教化功能的同时，对神灵本身持不可知论的立场。因此，凡是重视庙宇教化功能的说法基本也和神道设教的意思一样："尝考周礼司空氏度地居民，东西朔南各不易其方，所有干止也，干止宁，教化布，而天下于是乎治。至尚主治民风亦未不重者也。"②神道设教作为关帝庙的功能来说并无什么不妥之处，问题是这种说法是一种极为空洞的套话。关帝庙如果是神道设教的话，那么究竟是哪一种类型的教化？这或许就和关帝庙在乡村社会中所起到的实际社会经济功能有关，这也正是本书后面章节所要重点讨论的问题。

3. 保护神

村庄中的关帝庙，其中最重要的具体功能可能就是保护神了，碑文中此类的表述几乎俯拾皆是。列举如下：

惟有村南之地可修关帝神阁，保护一村，瑞气凝祥。③
盖闻村之有神也，所以庇吾民。④
我村旧有□圣帝君庙宇一所，神恩广大，庇佑生民，乃村中共圣泽焉。⑤
吾村东囊有关圣帝君阁一座，东迎紫气，西挹霞翠，为一庄之保障。⑥

碑文中所出现的这些"保护"、"庇护"、"庇佑"和"保障"等这一类的词汇兼有两个方面的含义，一方面的含义是神灵的保护，这实际上是属

---

① 无题名碑，乾隆六十年，现存高平野川镇寺沟西庄村关帝文昌阁。
② 《重创修碑记》，宣统二年，现存高平陈区镇迪阳后庄关帝高禖庙。
③ 《创修关帝阁碑序》，咸丰四年，现存高平北城街道王寺西王寺。
④ 《补修春秋阁碑》，民国二十二年，现存高平北诗镇姬家庄春秋阁。
⑤ 无题名碑，民国十二年，现存高平东城街道小北庄关帝庙。
⑥ 无题名碑（补修碑），光绪二十八年，现存高平北诗镇董庄村春秋阁。

于神灵感应灵验这个范畴的概念。另一方面的含义实际上是和风水有关，它是建筑本身带来的效果。因此，奉神和修庙两件事情虽然是同时进行的，有庙即有神，有神需立庙，但是两者实际上有微妙的差异。凡是以保护神出现的关帝庙大部分都是关帝阁，以上几条例子中王寺西王寺、姬家庄和董庄全部都是关帝阁，只有小北庄是关帝庙，而小北庄关帝庙的位置比较特殊，它位于村口，正能起到保护的作用。

4. 治病求财

治病求财这样的功能在关帝庙中并不常见，但确实存在，前面已经提到过西李门关王庙的情况："二王趁此庙内，大工数年，求病即愈，求财即得储畜，四方善士布施灯油一百五十缙之谱。"① 这类例子还有其他的个案："想二帝君之圣迹庙遍四海，功被九州，虽庸愚无不熟识，言何容赘，但吾村□二帝君于一阁者，或欲士儒积阴骘以求功名，商贾依仁义以取财利。"② 拥万这个例子中的求财有明显的设定，那就是仁义，这是更加符合晋商眼中的关公，它虽然确实和求财有关系，但是求财不是一种灵验的神灵显灵的结果，而实际上是仁义的伦理规范的结果。这也是关公后来被称作"义财神"的原因。关公在这里并不是祈求得到财货意义上的财神，而事实上还是一个道德神的含义。

5. 求雨

高平地区关帝庙很少有求雨的功能，但是确实存在。关帝求雨功能是普遍存在的，早在明代，嘉靖皇帝就有祈雨时祭祀关公的例子。③ 高平众多关帝庙中仅有寨上关帝庙这一个求雨的特例。寨上村的关帝庙位于村东的山谷之中，距离村中心直线距离150米左右，其朝向并不是传统的坐北朝南，而是因地势坐西北朝东南方向。庙南原有小河，如今大部分时间干涸，河床犹在。关帝庙东南角山门南侧有文昌阁一所，小河从阁下流过。

---

① 无题名碑（重修碑），民国十二年，现存高平河西镇西李门关王庙。
② 《重修春秋阁碑记》，光绪二年，现存高平北诗镇拥万村关帝文昌阁。
③ 参看胡小伟：《关公崇拜溯源》（下），北岳文艺出版社2009年版，第536页。

在高平现存两百多座关帝庙中寨上关帝庙的地理位置是一个特例，绝大部分关帝庙均位于村中，仅有此庙是位于山谷之中的。寨上关帝庙创建于康熙四十五年（1707），现存康熙四十五年创修碑记，碑文中称此庙为"协天大帝关夫子庙"①。嘉庆七年（1802）重修，现存脊枋题字。康熙四十五年创修碑中仅仅提到正殿七间，这实际上是正殿三间加上南北侧殿各二间。嘉庆七年重修时提到正殿三间，南北耳楼四间，其所述规模与创修时一致。这时并无配殿存在。现建筑规模较大，正殿三间，两侧侧殿各两间，配殿各六间，正殿正对戏台三间，一侧为耳房，另一侧为一山门。山门南侧有一阁，为文昌阁。道光七年（1827）碑文中有"寨上村旧有关圣大帝神庙，因去岁祈祷雨泽"②，可见，此庙在道光七年的名称是关圣大帝庙，而且其功能主要是求雨。关帝作为求雨神灵极为罕见，其地理位置的特殊性和功能的特殊性有关系。

关帝庙的求雨功能确实非常少见，除了上面所说的寨上关帝庙之外，邢村关帝庙有一块禁碑，上面有"甘霖社六班维首乡地等仝立"的话，这里的甘霖社显然是和求雨有关系的会社组织。出现在禁碑之中的甘霖社具有某种村庄基层组织的意义，甘霖社的六班维首是县政府所颁布的禁碑在村庄中的实际执行者，其求雨行为未必在关帝庙中进行，很可能在邢村的大庙炎帝庙里进行，但是禁碑却并没有立在炎帝庙而是立在了关帝庙之中。

二、关帝庙的神灵体系

高平地区神灵众多，初步统计至少有几百种神灵，其中很多杂神甚至

---

① 无题名碑，康熙四十五年，现存高平北诗镇寨上村关帝庙。2013 年 8 月 22 日笔者调查时发现，当时正殿尚存，2015 年 6 月 8 日补充调查时正殿已经完全坍塌，康熙四十五年和道光七年碑均被埋于废墟之下。

② 无题名碑，道光七年，现存高平北诗镇寨上村关帝庙。

很难弄清楚其来历。关帝庙处于"众神喧哗"的环境之中一定会和其他神灵发生各种关系，它们共同构成了一个神灵谱系的万神殿，实际上高平地区存在很多全神庙或者诸神庙之类的庙宇，这类庙宇就是试图将地区内的所有神灵汇聚在一起。各种全神图也常常可以在庙宇中见到，其中，关公往往居于非常显赫的中心地位。本节不打算完整地展示高平地区神灵谱系的全景，仅仅希望介绍和关帝庙有比较密切关系的一些神灵，以此来丰富学界对于关帝庙的认识。

（一）关公与文昌（魁星）

文昌和魁星都是文运类的神灵，这里将它们合在一起来讨论。到了明清时期，文昌其实成为除了文运类神灵以外一种重要的劝善神灵。《文昌帝君阴骘文》一类的善书广为流传，关帝也有《关圣帝君觉世真经》之类的善书传世，这类善书中以文昌和关帝名义出现的情形（况）可以说是最多的。文昌和关帝一样可以说是全国性的神灵了。然而，和关帝庙遍布村庄不同的是文昌庙基本上很少见，但是文昌阁、文昌楼或文昌（魁星）塔等阁楼塔类建筑却极多。这一类的建筑几乎都是风水建筑，风水中如果要补东南方向的阙基本上都用文昌和魁星这类神灵。从这个情况来看，文昌和关帝庙的功能显然是差别极大的。

关公和文昌合祀的情形非常多见，对于为什么要将关公和文昌合祀的问题，拥万光绪二年的碑文中是这样说的："想二帝君之圣迹庙遍四海，功被九州，虽庸愚无不熟识，言何容赘，但吾村口二帝君于一阁者，或欲士儒积阴骘以求功名，商贾依仁义以取财利。建庙祀神，亦神道设教之雅意也。"① 这是从它们实际的功利性功用来说的。寺沟西庄关帝文昌阁这样对比关公和文昌的功能："自今日后刚大不阿，福庇下民者关圣帝君也，翊翼文明，默佑人才者文昌帝君也。"② 碑文的描述代表了碑文撰写者的看法。

---

① 《重修春秋阁碑记》，光绪二年，现存高平北诗镇拥万村关帝文昌阁。
② 无题名碑，乾隆六十年，现存高平野川镇寺沟西庄村关帝文昌阁。

实际上，关帝之所以和文昌合祀很多，主要和文昌神灵常常以阁的形式出现有关系。关帝和文昌的合祀主要是两种情况，一类是文昌阁与关帝庙形成庙宇集群，另一类是文昌和关帝合祀在阁上，成为关帝文昌阁。

北沟关帝庙是坐东朝西的，正殿南北有耳房，耳房的形制非常特殊，很少见到。南北各有一间一层的耳房，两间一层的耳房南北又各有一耳楼，就像是在正殿南北两侧伸出两个高耸的犄角一样，而且两边是不对称的，北面是二层，比较低，南边是三层，比较高。南边的这个耳楼就是文昌阁，村民又把它叫作三教楼。在文昌阁的三层上面有一块碑刻，碑首处文字为文昌帝君，碑身上部刻魁星画像，下部为文昌帝君画像。这是比较少见的画像碑。这块碑据村民说是以前的旧碑，村民已经不知道这块碑的来历了，大概最晚也是民国时期的碑。有这块碑的存在可以证明这个耳楼确实是文昌阁。而三教楼的说法可能意味着以前这三层楼分别奉祀三教祖师。文昌阁上的画像碑为笏首，趺已不存，碑额上雕刻有祥云凤凰的图案，碑额与碑身的连接处写着"文昌帝君"四个字。碑身明显分为上下两个部分，上面一部分约占三分之一，最顶上有星象图，大概是北斗七星的样子，右上角是太阳。太阳和星辰同时出现。星象图和太阳的下面是典型的魁星点卯的图案，魁星手拿毛笔，呈奔跑状，周围有祥云回护。碑身下面部分约占三分之二，是一个人身着官服，头戴官帽，手持如意，骑着马，回头向后望，马后另有一人与之对望，似有惜别之意。这个图案画的明显是文昌帝君。

与北沟关帝庙的布局非常类似的，寨上村关帝庙旁边也有一个文昌阁。寨上村关帝庙大体上是坐西朝东的，因为建在山谷一条小河边上，根据地势稍微有点偏坐西北朝东南，东南角上有一个基本上是独立于关帝庙庙院之外的文昌阁。寨上关帝庙的朝向和北沟关帝庙正好相反，但是文昌阁的位置是一样的，都是在东南角。大体上来说，文运类的神灵都在东南方向，文庙一般都建在县城的东南部，文昌庙或者阁也一般都是在东部或者东南部。看来文昌阁和关帝庙合在一起的时候也多少遵循这个习惯。寨上关帝庙旁边的文昌阁上有脊枋题字："时大清乾隆岁次癸巳年庚寅月己亥日吉时合木重修文昌阁三间,寨上合社仝立永为记耳。"这一方面可以证明此阁确实是文昌阁,另一方面说明此阁是乾隆三十八年(1773)重修,而关帝庙创建于康熙四十五年,虽然不能断定关帝庙和文昌阁是否是同时修建的,但从两个时间的间隔来看,相隔几十年,基本上文昌阁很有可能是在关帝庙创修时就一同建成的。从另一个角度也可以证明这一点,寨上关帝庙本身比较特殊,其主要功能是求雨,它的旁边就是一条小河,现在河道还在。而文昌阁就建在河道之上,文昌阁的建设显然就有令河流从阁下流走的意图。这样来看,关帝庙和文昌阁的建设都和水有关系,同时规划建设的可能性很大。

与上面两个例子类似又略有不同的是康营东关帝庙。此庙位于康营村东,它与康营东阁(兼做戏台舞楼)、五谷财神文昌阁形成一个环绕的布局,中间是一个小广场。关帝庙坐西朝东,正对村庄东阁,东阁是一个过路搭板戏台,关帝庙门外东北方向是五谷财神文昌阁。这也是关帝庙与文昌阁在一起构成一个简单庙宇集群的例子。类似的例子还有东南庄关帝庙,位于村东北,坐北朝南,关帝庙的西南侧有文昌阁,阁与庙相连。关帝庙的东南约五十米有一月亮门。关帝庙对面是戏台,旁边有看楼。关帝庙、文昌阁和看楼戏台一起围成一个广场,它们也共同构成一个庙宇集群。再如王报关帝庙位于村南,坐东朝西,文昌阁位于其西南,一阁一庙围成一个小广场。像这样的例子很多,关帝庙与文昌阁的搭配非常常见。

关帝与文昌合祀的情况以关帝文昌阁为最常见。粗略统计一下关帝文昌阁有如下几座:王寺西王寺关帝文昌阁、拥万关帝文昌阁、安河关帝文昌阁、东山关帝文昌阁、伞盖关帝文昌阁、寺沟西庄关帝文昌阁等。另有常庄村是关帝和魁星合祀,称作关帝魁星阁,和关帝文昌阁类似。实际上,2004年重修此阁的时候,新刻碑文中就将此阁称作春秋阁,而将神灵称作关帝和文昌。显然村民并不怎么区分文昌和魁星。

从关公和文昌的关系角度来说,在这些关帝文昌阁中,总体来说关公地位都要略高于文昌。大部分关帝文昌阁都有关帝阁或者春秋阁的别名。

王寺西王寺关帝文昌阁创修碑文的题名就叫作"创修关帝阁碑序"。拥万关帝文昌阁咸丰碑刻上叫作关圣帝君、文昌帝君阁。但到了光绪年间重修时就叫作春秋阁，碑刻题名也叫"重修春秋阁碑记"。常庄关帝文昌阁创修碑记也说"建修春秋阁碑记"。不过在其他几个例子中，看不出关公和文昌的地位有明显的高低之分，安河的文昌阁和春秋楼两块嘉庆匾额南北各一块。伞盖的春秋阁在文昌楼的下面，但这也不能说明地位的高低。东山和寺沟无论从名称还是从神像位置都看不出有什么差异。因此，从总体上说，关公与文昌合祀的情况下，关公地位要略高于文昌，但是在具体的个案中，有的时候这种情况明显，有的时候不明显，关公和文昌也有地位基本差不多的情况。具体个案中的这些差异应该是有具体的原因的。仔细考察上面的几个个案，王寺西王寺和常庄这两个地方的关帝文昌阁其实都是从原来的关帝庙异地改建的，因此关帝的地位高一些是很自然的。这两处阁基本上都是以改建关帝庙的名义修建的，在改建过程中为了阁上神灵的完整才加入了文昌，文昌地位自然要低一些。拥万则是一个受商人影响非常明显的关帝文昌阁，修庙的维首都是由商号来充当的，对于商人来说，关公的地位自然也要高于文昌。这种情形也适合于常庄关帝文昌阁，常庄关帝文昌阁的碑文作者就是一个商人。

从空间布局的方位角度来说，总体而言，关帝文昌阁无论在什么位置上，关公大多数情况下都是朝向村外的，只有安河关帝文昌阁是一个例外。这基本上符合现在关公神像通常摆放位置的习惯。关公像一般都是朝外的，不能朝内。如果关公在村外的朝向是有规律可循的话，那么关公在村中的位置就没有什么特别的规律了，东西南北各个方向都有（见表2-3）。

表2-3 关帝文昌阁情况一览表

序号	庙宇学名	村中位置	方位	备注
1	王寺西王寺关帝文昌阁	村南，南阁	南向关公（朝村外），北向文昌（朝村内）	碑文："北面奉设文昌神位"
2	拥万关帝文昌阁	村西，西阁	不详	碑文无记载，现无神像

续表

序号	庙宇学名	村中位置	方位	备注
3	安河关帝文昌阁	村北，北阁	南向关公（朝村内），北向文昌（朝村外）	北面"文昌阁"横匾，南面"春秋楼"横匾
4	东山关帝文昌阁	村西，西阁	东向文昌（朝村内），西向关公（朝村外）	根据现在神像位置
5	伞盖关帝文昌阁	村东，东阁	二层为春秋阁，三层为文昌楼	脊枋："春秋阁五间，文昌楼三间"
6	寺沟西庄关帝文昌阁	村东，东阁	东向关公（朝村外），西向文昌（朝村内）	根据现在神像位置
7	常庄关帝魁星阁	村中	北向关公，东向魁星	碑文："北向南修春秋阁东向西修魁星阁"

说明：（1）本表依据现存于高平地区关帝庙的实地调查和现存碑刻资料整理编制而成；（2）为避免烦琐，本表的具体碑刻出处从略；（3）本表所使用的碑刻材料具体可参考《高平历史文化遗存调查资料汇编》。

（二）关公与奶奶

除了文昌之外，和关公同时出现的神灵中最常见的就是求子类的神灵。村民一般将这类神灵统称为奶奶。如果说到神灵名称的复杂，关公远远不及奶奶。这类神灵的名称非常多，而且极其混乱，很难区分。这些奶奶中最常见的是观音、白衣大士、三大士、高禖、四奶奶等。在很多地方，二仙也被叫作奶奶。可以说，奶奶是对于所有女性神灵的统称，而几乎所有的女性神灵又都有求子的功能。村民对这些神灵的称呼非常混乱，有很多谐音的说法，包括白云奶奶、高门氏、寺奶奶等。民间社会的传统基本上是一个口头传统，总体来说，凡是谐音的称呼基本都是可以通用的，这一点在求子类的神灵上表现得最明显，各种称呼极为混乱。而这些口头传统大部分都没有文字记载，要想理出一个头绪来非常困难。奶奶庙遍布高平地区的村庄之中，其数量甚至超过关帝庙，这些奶奶庙究竟供奉的是什么神灵大部分都难以确切地知道。

实际上奶奶并不仅仅和求子有关系，它首先还和生育有关系，与生育有关的神灵体系事实上非常复杂，刘家王家关帝庙中现存一幅壁画，上面画出了与生育有关的众多神灵，可以说是一个比较完整的生育功能神灵谱系，包括：送子奶奶、跪道奶奶、坐胎奶奶、开山奶奶、瞌睡奶奶、血泊奶奶、□滩奶奶、浆洗奶奶、催生奶奶、生子奶奶、清眉奶奶、秀目奶奶。奶奶的神灵体系涉及生育过程的每个细小环节。奶奶除了和求子与生育有关之外，还和孩子的健康成长有关系。实际上，奶奶这个神灵是掌管着未成年人所有事情的，直到孩子成年以后才基本上不再和奶奶产生关系。

关帝庙与奶奶庙在村庄中的位置关系最常见的就是关帝庙在北面，坐北朝南，是村中主要庙宇，奶奶庙在村南，坐南朝北。两庙正对。南王庄、东南庄等村庄都是这样的布局。这种庙宇布局是高平地区很常见的一种情况，当村庄主庙是关帝庙而南庙是奶奶庙时就会出现这种情况。村庄的南庙一般都是奶奶庙，而主庙神灵则种类很多，关帝庙只是其中之一。关帝庙和奶奶庙的距离可近可远，有的可能相当远，如果不专门考察很难注意到它们的位置关系，有的可能很近。关帝庙和奶奶庙的这种位置关系是最常见的，但是也有一些特例。

嘉庆六年（1801）北苏庄重修关帝庙的碑文中说："正殿三楹，左右角室四楹，东西禅室六楹。界之以重门，复于院之东南创修大士阁三楹，以临通衢，其外则西房五楹，为斗醮憩息之所。"[①]这次庙宇兴建活动既是对关帝庙的重修，同时又创修了大士阁，也叫观音大士阁，还可以叫观音阁。北苏庄关帝庙后被改为学校，现在仅存正殿三间，其他建筑都经过改修，不复原来面目。大士阁也不存在了。从碑文中可以看出当时的正殿和现在一样是坐南朝北的，对面是舞台，庙院的外面东南方向修建了大士阁。大士阁和关帝庙形成一个庙宇集群。这种位置关系和关帝庙与文昌阁的情况非常相似，不过这种情况在关帝庙与奶奶庙的关系中并不多见，因为奶奶庙实际上很少建成阁的，而文昌庙基本上都是阁。阁庙配合形成庙宇集群的位置布局是很常见的，只是因为奶奶庙不怎么以阁的形式出现，奶奶庙和关帝庙的位置关系一般也不是这种情况。关帝庙与奶奶庙的位置关系也有和北苏庄这种情况类似，但是是反过来的例子。寺沟西庄关帝文昌阁是

[①] 《重修关帝庙创建大士阁记》，嘉庆六年，现存高平河西镇北苏庄关帝庙。

建在奶奶庙的旁边。奶奶庙位于村东，坐东朝西，关帝文昌阁位于奶奶庙的东北面。这个例子中关公是以阁的形式出现，奶奶是以庙院的形式出现，和北苏庄的例子正好相反。寺沟西庄也是一个奶奶、关帝和文昌同时出现的个案。

河西窑头关帝阁是庙宇布局中非常罕见的奇特例子。阁上有关帝阁字样，可以确定确实是关帝阁，但是这个关帝阁上面并没有神殿，而是一座戏台。实际上这个关帝阁是奶奶庙的一部分。奶奶庙坐西朝东，正殿三间，南北耳房各三间，南北厢房各三间，厢房东侧各四间看楼，奶奶庙正殿正对戏台，戏台坐东朝西，戏台下面就是关帝阁。戏台建在阁上，阁庙为一个庙院，这种情况非常罕见。这种庙宇布局很有可能是后来改建的。原来的布局应该是奶奶庙没有戏台，阁上是关帝神殿，两庙相对。奶奶庙大部分情况下是没有戏台的，但是窑头村是一个很小的村，后来需要兴建戏台的时候就在奶奶庙对面建了戏台，关帝阁上的神殿就被改建为戏台了。不过，因为此庙没有碑刻，这些只是猜测，奶奶庙与关帝阁这种布局是特例，不是常见的情况。

大周的情况也比较特别。大周资圣寺坐北朝南，是一座典型的佛教寺院，历史悠久，至少可以追溯到宋代。资圣寺对面是观音阁，资圣寺的东南方向，也就是观音阁的东北方向有一座单殿的庙宇，名叫五虎庙。五虎庙也可以看作是关帝庙的一种类型。资圣寺、观音阁和五虎庙从北、南和东三个方向围成了一个小广场。这种布局也很有特点，总的来说，观音阁和五虎庙都是附属于资圣寺的，共同构成一个庙宇集群。

目前所知关帝和奶奶合祀的庙宇不算很多。永禄段家庄现存关帝庙和三大士庙两庙紧挨，关帝庙在北面，南面是三大士庙，两庙仅隔一墙，这是一种二庙合一的格局。两庙均是坐北朝南。迪阳后庄关帝高禖庙与此类似，也是二庙合一的格局。这种情况也不太多见。关帝观音阁的数量总体上没有关帝文昌阁多，高平目前所知的仅有米东关帝观音阁和谷口关帝观音阁。

除了以上所讨论的奶奶配祀关帝庙的情况以外，高平还有一个关帝改祀奶奶的例子，这种情况很罕见。谷口的关帝庙在道光时期改建为奶奶庙，这是比较少见的一个关帝庙与奶奶庙前后相继的例子。济渎庙乾隆增修五瘟殿的碑刻中就提到了关帝庙："合社公议关圣帝君庙庙□东南角有信士申其志、申怀瑾于康熙三年两家同施庭房三楹，砖瓦木石俱已拆修眼光圣母殿宇，止留基地一所，至今茅塞荒芜。"这表明至少在乾隆时期，关帝庙就已经存在了。道光二十四年济渎庙的修缮碑文中提到"关帝庙改建为观音堂"。

除了合祀和改祀外，关帝庙中配祀奶奶的情况非常普遍，但是很少有碑文的证据。据村民称段庄关帝庙旁边原有奶奶配祀。朵则关帝庙2006年新修有奶奶殿，现存《维修关帝庙奶奶殿塑像碑记》。

如果将关帝庙、奶奶庙和文昌庙进行一个比较就会发现它们各有特点。关帝庙数量很多，大部分规模比较大。文昌庙数量不是很多，大部分都是文昌阁，很少有独立的文昌庙。奶奶庙数量很多，大部分规模不大。这三种神灵都经常出现在配祀神灵中，很多大庙中常常能够见到这三种神灵的配殿，相对来说，奶奶最多，其次是关公，最后是文昌。

总的来说，文昌庙虽然也不少，但是却很少形成其特有的民间组织，诸如文昌会或者魁星会这样的组织极其少见。奶奶庙则不同，其民间组织不少，碑文中有大量的高禖会、子孙社、百子会等属于求子类的民间组织，奶奶庙的民间组织和关帝庙会发生一些经济上的往来关系。

关帝庙和奶奶庙的关系体现在资财的资助上。姬家庄创修关帝阁的时候有白衣阁的捐款："幸有白衣阁以及众会善士□□舒资以助其事"，"白衣阁施洋五十元"。[①]五十元在当时并不算少，其数量超过其他所有捐款的总和，可以说对创修关帝阁的工程给予了很大支持。朱家山鲁班关帝大王阁乾隆创修时也有子孙社捐款："子孙社余钱二千三百一十文，施于□□（鲁班）社使用。"[②]这种村中不同庙宇之间的相互捐款实际上是相当普遍的。

---

① 《补修春秋阁碑》，民国二十二年，现存高平北诗镇姬家庄春秋阁。
② 《鲁班春秋大王阁创修碑》，乾隆二十八年，现存高平三甲镇朱家山春秋阁。

它们之间发生关系往往是通过各自社和会的组织来完成，就像上述子孙社、鲁班社一样。有些捐款虽然表面上看不出是奶奶庙的捐款，但是可以从其他碑文中找到佐证。杜村关帝庙重修时记载"逮十一年而举事，又有议合会，捐资八十缗"①，这里的议合会的情况可以在同一时期的奶奶庙的碑刻中找到："谨告同乡会盟同志，定会名曰议合，心志相符，款项未有，虽有善心，不能彰著于当时，传述于后世，是有心犹无心焉。"②议合会本身就是在重修观音阁的过程中成立的筹款组织，应该也是摇会。议合会也为关帝庙重修捐款了。这种情况不仅仅发生在同村的奶奶庙与关帝庙之间，也发生在其他村庄的奶奶庙与本村的关帝庙之间，朵则同治时期修庙时有"南朵③百子会"的捐款，这里的百子会情况虽然不详，但应该属于求子类的组织无疑。

（三）关公与其他神灵
1. 关公与二郎

在早期的关帝庙中，有两处关公都和二郎一起出现，它们是张家二郎关王庙和邢村二郎庙，而且在这两个庙中二郎的地位似乎要比关公高一些。张家二郎关王庙的名称在晚明时候称作"二郎关王庙"，二郎在前，关公在后。而在嘉庆重修时就称作"关帝二郎庙"了，这表明在晚明的时候二郎地位高于关公，而到了清代关帝地位又高过二郎。邢村二郎庙中，关公就是二郎的配祀神灵，是从属的地位。高平地区现存的二郎庙历史都比较悠久，数量不多，清代以后影响力很小，几乎消失，其地位远远不及关公。无论是关公还是二郎在宋元时期都是战神，他们一同奉祀可能也意味着在宋元时期较早的二郎庙或者关王庙中关公主要还是战神的形象。同属晋东南地区的沁县城关著名的宋代关王庙也是和当时的战争有关系的。或许这些关王庙的建立和金元时期到明初社会动荡中村民自我保卫有一定关系。

---

① 《补修关帝庙及三官庙并魁星楼碑记》，民国十四年，现存高平河西镇杜村关帝庙。
② 《补修观音阁碑记》，民国十四年，现存高平河西镇杜村关帝庙。
③ 今为此朵则村——自然村。

由于缺乏直接的史料，不能得出确切的结论。

2. 关公与鲁班

三甲镇朱家山村有关帝鲁班大王阁，这是关帝与鲁班和大王合祀的一个阁庙。此阁庙始建于乾隆二十八年（1763），有创修碑，碑刊立于二十八年，但另根据脊枋题字来看，为乾隆二十二年（1757）上梁，建筑规模为一眼三间，当时主要是以实物募捐的形式完成修阁的。此阁始建之时的名称实际上是"鲁班春秋大王阁"，而且其组织者为鲁班社，从这些情况来看，关帝和大王共同成为鲁班的配祀神，地位比鲁班要低，这个时期的鲁班春秋大王阁一定和工匠类型的手工业者及在河南或者运河行商的商人有关。光绪补修时，此阁名称已经改为关帝阁，鲁班和大王完全消失了，这表明原来的手工业的成分已经消失，被改造成了一个比较普通的阁。

3. 关公与大王

众所周知，山西商人在各地所建会馆均奉祀关公，实际上从晚明开始山西商人在各地也均建有不少大王庙。大王庙奉祀金龙四大王谢绪，最早是运河和黄河河神，高平商人在外经商过程中接受了这种信仰，并将这种神灵信仰也带到了高平本地。顺治《高平县志》中就注意到了大王庙这种庙宇的特殊性："金龙四大王庙，在南关，因邑人商贩于水，涉川利往，故立庙以祭之。"① 因此，关帝庙和大王庙都是和山西商人有密切关系的信仰形式，它们也常常出现在一起。

首先的一个例子是上面提到的朱家山鲁班关帝大王阁，这三个神灵的关系更像是不分高下的合祀的情况。只是后来鲁班和大王的信仰似乎都衰落消失了。其次，寺庄会馆中同时奉祀了关公和大王："创立正殿九楹，上列关帝，次列火帝、大王、财神，虽各有专司，而利于民生，关乎风化，载在祀典，则一也。"这是大王配祀关帝的情形。拥万关帝文昌阁中也配祀了水神，这个水神可能也是大王。最后一个例子是石桥口关帝庙与大王阁："然而时远年延，风雨倾颓，理宜补葺，将大殿三楹，整旧重新创修大王阁

---

① 范绳祖修：《（顺治）高平县志》，线装书局2001年版，第138页。

一楹。"① 这次庙宇修建中补修了关帝庙，创修了大王阁，这个大王阁就在关帝庙的旁边，可以说和关帝庙组成了一个庙宇集群。

此外，因为关帝庙几乎村村都有，现在发现的十余处有大王庙的村庄基本都是交通便利的村庄，一般都不是山区小村庄。因此，这十余处村庄都是大王庙与关帝庙共处一村的情况，其中有两处关帝庙碑文中提到了同村的大王庙。郭庄关王庙："余观斯村东则祖师殿，西则龙王宫，土地庙设于东北，大王庙建于东南，松泉寺、高禖祠联络山腰，文昌宫、白衣阁并峙村边，关帝大庙适居其中，南海厅楼排列于外，共计神庙一百八九十间。"② 郭庄关王庙的碑文作者列举了村中所有补修的庙宇，其中大王庙位于村东南方向，关帝庙位于村庄正中。常庄关帝魁星阁的创建碑中作者提到了大王庙："若夫庙宇妥神各有其位，如炎帝位南方，大王镇河务。关圣帝君，福神也。凡有血气者莫不尊亲，位宜街市丰隆处。"③

4. 关公与玉皇

关公和玉皇都是明清以来民间信仰中很常见的主神，玉皇信仰的兴起在金元时期，泽州现存多处金元时期创修的玉皇庙，碑刻尚存。这个时间远远早于关帝庙，关帝庙在后来地位越来越高，以至于到了晚清民国时期《洞冥记》④ 一书流行，关公最终登上了玉皇的帝位。在高平的庙宇中也能看到关公和玉皇产生联系的实际例子。

冯庄是高平一个典型的村庄，村庄近似方形，东西南北四个方向有四个阁门环绕，它们分别是北阁祖师阁、东阁文昌阁、西阁三官阁和南阁观音阁，四个阁都保存完整。除了四个方向的四个阁门之外，村中村外还有很多庙宇。正中间村中的主庙是玉皇庙，规模较大，是一村的中心。南北各有一个白衣堂，北面的在北阁旁边，南面的就在南阁旁边。北阁对面还

---

① 《补修关帝阁碑记》，道光十年，现存高平米山镇石桥口关帝庙。
② 《补修各庙碑记》，民国十一年，现存高平建宁乡郭庄关王庙。
③ 无题名碑（丙子年），光绪二年，现存高平原村乡常庄关帝阁。
④ 世界关氏宗亲总会第九届恳亲大会筹委会编印：《关公文化资料丛书》，第五册，内部资料，2008年。

有一个很小的单殿的观音堂，观音堂旁边据说还有一个古佛寺，现在已经不存。除了村中的这些庙以外，村东小山上还有一个规模较大的庙，叫作汤王庙。冯庄庙宇众多，基本都保存完整，特别是阁门很完整，整个旧村庄的布局都保存了下来。可是，规模这么大的一个村庄，庙宇保存如此完好的一个村庄，竟然没有关帝庙。这是为什么呢？事实上，在村中主庙玉皇庙道光时期的碑刻上写道："邑城之北五里许，为冯庄。庄里有庙一区，前后为殿二，后祀玉皇，前祀关帝。其创建年月不可考。重修于明隆庆万历间，改建于国初，又重修于乾隆壬寅岁，俱有碑碣可稽。屡经修饰，庙规模称宏敞焉。"看来冯庄非但不是没有关帝庙，而且关帝庙的地位非常重要。村中主庙玉皇庙实际上是一个二庙合一类型的庙宇，前面是关帝庙，后面是玉皇庙。关帝和玉皇在这里共同构成了村中的主神灵。

冯庄的个案或者并非孤例，南王庄关王庙最早可知的重修时间是万历三十七年，现在这块重修壁碑镶嵌在玉皇庙的墙上。目前还没有证据能够证明这是为什么。合理的推测可能是原来的关王庙就在玉皇庙附近，很可能和冯庄的情况一样是二庙合一的情形，后来关王庙异地重建在了现在的关帝庙的位置上了，但是明代重修关王庙的碑刻却被保存在了玉皇庙的墙壁上。

5. 关公与佛

关公常常作为伽蓝菩萨出现在佛寺的配殿之中，这是关公配祀佛的情况，一般是在比较正规的寺院之中。村庄中的很多关帝庙中也有不少以佛菩萨作为配祀神灵的情况。这些都是常见的情形。关于佛与关公的关系，高平的关帝庙中有一个特殊的个案。

北岭关帝庙实际上是一个二庙合一的庙宇，应该称作关帝佛庙。现在布局是前面一进院是关帝庙，村民称作关帝庙，后面一进院正殿奉祀佛祖，村民称之为佛殿，这个说法和碑文是一致的。现在的这个布局是逐步形成的。北岭关帝庙始建年代不详，嘉庆碑文作者推测始建于万历时期："关圣帝君像一尊，疑昉于万历年间，然无碑记可考。"[①] 碑文所说应该是有

---

① 《重修佛殿碑记》，嘉庆十二年，现存高平河西镇北岭村关帝佛庙。

根据的，按照其说法，晚明时候仅有一尊关帝神像，那么很有可能是规模很小的神龛庙宇，至多仅有单殿而已。这可以算作关帝庙的始建时期。乾隆乙亥年（乾隆二十年，1755）有第一次增修："李氏先人于乾隆乙亥年重修佛殿三楹，迁旧殿佛像于其中。并修耳楼两座，上下各四楹。"就碑文情况而言，不清楚关帝庙和这个佛殿的位置关系，不过这里所说的佛殿应该就是现在后院的佛殿。佛像是从其他地方迁移过来的，则很可能是在原来关帝庙的后面增修了一个院落，然后将其他佛寺或者原来关帝庙中配殿的佛像迁移过来。二庙合一格局正式形成，关帝和佛祖合祀在这个庙中。嘉庆丙寅年（嘉庆十一年，1806）有了第二次增修，扩展为前后两院的格局。"新塑关圣帝君像于前面。又越数年，丙寅修拜庭三楹，东西门道耳房各二楹，山门一道，院壁一围。"原来关帝神像可能因为太小而重新塑像，并且在前面增加了一进院落，现在的庙宇规模大体齐备了。拜殿（第一进院）奉祀关帝，后院奉祀佛祖。其中提到新塑关帝像，则也可能中间一段并无奉祀关帝，二庙合一是这时形成的。这个庙被改造成这个样子之后，实际上佛殿成了主要的，关帝殿位于拜殿，有配祀佛祖的意味。道光二十七年（1847）第三次增修，这次主要是增修了舞楼和其附属建筑。"添修舞楼柒间，看楼陆间，厢房陆间。门外并加群墙照壁至于后院各殿亦故而易为新。"总体来看，北岭关帝佛庙的发展过程是一个关帝庙逐步让位给佛庙的过程。

6. 关公与老君

关帝庙和老君庙的关系主要体现在特定区域的捐款关系上。高平的东北部，也就是陈区、建宁和米山东北的区域是传统的铁业比较发达的地区，这里老君庙众多，关帝庙的修建碑文中常常出现老君庙捐款的情况。例如："本沟老君会捐钱二千文、黑土坡老君社捐钱三千文、前老君社捐钱一千五百文"[①]，又如："黑土坡老君社捐钱七千文"[②]。这些老君社实际上是

---

① 《重创修碑记》，宣统二年，现存高平陈区镇迪阳后庄关帝高禖庙。
② 《补修各庙碑记》，民国十一年，现存高平建宁乡郭庄关帝庙。

铁业的行业组织，这些捐款主要反映的是作为社庙的关帝庙和作为手工业行业性组织老君社之间的来往关系。

7. 三义庙与五虎庙

高平地区有两类特殊的庙宇，一种是三义庙，另一种是五虎庙。这两类庙的主神一般是刘备，而不是关公。目前所见五虎庙有大周、丁壁、新庄、窑则头、箭头等几处，侯庄丰乐馆原为牛王庙，后来也改为五虎庙。三义庙数量更多一些，大概有十余处。另有四个比较特殊的情况。一个是西李门的关王庙在明代嘉靖重修时就被称作关王庙，但是到康熙五十一年（1712）重修时被改称为三义庙，这是由关王庙改成三义庙的情况。第二个例子是大山石堂会，同一个村中既有三义庙又有关帝庙："我国祀典于二月戊日祭武庙，岂徒祈福保平安哉！盖以关圣帝君之精忠若日月之照临，光于四方，显于中土，而民不能忘也。大明天启年，泫邑石堂会先民姬仕书尝见村中祠庙东有龙王山，北有高禖祠，虽亦有三义洞，并无专供之武庙，恐淹没其忠义，后人无所取法，于是独出己资创立关帝庙，为村人享祀之所，立社之地，一慈善事业也。"① 第三个例子是伯方仙翁庙中有双忠殿，奉祀关公和张飞，这种情况不多见。最为特殊的例子是凤和的情况，凤和分别有昭烈帝庙（刘备）、关公和张飞的庙，实际上是将刘关张分别奉祀，都作为独立的庙宇。

（四）关公的配祀神

关公的配祀神其实可以分为就庙宇而言的配殿中的配祀神和关公殿中的配祀神两种，前者有独立的神殿，和关公关系更疏远一些，前述文昌、奶奶、老君等合祀神灵很多时候也作为配殿配祀神出现。关帝庙中关公的配祀神的情况在碑文中出现不多，大部分碑文不提及配祀情况，只有少数碑文有记载，不过也可以看出关公配祀神灵的大体情况。

---

① 《重修关帝庙碑记》，民国十六年，现存高平陈区镇大山石堂会关帝庙。

1. 关平与周仓

关平和周仓是关公最常见的配祀神，现在可以见到的关帝庙中基本上都是以关平、周仓来配祀关羽的。特别是在关帝殿中，关平、周仓可以说是标准配置。碑文中出现的仅见一处："吾村协天大帝庙宇建者由来久矣。其侧有关、周二位尊神之像。"这里的关、周二位尊神，显然是指关平周仓。

2. 水火财神和大王

"吾村西北旧有春秋阁，上奉关圣帝君、文昌帝君、奎星。……又奉水、火、财神位于左，移奎星像于右。"[①] 拥万光绪碑刻中的这条记录提到水、火、财神和魁星一起作为关公的配祀神灵，值得注意的是这种配置和很多山西会馆中的关公配祀神灵非常类似，而这个关帝文昌阁和商人关系非常密切，修庙的会首中有商号，碑文中明确提到"商贾依仁义以取财利"。这表明关帝庙中这种配祀神灵的配置似乎和商人的习惯有一定的关系。如果遇到关帝庙中出现这种配祀神灵可以考虑这个关帝庙和商人的关系。

这种配祀神灵和商人的密切关系可以从寺庄会馆的配祀情况得到印证："创立正殿九楹，上列关帝，次列火帝、大王、财神，虽各有专司，而利于民生，关乎风化，载在祀典，则一也。"这里的配祀神共三个，和拥万相比略有差异，火神和财神是一致的，水神换成了大王，实际上大王就是水神，两个庙宇的配祀神灵是一致的。

相对来说，财神作为配祀神出现更多一些。"历来正殿关帝，山门正东，西南文王，独空西北，今将西北建塑财神尊像，以便一村之祀典。复移山门于东北，新修增东亭一书室，庶觉庙貌肃肃，可壮大观。"[②] 这个关帝庙也有大量商人捐款出现。

---

① 《重修春秋阁碑记》，光绪二年，现存高平北诗镇拥万村关帝文昌阁。
② 《关帝庙建塑财神移改山门碑记》，道光二十五年，现存高平三甲镇刘家王家北山关帝庙。

3. 牛马王、蚕姑

牛马王和蚕姑一般情况下就是前面所说的独立神殿的形式了，它们是关帝庙的配殿，这种情况下，牛马王和蚕姑也是关公的配祀神灵："关帝庙正殿三楹，东北西北禅室各三楹，牛马王殿三楹，蚕姑殿三楹，东西禅室各四楹，舞楼三楹，东南、西南耳楼各三楹。"[①] 牛马王和蚕姑有鲜明的农业生产特色，牛、马和蚕是当时高平地区村中饲养的主要动物。这种类型的奉祀其实主要是保佑这些饲养动物的健康，不要发生瘟疫之类的造成减产。这种配置的关帝庙中的关公就主要有村庄保护神的意味了。

4. 神驹（赤兔马）

在很多关帝庙中都有奉祀赤兔马作为配祀神的情况，著名的解州关帝庙就有奉祀赤兔马的神殿。常乐村嘉庆年间重修关帝庙时对神像位置进行了移动："欲竖碑记于正□楼下，而移帝君圣仆、神驹像于西北。"[②] 这里的神驹显然是指关公的赤兔马。这也是关公的配祀神灵。

第三节　关帝庙的习俗文化

就庙宇碑刻材料而言，关帝庙日常的习俗活动反映得是比较薄弱的，只有偶尔零星的记录。尽管如此，还是可以透过这些碑刻看到关帝庙中丰富多彩的活动，这些活动是传统社会村民日常生活的一部分，很大程度上塑造着他们内心的精神世界。对于这些习俗活动的初步研究有助于更好地了解关帝庙如何影响人们的日常生活。

---

① 《补修关帝庙及三官庙并魁星楼碑记》，民国十四年，现存高平河西镇杜村关帝庙。
② 《增修关帝庙碑记》，嘉庆二十五年，现存高平河西镇常乐关帝庙。

一、演戏酬神

（一）戏台及其修建

高平地区绝大部分具有一定规模的庙宇都有戏台，关帝庙也是如此。关帝庙同时也是以戏台为中心的剧场。碑文中的戏台有很多不同的说法，最常见的说法是舞楼，还有舞台、戏楼、歌舞楼等，用戏台这种说法不是很多。贾村碑文作者甚至还解释了戏台和舞楼两个词的含义："依古以来，建庙以妥神，尊神以立庙，庙立而后修舞楼焉。舞楼者，俗所云戏台也。总之，戏台犹舞楼，其义一也。"① 牛家安家关帝庙碑文中也有类似的说法。看来，戏台是俗称，舞楼更显正式。

戏台的修建是庙宇修建的一部分，其基本情况和庙宇兴建活动相同。不过，戏台不一定是和庙宇创建同时进行的，很多戏台都是后来逐步增修起来的。这是戏台的"增修"。有些情况下，因为戏台太小建成以后还有扩建的情况："夫庙乃妥神之地，每岁秋报、演戏，戏台窄小。"② 这是戏台的"扩建"。高平地区村庄中还有很多阁门，这些阁门在以前是进出村庄的门户，也可能是走水的水道，除了庙宇有戏台之外，部分阁门也有戏台："张培政施银拾伍两，此银系买白衣阁戏楼地界用。"③ 唱戏并不一定要有戏台，有些情况下因为财力不足，暂时没有戏台，就在简易的台子上唱戏，这是搭台唱戏："自昔人重修关帝庙与高禖祠时已有其志。囗时财力不足所绌，止砌其楞，立其台焉。而止越二十年后，邑人苦祭祀献戏每遭风雨之变，造楼之念勃然而兴。"④ 而这种情况往往就是要增修戏台的原因。

戏台还有一些附属的建筑或者装饰。戏房一般是供唱戏的人（优伶）

---

① 《建修舞楼碑记》，道光四年，现存高平寺庄镇贾村关帝庙。
② 《补修戏台西耳楼庙内东西厦碑记》，道光二十六年，现存高平神农镇石塈村关王庙。
③ 《关帝庙创修配房碑记》，道光十二年，现存高平马村镇沟头村关帝庙。
④ 《创修戏楼并两廊以及重瓦大殿记》，乾隆五十四年，现存高平神农镇西沙院村关帝庙。

休息的地方,戏台有增修戏房的:"旧有炎帝庙,春祈秋报,神灵既妥。陈俎设豆民情亦伸,而当时每岁献戏时,其如屋宇狭隘,何言念其此。父老成为嗟叹,集众于庙,相与议之曰:庙貌虽巍,止以供祀,屋宇不增,优人奚容?于是夙夜踌躇皆怀奋进之意,朝夕图画各具振兴之心。因择村中乐善之家捐资输粟,以备造作。积财未及众,又相谓曰:赀已蓄矣,粟已裕矣。戏室之工可于是而兴矣。"①戏台上面的格栅是分割前后台用的,高平地区很多戏台上都有格栅:"修此房并戏楼内格间共使钱柒拾玖两壹钱贰分"②,这些格栅雕刻绘画精美,现在还有很多留存下来,大多为晚清民国时期的。

戏台是村中重要的公共活动场所,大部分有一定规模的庙宇基本上都有戏台。如果戏台损毁,村社一般会及时修补,王降"村之中旧有关帝庙一所,庙之前后有戏台三间,不意道光年间,岁值庚戌","是以辛亥兴工,甲寅告成"③,戏台损毁次年就开始动工,可见村中对于戏台的重视。

(二) 演戏或歌舞的活动

关帝庙每年基本都有唱戏,并且每年专门为此筹集费用。修庙过程中的一项收入来源就是止戏收谷:"自同治元年以来,止戏兴工,陆续修补、重修正殿五间,金妆神像,东西角楼四间,东西厢房十间,舞楼九间,书房五间,南庭五间,牛屋二间,迄今十数余年,功成告竣,黝恶丹陈,焕然聿新。"④止戏收谷反过来证明每年都有唱戏活动进行。一般来说,每年只唱戏一次,每次三天,具体时间每个村庄每个庙宇都不同。梅叶庄是每年七月:"尝思北□□隘,形势□区,故特建关帝庙于吾乡,春祈秋祀固所以端风化,亦所以妥神灵。每年七月,古迹□圣会献戏三天,神即妥而□

---

① 无题名碑,道光三十年,现存高平神农镇西沙院村关帝庙。
② 《借用墙垣分明碑记》,乾隆三十年,现存高平陈区镇大山石堂会关帝庙。
③ 《重修舞楼碑记》,咸丰七年,现存高平北城街道王降村关帝庙。
④ 《重修关帝庙碑记》,光绪元年,现存高平建宁乡郭庄关王庙。

牲无厌也。"① 贾村则是每年五月十三："每岁五月望三日逢关帝圣诞，献戏三朝。"② 五月十三日被认为是关帝圣诞日，这种说法流传很广。

庙宇修建过程中要唱戏，主要是在庙宇修建好了之后一般要"献戏三天"③。唱戏活动可以说是庙宇完工之后的庆典的一部分："遂将庙宇禅房舞楼并观音文昌阁一概增补彩焉画焉，鸟革翚飞，轮奂双美，始择于本年拾月初八日演戏、诵经、酬神、谢土、安奠以毕。"④ 这时的演戏对于本村来说标志着庙宇的完工，对于外村来说同时起到宣传、教化和与其他村社交往的作用，也是对周围村庄捐款的一种交待。

除了以上这些由村社组织的唱戏之外，村民如果愿意自己掏钱献戏也是可以的，这一般被看作是一种善行："窃惟有求必应，久蒙呵护之灵，夙愿未酬，时怀中心之报。兹因恒父昔年曾于上西社村大庙关圣大帝前有献戏心愿，不忆恒父偶尔捐馆，斯愿未酬。"⑤

和演戏有关系但是不能算作演戏的还有八音会，八音会这种主要用于丧葬活动的音乐形式在庙宇修建中也有出现："入来八音会钱拾叁串贰佰肆拾捌文"⑥，但是它们是否会在庙中演奏则不得而知。

关帝庙中唱戏的费用除了上面提到的每年收取之外还有用庙宇修建的余钱利息收入的情况，"以为敬神如在之定例，本年划费银下余阴，公议纠首经理出放，三分行息，留本常存，得利每年与帝君献盘献戏"⑦。庙宇修建完工之后的唱戏活动经费则往往就来自修庙的余钱，修庙剩余的少量经费常常会在庙建好之后的唱戏活动中花完："除出净存钱三千有零，演戏销尽。"⑧

---

① 《关帝庙募化小引》，嘉庆十五年，现存高平河西镇梅叶庄关帝庙。
② 《建修舞楼碑记》，道光四年，现存高平寺庄镇贾村关帝庙。
③ 《补修春秋阁碑》，民国二十二年，现存高平北诗镇姬家庄春秋阁。
④ 《补修关帝庙碑文序》，洪宪元年，现存高平寺庄镇小会沟关帝庙。
⑤ 《施地记》，乾隆五十八年，现存高平野川镇大西社上西社关帝庙。
⑥ 《创修关帝阁碑序》，咸丰四年，现存高平北城街道王寺西王寺关帝阁。
⑦ 《新创关圣帝君庙碑记》，乾隆三十四年，现存高平寺庄镇贾村关帝庙。
⑧ 《东关圣帝君庙补修碑记》，民国十四年，现存高平马村镇康营东关帝庙。

(三) 演戏的社会功能

1. 娱神

演戏或者歌舞的表演活动就其本来意义而言主要是娱神的:"庙貌虽狭隘,每当春秋祈赛,歌舞娱神,村中父老子弟长跽薦□,肃然生敬,于以颂扬忠烈,兴起颓风,胥于是乎系之。"① 这是其信仰方面的功能。

2. 娱乐

虽然唱戏活动最早是娱神的,但是宋元以来,特别是清代以来世俗化的大背景下,戏曲娱乐的功能更加明显,因此正统的士大夫始终对戏曲抱有一定的批评态度。戏曲和关公之间的关系也有类似的紧张关系。道光八年牛家安家修戏楼的碑文中有这样一段话:

> 尝谓戏者嬉戏之谓也,出有郊□(劳),入有赠贿,往来周旋之间而礼□焉。舞有舞□(列)之谓也。司干授器旄人舞乐缀儿急徐之下而乐具焉。是知戏与舞虽不一,其名而□之泰神也,故谓之故谓之戏楼也可即谓之舞楼也,亦无不可,但前此规模狭隘而且居于西南隅有偏僻不正之意,则是称干比戈,设俳优以祀神也。祈以鼓瑟鼓簧即歌舞以侮圣者也,想关圣帝君英灵赫濯已无敝不照矣,非特通都名邑崇其祀典即一村一乡之间无不致其恪恭焉。故村人欲去旧日之规模而著今兹之巍峨。②

碑文作者认为歌舞有"侮圣"的嫌疑,虽然这里似乎更多的是抱怨戏楼位置上的偏僻不正,但是作者将戏曲看作是嬉戏,也包含着对戏曲的贬低之意。戏曲与关公信仰的这种矛盾不仅体现在演戏活动上,还体现在戏台的建筑上。常乐关帝庙碑文作者提到在修庙过程中对戏台规制的质疑:

---

① 《重修关帝庙创建大士阁记》,嘉庆六年,现存高平河西镇北苏庄关帝庙。
② 《重修戏楼碑记》,道光八年,现存高平寺庄镇牛家安家关帝庙。

"时予在社,谓众曰:今观舞楼高过大殿,以卑踰尊,昭然莫掩。"① 戏台的建筑规格超过了关帝的大殿,这是不合乎礼制的做法。以上碑文作者的这种态度是受儒学影响的士大夫的一种看法,恰恰反衬出民间戏曲活动的繁盛。

3. 社会教化

戏曲还有重要的社会教化功能,这一点传统社会的士大夫也有一定的认识,康营东关帝庙的碑文作者对此做了详细的解说:"祭祀之礼,所以崇德报功,典至钜也。古者陈以俎豆荐以馨香,至后世则兼以优戏。噫,戏者,戏也,胡为以奉祀事哉,意者稽前代之盛衰,镜人事之得失,善者足以为劝,恶者足以为惩。"② 从这个说法来看,戏曲的功能开始侧重于其社会教化方面。

4. 社会管理

唱戏不仅仅是一种单纯的娱乐活动,它也承担着社会管理的职能。村中有人违反了村规或禁令,罚戏是常见的一种惩罚手段:"爰集老老幼幼公议演戏扶碑,严禁赌局以及孩童踢毬玩钱之事一并列在禁中,永不许有犯,如有犯者,入社公议罚戏三天如有不遵罚者各社送官究治。"③ 这里提到了唱戏的两个作用,一个作用是在立禁碑的时候唱戏,这是一种宣传教化的手段。另一个作用是有人违反禁令之后罚戏,这是一种惩罚方式。

罚戏这种惩罚方式不仅存在于民间,也被官方所采用。咸丰七年拥万关帝文昌阁的碑文中就记载了这样一件事情:

村之西北旧有关圣(帝君)、文昌帝君神阁一座,近因宋太平直接神阁山扉滴水修建房屋,唐应瑞等拦阻以致控官兴讼蒙袁大老爷堂讯未结,今有乡亲等不忍伊等争讼,从公和处,姑念宋太平工已告竣,着宋太平命乐酬神,日后唐应瑞,仝侄松年、松生补修神阁,倘有伤

---

① 《增修关帝庙碑记》,嘉庆二十五年,现存高平河西镇常乐关帝庙。
② 《重修舞楼碑记》,同治五年,现存高平马村镇康营东关帝庙。
③ 《禁赌碑》,嘉庆二十四年,现存高平寺庄镇西德义关帝庙。

毁宋太平房屋之处，宋太平各自补修，于唐应瑞等无涉。①

在这个诉讼案例中，最后的判据将"着宋太平命乐酬神"作为对宋太平修建房屋的一种惩罚手段，这就是常说的"罚戏"。罚戏不仅仅是商人在会馆中使用的管理手段，也不仅仅是村社民间使用的管理方式，官方的诉讼案例中也出现了用罚戏作为惩罚手段的例子。这应该就是官方巧妙地尊重民间的习惯，用民间能够接受的手段进行社会管理。

二、春祈秋报

（一）春祈秋报

春祈秋报在碑文中出现很多，也有称作"春秋之祭"、"春秋祈赛"、"春祈秋祀"等，其实就是春秋两次的主要祭祀。春祈秋报中似乎秋报更重要一些，有些地方只提秋报："夫庙乃妥神之地，每岁秋报、演戏，戏台窄小。"②

碑文作者一般比较重视春祈秋报中的教化功能："庙貌虽狭隘，每当春秋祈赛，歌舞娱神，村中父老子弟长跽荐□，肃然生敬，于以颂扬忠烈，兴起颓风，胥于是乎系之。"③ 又如"尝思北□□隘，形势□区，故特建关帝庙于吾乡，春祈秋祀固所以端风化，亦所以妥神灵。每年七月，古迹□圣会献戏三天，神即妥而□牲无厌也"④。这些都是强调春祈秋报的教化作用。

春秋祭祀活动一般是由村社来组织的，"故吾村关帝庙由古殿一座，前后参差，东西寥落，每岁社翁祭祀之时"⑤。这里的社翁应该就是社首或者耆老的代称。但是，也有由关帝会来组织的："因立一会曰春秋会以供春秋之

---

① 无题名碑（诉讼碑），咸丰七年，现存高平北诗镇拥万村关帝文昌阁。
② 《补修戏台西耳楼庙内东西厦碑记》，道光二十六年，现存高平神农镇石塈村关王庙。
③ 《重修关帝庙创建大士阁记》，嘉庆六年，现存高平河西镇北苏庄关帝庙。
④ 《关帝庙募化小引》，嘉庆十五年，现存高平河西镇梅叶庄关帝庙。
⑤ 无题名碑（修观音阁碑），嘉庆二十一年，现存高平河西镇朱家庄关帝庙。

祭也。"①

春祈秋报的费用和唱戏一样，也是出自每年收取的社费和修庙余钱的利息收益："以为敬神如在之定例，本年划费银下余阴，公议纠首经理出放，三分行息，留本常存，得利每年与帝君献盘献戏。"② 这里的献盘就是祭祀的意思。春祈秋报的赛社活动是比较费钱的，赛社和演戏的花费是村庄每年日常花费的主要项目，当需要修庙的时候，村庄常常会将赛社活动停止下来，积攒钱财用于修庙："尝思龙宫象塔匪属天成，广厦明庭端由人力。况庙为栖神之地，人为祈福之基。欲修乎庙必赖乎人，理固然也。但人不可口是而心非，庙不能处常而无变。与其迎祥以赛社，勿宁免戏以兴工。"③

（二）其他时间的关帝庙祭祀

除了春祈秋报之外，在一年的其他时间也有对关帝庙的祭祀。

春天的例子有："我国祀典于二月戊日祭武庙，岂徒祈福保平安哉！盖以关圣帝君之精忠若日月之照临，光于四方，显于中土，而民不能忘也。"④ 这种二月戊日祭祀关公的说法不多见。

五月十三的祭祀也有一些记载，西栗庄民国时候的社规就规定了："四条：本社办公火食烟茶一律免除，只准五月十三日及秋报时各食顿钣，如敢故违，公议处罚。"⑤ 官方对关公的祭祀时间也是春秋和五月十三，共三个时间。按照村民现在的说法，除了五月十三之外，还有九月十三也是祭祀关公的日子。

冬天则叫作"岁时伏腊"："适值岁时伏腊，乡党萃处之期，谈及社事，有善念素存者情愿以己八十金之产兑换他人一庙之基，施社改移修理。"⑥ "迫

---

① 《重修春秋阁碑记》，光绪二年，现存高平北诗镇拥万村关帝文昌阁。
② 《新创关圣帝君庙碑记》，乾隆三十四年，现存高平寺庄镇贾村关帝庙。
③ 无题名碑（修观音阁碑），嘉庆二十一年，现存高平河西镇朱家庄关帝庙。
④ 《重修关帝庙碑记》，民国十六年，现存高平陈区镇大山石堂会关帝庙。
⑤ 无题名碑（重修碑），万历三年，现存高平三甲镇西栗庄关王庙。
⑥ 《重新改修关帝庙碑记》，道光十九年，现存高平北城街道王降村关帝庙。

至岁时伏腊，善男信女莫不骏奔在庙而至治馨香以伸如在之诚耳。"①

三、其他活动

（一）敬神谢土

一般在庙宇建成之后都要举行一个敬神谢土的仪式："敬神谢土共花费十一千五百文"②，也有叫酬神谢土的："支酬神谢土一应杂费钱叁拾千零二百四十四文"③。开光谢土一般都是在完工以后，并且需要专门择定吉日进行的："工已告竣，择吉于二十六日酬神谢土……补修关帝庙并谢土做碑共使钱四佰七十二千七佰七十五文。"④

敬神谢土常常和其他一些活动同时进行，如扶碑、诵经、演戏等，或者也可以说这些本来就是敬神谢土仪式的一部分。酬神谢土常常和扶碑一起进行："除使净余现钱贰拾玖千壹百壹拾二文，扶碑谢土公用"⑤，又如："扶碑谢土敬神使钱叁千文"⑥。除了扶碑还有演戏、诵经："始择于本年拾月初八日演戏、诵经、酬神、谢土、安奠以毕。"⑦又如："出讽经、演戏、酬神、谢土支洋九十二元八角。"⑧和酬神谢土类似的是开光，也常常同时进行："出开光酬神戏钱七拾八千一百六十九文。"⑨开光在现代的庙宇兴建中是最重要的仪式，酬神谢土已经不大常见了。

敬神谢土需要的钱数差别很大，从十几千钱到一千多千钱不等，敬神谢土过程中仪式没有统一规定，或者盛大或者简单取决于经费是否宽裕，庙宇规模大小和维首主观意愿，等等，不确定因素也比较多。少的只有

---

① 《创修关帝阁碑记》，嘉庆五年，现存高平米山镇石桥口关帝庙。
② 《补建关帝圣庙暨禅室碑记》，民国九年，现存高平南城街道庄子村关帝庙。
③ 《重修关帝庙碑记》，同治十二年，现存高平南禄乡永禄村关帝庙。
④ 《重修诸神庙碑记》，道光二十三年，现存高平建宁乡郭庄关王庙。
⑤ 《关帝庙重修劝捐输姓氏碑记》，道光三十年，现存高平东城街道凤和村关帝庙。
⑥ 《补修关帝庙碑记》，光绪二十九年，现存高平东城街道凤和村关帝庙。
⑦ 《补修关帝庙碑文序》，洪宪元年，现存高平寺庄镇小会沟关帝庙。
⑧ 《补修关帝社所属各庙宇暨重修佛堂庙碑记》，民国二十七年，现存高平永禄乡永禄村关帝庙。
⑨ 无题名碑（重修碑），光绪二十年，现存高平寺庄镇地夺掌关帝庙。

十几千钱,"敬神谢土共花费十一千五百文"①,多的甚至达到了一千多钱,"兴工谢土花钱一千三百六十六串七百四十一文"②。敬神谢土的钱一般都要先做好预算备用:"买头发、铁、石灰、钉则、敬神谢土备用,共使钱贰拾陆串一百叁拾陆文。"③庙宇修建经费一般在修庙结束时都有余钱,这是开光谢神主要的经费来源:"下余钱文以备油漆庙宇,完工谢神之用。"④不过和金妆神像一样,开光谢土的经费常常也是单独准备的,这表明了村民对于开光谢土活动的特别重视:"二十日同阖社人等收姬淳西沟杨枝二株,记长兑谷二石五斗,日后庙内口(谢)土用。……开光谢神经资坛谷,画匠利市,共使银叁两贰钱。"⑤

(二) 与神像有关的习俗

关帝庙中的神像有"神像"、"圣像"、"仪像"、"法像"、"金像"和"彩像"等多种说法,其中圣像的说法最常见,这里统称为神像,以符合现代的习惯称呼。社庙兴建过程中对于神像非常重视,下面将与神像有关的活动简要做一个归纳。

1. 神像的创塑、修复与金妆

与神像有关的工程包括创塑、修复、金妆(或彩妆)等。因为种种原因神像会遭到破坏,重修庙宇过程中就需要重塑或者修补。例如,万历三十七年南王庄关王庙:"所坏圣像一同补完。"⑥万历三十七年的这次关帝庙重修可能和明末战乱的破坏有关,或许圣像也是在战乱中遭到了破坏。成家山道光五年碑文中详细讲述了当时神像被毁之后重新塑绘的过程:

> 吾村协天大帝庙宇建者由来久矣。其侧有关、周二位尊神之像。

---

① 《补建关帝圣庙暨禅室碑记》,民国九年,现存高平南城街道庄子村关帝庙。
② 《补修各庙碑记》,民国十一年,现存高平建宁乡郭庄关王庙。
③ 《创修关帝阁碑序》,咸丰四年,现存高平北城街道王寺西王寺关帝阁。
④ 《增修本庙碑记》,道光十七年,现存高平东城街道段庄村关帝庙。
⑤ 《重修关帝庙碑记》,康熙四十七年,现存高平陈区镇大山石堂会关帝庙。
⑥ 无题名碑,万历三十七年,现存高平北城街道南王庄村关王庙。

迄今代远年湮，被雷震，神损不知其时也。属目者无不伤心，在村之人岂忍坐视其倾圮乎？有善士成学恭入庙礼像，瞻其倾颓，或发善心，愿施大钱拾贰仟整，以为侩（绘）像之资，众维首乐其诚心，请侩（绘）师焉。战神改为坐像，重塑金妆彩画一新，咸彰其事。①

神像被雷震损坏不大可能只损坏神像而不损坏建筑，因此这次重修一定包括对建筑的修缮，碑文只提神像是对神像的重视。

值得注意的是，与神像有关的各种工程常常会独立出来。乾隆三十七年迪阳后庄关帝高禖庙重修过程中，神像的经费是专门单列出来由郭氏四人承担的："高禖祠圣像一堂郭永祥、郭永泰、郭中礼、郭中义四人彩妆。"② 这些例子都表明神像在庙宇兴建活动中特别重要的地位。南庄关帝庙康熙题记中专门记录了金妆神像的管饭情况："康熙五十五年金装像众人管饭开列如下。"这次金妆神像工程应该是独立完成的。这种类型的例子相当多。即便庙宇修缮与金妆神像工程同时进行，金妆神像有时候也会被专门强调。乾隆四十年宰李村有《葺补殿宇金妆圣像碑记》，碑刻题名中专门强调了金妆圣像。再如光绪三年《汤王头村金妆□像重修□殿重修戒墙门院碑记》，这种情况极多，不再一一罗列。以上这些情况的出现有两个原因，一是修庙经费不足，在完成庙宇的土建和木作之后没有经费塑像，所以塑像被推后专门进行。金妆神像的花费可能比较大，需要专门的资金准备过程。二是神像因为特别重要，受到特别的关注和重视。

2. 神像的移动

村民对于庙宇中的神像非常尊重，当需要异地改建庙宇的时候神像一般会很好地保护，道光十九年王降村重修关帝庙时"一切改易重修，惟圣像谨依古来面目，不敢毁伤，特设龛位奉祀"③。神像移动过程需要一个正式的仪式。王寺西王寺的关帝文昌阁创修于咸丰四年，村中实际上早就有

---

① 无题名碑（金妆圣像），道光五年，现存高平米山镇成家山关帝庙。
② 《重修关帝庙高禖祠碑记》，乾隆三十七年，现存高平陈区镇迪阳后庄关帝高禖庙。
③ 《重新改修关帝庙碑记》，道光十九年，现存高平北城街道王降村关帝庙。

关帝庙，这次创修实际上是异地改修，创修碑文中描述了移动神像的过程："惟有村南之地可修关帝神阁，保护一村瑞气凝祥，速将古庙一概全移修理。南阁之用昔庙圣像，合村人等焚香移驾升阁。"① 碑文中的描述虽然很简单，只有"焚香移驾升阁"六个字，虽然无法复原其具体过程，但是可以想象其隆重和庄严。

关帝庙中神像的移动有时候不是因为改建扩建，而是一种有意的位置调整，这一般只涉及配祀神灵。如果没有发生改建扩建，主神灵是不会移动的。拥万关帝文昌阁在创立时应该有关帝和魁星神像，光绪二年重修时"又奉水、火、财神位于左，移奎星像于右"，这是增加了水、火、财神的神像，而将魁星移动了位置。这也许表明魁星地位下降。常乐关帝庙在嘉庆重修是为了立碑而移动了关帝的配祀神像："欲竖碑记于正口楼下，而移帝君圣仆、神驹像于西北。"②

庙宇扩建的时候有时需要移动神像，有时也会重塑神像，而不再使用旧的神像。嘉庆十二年北岭关帝庙重修碑记中记载了这样的过程，北岭关帝庙中原来有"关圣帝君像一尊，疑昉于万历年间，然无碑记可考"，这个关帝庙实际上就是由晚明这个小关帝神像发展起来的。嘉庆十二年的增修扩建中重塑了关帝神像："而新塑关圣帝君像于前面。"③ 其中原因不清楚，或者是因为旧神像损坏严重无法修复，或者是因为旧的神像太小，不适应增修扩建之后的规模。

3. 神像与庙宇演变

一般认为，神像在庙宇之中，是庙宇的一个组成部分。从上述北岭关帝庙的例子中可以看出神像与庙宇之间有更深层次的关系。伯方东关帝庙碑文中有"村之东南隅，旧名十里坡，道旁有石龛像"④。这里的记述和北岭关帝庙类似，实际上在正式修建庙宇之前，创建庙宇的位置上就有神像或

---

① 《创修关帝阁碑序》，咸丰四年，现存高平北城街道王寺西王寺关帝阁。
② 《增修关帝庙碑记》，嘉庆二十五年，现存高平河西镇常乐关帝庙。
③ 《重修佛殿碑记》，嘉庆十二年，现存高平河西镇北岭村关帝佛庙。
④ 《重修十里坡关帝庙碑记》，无纪年，现存高平寺庄镇伯方村东关帝庙。

者神龛。在这些例子中神像的存在是先于庙宇的创建的,庙宇实际上是从一个小的神像或者神龛发展而来。在庙宇创建之前,在这个空间上就已经存在着围绕神像或神龛而展开的烧香膜拜活动。这个过程反过来也同样是成立的,在田野调查中,发现村民在庙宇遗址上继续烧香膜拜的情况,当庙宇已经被毁坏而不复存在的时候,村民会首先立一个小小的神像或神龛来代替原来的庙宇,当时机和条件成熟的时候,这个神像或神龛就会发展为正式的庙宇。从神像到庙宇之间存在着一个若隐若现的连续序列。在创修庙宇的时候也有先修神龛的情况:"于是先置庙田、神龛等项,下余钱文,意欲增修。"① 这和通常想象的先修庙后塑像的情况完全不同。这种修庙方法是先有一个神龛供人奉祀,然后待有经费之后再逐步扩建。所以可以说庙宇实际上正是从神龛神像逐步扩大演变而来的。

村民对于庙宇中的神像非常尊重,当需要异地改建庙宇或者改修庙宇的时候,就需要移动神像,这就是移驾。这种移动神像的情况不常见,但是一旦存在就非常慎重,需要通过一个正式的仪式来移动神像。王寺西王寺的关帝文昌阁创修于咸丰四年,村中实际上早就有关帝庙,这次创修是异地改修,创修碑文中描述了移动神像的过程:"惟有村南之地可修关帝神阁,保护一村瑞气凝祥,速将古庙一概全移修理。南阁之用昔庙圣像,合村人等焚香移驾升阁。"碑文中的描述虽然很简单,但是可以想象其隆重正式的程度。实际上,高平地区非常有特点的队戏活动中都有抬着神驾巡游的仪式,这实际上也是一种移驾,庙宇兴建过程中的移驾仪式可能与此类似,一般都有一套完整的仪仗。

(三) 上梁合木

在传统的房屋修建中,上梁是重要的一个兼具技术性和仪式性的工序,各地都有很多相关的习俗。很多庙宇中至今留有上梁文的碑记。高平地区关帝庙中关于上梁合木的记载只见于脊枋题记。表 2-4 中是对上梁合木日

---

① 《增修本庙碑记》,道光十七年,现存高平东城街道段庄村关帝庙。

期的统计。从表中可以看出，关帝庙的上梁时间并没有与关帝信仰有关的特殊考虑，而是根据完工日期，就近择吉确定日期。除了上梁合木以外，动土开工也是很重要的一个时间点，一般也会出现在脊枋题记上面，这个时间也是要择吉的。

表 2-4 关帝庙中上梁合木情况一览表

序号	关帝庙学名	日期	备注
1	王降关帝庙	道光三年四月廿七日	元年开工
2	姬家庄关帝文昌阁	民国十三年八月十五吉时	称为"合木"
3	龙尾关帝庙（西阁）	道光元年四月初五	
4	庄上关帝庙	咸丰九年七月初七	称为"合木"
5	寨上关帝庙	乾隆岁次癸巳年庚寅月己亥日吉时	称为"合木"
6	大山石堂会关帝庙	康熙岁次甲申季戊辰月壬子日巳时	
7	店上关帝庙	道光十一年四月吉日	
8	杜村关帝庙	乾隆三十六年十月廿四日卯时	
9	朱家庄关帝庙	乾隆十七年二月十六日卯时	上梁之前"卜吉"
10	窑栈关王庙	乾隆四十六年七月十八日	初三日完工，经过"择吉"定于十八日
11	伞盖关帝文昌阁	道光十九年三月初六	二月十七日动工
12	北杨关帝庙	中华民国二十二年七月二十五日	七月初八日开工
13	圪塔西郭庄关帝庙	道光三年，拾月初一日吉时	七月动土，四年九月动工
14	沟村南关帝庙	道光六年拾月拾口日吉时	
15	秋子关帝庙	道光二十五年六月二十一日黄道吉时	
16	交河关帝庙	乾隆四十八年十一月廿六日巳时	
17	山和背关帝阁	光绪元年二年三月二十日吉时	九月十五日动工

说明：（1）本表依据现存于高平地区关帝庙的实地调查和现存碑刻资料整理编制而成；（2）本表的具体碑刻出处从略；（3）本表所使用的碑刻材料具体可参考《高平历史文化遗存调查资料汇编》。

第三章　社会层面的关帝庙现象

第一节　关帝庙中的信仰群体

高平大山石堂会关帝庙天启创修碑文里有一段非常精彩的话：

> 汉寿亭侯，三国人杰也，精忠扶炎汉，义勇震吴曹，当日孰不畏其英风哉？……我大明封以帝。谁曰不宜？是以上自公卿大夫无不尸而祝之，下至士农工商靡不庙而祀之，其盛德之感人有如此。①

正如这段碑文所说，关帝庙的信众可以说是非常广泛的，从官方正式官员和士大夫群体，到吏役、农民、工商业者，直到女性、僧道、乐户等群体都广泛地奉祀关公。这也给研究关公文化本身带来了巨大的困难。与关帝庙有关的很多问题事实上都与关帝庙具体的奉祀群体有一定的关系，例如上一章所讲到的关帝的形象和功能就和具体创建这个关帝庙的群体有关系。拥万关帝庙之所以和求财的功能有关很有可能与其为商人创建有关系，大山石堂会三义洞之所以和结义有关系也与它由底层士大夫创建有关。本章是对与关帝庙有关的群体做一个概括和总结。其中工商业者群体涉及经济问题，特别在第四章中进行讨论，这里不涉及工商业者这个群体。

---

① 《关圣帝君庙碑记》，天启三年，现存高平陈区镇大山石堂会关帝庙。

一、官吏和士绅群体

（一）地方政府与知县

县城及其周围关帝庙的情况在县志中有比较详细的记录，这些关帝庙大部分都和官方或者士大夫有关。关帝庙在某种意义上可以分为在县和在乡两种，实际上同治《高平县志》中就是这样区分的，"关帝庙，在县者三，一衙左，一儒林坊，一西关……在乡者三，一团池，一米山镇，一北苏庄"①。在县与在乡这两种说法虽然是按照地理位置来划分的，在某种意义上却是按照城乡差别来划分的，而城乡差别的一个重要方面就是城市中官方和士绅的影响力更大一些。因此，在县的关帝庙从性质上来说更加接近官方和士大夫群体，而在乡的关帝庙更加接近民间和村民。从数量上来看，在乡的关帝庙明显多于在县的关帝庙，但在县的关帝庙有其特殊的意义。

乾隆《高平县志》中首次记载了儒林坊关帝庙是雍正三年知县甘士瑛所创建，这是一个明确记载的由官方兴建的最早的关帝庙。县志中同时注明"春秋及五月十三日祭祀俱在此庙内"②，这里所说的祭祀应该是官方主持的关帝祭祀。从创建者和日常祭祀活动性质两个角度来看，儒林坊关帝庙完全是官方的关帝庙。从同治《高平县志》所附县城图上可以看出儒林坊的关帝庙位于县城东南角的文庙旁边，它正是对应于文庙的武庙。这个完全由官方修建的关帝庙实际上就代表着明清以来进入国家祀典之中的关公的官方地位。

同治《高平县志》中又增加了县衙前面东侧（衙左）的关帝庙，这个关帝庙由乾隆年间知县吴元统改建。这表明要么这个关帝庙在乾隆以前就存在，这里的改建实际上是指建筑规制方面的改修；要么乾隆以前并非关帝庙，吴元统将其他庙宇改建为关帝庙。无论如何，在乾隆时期经过了知

---

① 龙汝霖修纂：《（同治）高平县志》，凤凰出版社2005年版，第369页。
② 傅德宜修：《（乾隆）高平县志》，凤凰出版社2005年版，第78页。

县的改建之后，这个关帝庙也可以算作是官方修建的了。值得注意的是同治《高平县志》中还记载了这个关帝庙的建筑情况是"正殿三楹，东房三间，戏楼一座"，可见，这个关帝庙虽然规模不算很大，但是还建有戏楼。在官方修建的关帝庙中也建有戏楼，就建筑规制而言，官方的关帝庙和民间关帝庙并无不同。

实际上，从同治《高平县志》中所附的地图上可以看出县城里的关帝庙至少一共有五座。衙左（县衙东侧）实际上有三个关帝庙，其中一个和捕厅在一起，这些关帝庙应该都和当时的县政府有一定的关系。县衙前面东侧就是乾隆知县改建的关帝庙。儒林坊的关帝庙是雍正时县令甘士瑛所建。这些关帝庙的部分应该在晚明时期就已经存在了，最晚在清代前期就应该已经全部建好了。

（二）底层官员和吏役

除了县城区域的这些明确属于官方性质的关帝庙之外，村庄的关帝庙中也有不少低级官僚和吏役阶层的人参与修建，他们和官方关系密切。目前见到的主要有以下一些。有主簿："主簿李钧，同男监生李鱼化，上梁二根、砖百"①；有承差："招贤坊承差张守一，上中梁一根"②；有寿官："双桂坊寿官李思上钱五十文"③；有布政司掾："本境布政司掾李腾臣心钦其灵乃聚□□相与谋曰：上党人民诸福并集，赖□神功居多也。兹于村西总要处建阁，□□以□神□，何如？"④有省祭官："吏部省祭官牛瓒"⑤；有王府典膳："适有在城招贤坊王府典膳邢永濯，念神功之大，悯庙貌之倾"⑥；有典史和驿丞："典史徐□银五钱……驿丞王国梁银一钱"⑦；有医学训科："医

---

① 无题名碑（增修碑），万历五年，现存高平南城街道圪塔村关王庙。
② 无题名碑（增修碑），万历五年，现存高平南城街道圪塔村关王庙。
③ 无题名碑（增修碑），万历五年，现存高平南城街道圪塔村关王庙。
④ 《重修徘南关王阁庙》，万历三十年，现存高平三甲镇徘南关王阁。
⑤ 《重修关王庙记》，嘉靖五年，现存高平河西镇西李门关王庙。
⑥ 《重修关王庙记》，嘉靖五年，现存高平河西镇西李门关王庙。
⑦ 《东关圣帝君庙补修碑记》，时间不详，现存高平马村镇康营东关帝庙。

学训科邢道全沐手书"①；有阴阳生："阴阳生 王珏"；有税书："税书牛廷玉"②；有库房等。

主簿、承差、布政司掾、省祭官、王府典膳、典史和驿丞、阴阳生、医学训科、税书和库房等都是地方上低级的佐贰官、属官、杂职和书吏等。他们虽然地位低微，但都具有官方身份。值得注意的是，这些例子绝大部分都是明代的，确切地说都是晚明的。在晚明时期，地方官僚大量介入村庄关帝庙修建活动之中，并在其中扮演了重要角色。这和晚明时期民间力量的活跃有关系，同时也和晚明时期关帝庙的创建高潮有关系。可以说，以上这些底层官吏在晚明关帝庙的传播过程中的确起到了重要的作用。

（三）底层知识分子群体（乡绅）

出现在关帝庙中的儒学知识分子主要是一些底层的知识分子，包括庠生（生员）、增生、廪生、监生、贡生、举人等，这些人一般也可以叫作士绅或乡绅。此类群体主要是通过参与碑文的撰文、书丹和篆额以及捐款的方式出现在碑文中："郭庄村生员郭铣施银七两 郭仕壁施银壹两，苏庄村生员苏廷相施银三钱。"③此类例子极多，不再一一列举。因为有捐纳制度存在，具有这些功名的人的身份实际上很难判断，要么就是底层知识分子，要么就是通过捐纳获得功名的商人或者其他有钱人。除了以上这些最常见情况以外，还有几座关帝庙的兴建过程中底层知识分子起到了主导作用。

顺治《高平县志》中仅仅提到西关关王庙一处，县志中明确说明西关关王庙是举人张国仁建的，而张国仁是万历二十八年（1600）庚子科举人④，因此，这个关王庙的建立应该在万历三十年左右。这是明确地由士大夫阶层的人创立的关王庙，也是县城范围目前所知最早的关王庙。这个关王庙实际上可以算作在县的关王庙，从其创办时间、位置和创办人的身份

---

① 《补修殿宇以及创修看楼碑记》，同治五年，现存高平南城街道庄子村关帝庙。
② 《重修徘南关王阁庙》，万历三十年，现存高平三甲镇徘南关王阁。
③ 《重修关帝庙碑记》，康熙四十七年，现存高平陈区镇大山石堂会关帝庙。
④ 傅德宜修：《（乾隆）高平县志》，凤凰出版社2005年版，第122页。

来看，它是万历时期关帝庙信仰高潮的产物，和当时社会整个大背景有密切关系，它不能在高平这个比较小的区域里去理解，而应该放到晚明社会整体中去理解。

河西关王庙也是由举人建的，不过是武举。洪宪时期碑文追溯河西关王庙建立的情况说道："我镇旧有关帝庙一所，为袁氏之家庙，相传为祖宗讳绕龙所创建。祖宗绕龙者，乃前清康熙丙午科武举也。以家庙而俸圣帝，殆亦欲仿其忠义哉，又置祭田拾余亩，以为祀神祭祖之费，其筹划可谓深矣。"① 武举人创建关帝庙当然主要是和其所从事的武事有关系。关公很早就是军神，著名的沁县宋代关王庙也是由到越南征战的军人建的。因此，武举建关王庙就是非常合理的事情了。

以上是两个举人建关帝庙的例子，举人在高平这个县域里已经算是身份比较高的了。很多底层知识分子梦寐以求的就是考上举人。参与关帝庙建设过程的底层知识分子中举人就是最高层次的了，他们大部分都是贡生、监生这个层次。大山石堂会的三义洞是一处最典型的文人士大夫修建的关帝庙，其中列出了参与修建的一批士大夫的名单，从中可以看出当时参与关帝庙修建的都是哪些人，也可以看出当时县域范围之内的知识分子生态。

> 洞之西南隅，建宁镇奉常卿郭公之书房建焉，名曰："依云书屋"，又曰"丞阳书院"，亭馆楼池斋舍备俱，诸公子肄业其中。予自万历元年癸酉岁，补入弟子员，往来经斯地，见其山水会聚，景色清幽，随想慕先尘。越三载，丁丑岁春初，因负笈以从，继而诸友接踵毕至，得胜地而人文复萃，不觉臭味相投，芷兰意契，即于园中宰牲口血，结为伯仲，以慕桃园之义。每至芳辰令节，及较艺之暇，相与登眺山溪，见东北龙王庙前，有水一池，清碧蜿蜒，而庙宇狭隘，且将倾颓，西北佛堂②，就岩穿洞三区，古迹犹存，而台基败戾几尽。此

---

① 《补修关帝庙碑》，洪宪元年，现存高平河西镇河西村关帝庙。
② 指石堂会西面的石窟洞，开凿时间较早，大概为北魏时期。

皆吾侪所当改作。两山之间可穿三义洞，以寓敬仰之思。

  郭嗣华　字符充　号效吾　建宁人　庠生　后为儒官

  郭嗣炳　字永孚　号肖吾　建宁人　庠生　后为金吾前卫指挥

  姬廷聘　字幕伊　号起萃　建宁人　庠生　后为明医

  郭嗣焕　字叔奕　号宪吾　建宁人　壬午举人　壬辰进士　陕西蒲城、直隶东明知县　苏州二府

  姬国光　字德延　号宝斋　石村人　庠生

  姬国豪　字威远　号怀津　魏庄人　庠生

  郭维高　字士□　号凤岗　郭庄人　岁贡生

  赵国基　字启图　号环津　魏庄人　庠生

  郭嗣勋　字季成　号为吾　建宁人　庠增生

  凿洞刊字石匠　郭汝浩　郭汝训　郭汝教　俱郭家圪坨人①

  这个三义洞的开凿和当时陈区建宁交界地区的士大夫群体活动有密切关系，碑文不仅详细叙述了他们的活动，同时还在后面列出了所有参与人员的详细名单。从这个名单里可以看出，在民间社会活动着的底层士大夫群体大概都包括一些怎样的人，这些人中除了郭嗣焕中了进士，可以算中层知识分子外，其他人都是底层知识分子。他们的主体是由庠生、贡生等组成的，真正的举人和进士很少。其他类似的由底层知识分子创建的庙还有唐西西寨上的关帝庙："稽其创建之始，则自崇祯十二年，原其创建之人，则庠生郭君讳完与安，陈君讳壁者"②。值得注意的是，和底层官吏参与创建关帝庙一样，上述例子大部分都是晚明的，入清以后底层知识分子主导创修村庄庙宇就很少出现了。关帝庙创建大部分都是村社的事情，其主体越来越单一，多元化的情况越来越少见了。

  关帝庙碑文中偶然也出现中高级知识分子，但是极为罕见。中高级知

---

① 《三义洞记》，万历三十二年，现存高平陈区镇大山石堂会三义洞。
② 《重修关圣帝君庙碑记》，乾隆十一年，现存高平马村镇唐西西寨上关帝庙。

识分子参与到关帝庙的碑文撰写或者捐资中很少见,石桥口关帝庙的碑文是由后来的两广总督祁贡撰写的,碑文上的署名为"赐进士出身诰授奉政大夫刑部安徽清吏司主事兼理浙江秋审事务加二级纪录一次祁贡撰(一枚印章)"①。不过,这个时候的祁贡还不是两广总督,祁贡嘉庆元年21岁时中进士,撰写碑文时他才刚刚25岁,初入宦途刚刚几年而已。凤和关帝庙也曾经由李棠馥参与组织修建:"自国朝顺治辛卯,李司马公率众改建一新之。"②李棠馥曾担任兵部侍郎,因此以司马来称呼。田逢吉为良户关帝庙撰写碑文"赐进士出身通议大夫、日讲官内国史院学士田逢吉撰"③,像凤和、良户和石桥口这样的例子是很少见的。除了撰写碑文以外,也有外省官员捐款的情况:"直隶按察司李鹤年施银五两,湖南衡阳县知县朱一点,候补知府张圻"④,外省的官员为高平地区关帝庙捐款的情况很少见,但也不是没有。

二、家庭和家族

(一)以家庭为单位的捐款

以家庭为单位的捐款也很常见,但是大部分出现在晚明时期。晚明时期,家族力量在关帝庙修建中作用更大,很多关帝庙都是由家庭或者家族来独立创修或者重修的。南王庄万历三十七年的重修基本上完全由一个家庭独立承担:"城西南里二甲施主:王云龙,妻李氏,弟王云凤,妻程氏,男王之鼎、王之钰、王之玺,故父王添禄,见堂母秦氏。"⑤南王庄并不在城西南里,这次捐资修建的施主家庭是外村的。从捐资姓名来看这个家庭有兄弟二人,妻子两人,下一代的子侄三人。父亲虽然不在世了但仍然写上

---

① 《创修关帝阁碑记》,嘉庆五年,现存高平米山镇石桥口关帝庙。
② 《关帝庙重修劝捐输姓氏碑记》,道光三十年,现存高平东城街道凤和村关帝庙。
③ 《关帝庙重修碑记》,咸丰五年,现存高平原村乡良户村关帝庙。
④ 《补修殿宇以及创修看楼碑记》,同治五年,现存高平南城街道庄子村关帝庙。
⑤ 无题名碑记,万历三十七年,现存高平北城街道南王庄村关王庙。

了名字，母亲的名字被附在最后。这样的例子还有很多，大山石堂会关帝庙、拥万关帝文昌阁等这些晚明创建的关帝庙都是由某个家族来独立出资创建的。这都说明了晚明前清时期，家族势力在某些村中还是比较强大的。这种情况到了清代中期以后几乎消失，所有关帝庙的修建基本上都是村社组织的。村社组织村民捐款实际上带有摊派性质，关帝庙碑文中的捐款实际上大部分是以户为单位的捐款，这是村社对于村中每家每户的摊派，其实质都是村民家庭捐款。只不过一般以男性户主的名义"永垂不朽"罢了。但是，从形式上来看，清代中期以后的关帝庙捐款中极少出现完整罗列一个家庭所有成员的情况，而是简单地以户主的名字来代替。这表明村庄治理结构出现了变化。

（二）家庙（家族）

有很多关帝庙都具有家庙的性质，例如河西关王庙、拥万关帝文昌阁等。所谓家庙至少应该满足如下几个条件。首先，家庙往往都是一个家族延续几代人持续兴建的，家庙是和家族有关，而不仅仅是家庭。例如：南王庄关王庙由一个家庭独立捐资重修，但是并没有见到持续性地维持庙宇，因而不能将其视作家庙。家庙应该有持续性，是一个家族长期维护的。其次，在庙宇的创建和重修的过程中，某个家族处于绝对主导的地位。庙宇兴建的发起、组织和资金来源都主要来自这个家族。最后，与修建过程中的主导地位相对应的是家庙的所有权应该是这个家族的，它不属于村社或者关帝会这类的其他组织。有些关帝庙虽然其兴建活动的发起、组织、捐资乃至碑文撰写，等等，全部都是某个家族的，但是其庙宇的归属明确是属于社的，这种庙宇不能叫作家庙。出现这种情况的原因主要是村中这个家族的人数占有绝对优势。典型的例子是王降村关帝庙，从道光十九年的重修碑文中可以看出绝大部分参与修建者、维首和撰文书丹篆额者全部都是悦姓的，但是碑文中明确说到："适值岁时伏腊，乡党萃处之期，谈及社事，有善念素存者情愿以己八十金之产兑换他人一庙之基，施社改移修理"①，这表明关帝庙的归属是属于社的，关帝庙的维修也是属于"社事"，这类庙宇显然不属于家庙。或许这个庙在其创建时是家庙，但是当它明确归属于社的时候，庙宇性质就发生了改变。在晚明这个时期，家族兴建关帝庙的情况还比较普遍。晚明创建的一些关帝庙有很多都是家族创立的，例如大山石堂会关帝庙、迪阳关帝庙，等等，都是如此。清代中期以后，关帝庙逐步都变成了社庙。关帝庙的这种从家庙到社庙的转变过程，最典型的例子就是大山石堂会关帝庙。在后文对大山石堂会的个案研究中会详细地讨论这方面的情况，这里不再重复。大山石堂会的个案不是孤立的，总体来说，晚明前清时期的关帝庙属于家庙的情况更多一些，清代中期以后随着高平地区社与会等乡村组织的繁盛和高度成熟，村社对关帝庙的影响越来越大了。高平地区晚明前清时家族势力较为强大，而清代中期以后村社制度日益成熟发展。

三、关帝庙与女性

民间流传一种说法认为女性是不拜关公的，从高平地区现存碑文来看，这种说法并不确切。碑文中出现女性施主、捐资者等情况很多。女性在传统中国的语汇中常常被称作妇，多与男并称为"男妇"。妇女史的研究表明这种称呼实际上带有某种歧视性。这里使用女性这个中性的称呼，但是并不表明传统社会中已经存在这种纯粹性别意义上的称谓和意识。高平地区关帝庙中女性的情况有以下几个问题需要探讨。

（一）女性捐款的表现形式

女性名字大多数情况下是以"某门某氏"的形式出现，关帝庙碑文中迄今未见到明确地直接出现女性名字的情况。这在所有庙宇中是普遍存在的，表明在传统社会中女性仍然没有独立地位，女性身份要通过其丈夫

---

① 《重新改修关帝庙碑记》，道光十九年，现存高平北城街道王降村关帝庙。

家族来确认。具体来说又可以分为以下三种情况。第一种情况是捐施名单中整个家庭成员完整出现，女性名字直接附在他们丈夫或儿子的后面，以"妻某氏"的形式出现，这样的例子很多。例如："城西南里二甲施主：王云龙，妻李氏，弟王云凤，妻程氏，男王之鼎，王之钰，王之玺，故父王添禄，见堂母秦氏。"① 捐资施主是兄弟二人，妻子名字附在她们丈夫的后面。他们的父亲已经去世，母亲被列在了最后，这种排列顺序中包含着传统社会中"三从"中的"既嫁从夫，夫死从子"的含义。

第二种情况是女性名字后面跟着孩子名字，雍正八年西沙院重修中有："观音像一堂，杜门王氏同长子肇珩愿认"②，这种情况应该是丈夫去世或者不在，孩子年纪还小，所以女性直接出面捐资，同时将孩子名字也一起写上。以上这两种情况都表明女性身份和家庭密切联系在一起，缺少独立性。以上以整个家庭为单位来进行捐施的情况大多数出现在明代，入清后这种情况比较少见。

第三种情况是女性名字单独出现，这种情况也不少见。"信女孙门焦氏"③，这一种情况中，虽然名称中仍然带着夫家的家族称谓，但是女性显然是独立完成捐款活动的。就碑文所见村庄捐款情况而言，大多数情况下，捐款是以户为单位来进行的，碑阴题名上留下来的名字往往就是男性户主的名字，其实他是代表全家为庙里捐施。这种情况下基本上是不会出现女性捐款的，而一旦出现了"某门某氏"形式的女性捐款，表明这个庙宇或者这次捐款是和女性有特殊关系的。这种例子尤其值得注意。在个别例子中也存在仅有一两个"某门某氏"字样出现的情况，这种情况下这个女性很可能是丈夫已经过世，所以直接以户主名义捐施。例如南庄康熙五十五年金妆圣像的捐施碑中仅有一例"赵门皇氏施银一两"，其他均为男性或者组织机构的捐施。

---

① 无题名碑记，万历三十七年，现存高平北城街道南王庄村关王庙。
② 《重修炎帝庙碑记》，雍正八年，现存高平神农镇西沙院村关帝庙。
③ 《茸补殿宇金妆圣像碑记》，乾隆四十年，现存高平河西镇宰李村关帝庙。

（二）女性集中捐款的特点

女性集中捐款的情况在关帝庙中出现不是很多。寺庄康熙二十四年《重修圣贤庙叙》中有大量女性捐款："张门樊氏施银五钱，王门□氏施银三钱，王门张氏施银二钱，郭门毕氏施银一钱，毕门贺氏施银一钱，□门李氏施银一钱，毕门李氏施银一钱，杨门□氏施银一钱，毕门杨氏施银一钱，毕门张氏施银一钱，毕门程氏施银一钱，毕门李氏施银一钱，毕门张氏施银一钱，毕门苏氏施银一钱。"[①] 以上共计14条女性捐款，集中在捐款题名的最后，显然是有意这样排列的，并非按照捐款时间先后排列。整个捐款名单共计62条，前面三条是3个组织机构（会），接着是45条男性捐款，最后是14条女性捐款。绝大部分的男性捐款既有施钱，又有施谷，还有部分施工，而女性捐款只有施钱，没有施谷和施工。这个关帝庙在这个时期具有毕氏家庙的性质，但又不完全是封闭的，其中有不少毕姓以外的人参与。这些情况可以说明以下几个问题。首先，这些捐款女性的身份应该不是寡妇，她们全部没有捐谷的情况表明她们是以个人的身份在参与捐款，不是以失去丈夫的户主的身份捐款的。其次，女性充分地参与到了村庄关帝庙的活动之中，但是参与又有所限制，她们没有捐物也没有捐工表明她们对于具体的庙宇修建活动是无法参与的，或者即便参与了她们付出的劳动也不被计算在内。最后，女性存在着超出家庭范围之外的社会活动。寺庄关帝庙是一个家庙性质的庙，但向所有人开放，其他家庭的人也会参与这个庙的修建。同时，其他家庭的女性也会参与到其中，这些来自不同家庭的女性在庙宇活动中产生联系。而这种关系最集中的体现就是成立只有女性参与的组织。

（三）女性组织

女性捐款还有一种非常特殊的情况，那就是女性组成的"会"的组织。康熙五十五年南庄重修关帝庙的碑文中有一段记载："本村信女一会人等施

[①] 《重修圣贤庙叙》，康熙二十四年，现存高平寺庄镇寺庄村关帝庙。

银一两五钱……"① 这次捐施实际上并不是修庙，而是金妆圣像，规模比较小，捐款人只有本村的人，总体捐款数量不大，其中提到的这个信女会捐款数量也不多，不过在康熙时期，捐款数量都不是很多。传统社会中这种女性组织历史悠久，敦煌文书就有出现，而且地域分布也很广泛，华东华南地区都有这类的妇女组织存在。这表明妇女组织是传统社会中极其普遍的现象。

四、职业宗教徒：僧道和堪舆

（一）关帝庙与僧道的关系

1. 僧道在关帝庙中的作用

这里将关帝庙中出现僧道的情况整理成表，僧道一般在关帝庙中充任住持，但是并不是所有住持都是由僧道来担任的，因此，这里归纳整理的仅仅是那些碑文中明确说是僧尼或者道士的，僧道和住持不应该看作是等同的。

从表 3-1 中可以看出，庙宇中僧道的作用有以下一些。

（1）组织修庙或参与组织修庙

凤和关帝庙乾隆三十八年的重修完全是由一个道人组织完成的："乾隆癸巳，郜道人募化补葺又一新之。"② 道光碑文追溯这件事情的时候虽然语焉不详，但是这个郜道人在这次修庙中一定是起到重要的作用的。

在更多的情况下，僧道仅仅是参与修庙，其作用不会很大。嘉庆二十一年朱家庄重修关帝庙的碑文中说："岁至辛未，神灵感应，执衷振兴，因思财赀涣则虑寡，萃则见多，设年储岁蓄，未始不可备米石之资，工匠之用耳。更兼庙僧善镜亦虔心起造从中周旋，于是停演戏而雅赛田祖 按履亩而积聚钱财，且有恭请拔会，利益生涯。"③ 碑文虽然说得不是

---

① 无题名碑（金妆圣像），康熙五十五年，现存高平河西镇南庄关帝庙。
② 《关帝庙重修劝捐输姓氏碑记》，道光三十年，现存高平东城街道凤和村关帝庙。
③ 无题名碑（修观音阁碑），嘉庆二十一年，现存高平河西镇朱家庄关帝庙。

特别明白，但是可以看出在这次重修中，住持僧善镜和尚是起到了一定的作用的，大概就是在发起、组织和募捐的过程中起到了一些串联或者组织的作用。万历四十六年的郭庄和乾隆五十四年的西沙院僧道的作用也差不多。同样地，西沙院关帝庙中道士的作用也差不多是发起者："有道士杜性元者象其机会，□□□之□。于是愿任其事者，盖有二十余人焉。"① （乾隆五十四年·西沙院）

（2）撰文或者书丹

虽然庙宇碑刻的撰文和书丹一般都是由庠生这样的基层社会低级的儒学士大夫来完成的，即便正统的佛道寺观都是如此，但是有时候也会由僧道来从事这项工作，万历三十三年窑栈关王庙和乾隆二十八年鲁班关帝大王阁就是如此。

（3）捐资

僧道也会给庙宇修建捐资。雍正八年西沙院关帝庙的重修中"本庙住持僧人海舟，陵川县崇安寺僧人寂祥施银玖两整"②。这里除了本庙的住持僧修庙之外，陵川崇安寺的僧人也捐了钱，崇安寺在陵川县城北面，是陵川最重要的寺院之一，是比较正统的佛教寺院。这表明崇安寺和这里的住持僧人有一定的来往，或许海舟是从崇安寺来的。僧人之间的这种来往是很常见的。这表明佛教寺院毕竟不同于一般的民间信仰，寺院之间有往来，僧人之间有传承。同样是上述雍正八年碑刻中还有"六名寺性容施银一钱"，这里的性容显然也是僧人，六名寺就是羊头山上的清化寺，地理位置上距离西沙院很近。

（4）主持仪式活动

光绪二十年地夺掌关帝庙重修碑文最后的账单中出现了道士的字样："出道士、油匠、杂项钱贰拾八千文。"③ 这里道士和油匠等费用并列，显然是付给道士一部分钱。这应该是修庙结束后的谢土开光之类的仪式中道人

---

① 《重修炎帝庙碑记》，雍正八年，现存高平神农镇西沙院村关帝庙。
② 《重修炎帝庙碑记》，雍正八年，现存高平神农镇西沙院村关帝庙。
③ 无题名碑（重修碑），光绪二十年，现存高平寺庄镇地夺掌关帝庙。

参与，提供了服务而得到了报酬。

总的来说，泽州地区大部分庙宇中，僧道的地位是比较低的，他们一般在庙中充任住持，主要是负责管理日常事务，实质上就是一个"看门人"。不过，在不同的时代也略有不同，相对来说，晚明前清这段时间里，僧道的地位要略高一些，在庙宇兴建过程中的作用也要大一些。前述中大部分僧道作用比较大的例子都出现在晚明前清时期，嘉庆以后僧道基本上在修庙活动中没有什么作用了。

2. 僧道与庙产归属

僧道虽然在关帝庙中地位不高，权力不大，但是他们负责庙宇的日常管理，所有经费使用都是他们负责的。在泽州地区，庙宇日常费用一般来自于归属于庙的土地的产出，但是供养他们日常花费的土地大部分情况下都是社里面的财产，不是僧道住持的财产。东崛山关帝庙碑文很好地说明了这种情况：

> 吾村关帝庙自修建以后即有住持僧，看守田粒所入，以为僧自用之资，道光十二年主持僧去矣，僧去之后，每年所收租子除纳粮之外，约可余三石有零，子母相权，积至道光贰拾叁年，本利共计钱肆拾伍仟玖佰叁拾文，此钱存到维首李永成名下，诸维首者于咸丰九年正月十五日同在庙中与李永成表算明白，本利共取出钱壹佰贰拾叁千文西庙修工花费钱肆拾叁千壹佰陆拾陆文，拨付灯棚会粮食钱叁拾千文，下余之钱皆系关帝会花费公项所积，仍充公用。①

从碑文中可以看出，归属于关帝庙的土地原来的产出都供住持僧人日常使用，僧人离开之后，这部分资产通过出放借贷的方式获利，所有获利钱款都用于庙宇的维护和建设，由村民组成的关帝会来负责管理和运营。

---

① 无题名碑（庙田碑），咸丰十年，现存高平马村镇东崛山关帝庙。

3. 僧道的来源

关帝庙中出现的大部分僧道都不可考，很难知道他们是从哪里来的，他们的身世经历怎样。甚至有些僧道是不是有正规的度牒手续都不能确定。然而，少数僧人可以查到其来源（见表3-1）。万历三十七年南王庄重修关王庙时的住持僧湛法可以确定来自金峰寺，根据金峰寺现存僧人的传承世袭图，湛法是来自县城西面的金峰寺，当时金峰寺的很多僧人遍布泽州各地，是当时影响力很大的佛教寺院。前面提到的雍正八年西沙院关帝庙的重修中"本庙住持僧人海舟，陵川县崇安寺僧人寂祥施银玖两整"①。这表明崇安寺和这里的住持僧人有一定的来往，海舟很可能是从崇安寺来的。这些例子说明关帝庙中的住持僧道也可能来自于比较正统的佛道寺观之中，反过来说，正统寺观培养的有传承世袭的僧道也会到村庄社庙中来做住持。这表明正统佛道教与民间庙宇之间存在一定的互动关系，它们不是分离的。

表3-1 关帝庙中的僧道

序号	庙宇学名	出现时间	僧道名字	备注
1	徘南关王阁	万历三十年	焚香道士李通志	
2	窑栈关王庙	万历三十三年	泽州集真观化主道士徐志春撰	撰文
3	上沙壁关王庙	万历三十六年	道□李玄明书	
4	南王庄关王庙	万历三十七年	僧人湛法	金峰寺僧人
5	郭庄关王庙	万历四十六年	僧人明住	参与发起修庙
6	西沙院关帝庙	雍正八年	住持僧人海舟，陵川县崇安寺僧人寂祥、六名寺性容	捐资
7	鲁班关帝大王阁	乾隆二十八年	东关下庙僧人□□庄庙通喜书	僧人书丹，当为炎帝下庙
8	大山石堂会关帝庙	乾隆三十年	住持僧玄章	

---

① 《重修炎帝庙碑记》，雍正八年，现存高平神农镇西沙院村关帝庙。

第三章　社会层面的关帝庙现象　141

续表

序号	庙宇学名	出现时间	僧道名字	备注
9	凤和关帝庙	乾隆三十八年	乾隆癸巳，郜道人募化補葺又一新之	组织修庙
10	东南庄关帝庙	乾隆四十一年	住持尼僧广存	
11	西沙院关帝庙	乾隆五十四年	有道士杜性元者象其机会	参与组织修庙
12	寨上关帝庙	嘉庆七年	住持僧慧□	
13	朱家庄关帝庙	嘉庆二十一年	住持戒僧善镜和尚	参与组织修庙
14	常乐关帝庙	嘉庆二十五年	主持尼僧绪明，徒本顺	
15	东崛山关帝庙	道光十二年以前	住持僧	
16	西沙院关帝庙	道光三十年	住持道人王永秀	雍正时为僧人
17	庄子关帝庙	同治五年	住持僧：广宁、明全、通亮、昌枝，徒隆海、隆汤	
18	地夺掌关帝庙	光绪二十年	出道士油匠杂项钱贰拾八千文	当为主持仪式活动
19	郭庄关王庙	民国十一年	住持僧能智	

说明：（1）本表依据对高平地区关帝庙历史文化遗存的实地调查和现存碑刻文献编制；（2）本表收录范围为高平地区关帝庙中出现的僧道名称，由于过于烦琐，本表中每一条材料的具体出处从略；（3）本表所用碑文资料可参考《高平历史文化遗存调查资料汇编》。

（二）关帝庙与风水师的关系

传统社会中修庙几乎都要请风水师（堪舆先生）来勘察风水情况，主要也是为了趋利避害，一方面能够补风水之缺，另一方面不能破坏风水龙脉。这一类的风水师在碑文中有各种称谓。有阴阳生："阴阳生王珏"[①]；有堪舆（道光寨上、道光冯庄小冯庄）；也有直接叫风水："高邑岭以东里曰姬家庄，距城四十五里，僻处边隅，地狭人稀，久聘风水观觇，莫不以村西为患。阖社等因鉴于斯，始于民国十三年间召集村民会议，共维其事而立春秋阁焉。"[②]阴阳生是一个非常正式的名称，县衙官方都设有阴阳生，是官方不入流的属官。堪舆也是比较正式的名称，风水则接近俗称了。

---

① 《重修徘南关王阁庙》，万历三十年，现存高平三甲镇徘南关王阁。
② 《补修春秋阁碑》，民国二十二年，现存高平北诗镇姬家庄春秋阁。

小冯庄村的碑文中详细记载了风水师对整个村庄布局的有意识的设计安排："请堪舆先生言说庙门不宜正开，理宜改为偏门，东南、东北俱有缺陷，东边居民亦□散涣，理宜修补，始为一村之盛，……祖庙寅门改为亥门，正东修文昌阁一所，东北修关帝庙一座，东南修文笔一支，庶几散涣者而完聚，缺陷者而丰满矣，岂非村中只盛举乎。"①堪舆在庙宇布局中起到了决定性的作用。

堪舆不仅在修庙之中发挥作用，在庙宇发生的诉讼中也可能起到现在专业技术人员的咨询作用。寨上村关帝庙中现存寨上村和丹水村两村之间发生的一起诉讼案的碑文。事情起因是丹水村民李培坦在古井旁修建一座庙宇，进而认为古井是丹水村的，寨上村的村社以立庙赖井，谋坏村脉，控告了丹水村李培坦等人。在县令对这起案件的最后判决中，堪舆起到了重要的作用。一方面县令否认了王绪高等人依据风水观念提出的李培坦建庙与破坏风水之间的关联性，不支持原告王绪高等人的这种主张，堂断中说："王绪高控称有碍伊村村脉亦属渺茫之说，不得以村数百家偶有疾疼即归咎于之非。"②这种判决表现出很强的理性倾向。但是另一方面在最后的判决中又要求原被告双方共同延请风水师（堪舆）来作为最终是否移建庙宇的判定依据。风水师在这里起到了某种专业技术人员的作用。反过来王绪高等人之所以能够以李培坦破坏村脉作为诉讼理由，也反映出堪舆风水在当时社会有广泛影响力，大多数人认为可以作为依据。

五、关帝庙与其他人群

除了以上常见的人群之外，关帝庙碑文中还出现了一些比较特殊的人群，他们从事特殊的行业，他们在某种情况下也可以算作是特殊的工商业的从业者，他们依靠从事特殊行业来谋生，另一方面他们具有特殊的社会地位和身份。这里介绍这方面的情况。

---

① 《创修关帝庙、文昌阁、文笔、改修正门碑记》，道光十七年，现存高平小冯庄村。
② 《井碑记》，道光二十七年，现存高平北诗镇寨上村关帝庙。

（一）王府典膳

西李门关王庙嘉靖重修碑文中有这么一段话：

> 礼门西在吾邑之东南，土腴风醇，素号富庶。村之中有关王庙年久，殿宇基址倾圮，风雨不蔽，神像残缺，侮亵既甚。见者虽兴修理之念，而其事觉弗克举。适有在城招贤坊王府典膳邢永濯，念神功之大，悯庙貌之倾，乃谋诸本里善人史公卒、司聪、司鸿章辈，及本村社众，众皆曰："此盛举也。"①

这次关王庙重修的发起人是一个名叫邢永濯的王府典膳。王府典膳是王府中掌管膳食的人。明代高平未见有关于王府的记载，不过当时晋城有隰川王府和宣宁王府，这个典膳很可能就是隰川王府或者宣宁王府的典膳。王府典膳很难说是属于官员还是吏役，他是王府这种特殊组织中的办事人员。

（二）乐户

王寺西王寺关帝文昌阁创修的时候有八音会的捐款："入来八音会钱拾叁串贰佰肆拾捌文。"② 八音会在晋东南地区主要是在丧葬活动中从事音乐表演的，从事这些工作的人一般是地位非常低下的乐户身份。在明代，乐户是世代不能改变其身份的特殊的一类人，他们是传统社会中贱民等级，不属于士农工商的范畴。从谋生方式角度说，也可以说他们在从事一种特殊的服务行业，但是他们从制度和行为各方面都和一般工商业活动不同。

（三）医生

回沟关帝庙民国时期修庙的发起人是一位医生："幸有田逢春先生者素

---

① 《重修关王庙记》，嘉靖五年，现存高平河西镇西李门关王庙。
② 《创修关帝阁碑序》，咸丰四年，现存高平北城街道王寺西王寺关帝阁。

□（善）岐黄，热心公益，纠同首事八人等立志不苟，蓄意重修。"[1] 医生在传统社会中也是特殊的一类人。前面曾经提到碑文中出现的医学训科是隶属于官方序列中的医官性质，而民间的医生实际上地位很低，在传统社会中，他们一般很难作为庙宇建设的发起人出现，像这样的情况大概只有到民国时期才有可能，河西关王庙由梓匠作为发起人也是在民国时期。从庙宇发起人、组织者各方面来看，晚明前清时期是一个阶段，清代中期以来是一个阶段，晚清民国时期是又一个新的阶段，在这一时期梓匠和医生这一类的人作为发起人的情况开始出现。

第二节　关帝庙的管理组织

关帝庙中的各种群体并非是"乌合之众"，他们是被各种各样的乡村管理组织组织起来的。碑文中用"乡、耆、社、会"来描述与关帝庙有关的各种村庄的管理者，这种说法概括了关帝庙的各种管理组织。除了关帝会之外，这些组织都不能说是关帝庙所独有的乡村组织，它们有很多复杂多样的功能，对于关帝庙的管理只是其众多功能其中之一。本节仅仅从关帝庙的角度来梳理一下各种各样的乡村组织，并不能全面地说明这些组织的功能和作用。

一、关帝庙管理组织的类型与演变

（一）关帝庙管理组织的类型

1. 乡约地方

乡约是明清时期乡村教化的一种制度，高平石末宣圣庙中有明代关于乡约制度的详细情况的碑刻。乡约参与关帝庙的修建很少，但是在一些禁

---

[1]《回沟村补修关帝庙创修舞楼碑记》，民国十五年，现存高平寺庄镇回沟村关帝庙。

约碑中出现很多。西南庄禁碑的署名中有："乡约崔培基。"①此类例子很多，其他类似性质碑刻上也有乡约出现，路家山的合同碑上有"路家山乡约：季文太"②。从这些碑文可以看出乡约主要是和村庄治理有关系的，禁约碑刻的目的不仅仅是禁令的颁布，同时也是教化手段，其中就需要乡约一同署名。从有些碑文来看，乡约是需要花钱来雇佣的，西南庄建立复成会的主要目的就是为了雇佣乡约："吾村曩请会一局，名曰立成，缘公雇乡约而足见也。迄会终，除雇乡约及补修各庙公费外，余钱肆拾千文，给村人吴松声等八家分使，按壹分伍厘出息，以为久雇乡约费耳。"③

地方的情况和乡约很类似，也是常常出现在一些禁约类的碑上。上述路家山合同碑刻上除了有路家山乡约之外，还有："南李村地方乔金山。"④实际上，高平地区乡约和地方常常合并称为乡地，这类例子在碑刻中常常出现，也同样常常出现在禁约类碑刻中："为此示仰，该里乡地居民人等知悉。"⑤实际上，乡地这个词已经成为对这一类人的一个概括的称呼，并不一定是实指："正在角口鸣官之际，适值乡地宋勋过其地，本里秦贵宝公剖其说。"⑥在这个例子中，宋勋只是一个人，这里的乡地显然不是乡约和地方的合称。

2. 耆老乡饮

耆老在庙宇修建中出现很多，众多庙宇修建的发起者都是耆老。明代老人制度无论其在高平地区实行情况如何，耆老在地方社会都有重要的影响力。到了晚明和清代，他们未必要通过老人制那样制度化的方式来发挥作用，耆老的作用在晚明前清影响更大一些，但是在清代一直都是乡村中的重要力量。耆老发起修庙活动和发起捐款的例子不胜枚举："于是村中耆老数人靳和美、（靳）润发、毕新牛、（毕）长保、靳满堂、（靳）庚辛倡首

---

① 《禁碑》，道光十二年，现存高平东城街道西南庄结义庙。
② 无题名碑（合同），咸丰八年，现存高平三甲镇路家山关帝庙。
③ 《复成会终碑记》，道光十四年，现存高平东城街道西南庄结义庙。
④ 无题名碑（合同），咸丰八年，现存高平三甲镇路家山关帝庙。
⑤ 无题名碑（禁碑），道光二年，现存高平三甲镇邢村关帝庙。
⑥ 无题名碑（信用碑），乾隆三十九年，现存高平东城街道西南庄结义庙。

募捐布施钱项。"①耆老也常常是庙宇修建活动的组织者,而被列在碑文最后的落款中:"本村耆老 姬有瑞 姬有文 姬有正 姬有魁。"②

乡饮是明清时期一种礼仪教化制度,乡饮耆宾或者乡饮介宾是这种乡饮礼上进行礼仪活动的人,通常都是由德高望重的耆老来担任的,因此,乡饮制度也有尊贤敬老的意义。乡饮和耆老在这方面是很类似的。乡饮在关帝庙碑文中出现基本上都是撰文、书丹和篆额者,其他情况一般不出现。例如,北苏庄碑刻中有"乡饮介宾国学生本郡弟子杨可贤敬书"③,又如,"例授修职郎乡饮介宾国学生萧永泰沐手敬篆"④。和乡地的情况一样,乡饮常常也会出现在禁约碑刻中,西南庄道光禁碑中有"乡饮朱兰"⑤。

3. 社首会首

高平地区关帝庙的主要所有者是村社或者关帝会,因此村社的社首和关帝会的会首是修庙活动最主要的发起者、组织者和管理者。这样的例子太多,这里没有必要全部列出。需要注意的是就碑刻所见到的社和会的情况而言,它们的功能绝不仅仅限于修庙、祭祀和演戏等带有宗教性质的围绕庙宇发生的活动。至少在清代中期以后村社就渗透到村庄各项活动之中,村社有时会征收税收,土地买卖的契约上要盖上村社的印章,更不用说诸如社首调解纠纷、贯彻地方政府的各种禁约、制定村规民约、负责巡秋等更基本的职能了。社与会的民间组织可以说承担起了村中各项主要的公共事务。关于社和会在关帝庙修建和日常管理中的作用和功能后文会有更详细的介绍。

4. 里老什排

里老什排是里甲制度下的管理者,就是里甲的负责人,主要任务是收税。里甲实际上可能相当弱化,大部分职能都由社和会来承担,而且里甲

---

① 无题名碑(补修碑),光绪二十八年,现存高平北诗镇董庄村春秋阁。
② 《禁碑》,康熙四十二年,现存高平陈区镇大山石堂会关帝庙。
③ 《重修关帝庙创建大士阁记》,嘉庆六年,现存高平河西镇北苏庄关帝庙。
④ 《重修关帝庙碑记》,咸丰四年,现存高平寺庄镇寺庄村关帝庙。
⑤ 《禁碑》,道光十二年,现存高平东城街道西南庄结义庙。

和庙宇修建其实没有直接的关系,因此,他们出现很少,部分里老什排也参与到庙宇修建中。"是邑也,僻处山隅,古未有庙,里老张□□永昌者存缔造之志,谋于众曰:'村无庙宇,因无享祀,由来久矣。愿东南创观音堂三楹,何如?'"① 这个关帝庙的发起者是里老。民国泮沟关帝庙重修时还有什排工价作为收入来源之一:"纠同首事八人等立志不苟,蓄意重修,若无其资因庙内有田数亩,每年所收之稞与每年什排之工价,义不忍卖,日积月累,由少成多。"这里的什排工价是指什排收税过程中本来应该归其所有的收入归入了社中,这和后面讲的茧用归公的道理基本一致。

5. 家族

除了以上这些村庄范围的组织之外,还有一些关帝庙实际上是由某个家族来进行管理的。中国的家族在明代完成了一个组织化的转变过程,以祠堂、族谱、族长和族规等制度性要素的出现为标志,家族从一个血缘关系的群体转变为一个比较严密的组织。这种现象在南方地区比较典型。地处北方山西地区的泽州在历史时期中家族组织并不算很发达,家族组织制度并不完善,而是以村社组织为主。但是,在某些时段和某些小区域之内,家族确实是会占据主导的地位,这些由家族进行管理和组织的关帝庙就具有比较强的家庙性质了。例如,曾任清兵部侍郎的李棠馥所在的凤和村在整个历史时期没有出现过村社组织,全村主要是李姓和张姓两个家族占主导。关帝庙主要是由李姓家族来修建的。类似情况很多,如拥万的关帝文昌阁主要是由唐姓家族来修建的。这种情形主要出现在晚明和清初这个时间段,清代中期以后几乎所有庙全部归社了。

(二) 关帝庙管理组织的演变:以大山石堂会关帝庙为例

对于一个具体的关帝庙来说,其管理组织并非一成不变,而是处在不断的变化之中的。具体的变化情况千差万别,难以尽述。本节以大山石堂会关帝庙为例来说明这种管理组织的演变的情况。

---

① 无题名碑记,乾隆六十年,现存高平野川镇寺沟西庄村关帝文昌阁。

大山石堂会属高平陈区镇，位于陈区镇东南部，隔鱼仙山东与建宁郭庄相邻。大山石堂会关帝庙始建于天启年间，私人创建，"泫邑石村东里人姬仕书"与"奉常卿孙儒士郭基洪"两人相谋共同创建。当时的建筑规模是"创建正殿四楹"，"东西廊房各四楹，东北耳房一座"。顺治三年创修了庙宇钟鼓楼，这个时候仍然是以姬命新一家捐款为主。康熙四十七年重修，这次重修应该在原来规模基础上有所增修。捐款范围也扩大了很多，组织者也有了姬姓以外其他姓氏的参与。雍正到民国以前的重修情况不详，但民国碑中说"乾隆道光间重修者虽代有其人"，可知乾隆和道光期间当有重修，但无碑刻存留。民国十一年三月到十三年四月历时两年多重修。"重修正殿五间，东西廊房各四间，中厅三间舞楼三间，增修耳楼两间，看楼五间，看楼下骡屋五间"，这个建筑规模和现在基本一致。

1. 早期的家庙时期

大山石堂会关帝庙始建于天启年间，现存天启四年和天启六年两块碑刻。天启创立时期实际上是由姬仕书和其两个儿子为代表的家庭来完成的，天启四年和天启六年的碑文中完整留下了这个家庭成员的所有名字："建庙施主姬仕书，妻郭氏，男姬命新、姬国新，孙男姬有士、（姬有）祚、（姬有）周，仝立。"① 创建者姬仕书的身份没有任何线索，不过姬姓应该是当地的一个大家族。大山石堂会三义洞创立于万历时期，创建碑文中列出了创立大山石堂会三义洞的士大夫的名单："郭嗣华、郭嗣炳、姬廷聘、郭嗣焕、姬国光、姬国豪、郭维高、赵国基、郭嗣勋"，这些士大夫来自大山石堂会周围的村庄，东至建宁，西至石村、魏庄。从碑文中可以看出其中郭姓和姬姓是主要的，可见姬姓是大山石堂会附近的一个大姓。

姬仕书本人肯定是没有功名的，天启碑文作者称其为庶民："泫邑石村东里人姬仕书，长男姬命新，次男姬国新，特一庶民耳，亦起虔诚禋祀之心。"② 按照刻碑习惯，如果有功名，碑文中一定会注明。不过，姬仕书和一

---

① 《创建碑》，天启三年，现存高平陈区镇大山石堂会关帝庙。
② 《创建碑》，天启三年，现存高平陈区镇大山石堂会关帝庙。

些儒学士大夫关系非常密切。大山石堂会关帝庙是姬仕书与"奉常卿孙儒士郭基洪"共同发起修建的,这里提到的奉常卿就是大山石堂会三义洞创修碑上提到的"依云书屋"或者叫"丞阳书院"的创立者,这个书院原本就是他的书房,在这个小区域里应该是有很大影响力的儒学士大夫,而郭基洪应该是他的孙子。三义洞创建碑中提到的郭姓嗣字辈的几人全部都是建宁镇人,应该就是这位奉常卿的儿子,也就是碑文中所说的"诸公子"。三义洞创修碑的作者郭维高是万历元年入学于"丞阳书院",他的年纪应该和奉常卿郭公的儿子们差不多大。郭维高在万历三十二年(1604)撰写三义洞创修碑文时已经有一些当时书院的同学去世了,他那时应该五十岁左右。大山石堂会关帝庙的创修时间是天启三年(1623),中间相差了二十年。那么郭基洪作为奉常卿郭公的孙子,年龄正好合适。由此可知郭基洪因为祖上的名声是当地著名的人物,而且他和大山石堂会附近的一个书院和两个关帝庙的建设都有一定的关系。

值得注意的是天启三年和顺治三年的碑文作者有一个很特殊的情况。天启三年碑文的撰写者是"上党屯邑庠生云阳山人暴家修撰",这个人是屯留的庠生。顺治碑文作者是"覃怀愚士刘自修拙笔撰"。覃怀在现在焦作市附近。以上两个碑文作者都不是高平本地人,甚至都不是泽州人,他们距离高平都比较远。这个情况在村庄碑文中是不多见的,如果从此来推断姬仕书家族是商人家族,因为需要到外地经商才认识这些碑文作者,这可能有点勉强,但确实不是没有可能,否则姬仕书家族也不可能有这么多钱来修建如此规模巨大的关帝庙。

大山石堂会关帝庙在最初创立之后的一段时间里实际上是姬氏的家庙。其家庙的性质表现在以下几个方面:

首先,庙宇创建的发起、组织和出资完全是由姬氏家族来完成的,大山石堂会关帝庙创建之时邀请的家族以外的人都属于礼节性的,并不能改变此关帝庙的家庙性质,而关帝庙的性质就是一个家族所建立的家庙。

其次,姬氏家族一直负责庙宇的修缮,持续性地维护着庙宇的正常运作,并进行不断扩建。顺治三年大山石堂会关帝庙进行了扩建,创建了舞楼及其两侧的钟鼓楼。现在共三进院。从天启碑文来看，创建初期的庙宇规模不大，天启四年仅有"正殿四楹"和"东西廊房各四楹，东北耳房一座"，也就是一个院落的规模，天启六年中提到了"正殿、而（耳）房、东西廊房、三（山）门、钟楼"，虽然多了山门和钟楼，但仍然是一个院落的规模。顺治三年创建的舞楼及其钟鼓楼在现在最后面第三进院落中，碑刻就在戏台下面墙壁上。可见，从天启三年到顺治三年期间，这个庙宇在不断扩建，到顺治三年建好舞楼和钟鼓楼之后，庙宇规模就确定了下来，一直保持到现在。这个时期庙宇所有的扩建、维修和日常管理应该都是由姬氏家族来完成的。顺治三年的扩建是由姬仕书的长子姬命新负责完成的，"施财善士姬命新，妻宋氏，男姬有土，孙姬真定、姬真宝"，可以说是继承了父亲的志向，继续完成了修庙的工程。

最后，在康熙以前的大山石堂会碑刻中没有见到任何与社有关的记载。除了上面提到的郭基洪之外，姬氏家族以外的人就只有邀请来写碑文的人。以上这些特点说明早期的大山石堂会关帝庙基本上是家庙性质的。民国时期重修关帝庙时，碑文作者回顾了关帝庙的历史并感慨道："社首等触目伤心，莫不思补葺而重新，奈工大费繁，力有未逮，乃召集村中父老而群相议曰：'吾人共沐神恩，若不合力而修补之，诚不如姬氏一家矣。'"可见，民国时期的村民也意识到这个关帝庙最早的时候其实是"姬氏一家"的庙。

2. 康熙的过渡时期

康熙时期的大山石堂会关帝庙发生了很多变化。首先，这时候碑文提到了社，康熙四十七年（1708）重修碑中介绍村庄情况时说："泫东一村名石堂会，地僻山幽，泉甘木茂，其间居民相洽，比者仅数十家，或横经，或秉耒，暇则入社，饮太平酒，白叟黄童，各适其适。"① 这里出现了社的名字，但更像一种文学修辞，村中是否有社还不好断定。碑文最后落款中没有出现社，只有维首和监工。同一时期禁碑中也没有出现社，只有耆老，看上去似乎这时村中还是没有社。其次，从修庙经费角度来说："若夫鸠工

---

① 《重修关帝庙碑记》，康熙四十七年，现存高平陈区镇大山石堂会关帝庙。

庇材瞻足食用则乡善士姬有文独任强半，姬有正、郭起明副之，夫父老子弟之倡也，三善士以齿德冠，一乡共所为。"①时隔半个世纪，姬有文虽然不见于以前姬氏家族的名字之中，但是和顺治三年修庙的姬命新的儿子应该是同一辈分的。无论如何，即便到了康熙时期，姬氏家族仍然还在修庙中占据主导地位，是主要的出资者。但是碑文中用"一乡共所为"来表达的就是修庙实际上不再仅仅是姬氏家族的事情，是整个村子的事情了。最后，从组织管理者的角度来说，姬氏家族占据主导，但也不是全部了。维首共计三人："维首 姬有文 郭起明 姬有正"。从以上这些角度来看，姬氏家族虽然在修庙活动中仍然有重要的作用，但是关帝庙的性质已经逐步变为社庙了。

这个时期关帝庙变为社庙的另一个重要证据就是禁碑立在了关帝庙中。大山石堂会的北山上有北魏时期就开凿的石窟三眼，明代石窟三眼。这里的石头石质好，易于开采，现在还有采石场。康熙四十二年禁碑就是禁止采石的。总的来说，康熙时期是一个过渡时期，姬氏家族的影响力逐渐减弱，不再是主导性的，村社成为关帝庙的主体。

3. 乾隆以后的社庙时期

乾隆三十年（1765）的碑文中明确将关帝庙称作社庙："此房东墙原系姬发顺、姬芸之墙，社庙于乾隆三十年六月修盖此房"，这时的关帝庙基本上完全归属于村社了。民国重修关帝庙时碑文作者回顾了关帝庙的历史，他这样说道：

> 大明天启年，泫邑石堂会先民姬仕书尝见村中祠庙东有龙王山，北有高禖祠，虽亦有三义洞，并无专供之武庙，恐淹没其忠义，后人无所取法，于是独出己资创立关帝庙，为村人享祀之所，立社之地，一慈善事业也。然代远年湮，不无圮毁，至清康熙四十七年，后人姬有文又出己资而重修之，迄今又几三百年矣，乾隆道光间重修者虽代有其人，而鼠雀穿凿，风雨剥蚀，至今而倾颓更甚，巍峨之庙貌

---

① 《重修关帝庙碑记》，康熙四十七年，现存高平陈区镇大山石堂会关帝庙。

几成瓦砾,庄严之神像悉被尘封,不惟无以壮观瞻,亦且无以妥神灵也。①

碑文中基本上也是将大山石堂会关帝庙的历史分为三个阶段,天启到顺治年间是姬氏一家创立关帝庙的时期,康熙时候是姬氏后人主导的重修时期,乾隆道光以后的历次重修就是村社的社事的范围了。从碑文来看从乾隆到民国以前一直有对此庙的不断维修,但是其详细情况不得而知。大山石堂会是一个典型的例子,很多庙宇都有一个从家庙到社庙转变的过程,例如凤和关帝庙、寺庄关帝庙、王降关帝庙等。这种情况与高平地区区域发展的大背景有关系。

二、专门的关帝庙管理组织:关帝会

(一)关帝会的名称与性质

"关帝会"这个词既是存在于碑刻文献上的历史中实际使用的日常语言的词汇,同时它又是一个用于概括这类现象的学术概念。作为日常词汇的关帝会和作为学术概念的关帝会之间存在一些差异,这里所讨论的关帝会不能简单地等同于碑刻文献中出现的关帝会,这一点是首先需要厘清的问题。确定"关帝会"这个学术概念的是从学术角度对关帝会性质的一种判定,在这个层面上,本书是以关帝会的组织特点以及其实际履行的社会经济功能为标准来进行界定的。日常语言的词汇常常没有这种严格的界定,其使用具有随意性。

本书中将关帝庙中出现的所有以"会"来命名的民间组织都称作关帝会。从性质上来说,关帝会分为两种,一种是以筹款为目的的会,实际上是摇会,庙宇碑刻中出现的摇会是一种筹集经费的方式,这主要是解决经济问题的。另一种关帝会则是关帝庙的管理机构,负责日常庙宇的管理以

---

① 《借用墙垣分明碑记》,乾隆三十年,现存高平陈区镇大山石堂会关帝庙。

及修庙时候的组织管理活动，这是解决社会管理问题的。本章只讨论管理类的关帝庙，筹款类的关帝会在第四章中讨论。实际上，两种关帝会不能绝对分开，有时候筹集经费的摇会也组织庙宇修建，而管理庙宇的关帝会当然也涉及经费的筹集和管理。另外，有些关帝会本来就是兼具筹款和管理两种功能。这种关帝会一般最早都是筹款的摇会，但是后来修庙过程中钱没有用完，余钱继续放贷经营运作，支付关帝庙日常管理费用，下次修庙的时候还是用这部分会钱。这种情况并不罕见。凤和的结义会就是典型的这种关帝会，从道光到光绪前后持续了几十年之久："今村中有关帝庙一所，由来久矣，自道光年间尚义会重修，工程未竣而钱文不继，事几中止。于是又请结义会一局，勷襄赞助以济其美，而始告成功焉。功成之后，余钱若干，出放生息，为每年祭祀之需。不料至光绪三年时，遭荒歉将钱项废弃，及大禊以后，时和年丰，重为积聚，而钱项无多。前光绪二十六年义和团起事，地方不靖，众会首在神前许愿，祈神保佑，至今平安，公议动土补修装饰庙宇，悬挂匾额以答神庥，以酧圣德云尔。"①姬家庄的春秋会可能也是这种类型的关帝会。

此外，有些关帝会并不用"会"的名称，而是用关帝社的名称，这个社又明确的不是地域性的村社，这种类型的社从性质上来说其实也属于关帝会。实际上，从碑文情况来看，作为日常词汇的"社"和"会"这两个字在庙宇碑刻中的使用上不是特别严格，在同一份材料中都会出现两个名称交替使用的情况："兹欲将高禖会秋赛社合为一社，公办三年，然后已存此费，以兼秋毕收粱，春来出糶，越若年而是庙功成庶可冀耳。吾又不知诸维首者，此时从乎，弗听乎？佥曰：唯唯诺诺，不意屡遭□年，事难邃遂。迄岁丁卯，高禖社与秋赛社方合。"②这里的高禖会和高禖社显然是指的同一个组织，民间材料上不是特别在意"社"和"会"这两个词的准确使用，基本将它们看作是类似的。反过来，有一些关帝社或者关帝会实际上

---

① 《补修关帝庙碑记》，光绪二十九年，现存高平东城街道凤和村关帝庙。
② 《增修关帝庙碑记》，嘉庆二十五年，现存高平河西镇常乐关帝庙。

是地域性的民间组织，这种情况下，无论其在碑文中是叫作社还是会，都不认为它是关帝会，这样的社或者会大部分都是小社的名称，永禄南关帝庙中的关帝社应该就是这种情况。

"会"这个词在碑文中还有另一个含义，就是庙会，庙会就不再是一个组织的名称而是一种集会，例如"每年七月，古迹□圣会献戏三天"①，这里所说的所谓"会"显然是庙会或集会的意思，和关帝会性质显然不同。

除此之外，关帝庙碑刻中还有一些其他庙宇的各种会为关帝庙捐款的记录，这种会就不能称之为关帝会了，不过有时候这两种会也很难区分的。有一些明显是其他神灵的会实际上是在关帝庙中的，它们是关帝庙的配祀神，理应算在关帝会的范围内，例如上述常乐关帝庙修建时候的高禖会应该就是关帝庙里的高禖殿。但是另外一些又确实是其他庙宇的会，例如姬家庄的白衣阁给春秋阁捐款。这种情况非常复杂，有时候难以辨别。

关帝会是一个统称，实际上它并不一定叫作关帝会，每一个关帝庙中的关帝会又另有各自独特的名称，表3-2中列出了高平地区关帝会的各种名称。作为摇会的关帝会名称多种多样，非常复杂，大部分作为摇会的关帝会的名称还是和关公有一点关系的，例如春秋会、尚义会、结义会、关圣会、神圣会、圣贤会、千秋会、忠义会等，多取和关公的"义"有关系的名称。摇会这样的金融类组织需要相互之间的信任和负责任，这些名称也正和成立"会"所需要的伦理精神符合。值得注意的是"圣贤会"这个称呼和前文讨论过的很多关帝庙叫作圣贤庙的称呼相合，这种名称一般出现较早，多见于晚明前清时期。另有一些关帝会的名称是和摇会的积聚钱财有关的含义，例如积成会、立成会、复成会等。更有很多关帝会没有专门的名称，只是用摇会、拔会或者会这类总的名称。大部分组织管理类的关帝会的名称就是关帝会，没有其他特殊的名称，这是和摇会不同之处。也有关帝会的名称叫作关帝社，关帝社和关帝会的名称一般来说没有太大的区别。同一个关帝庙里如果有前后两个摇会，一个会结束以后再重新起

---

① 《关帝庙募化小引》，嘉庆十五年，现存高平河西镇梅叶庄关帝庙。

会的时候一般不会再用以前的名字,而是换一个,前后两个摇会的名称既是不一样的又是很类似的。凤和的尚义会和结义会,西南庄的立成会和复成会都是这种情况。不过也有在长达近百年的时间里都在用同一个名称的,寺庄圣贤会从咸丰四年开始一直到民国二十六年都叫圣贤会。

表 3-2 高平地区关帝会情况一览表

序号	庙宇学名	名称	成立/存续时间	领导名称	功能
1	董庄关帝阁	会	光绪二十八年	总理会事、会维首	组织修庙
2	拥万关帝文昌阁	春秋会	同治十年至光绪二年	会首	"供春秋之祭",日常管理,组织修庙
3	迪阳后庄关帝高禖庙	会	崇祯元年至乾隆六年	会首、维首	组织修庙
4	段庄关帝庙	摇会	道光十七年	首事	摇会筹款
5	凤和关帝庙	尚义会	道光八年	会首	摇会筹款(失败)
6	凤和关帝庙	结义会	道光三十年至光绪二十九年	会首、会维首	摇会筹款
7	小北庄关帝庙	土王会	民国十二年	无记载	摇会筹款
8	西南庄关帝庙	立成会	不详	总理会事	摇会筹款
9	西南庄关帝庙	复成会	道光十四年	总理会事	摇会筹款
10	北岭关帝佛庙	钱谷会、本社谷会	道光二十七年	无记载	积谷筹款
11	常乐关帝庙	神圣会	顺治十七年	无记载	摇会筹款
12	南庄关帝庙	关帝会	乾隆元年至乾隆三十六年	维首	摇会筹款、捐款资助其他公益活动
13	西李门关王庙	会	民国十二年	无记载	组织修庙捐款
14	永宁寨关帝庙	会	乾隆八年	会首	摇会筹款
15	朱家庄关帝庙	拔会	嘉庆二十一年	无记载	摇会筹款
16	建宁关帝庙	关圣会	民国十一年	无记载	无记载
17	东崛山关帝庙	关帝会	咸丰十年	维首	日常管理

续表

序号	庙宇学名	名称	成立/存续时间	领导名称	功能
18	康营东关帝庙	东关帝会	民国十七年	会首	日常管理
19	康营西关帝庙	关帝会	民国二十四年	会首	日常管理
20	唐西西寨上关帝庙	圣贤会	嘉庆十六年	无记载	积谷筹款
21	北朱庄关帝庙	关帝会	光绪元年至光绪十四年	无记载	摇会筹款，失败后延续
22	东南庄关帝庙	摇会	乾隆三十五年至四十一年	会首	摇会筹款
23	董寨西关帝庙	会	民国二十年	无记载	无记载
24	石桥口关帝庙	拔会	嘉庆五年	无记载	摇会筹款
25	汤王头关帝庙	千秋会	光绪二年	会首	摇会筹款
26	庄子关帝庙	积成会	同治五年	无记载	捐款
27	朱家山鲁班春秋大王阁	合会	乾隆二十八年	无记载	捐款
28	西沙院关帝庙	会	乾隆五十四年至道光三十年	无记载	摇会筹款
29	伯方西关帝庙	忠义会	光绪十四年	会首	摇会筹款
30	什善关帝庙	会	残碑缺损	无记载	积谷放贷筹款
31	寺庄村关帝庙	圣贤会	咸丰四年至民国二十六年	首事	摇会筹款
32	路家关帝庙	圣贤会	同治五年	无记载	捐款
33	西沙院关帝庙	关帝社	道光三十年	无记载	无记载
34	北王庄关帝庙	关帝社	纪年不详	无记载	积钱
35	永禄南关帝庙	关帝社	民国二十七年	总理维首	组织修庙

说明：（1）本表依据现存于高平地区关帝庙的实地调查和现存碑刻资料整理编制而成；（2）为避免烦琐，本表的具体碑刻出处从略；（3）本表所使用的碑刻材料具体可参考《高平历史文化遗存调查资料汇编》。

（二）关帝会的组织与管理

1. 关帝会的名称与领导

管理类的关帝会也可以叫作关帝社，两种称谓原则上没有差别，但是还是有细微差异，关帝社可能有更多地域性组织的含义："永禄村坤隅旧有关帝庙三楹，及左旁北平三间，右村边佛爷堂、白衣堂各一所，圈门一座。距西南里许，领（岭）上有山神庙一所，详其创始无可稽考。惟清同治十二年重修关帝庙及创造北平房碑记昭然，据此可知，庙虽不一，其社无二。"① 这通碑刻的题名叫作《补修关帝社所属各庙宇暨重修佛堂庙碑记》，显然隶属于关帝社的庙宇并不仅仅是关帝庙，还有佛爷堂、白衣堂、阁门和山神庙等几处庙宇，这种关帝社是接近村社组织的。

关帝会的领导者一般叫作总理会事或者会首，在庙宇修建活动中则有临时性的维首机构来负责管理事务。会首的名称更多样，拥万关帝文昌阁、迪阳后庄关帝高禖庙、康营东西两个关帝会都称作会首，董庄关帝阁称作总理会事。总理会事这种说法更多见于晚清民国时期，董庄关帝阁总理会事见于光绪二十八年碑刻上。这些关帝会的领导者的身份比较复杂，拥万关帝文昌阁碑上出现了"广昌永、沂源涌、荣盛和、永义东"等字号作为会首的情况："会首：广昌永、沂源涌，各施钱壹仟五佰文；荣盛和、永义东，各捐钱壹仟文"②，这是商号做会首的例子。

2. 关帝会的日常管理方式

从各方面的情况来看，关帝会的内部管理是存在着充分的协商和讨论的，重大事项的决定是召集会众一起商量决定的，这样的记录很多。董庄在维修关帝庙过程中出现资金不足的情况，"计算钱项不赡其费，募捐布施仅足其半，岂可畏缩而废？于是公同酌议，在会皆曰愿效劳力，往前办理，是时，维首等众各执其事，竭尽诚心，任劳无怨，酸辛勤苦，不辞其力，蓄储数年，志愿酬还"③。这里的决策程序看来很清楚，是会众共同商议决定之后由维首等人去具体执行。这种商议和村社的商议应该是有所不同的，村社的商议基本限于社首之间，不存在更大范围的集体协商。从这方面来看，会友在关帝会中的参与程度更高。

---

① 《补修关帝社所属各庙宇暨重修佛堂庙碑记》，民国二十七年，现存高平永禄乡永禄村关帝庙。
② 《重修春秋阁碑记》，光绪二年，现存高平北诗镇拥万村关帝文昌阁。
③ 无题名碑（补修碑），光绪二十八年，现存高平北诗镇董庄村春秋阁。

和村社的关帝庙一样,关帝庙的日常管理一般是交给住持来负责的,但是在没有住持的情况下,会首有时候要承担起管理会费财务等日常管理的责任来。东崛山关帝庙在庙内僧人离开之后,原来庙田的收入就交给了维首之一的李永成,由他来负责日常管理:"本利共计钱肆拾伍仟玖佰叁拾文,此钱存到维首李永成名下,诸维首者于咸丰九年正月十五日同在庙中与李永成表算明白。"① 李永成负责日常管理,众维首定期共同审查会钱的使用情况。

(三)关帝会的功能与作用

1. 庙宇兴建的组织管理

庙宇兴建活动的组织管理是关帝会最主要的职能之一,董庄关帝庙的重修是典型例子:"于是村中耆老数人靳和美、(靳)润发、毕新牛、(毕)长保、靳满堂、(靳)庚辛倡首募捐布施钱项,嗣后在会维首等众同心协力"②,这是耆老作为发起者,而关帝会负责组织管理。凡是关帝会组织修建的关帝庙,碑文最后的落款一般就是会首及其会维首,而不再是社首和社维首了。庙宇兴建的组织管理中财务管理最为重要,东崛山关帝会碑文主要记载了庙中僧人离去之后日常会钱移交到会中管理的情况,体现的主要是财务管理方面的情况:"下余之钱皆系关帝会花费公项所积,仍充公用。"③

2. 日常管理与祭祀活动

拥万关帝文昌阁的春秋会是从摇会发展而来的,修庙余钱用于日常祭祀活动:"因立一会曰春秋会,以供春秋之祭也。又奉水、火、财神位于左,移奎星像于右,持簿募资,共襄盛举,共得金贰百余贯,始得庀材鸠工,易旧为新,除费余钱四十贯,出息以为永久之祭计。"南庄关帝会也是这种性质。关帝会作为一种日常祭祀活动的组织管理者具有了某种信仰性质组织的特征,不完全是一种世俗化的村庄组织了。

---

① 无题名碑(庙田碑),咸丰十年,现存高平马村镇东崛山关帝庙。
② 无题名碑(补修碑),光绪二十八年,现存高平北诗镇董庄村春秋阁。
③ 无题名碑(庙田碑),咸丰十年,现存高平马村镇东崛山关帝庙。

3. 资助村民的借贷

关帝会和村社以及摇会，也会把会钱贷给个人使用："朱三则故父在世揭使鲁班社银乙（一）两一钱，□年有馀，□□未交，自知理曲，将原分到石沙上埮根下空地基一所，兑等给鲁班社，永远为死业。四至开明：东至道，西至界石，南至水中心，北至埮根。四至以里听凭社内修理，朱姓不得混赖，指碑石永远为证。"① 这里虽然说的是鲁班社的情况，但是这个鲁班社就是鲁班关帝大王阁的组织管理者，后来这个阁干脆改称关帝阁，所以早期的鲁班社也可以算作关帝会。村民从鲁班社借贷银子，数量很少，只有一两一钱，这种借贷应该说还是有互助性质，但是仍然是要归还的，最后因为无法偿还而用地抵债了。

4. 捐款与接收捐款

关帝会与其他机构之间最常见的关系就是相互捐款。有其他村庄的关帝会给本村关帝庙捐款的，这是关帝庙之间的相互捐款。例如：鲁村镇关帝会给朵则的关帝庙捐款，再如民国十一年郭庄重修关王庙时建宁关圣会的捐款。也有其他神灵的会给本村关帝会捐款的，这既是村庄之间的交流，又是不同神灵信仰之间的交流。例如南朵百子会给朵则关帝庙捐款。再如姬家庄白衣阁给关帝阁修建捐款："幸有白衣阁以及众会善士□□舒资以助其事。"② 也有关帝会给村社捐款的，例如前述乾隆南庄关帝会给村社捐款，用于修建关帝庙。

5. 货币化的服务

关帝会和其他机构之间不仅仅是公益性的捐款关系，有时候似乎是存在着某种商业的业务往来，至少可以称之为货币化的服务。咸丰十年东崛山关帝会的账目中出现了"拨付灯棚会粮食钱叁拾千文"③，这里的灯棚会顾名思义应该是在节庆庙会期间搭设灯棚的组织，那么这笔拨付的钱应该是给灯棚会服务支付的报酬。这表明关帝会从事的各项活动中有一部分是已

---

① 《鲁班春秋大王阁创修碑》，乾隆二十八年，现存高平三甲镇朱家山春秋阁。
② 《补修春秋阁碑》，民国二十二年，现存高平北诗镇姬家庄春秋阁。
③ 无题名碑（庙田碑），咸丰十年，现存高平马村镇东崛山关帝庙。

经市场化了的。

(四) 关帝会与村社的关系

1. 关帝会与村社的类型区分

关帝会和村社有根本性的不同，主要表现在以下几个方面：一是参加关帝会的会友是自愿参加的，而村社的社民是非自愿的，是因为他们居住在这个村庄里而不得不参加的。杜赞奇将中国华北民间组织分为四类，其中一个区分标准即是自愿还是非自愿[①]。二是身份获得方式不同。村社的社民身份的获得是天生的，他们自出生时就获得，只是需要交纳社费等方式来确认身份，直到他们去世或者离开这个村庄才会取消社民身份。关帝会身份却是在会友成年之后才形成的，关帝会结束的时候会友身份也就自动消失。三是从组织人数和机构大小来看，村社人数更多一些，小的村庄有几十户，大的村庄有几百户；关帝会人数较少，最多也就几十个人，少的有十几个人。四是村社的范围基本上是地缘式的，只会接纳本村范围的人；关帝会的范围一般也是只有本村范围的人，但是这并不是必然的，原则上关帝会的范围是没有地域限制的。五是从目的或功能来说，村社只能为村庄集体的事务也就是社事来服务，关帝会则可以去做任何会友感兴趣的事情，只要会友都认同就可以。六是从参与程度上来说，关帝会所做事情，会友的参与度更高，会众之间更加平等，村社所做的事情未必真的就能得到所有社民的广泛认同，更多取决于少数社首的决定（见表3-3）。以上这些差异是非常重要的，从各方面来看，关帝会都是一种性质上与村社有所不同的组织机构。从现有情况来看，关帝会的范围是不超出村庄的范围的，各个村庄的关帝会之间既没有相互的统属关系，也没有什么特别密切的联系。关帝会之间有相互捐款的情况，朵则关帝庙修建时有"鲁村镇[②]关帝会"的捐款，又如郭庄关王庙修建时有"建宁关圣会"的捐款，但是这并

---

① 〔美〕杜赞奇：《文化、权力与国家：1900—1942年的华北农村》，王福明译，江苏人民出版社2010年版，第113—120页。
② 今属泽州县。

不比其他的社和会给关帝庙捐款更多。关帝会没有表现出任何跨村庄的组织的特点。

表 3-3 村社与关帝会的性质和功能对比表

序号	比较项目	村社	关帝会
1	自愿性	非自愿加入	自愿加入
2	身份获取终结方式	天生就是社民，缴纳社费确认身份	需要加入才是会友，会终结自动终止身份
3	人数和规模	规模较大（几十人到几百人）	规模较小（十几人到几十人）
4	成员范围	地缘性的	不限于地域
5	目的功能	为村社集体事务服务，世俗性质更强	为会友共同认同的事情服务，宗教性质更强
6	参与程度	成员参与度较低，权威影响力大，更集权	成员参与度较高，权威影响小，更平等

说明：本表为理论概括，并非根据碑刻资料编制。

2. 关帝会与村社的关系

从组织管理主体及其所有权的角度来说，关帝庙实际上主要有两种，一种是由村社来组织管理的，这实际上是社庙，相应地，关帝庙所有权也归村社。另一种是关帝会管理的关帝庙，这种关帝庙和村社没有直接关系，关帝庙也归关帝会。这种细微差异可以从碑文中看出来。南庄关帝庙乾隆十七年重修时是由村社组织的维那来组织修建的，而成立于乾隆元年的关帝会在这次重修中只有一次提到，而且只是参与捐款，"关帝会施银叁拾□两九钱"①，并不是兴建活动的组织管理者。这次重修最后的落款也是"合社仝立"，村社才是组织管理者，关帝会只是以捐款方式参与。将这通重修庙宇的碑刻与同一时期另外一通关帝会碑刻相比区别明显，那通碑刻落款就是"大清乾隆叁拾陆年孟秋榖旦合会立"。这里社和会的关系很清楚，社以及社成立的维首或维那（乾隆十七年碑里维那和维首同时出现）才是

---

① 《河东南鲁续修关帝庙记》，乾隆十七年，现存高平河西镇南庄关帝庙。

庙宇的所有者和修建活动的组织管理者，关帝会是一个筹款性质的另外的独立组织。反过来的情况也是存在的，当关帝会组织修庙的时候，村社也有给关帝庙捐款的，这是关帝会主导修庙，村社参与。

康营民国十七年东关帝庙中有一个特别的记载："村之东边有一人焉，曰：裕山姓张氏，因行为毛厕狡扯，被人报告至社，按村禁约处罚，伊无力交纳罚金，抵来毛厕一个以作罚款，是毛厕归东关帝会所管辖矣。是为记。"①这个记载的特殊之处在于里面同时出现了村社和关帝会，做出处罚的是村社，但是用于抵偿罚款的茅厕却最终给了关帝会。这个案例值得注意的有以下几点：首先，关帝会这类会的组织是没有权力去处罚村民的，村民违背了村中禁约，要由村社组织来做出处罚。其次，关帝会作为一种村庄组织也是属于公共慈善性公益性的组织，用于抵偿罚款的茅厕绝不可能给了个人，而是交给了关帝会这样的组织，这同时也是一种善事。最后，抵偿罚款的茅厕按理说应该是给村社而成为社产的，村社将茅厕交给关帝会实际上是将社产捐给了关帝会。这除了可能地理位置接近的原因以外，同时也表明村社和关帝会之间的良好关系。关帝会可以说在协助村社做好村庄治理过程中起到了良好的作用。

（五）庙宇与关帝会的关系

关帝会并不一定是属于关帝庙的，其他庙宇中出现关帝会的组织还是比较普遍的情况，例如石末王庄诸神庙中就有关帝会，这个关帝会的存在还是早于诸神庙的，诸神庙就是由关帝会发起成立的，后来的管理也主要是由关帝会来承担的。下面以西沙院炎帝庙（关帝庙）中的关帝会为例来说明这种情况，这是一个相当特殊和罕见的例子。

西沙院的关帝庙是一个非常特别的庙宇。清代重修的碑文中有时候说是关帝庙，有时候又说是炎帝庙。西沙院关帝庙始建时间不详，但应该很早。现存隆庆时期的石刻题字"隆庆二年岁次戊辰年丙辰月己卯日立室修

---

① 无题名碑（罚款碑），民国十七年，现存高平马村镇康营东关帝庙。

造，石匠秦准"，则西沙院关帝庙的始建不晚于晚明时期，晚明时期究竟是什么庙已经不得而知。明清之际，西沙院关帝庙可能毁坏较严重，雍正三年（开工）到八年（告竣）重修时建成了炎帝庙，"自邑以东首阳山古迹沙院村有炎帝庙"①，碑文中没有任何地方提到关帝庙，而且称炎帝庙为古迹，不过这大概是修庙的套话，并没有任何具体的此庙历史的追溯。从地理位置上来说，西沙院就在羊头山脚下，可以说是处在炎帝信仰最兴盛的区域，在这里修建炎帝庙是最正常不过的事情。从这次修庙的捐施情况来看，除了有周围一些村庄的少量捐款外都是本村的捐款，这是一次再普通不过的庙宇重修了。雍正年间重修大约三十年后，乾隆二十四年的重修碑文中却说这个庙实际上是关帝庙："余偶客□地，见有炎帝庙正殿一座。……邑民语余曰：此重修古关帝庙、高禖祠是也。"②这种说法是碑文作者从村民那里听来的，村民的说法应该是有根据的。看来，在重修炎帝庙之前，这个庙应该是关帝庙，雍正重修时却改祀为炎帝。这次重修同样是只有本村捐款。乾隆五十四年和道光三十年西沙院关帝庙分别增修了戏台和戏室，这个时期的西沙院关帝庙一直正常发挥功能，道光以后不再有新的重修碑，大概此庙已经衰落。乾隆五十四年碑文中也提到原来是关帝庙："自昔人重修关帝庙与高禖祠时已有其志"③，这指的是乾隆二十四年的重修。不过，总的来说人们还是将此庙称作炎帝庙。看来，在西沙院关帝庙兴盛的时期，也就是雍正重修之后到道光创建戏室的一百多年时间里，西沙院关帝庙主要是以炎帝庙的名义存在的，但是大家也都认可这个庙原来是关帝庙。这种情况非常特别，它还不是像北岭关帝佛庙和冯庄玉皇关帝庙那样的二庙合一情况。二庙合一是通过庙宇空间布局的安排而实现的多种信仰共存，是属于合祀的现象，而西沙院关帝庙的情况是庙社名称的分离。

道光三十年重修时有关帝社的捐款，而且这个捐款是修庙最主要的经

---

① 《重修炎帝庙碑记》，雍正八年，现存高平神农镇西沙院村关帝庙。
② 《重修关帝庙高禖祠碑记》，乾隆二十四年，现存高平神农镇西沙院村关帝庙。
③ 《创修戏楼并两廊以及重瓦大殿记》，乾隆五十四年，现存高平神农镇西沙院村关帝庙。

费来源。炎帝庙里的会社组织不叫炎帝会，反而叫作关帝社，出现了"庙称炎帝，而社称关帝"的现象。学界常常将高平地区村庄庙宇称作社庙，以此称呼区别于传统的佛道教宗教性庙宇。社庙实际上是社和庙的统一体。社是从社会角度说，社是一种村庄的社会组织，它的主要职能是村庄治理。庙是从信仰角度说，庙是一个进行祭祀膜拜烧香活动的场所，这是庙的基本功能。在现代社会中相互分离的社会管理和信仰祭祀两种职能在传统的社庙中是合在一起的。社庙中存在着社和庙两个要素，对于社和庙两个要素来说都需要借助于神灵这样的文化符号来增加其效力。社和庙究竟应该使用哪一种符号？也就是说社和庙究竟用哪一种神灵的名义来称谓？这取决于哪一种神灵作为文化符号更为有效，或者说更容易为村民所接受。高平地区庙宇神灵数量如此之多是因为村民的需要多种多样，一种神灵往往很难满足所有的需要。但是，大多数情况下，同一个社庙选用的神灵文化符号是一致的。如果因为某些原因，同一个社庙需要使用两个神灵的文化符号，那么这两个神灵一般会以合祀的形式共存在同一个庙中，这就是二庙合一存在的原因。大部分情况下，这都是历史原因造成的。西沙院关帝庙的情况的特殊之处表现在社和庙两个方面对于神灵的选择不同，社选择了关帝，而庙选择了炎帝，于是"庙称炎帝而社称关帝"的现象就出现了。炎帝是高平特别是西沙院所在小区域内最具影响力的信仰类型，以炎帝来作为庙的名称更容易被人们所接受。关帝信仰所承载的信义精神是村社组织建立过程最需要的伦理价值，因此以关帝来作为社的名字更为合理。炎帝庙和关帝社的这种结合虽然看上去奇怪，它却是村民自然选择的结果。西沙院关帝庙的这种选择也代表了高平地区信仰结构中的主要特点。炎帝作为最早的民间信仰形式是人们信仰精神生活的源泉，关帝作为数量最多的庙宇是在晚明以后才兴起的，但是却能够在短时间内快速发展，这不能不说是因为关帝与晚明以来快速发展的村社组织的兴盛有关系。可以说关公的信义精神是高平地区村社治理活动最主要的代表。

第三节　关帝庙的管理制度

关帝庙的兴建有官方的和民间的两种情况，官方的关帝庙数量少，资料也少，前面已经做过一些叙述。这里仅仅讨论民间村庄中的关帝庙兴建问题。关帝庙的兴建固然是因为关公灵验等普遍性的原因，但是具体到每次关帝庙的兴建工程又各有不同的直接原因，这是首先需要归纳整理的，从中可以看出关帝庙兴建活动是在什么样的具体的背景下开展的。其次，关帝庙的兴建活动是村中多方面的力量共同参与的结果，需要进一步厘清都有哪些主体参与到了关帝庙的兴建活动之中，它们各自在其中起到怎样的作用。最后，需要详细叙述关帝庙修建的整个过程以及涉及的相关具体问题。

一、兴建关帝庙的直接原因

碑文中所提到的兴建关帝庙的原因是多种多样的。总的来说，原因可以分为两种，一种是众多神灵一致的原因，这些碑文的作者并没有特别强调关公的特殊性，而是一般性地讨论建庙立祠的原因、意义或者功能。也就是说问题主要是为什么要建庙。另一种情况是碑文作者明确针对关公展开讨论。这时主要问题就是为什么要建关帝庙。碑文中提到的修建关帝庙的原因实际上大部分是所有庙宇通用的原因，具体到修建关帝庙的特殊原因的并不多。特别关注关帝庙的特殊原因的主要是在晚明时期，在晚明关帝庙建设高潮中关帝庙的创建原因大多归结于关公神圣的方面，这方面情况前面已经做过介绍。到了清代即便是创修庙宇也不太关注关帝庙的特殊原因，其兴建庙宇原因大都是适用于任何神灵庙宇的。这一方面表明关帝庙的建设已经成为大家习以为常的事情，人们不再需要专门为其合理性进行说明，另一方面也说明关帝庙本身的特性越来越弱化，关帝庙作为庙宇的属性越来越超过关公神灵本身。

(一) 遵循传统

大部分碑文中并不讨论建庙的原因。一般来说，创建的碑文中讨论建庙原因更多一些，而重修的碑文中很多并不讨论这方面的问题。在这些碑文作者看来，庙宇理所当然地应该重修，维护传统，维修过去遗留下来的古迹是很自然的事情，兴建庙宇的活动因为其原来就存在而自然就有了合法性，并不需要另外说明特殊的原因。这种观念体现的就是前面提到过的庙宇在村庄中已经成为一种自然而然的传统，大家按照传统习惯就应该兴建庙宇。因此，在所有兴建关帝庙的原因中，遵循传统是一个不能忽视的重要原因。具体来说，遵循传统又和儒学经典中的说法结合而有各种不同说法。

1. 宗庙为先

宗庙为先的说法语出《礼记·曲礼》，"君子将营宫室：宗庙为先，厩库为次，居室为后"。这同样是论述建庙合理性的一种常见说法。嘉庆安河关帝文昌阁重修碑文中有："粤稽君子将营宫室庙宇为先，今安河村右，旧有关圣、文昌帝君阁，世远年深，风雨颓坏，倘不兴造修之工，其如君子将营宫室庙宇为先之志何？"[①] 这里就是应用宗庙为先的说法来说明重修关帝文昌阁的合理性的。这种说法和前面所说的"御灾捍患"和"神道设教"一样，都是从儒家经典中寻找建庙的合理性根据，实际上都已经演变为一种写作碑文的套话了。

2. 尊崇祀典

祀典其实就是按照儒家思想或者官方规定所确立的那些合理的祭祀或者信仰，这是应该弘扬的。祀典一般在正史的礼志中都会说明，更专门的汇集典章制度的政书中记载更为详细。祀典这种说法在碑文中很常见。乾隆年间迪阳后庄重修关帝庙时碑文作者总结了建庙的两个原因："前人因建

---

① 《重修阁楼碑记》，嘉庆二十五年，现存高平陈区镇安河村关帝文昌阁。

关帝庙、高禖神祠于坤方，一以崇祀报之典，二以回山川之运。"① 这就是祀典和风水两个原因，前者更官方一些，后者更照顾民间的需要。这类例子很多："尝见邑之城若乡凡建武圣之庙者约皆殿宇辉煌，楼台壮丽，以故在上显神灵之赫濯，在旁设斋宿之厅堂，非谓多建耗财也，盖□里人之崇祀典，报岁功，乡耆咸集，长少并臻沐浴斋居之际，错立族设之顷，固宜有止所当止之地。"②

（二）天灾损坏

传统木结构建筑很容易受到各种天灾的损坏，雨和火是最主要的两种。迪阳康熙年间重修是因为雨灾，"□□年夏，淫雨连绵，橡析瓦落"③，天灾发生之后就需要重修。洪灾也是破坏庙宇的原因："村中河口旧有神阁，为河水壅决基址，尽圮。嘉庆元年始议建修。"④除了雨和火之外，还有遭雷劈坏的情况："吾村协天大帝庙宇建者由来久矣。其侧有关、周二位尊神之像。迄今代远年湮，被雷震，神损不知其时也。属目者无不伤心，在村之人岂忍坐视其倾圮乎？"⑤遭受灾害之后，关帝庙就需要重修，王降关帝庙是典型的例子："村之中旧有关帝庙一所，庙之前后有戏台三间，不意道光年间，岁值庚戌，关圣之戏台榱崩栋折，旧址徒存。社事之推委，用之囊空，新基难立。于是悉聚村人，咸谋修理，而诚言为善之士经营图维，不惮劳瘁，故酌咸丰□量所入以支用，因人役使，免其钞，以赴工，是以辛亥兴工，甲寅告成。"⑥道光庚戌（三十年）舞台损坏的原因不是特别清楚，不过应该是灾害。灾害发生之后，次年（咸丰元年辛亥）就开始动手重修，到了咸丰甲寅（四年）修成，之所以时间这么长，是因为不断积累资金。咸丰七年所立碑文中资金来源一项说明是"入六年共收钱三百九拾八

---

① 《重修关帝庙高禖祠碑记》，乾隆三十七年，现存高平陈区镇迪阳后庄关帝高禖庙。
② 《增修本庙碑记》，道光十七年，现存高平东城街道段庄村关帝庙。
③ 《重修关帝庙记》，康熙十八年，现存高平陈区镇迪阳关帝庙。
④ 无题名碑（修庙碑），嘉庆五年，现存高平南城街道谷口村关帝观音阁。
⑤ 无题名碑（金妆圣像），道光五年，现存高平米山镇成家山关帝庙。
⑥ 《重新改修关帝庙碑记》，道光十九年，现存高平北城街道王降村关帝庙。

仟三百二拾文四文"①，这就是说从道光三十年舞楼损坏之后，咸丰元年到六年每年都在累积资金，咸丰四年主体建筑完工之后显然还要做一些修修补补的工作。王降的这次重修舞楼反映出"社事"的及时性和连续性。

（三）风水原因

因为风水原因而建庙在高平村庄庙宇中非常常见，关帝庙也不例外，有很多关帝庙都是因为风水原因而修建的。最典型的例子是创建于道光时期的冯庄小冯庄关帝阁，对于其创建的风水方面理由，碑文中有很详细的说明："请堪舆先生言说庙门不宜正开，理宜改为偏门，东南、东北俱有缺陷，东边居民亦口散涣，理宜修补，始为一村之盛……祖庙寅门改为亥门，正东修文昌阁一所，东北修关帝庙一座，东南修文笔一支，庶几散涣者而完聚，缺陷者而丰满矣，岂非村中只盛举乎。"②虽然对于风水先生这样调整的理由不得而知，但是细致到了规定庙门要朝哪边开，广泛到了几乎涉及整个村庄的布局。小冯庄是冯庄的一个自然村，村落很小，按照风水先生这么一规划，基本上将全村都规划好了，可见风水在有些时候才是修建关帝庙最主要的原因，而非关公信仰本身。不过反过来看，在需要修建庙宇来解决风水问题时关帝庙能够成为一个选择，这说明要么修建关帝庙在当时这个小区域非常流行，要么关公信仰本身具有的保护神的功能在这里起到了一定的作用。

类似冯庄小冯庄的例子很多，姬家庄民国时创修关帝阁，碑文谈到创建原因时说道："高邑岭以东里曰姬家庄，距城四十五里，僻处边隅，地狭人稀，久聘风水观觇，莫不以村西为患。阖社等因鉴于斯，始于民国十三年间召集村民会议，共维其事而立春秋阁焉。"③ "村中父老因有阁眼而无庙貌，则风不藏而气不聚，恐白虎不能招财，欲建庙以迎福气。"④ 风水原因

---

① 《重新改修关帝庙碑记》，道光十九年，现存高平北城街道王降村关帝庙。
② 《创修关帝庙、文昌阁、文笔、改修正门碑记》，道光十七年，现存高平小冯庄村东。
③ 《补修春秋阁碑》，民国二十二年，现存高平北诗镇姬家庄春秋阁。
④ 《新创关圣帝君庙碑记》，乾隆三十四年，现存高平寺庄镇贾村关帝庙。

而建庙的例子大部分都是阁门，阁门和塔一样在很大程度上本身就具有风水建筑的特点。又如董庄关帝阁"吾村东曩有关圣帝君阁一座，东迎紫气，西挹霞翠，为一庄之保障"。朱家庄光绪碑文中说："村之西南隅，有关帝阁三间，实补坤之缺焉。"这些都是风水的说法，类似的说法在碑文中大量出现。

（四）解决水患

陈区镇迪阳后庄关帝庙乾隆三十七年碑文中叙述的建庙原因则不仅和风水有关，还和河流有关："村之南，左患河决，右犯气煞，前人因建关帝庙、高禖神祠于坤方，一以崇祀报之典，□以回山川之运。"[①] 根据对这个庙实地调查的情况来看，这个关帝庙实际上是建在阁上的。碑文中所说的河流实际上是从旁边山上流下来的季节性河流，在修建关帝庙的同时在庙的下面修建了一个阁门，河流水大的时候从下面的阁门中流出。所以，实际上这个关帝庙的兴建活动既是一次阁门这样的水利设施的修建，又是关帝庙这样的庙宇的修建，这是阁庙共同修建的一个例子。因此，它既解决了水患的问题，又解决了风水的问题。

二、关帝庙兴建活动的主体

（一）发起者（举意人）

1. 发起者的含义

庙宇兴建活动常常是由一些人提出来的，这些人或许和后来组织修建的人是一样的，或者是不同的。发起者可以说是建庙活动的倡导者，在碑文中一般都会记录他们的名字和身份。有些碑文中将庙宇修建的发起者称作"举意人"。举意人常常需要带头捐资，王降关帝庙道光重修的缘起就是"适值岁时伏腊，乡党萃处之期，谈及社事，有善念素存者情愿以己

---

① 《重修关帝庙高禖祠碑记》，乾隆三十七年，现存高平陈区镇迪阳后庄关帝高禖庙。

八十金之产兑换他人一庙之基,施社改移修理"①。这里的善念素存的人就是发起人,他就需要带头捐资。

2. 发起者的身份

作为庙宇兴建活动的发起者,举意人的身份在乡村社会中一定是比较尊贵的,因为地位低贱的人是没有可能号召大家来从事兴建庙宇这样的公共活动的。庙宇兴建是传统村庄社会中规模最大的公共活动了。发起者的身份一般以善士或者耆老这种称谓来称呼:"是村中耆老数人靳和美、(靳)润发、毕新牛、(毕)长保、靳满堂、(靳)庚辛倡首募捐布施钱项。"② 举意人的身份还有说义士的"义士焦文秀,字翠宇,乐善好施"③,这些说法其实大体类似。这些发起人实际上是一些没有特殊的功名或者官方身份的人,如果有功名或者其他官方半官方身份,那么碑文中一定会说明。发起者如果有特殊身份的,会称呼特殊身份。底层士大夫也常常是庙宇兴建的发起人:"予先君太学生讳士基同弟子业目击心伤,不忍坐视,捐资肆拾金同社诸公于乾隆三十二年为之鸠工庀材,重修西庑四楹,厨房一所,聊为补偏救弊而已。"④ 这里的太学生实际上就是监生的意思。僧道和商人有时候也可以作为庙宇修建的发起者,详细情况前文已经有过说明,这里不赘述。

(二) 组织管理者

庙宇兴建活动的组织管理者实际上常常就是庙宇的所有者。由耆老、善士或者底层士大夫这些发起人发起修庙之后,庙宇兴建的具体过程还是要交给庙宇所有者来进行组织管理。组织管理关帝庙兴建活动的主体可能是多种多样的,包括以下几种:

1. 家族

家族作为兴建活动的主体的情况相对来说不算很多,但绝对数量也不

---

① 《重新改修关帝庙碑记》,道光十九年,现存高平北城街道王降村关帝庙。
② 无题名碑(补修碑),光绪二十八年,现存高平北诗镇董庄村春秋阁。
③ 《创修碑记》,康熙时期,现存高平马村镇康营东关帝庙。
④ 《陈氏捐金重修西庑记》,乾隆五十四年,现存高平马村镇唐西村关帝庙。

少。凡是由家族来负责组织管理的关帝庙，性质一般就是家庙。大山石堂会从晚明天启年间创建一直到清代中期以前，其组织管理者一直都是姬氏家族："建庙施主姬仕书，妻郭氏，男姬命新、姬国新，孙男姬有土、（姬有）柞、（姬有）周，仝立。"①

2. 村社

如果是村社出面来组织管理的，那么庙宇兴建活动就是"社事"的一部分了："适值岁时伏腊，乡党萃处之期，谈及社事，有善念素存者情愿以己八十金之产兑换他人一庙之基，施社改移修理。"②村社的具体组织者叫作社首，社首是村社常设的日常组织的领导者，和后面所说的专门为修庙活动而产生的维首或纠首有所不同。后面会详细介绍维首的情况。

3. 关帝会

高平地区关帝庙绝大部分属于村社，但是也有一些是属于关帝会的，关帝会是村民围绕关帝庙所组织起来的一个更为专门化的组织形式。关帝会所属的关帝庙的兴建活动的组织管理者就自然是关帝会了。关帝会的具体情况参看第十章。

4. 底层知识分子（乡绅）

庠生、廪生、监生和贡生等底层知识分子有时候也会作为庙宇兴建活动的组织管理者："总事张恺，监生李祐，西周纂监生李正身。"③这类人活动范围更大一些，常常会出现外村的来参与的情况，这种时候大多其实只是挂名而已。

5. 商人与宗教徒

商人在大部分情况下只是作为捐资者，很少有充当组织管理者的情况，但是也出现了这样的例子，光绪二年拥万关帝文昌阁重修时商号在会中充当会首："会首：广昌永 沂源涌 各施钱壹仟五佰文，荣盛和 永义东 各捐钱

---

① 《创建碑》，天启四年，现存高平陈区镇大山石堂会关帝庙。
② 《重新改修关帝庙碑记》，道光十九年，现存高平北城街道王降村关帝庙。
③ 《重修关帝庙碑记》，嘉庆十九年，现存高平马村镇金章背关帝庙。

壹仟文……"① 僧道等职业宗教人士很少在村社关帝庙的修建中起到主导作用，不过也有一些特例，凤和关帝庙乾隆三十八年的重修完全是由一个道人组织完成的："乾隆癸巳，郜道人募化補葺又一新之。"②

6. 民国时期的新职务

民国时期中国的基层社会管理方式发生了一定的变化，表现为政府权力向基层的渗透。出现了一些新的职务名称，例如村里出现了村警；乡镇以下村以上出现了闾长，还出现了村副。这些基层的工作人员类似于传统社会的吏役，但性质已经发生很大改变了。这些名称的出现当然不仅仅是名称新，同时也意味着村庄治理模式和制度开始发生着改变。传统村落和庙宇从这时开始进入了一个新的时期。

综上，可归纳为表 3-4。

表 3-4　关帝庙的发起人和组织者

序号	关帝庙名称	兴建时间	发起者	组织者
1	西李门关王庙	嘉靖五年	在城招贤坊王府典膳邢永濯、本里善人	
2	张家二郎关王庙	万历十二年	王诚	纠首
3	上沙壁关王庙	万历三十二年	村人	维那头
4	迪阳关王庙	万历三十二年	村人秦继顿	香头二人
5	大山石堂会关帝庙	天启三年	姬仕书家族、奉常卿孙儒士郭基洪	姬仕书家族
6	大山石堂会关帝庙	顺治三年	姬氏家族	姬氏家族
7	迪阳关帝庙	康熙十八年	某家族	某家族
8	河西关王庙	康熙	袁绕龙（武举）	袁氏家族
9	大山石堂会关帝庙	康熙四十七年	三善士	维首
10	西李门关王庙	康熙五十一年		功德社首、督工社首、维首

---

① 《重修春秋阁碑记》，光绪二年，现存高平北诗镇拥万村关帝文昌阁。
② 《关帝庙重修劝捐输姓氏碑记》，道光三十年，现存高平东城街道凤和关帝庙。

续表

序号	关帝庙名称	兴建时间	发起者	组织者
11	拥万关帝文昌阁	雍正七年	信士唐琎	信士唐琎
12	永宁寨关帝庙	乾隆八年	会	会
13	南庄关帝庙	乾隆十七年	维那事皇甫振众	维那首
14	朱家庄关帝庙	乾隆十七年		社首
15	北岭关帝庙	乾隆二十年	李氏家族	
16	大山石堂会关帝庙	乾隆三十年	村社	村社
17	迪阳后庄关帝庙	乾隆三十七年	郭氏伯侄	村社
18	宰李关帝庙	乾隆四十年		维首
19	北岭关帝庙	嘉庆十一年	李氏家族	维首
20	朱家庄关帝庙	嘉庆二十一年		大社社首
21	张家二郎关王庙	嘉庆二十一年	数善人	合社
22	河西关王庙	嘉庆二十四年	袁氏家族	执事
23	冯庄小冯庄关帝庙	道光十七年		维首
24	北岭关帝庙	道光二十七年	李久昌	东社督工维首
25	庄上关帝庙	咸丰九年		阖社维首
26	朵则关帝庙	同治十一年	牛希傅	总理、维首
27	东山关帝庙	同治十二年		
28	拥万关帝文昌阁	光绪二年	唐姓家族	春秋会
29	迪阳后庄关帝庙	光绪八年		
30	董庄关圣帝君阁	光绪二十八年	耆老六人	会维首
31	迪阳后庄关帝庙	宣统二年		督工维首、社首
32	河西关王庙	洪宪元年	户头袁松炎（梓匠）	维首
33	南王庄关王庙	民国九年		维首
34	大山石堂会关帝庙	民国十一年	社首	社首、督工维首
35	西李门关王庙	民国十二年		会
36	姬家庄	民国十三年		社首、总理
37	杜村关帝庙	民国十四年	村长杜公辅	社首、经理人

续表

序号	关帝庙名称	兴建时间	发起者	组织者
38	双井关帝庙	民国二十一年	村西数十家	经理
39	常乐关帝庙	民国	李资泉先生	

说明：（1）本表依据对高平地区关帝庙历史文化遗存的实地调查和现存碑刻文献编制；（2）本表收录范围为高平地区关帝庙中出现的发起者和组织管理者的名称，每一条材料的具体出处从略；（3）本表所用碑文资料可参考《高平历史文化遗存调查资料汇编》。

（三）募捐者和捐款者

修庙活动常常需要募捐，这就会出现两种重要的人群：募捐者和捐资者。高平地区在外省的修庙募捐活动主要是通过缘簿的方式来进行的。募捐者拿着缘簿到外地进行募捐，回来之后将缘簿交给庙里。由于外省捐款者基本上都是商人或商号，因此，这些募捐者本人应该也是商人，因为只有商人本身对那些捐资者才比较熟悉，才有可能完成这个募捐的工作，完全不熟悉的情况下去募捐是不大可能的。本村和邻村的募捐其实一般不需要专门的募捐者，就由修庙的组织者维首来进行即可，实际上维首中就有专门负责募捐的人，只是这种募捐也需要缘簿来进行记录。在一些个别的情况下，僧道这些职业的宗教活动者也会承担起募捐者的工作，这种情况在高平地区不常见。

捐资者主要包括三类人，第一类就是上面提到的商人和商号，第二类是本村或者周围一些村庄的普通村民，本村村民的捐资很难说是完全自愿，多少都带有摊派性质。第三类是其他村庄的大社或者各种会等民间组织。这方面的情况在后面还有更详细的介绍。

（四）工匠

工匠是庙宇的实际修建者。碑文和脊枋题记中常常会出现"三班匠役"的说法，这种说法一般是指木匠、石匠和泥水匠这三种匠人，他们是庙宇中最常见的匠人类型。除了这些以外实际上还有其他的，瓦匠接近于泥水匠，但又不完全一样，碑文中有瓦匠和泥水匠同时出现的情况："瓦匠、泥水匠、玉工共使钱七十二千九百五十四文。"① 铁匠负责庙宇中涉及铁器的部分的工作。木匠、石匠、泥水匠、瓦匠和铁匠主要都是土木建筑方面的匠人，庙宇建筑建好之后还要塑像和彩画，这些匠人就是画匠、油漆匠或油匠，例如"油匠工使钱柒拾贰千贰百文"②，又如"画匠杨进德"③，有的时候不叫画匠，而是叫作丹青，如"丹青杨进忠"④，这是一种雅称了，就像河西关王庙民国重修发起人称作梓匠一样，实际上就是木匠的雅称。除了这些以外，庙宇各种活动还需要搭棚之类的工作，搭棚匠是另一个特殊行业。除了以上这些工匠之外，还会雇佣厨役来为匠人和组织管理者做饭，厨役也可以算作是匠人的一种，更多情况下是由村民轮流管饭的方式来解决吃饭问题的。除了以上这些修庙过程中的匠人以外，还有修庙之后的刻碑所需要的玉工，玉工一般不称匠，但是其工作也属于匠人一类。绝大部分碑文最后都会列出玉工。

（五）撰文书丹篆额者

大部分碑文的最后都会列出撰文和书丹者，有时候也有列出篆额的。表3-5中列出了关帝庙中撰文书丹篆额者的身份情况。从表中可以看出这些撰文书丹和篆额者大部分都是属于底层的士大夫群体。很难判断其中有多少是通过捐纳获得的，因此也就很难判断他们的身份是儒学知识分子还是商人。除了这些底层士大夫之外，还有一部分连生员的身份都没有的人，这些人一般会用一些雅号来自称，例如表格中所列的"覃怀愚士刘自修拙笔撰"⑤等，当然也有直接称呼民人而没有任何其他称号的情况，极个别情况下也有商人或者僧人来撰写碑文的，前面已经有所介绍，这里不再重复。到了晚清民国时期，撰文书丹者的身份开始发生比较大的变化，大量出现

---

① 《增修本庙碑记》，道光十七年，现存高平东城街道段庄村关帝庙。
② 《补修关帝庙碑记》，光绪二十九年，现存高平东城街道凤和村关帝庙。
③ 《重修关王祠记》，万历九年，现存高平建宁乡郭庄关王庙。
④ 无题名碑（修庙碑），万历三十三年，现存高平米山镇窑栈村关王庙。
⑤ 无题名碑（增修碑），顺治三年，现存高平陈区镇大山石堂会关帝庙。

一些新式的学校毕业的人员，不过这类人员也大部分都是从事老师工作的人。看来邀请教书先生或者老师来撰写碑文是最常见的习惯。

这些撰文书丹和篆额者大部分都是村民邀请来的。在大多数情况下，这些撰文书丹篆额者和兴建关帝庙的村庄是有一定的关系的。这种关系可能有如下几种情况。一种情况是撰文书丹篆额者本身就是这个村庄的人或者至少祖籍是这个村庄的。例如王降关帝庙的碑文在追溯庙宇历史时说："关圣帝君存正气于雨（宇）间，作明神于千古，庙祀于余村者由来已久，其创建之初年，缺贞珉而无考，经营之首善遂湮没而不彰，国朝雍正间有余悦姓祖讳彩者曾作领而补修之，墙壁有记，略而未详。"① 这里提到的雍正时期重修庙宇的人是"余悦姓祖讳彩"，撰文者显然正是这个悦姓家族的成员。实际上，这一碑刻的撰文书丹和篆额者全部都是悦姓的："邑庠生守文氏悦继昌撰文、国学生警轩悦奉箴书丹、国学生捷斋悦联魁篆鉴。"② 还有一种情况就是撰文书丹或者篆额者在本村或者周围村庄里担任教书先生。迪阳后庄乾隆时期重修庙宇的撰文者是一个生员名叫李化鹏的，"古陵庠生李化鹏沐手敬书"，他之所以会为关帝庙撰文是因为在村中当教书先生："余古陵人也。借馆泫西，近草堂东北不数武有后庄村，村之南，左患河决，右犯气煞，前人因建关帝庙、高禖神祠于坤方。"③ 这类例子很多，不再一一列举。大部分的撰文书丹篆额者都是本地人，极少数情况会有外地人，例如"覃怀愚士刘自修拙笔撰"④，这里的覃怀就是今天焦作地区的人，撰文者表明这个大山石堂会关帝庙的社首很有可能是在外经商的人，如果是纯粹的农民很难会邀请那么远距离的人来为其撰文，何况这个撰文者还没有任何功名的身份。

极少数情况下，关帝庙碑文会邀请本籍贯的在外做大官的人来撰文，石桥口关帝庙的碑文是由后来的两广总督祁贡撰写的，碑文上的署名为

---

① 《重新改修关帝庙碑记》，道光十九年，现存高平北城街道王降村关帝庙。
② 《重新改修关帝庙碑记》，道光十九年，现存高平北城街道王降村关帝庙。
③ 《重修关帝庙高禖祠碑记》，乾隆三十七年，现存高平陈区镇迪阳后庄关帝高禖庙。
④ 无题名碑（增修碑），顺治三年，现存高平陈区镇大山石堂会关帝庙。

"赐进士出身诰授奉政大夫刑部安徽清吏司主事兼理浙江秋审事务加二级纪录一次祁贡撰（一枚印章）"①。不过，祁贡嘉庆元年21岁时中进士，撰写碑文时才刚刚25岁。

表3-5 关帝庙中的撰文书丹篆额者情况

序号	关帝庙名称	兴建时间	撰文书丹身份
1	大山石堂会关帝庙	天启三年	上党□邑庠生云阳山人暴家修撰
2	大山石堂会关帝庙	顺治三年	覃怀愚士刘自修拙笔撰
3	迪阳关帝庙	康熙十八年	古陵庠生段龙□□沐谨题
4	寨上村关夫子庙	康熙四十五年	七十三岁老人舒畅乐书
5	大山石堂会关帝庙	康熙四十七年	赐进士第奉旨恩需翰林院编修□□（五）品俸张逸少撰，上党首邑儒隐贾珩书丹
6	西李门关王庙	康熙五十一年	潞安府黎城县甲辰科举人靳尚端沐浴敬撰
7	大山石堂会关帝庙	乾隆三十年	岁进士姬天佑书丹
8	迪阳后庄关帝庙	乾隆三十七年	古陵庠生李化鹏沐手敬书
9	宰李关帝庙	乾隆四十年	邑庠生许汝峨熏沐敬撰 太学生许文进沐手书丹
10	北苏庄关帝庙	嘉庆六年	奉政大夫刑部安徽司主事庚申恩科举人中书科中书议叙通政司知事加二级龙山祁汝焱沐手敬撰，乡饮介宾国学生本郡弟子杨可贤敬书
11	北岭关帝庙	嘉庆十一年	邑庠生周纂袁培桐沐手撰文并（书丹）
12	河西关王庙	嘉庆二十四年	敕授修职郎原任大同府山阴儒学训导温世铨撰并书丹
13	常乐关帝庙	嘉庆二十五年	国子监太学生李闲撰 邑庠生李方亨书
14	冯庄小冯庄关帝庙	道光十七年	邑民人王承惠撰并书丹
15	朵则关帝庙	同治十一年	例授征仕郎，候选直隶州州判，恩贡生李生华敬撰，例授征仕郎，候选直隶州州判，拔贡生田毓章敬书
16	拥万关帝文昌阁	光绪二年	博士弟子员维章刘肇庆撰并书丹

① 《创修关帝阁碑记》，嘉庆五年，现存高平米山镇石桥口关帝庙。

续表

序号	关帝庙名称	兴建时间	撰文书丹身份
17	大山石堂会关帝庙	民国十一年	教育厅检定国民正教员师范毕业清增广生员李鋆撰文，山西省立第三职业学校肄业生高等毕业生连海文书丹
18	姬家庄春秋阁	民国十三年	北方军官学校毕业生康侯李荣泰撰文 县里第四高校毕业生子英苏育才书丹
19	双井关帝庙	民国二十一年	山西省立□泽中校肄业，现任本村教员韩维晋撰并书丹

说明：（1）本表依据对高平地区关帝庙历史文化遗存的实地调查和现存碑刻文献编制；（2）本表收录范围为高平地区关帝庙中出现的撰文书丹和篆额者，每一条材料的具体出处从略；（3）本表所用碑文资料可参考《高平历史文化遗存调查资料汇编》。

三、关帝庙兴建与日常管理

（一）兴建活动的过程与阶段

碑刻中最常见的内容就是庙宇兴建活动的记述，碑文中的用词多种多样，有创修、重修、增修、补修、改修等，本书将这些名词统称为"庙宇的兴建"。庙宇兴建活动的延续时间可长可短，大部分时间在几个月到一年，也有延续数年的，这一般都是比较大的工程，更有时候长达数十年，主要是因为经费不足，兴建到一半就停了下来，后来接着修建。无论如何，庙宇兴建都是短时段上的事件，碑刻记录的也是这些事件的过程。原则上来说，短时段事件不仅仅是庙宇兴建，还应当包括庙宇的毁坏、拆除等相反的过程。

碑文中的关帝庙兴建有很多不同的说法，有创修、补修、增修、重修和改修等，这些说法都是一些日常语言的习惯用法，其实未必都有严格的区分。大体说起来，从无到有是创修，规模扩大是增修，未尽而补完是补修，恢复旧貌为重修，改变格局为改修。具体来说，这些词汇的用法又有很多复杂之处，这些理解不符合大部分这些词汇的实际使用情况。这样的理解其实包含着研究者将这些词汇准确化和学术化的努力，通过对这些词汇的分析来讨论庙宇兴建过程的复杂性，这样一些复杂的名词实际上反映出庙宇兴建活动复杂的过程和阶段。

1. 创修

庙宇创修其实并不一定是完全地从无到有，应该动态地看待这个过程。在很多情况下，庙宇原来的地方就有某种神龛类的东西存在，这一类神龛庙宇至今还在很多村庄中存在，条件成熟时都可以发展为庙宇建筑。反过来，当庙宇因为某些原因损毁或者废弃了的时候，村民一般还是会去遗址烧香祭拜，这是一种长期行为的惯性使然。很多时候，村民会用简单的神龛来代替原来的庙宇，当社会经济条件成熟时，庙宇就会在原址上重修。有很多庙宇都没有创修碑刻，最早的碑刻就是重修碑刻，这不能全部都用创修碑刻年代太早遗失来解释，其中部分原因可能就是因为很多庙宇本来就没有确切的创修年代。在有正式建筑之前就已经有了很长时间的前史了。

创修既有可能是整个庙宇从无到有的始建过程，也有可能是指某个神殿、厢房、戏台或者看楼之类的附属建筑而言的，这种情况下的创修实际上是增修。创修戏台的例子很多，不再罗列，这里列举一些其他小的附属建筑。有创修厢房的："然斯殿也，建于乾隆三十八年，正殿虽已创造，然南北两庑及对面西廊迄无一就，其何以妥神灵而肃观瞻乎？"① 这里的修建原因就是一些套话，常常说妥神灵、肃观瞻、庄严庙貌等。有创修戏台的附属建筑戏房的："舞楼之南创修楼房五间，其缺陷而结构宽宏，亦足以备祭祀演戏之用。"② 有创修耳楼的："创修西屋西北耳楼。"③ 这类例子极多。

2. 增修

大部分关帝庙都有一个逐步扩大的过程。一般来说，越是规模大的庙宇其历史就越长，这就是因为庙宇有一个不断增修扩大的过程。甚至从碑刻刊立位置都能看出这一点，越是早的碑刻一般越是靠近正殿，因为正殿修建较早。所以，从庙宇增修可以看出一个庙宇的整个发展历程，进而看

---

① 《关帝庙创修配房碑记》，道光十二年，现存高平马村镇沟头村关帝庙。
② 《重修舞楼碑记》，同治五年，现存高平马村镇康营东关帝庙。
③ 《北朱庄关帝会创修西屋西北耳楼碑记》，光绪十四年，现存高平米山镇北朱庄关帝庙。

到村庄的发展历程和时代性特点。晚明以前的大部分关帝庙规模都不是很大，大多是一些三楹的单殿庙宇。很多关帝庙都经历了一个不断增修扩建的过程。增修扩大的过程一般来说都是向前增加庙院，由单殿庙宇增修为一进院，再由一进院增加为多进院落。增修也有向两边扩建的情况，郭庄关王庙清代前期主要就在庙院东北角扩建。庙院增修常常受到周围地基的影响，需要妥善处理地基的问题。庙宇增修常常伴随着神殿的增多，也就是奉祀神灵的增多，这表明了庙宇功能的复杂化。

关帝庙增修还包含着重要的庙宇空间功能分化问题，它不仅与神灵奉祀有关系，还可能和庙宇其他功能有关系。例如，早期戏台一般都在庙院里面，到了后来才逐渐出现戏台建在山门外面而形成戏台院的情况，这实际上是一个戏台为中心的剧场功能区逐步独立，并从庙院中分化出来的过程。段庄关帝庙在道光十七年增修之前关帝庙"庙中止有正殿三楹，门旁仅立小房二座"①，这个时候规模较小。道光十七年在原来庙院的西面购买了地基，增修了静室一院。这里的静室实际上已经不再是庙宇的一部分了，从功能分化来说，更加接近于更纯粹的村社办公区域了，而实际上现在的村委会就是在原来静室的地基上重新改修的。

3. 改修

关帝庙的改修一般都和各个神殿功能调整有一定的关系，三甲刘家王家关帝庙在道光十五年进行了庙宇改修："历来正殿关帝，山门正东，西南文王，独空西北，今将西北建塑财神尊像，以便一村之祀典。复移山门于东北，新修增东亭一书室，庶觉庙貌肃肃，可壮大观。"②这个改修其实包括三项：一是改了庙宇朝向，改修前庙宇坐西朝东，山门在正东，改修后山门移到了东北角。二是增祀了财神，改修前仅有文王配祀，南侧殿奉祀文王，改修后在北边侧殿增祀了财神。三是建筑做了相应调整，在原来山门位置的东边增修了东房，这样庙院比较完整。其中最主要的原因是增祀财

---

① 《增修本庙碑记》，道光十七年，现存高平东城街道段庄村关帝庙。
② 《关帝庙建塑财神移改山门碑记》，道光二十五年，现存高平三甲镇刘家王家北山关帝庙。

神，这样的改修透露出村庄的神灵功能需求的变动，有重要的价值。

改修的过程和增修扩建实际上很难区分，改修有时候实质上是增修："余乡村西旧有关圣帝君庙在焉，列金方而站酉位。创自明季，不记何年，问之故老，迄无知者，改修于雍正四年，易小以大，革故鼎新，增修南院，以备优人，凤翼改观，鱼鳞增色。"① 或许，增修是指原来的建筑格局不变动的情况，而改修则是完全改变了原来的格局。

4. 重修

重修可能是庙宇兴建中最简单的一种，因为它基本上是"修旧如旧"的复原。其中就包含着对于传统的保持和延续。中国传统木构建筑的特点实际上是一种"可拆卸"的结构，庙宇修建过程中实际上不断地更换零件，修庙的工匠在落架大修时会一件一件地查看木构件，将那些还能继续使用的重新装上去，已经朽坏的更换新的木构件。谷口济渎庙乾隆增修五瘟殿的碑刻中就提到了一件事情："有信士申其志、申怀瑾于康熙三年两家同施庭房三楹，砖瓦木石俱已拆修眼光圣母殿宇，止留基地一所，至今茅塞荒芜。"这次重修过程实际上是由村民施舍了房子，将旧房子拆下来的木构件修了济渎庙的眼光殿，这就是用旧材料来修新庙。如何用旧材料的时间来说明庙宇的年代？也就是说，一个庙宇实际上是由不同年代的木构件组成的，很难说一个庙宇就是哪个时代的。但是，重修过程中还是有所区别的，一种情况是即便木构件都已经更换成新的了，但是建筑的样式还是按照旧的样子修建的，也就是说建筑风格还是旧的。另一种情况是建筑风格也改成了新的。前一种才是真正意义上的重修，后一种其实是改修了。这是从单体建筑的微观上说，也可以从庙宇整体的结构上来说，各个神殿的布局和位置，等等。如果这些保持不变，那才是重修。对于相关的解读来说，历史的这种延续性带来了特别的困难，有些时代的重修实际上并不是因为那个时代的风格原因造成的，而是对于此前风格传统的一种保留和延续。举一个现代的例子来说，现代重修庙宇一般会按照原样重修戏台，但是这

---

① 《关圣帝君庙重修碑记》，光绪十四年，现存高平寺庄镇伯方村西关帝庙。

些戏台从来不用于唱戏,其大小早已经不适合现在的戏曲了。因此,那些戏台是保留以前的传统,实际上和现代的戏曲活动无关。以前的情况也是如此,金代戏台在明清时期是还在正常使用呢,还是仅仅为了延续传统而保留原来风格呢?这类问题还有待进一步讨论。

5. 补修

"补修"这个词可能是碑文中使用最不严谨的,补修的含义是很不清楚的:"今有本村社首人李智、李朝京、李伏得、李朝周、李朝山、李奉灯等,纠领村众人等善男信女,喜舍资财,补修正殿。于六年九月廿四日,补立角楼二间。"① 这句话里面的前一个补修应该是重修的意思,后一个补修是增修的意思。

补修所反映出的最主要的问题其实是传统村庄中庙宇修建的不连续性,主要原因是经费不足。庙宇修建常常因为经费不足而停下来,有些庙宇修建时间非常长,其实就是因为断断续续在修,不能连续。

(二) 兴建活动的组织管理

1. 维首:各种类型及其相关名称

在修庙的过程中会临时性地组建一个管理班子,这个管理班子的成员一般称作维首或纠首,也就是庙宇修建的组织管理者。因为庙宇兴建活动组织管理的主体的不同,维首的来源也就不同,如果是由村社来进行组织管理活动的,就是社维首,通常会在碑文最后列出社首,同时也列出维首。如果是由关帝会组织管理的,那么就会组成会维首(或称在会维首):"总理会事:靳润发 靳和美 李润,会维首:吴满囤 靳在铧……"②

维首有时候会进一步地细分为其他的名目,如"执事维首"和"佐理维首"、"督工维首"等。维首有时候也会像社首一样分班,于是有了几班维首这样的称呼,例如:"三班维首。"③ 维首人数有时候非常多,乾隆四十

---

① 《补修关帝庙正殿记》,隆庆六年,现存高平三甲镇槐树庄关王庙。
② 无题名碑(补修碑),光绪二十八年,现存高平北诗镇董庄村春秋阁。
③ 《补修各庙碑记》,民国十一年,现存高平建宁乡郭庄关王庙。

年宰李关帝庙重修碑文中列出了所有三班维首的名字，每班十人，共计三十人。对于一个一般只有上百户的村庄来说，数量如此众多的维首可以说是具有了极大的代表性，全村大半的人其实都参与了庙宇兴建活动。几班维首产生的具体过程和制度现存的一些材料上说法各不相同，还需要具体的研究。

2. 维首的分工合作

在这些管理者中有时候还存在着细致的分工："总理李英，挽账李成蹊，管工李全□，排工李福海。"①这里列出了比较详细的执行层面上的管理人员的分工，有总负责人，有记账的，有管理工匠的，有排班的。嘉庆年间常乐村重修碑文中记载了维首的分工合作的情况："云当时纠工匠，理材料，任重责，总系务，朝监夕察，竭力尽心，视公事直如家事者，惟宏声公一人而已。其次同厨皂账物，亦谨赖李公国兴在。"②可见，庙宇兴建的具体过程中主要的组织管理工作包括组织工匠（纠工匠）、材料保管（理材料）、后勤保障（厨皂）、财务（账）等方面。这些都是由维首分工合作完成的。

维首的组织管理机构中还设有监督机构，就是监工或者监理。有称为监工的："维首：姬有文、郭起明、姬有正，监工：姬琉。"③也有称作监理的："监理：申际昌、刘思温、武廷训、申天成、郭青奎、郭永法、武诗训、郭绪成。"④

道光十七年段庄的例子中尤其重视资金的管理问题，如果有募化，一般会有专门负责募化的人，涉及财务管理方面，有总理钱项和职司账簿等专门的职务："去年桂月，首事申三成、陈玉顺、李正贵、李二贵等奋然兴曰：'莫为之前，虽美弗彰，莫为之后，虽胜何继'，乃议举申三成总理钱项，李正贵、李永顺职司账簿，增置庙西地基一区，共意修成静室一院。"⑤

---

① 《创修关帝阁碑序》，咸丰四年，现存高平北城街道王寺西王寺关帝阁。
② 《增修关帝庙碑记》，嘉庆二十五年，现存高平河西镇常乐关帝庙。
③ 《重修关帝庙碑记》，康熙四十七年，现存高平陈区镇大山石堂会关帝庙。
④ 《补修各庙碑记》，民国十一年，现存高平建宁乡郭庄关帝庙。
⑤ 《增修本庙碑记》，道光十七年，现存高平东城街道段庄村关帝庙。

3. 维那或维那头

在比较早期的庙宇兴建活动中维那的称呼使用更多一些，清代以后基本不再使用这种称呼。高平地区关帝庙现在发现最晚还在使用维那一词的是乾隆时期："今吾乡维那事皇甫振众等奋起善念，纠集一乡善士各捐资财续修庙宇，庶神有所依而吾乡之酬报致享者有地而祭"①，其他都是在明代。

维那的具体含义在历史上应该有一定的演变过程。唐宋时期以前的维那是佛教寺院里的一种僧职，金元时期民间信仰兴起之后，将维那这个名称沿用到民间的社庙之中。不过这个时候的维那似乎还是一种常设的职务，万历创修的上沙壁关王庙的发起人、组织者和主要捐资者都是"双桂坊维那头"②。从这种称呼来看，维那头是一个类似于社首那样的常设性的组织的职务，他是双桂坊这个地方经常负责庙宇兴建活动的人。维那又有维那、维那头和总维那头等不同称呼，看来维那还是分等级的。维那一词在清代已经用得很少，维首一词可能是从维那一词演变而来的，到了后来，维那这个词越来越接近于维首的含义了。

4. 其他称呼

除了最常见的维那和维首之外，庙宇兴建活动的组织者还有其他名称。经理或经理人是比较常见的一种，特别是到晚清民国时期，经理一词用得越来越多。民国十二年小北庄有"经理人：宋聚财、赵天顺"，民国十四年杜村有"经理人：王家宾、杜茂、杜育贤、杜天柱、杜学易"。与经理类似的是总理："督工总理邢可。"③ 其他各种称呼还有不少，有香头人："香头人郭交贞、秦继顿。"④ 还有类似于首事的总事："总事张恺，监生李祐，西周纂监生李正身。"⑤ 还有总领："总领村副邢玉堂。"⑥ 这些称呼都是各依习惯，没有一定之规。

---

① 《河东南鲁续修关帝庙记》，乾隆十七年，现存高平河西镇南庄关帝庙。
② 《新修关王庙记》，万历三十二年，现存高平北诗镇上沙壁村关王庙。
③ 《补修殿宇以及创修看楼碑记》，同治五年，现存高平南城街道庄子村关帝庙。
④ 《创建关王庙记》，万历三十二年，现存高平陈区镇迪阳关王庙。
⑤ 《重修关帝庙碑记》，嘉庆十九年，现存高平马村镇金章背关帝庙。
⑥ 《补修关帝庙暨禅室碑记》，民国十八年，现存高平南城街道庄子村关帝庙。

（三）关帝庙中的社事：以王降关帝庙为例

关帝庙的管理是村社日常工作中最重要的一部分，这些日常工作在碑文中被称作"社事"，这一部分以王降关帝庙为例来说明关帝庙的日常管理的"社事"的重要性。王降村位于高平县城西北3公里处。王降村历史悠久，以丝和铁为代表的手工业非常发达，有元代的益国铁冶遗址，还是丝织业的重要区域。位于村西的洞真观原来是铁业的行业神奉祀之所，新中国成立以后曾经做过丝织工厂，现在地面还留有安装织机的痕迹。王降关帝庙位于王降村中部偏南，坐西朝东，其始建年代不详，雍正重修，道光碑记中称有碑刻，调查中未见。道光十九年（1839）增修，"大小院宇，内外阶台、山门楼、钟楼、禅室"，并未提到舞楼。道光三十年舞楼损坏，则舞楼始建早于道光三十年。咸丰元年（1851）到咸丰七年重修舞楼。关帝庙现存正殿三间，北耳房两间，山门外是条小路，距离正殿院落一百多米处有戏台一院，南北耳房和看楼俱存。戏台院距离庙宇院较远，只是遥遥相对。这是受到地形影响所致。

王降关帝庙的历次重修基本上都是由悦姓组织和主导的。道光十九年重修碑文中记载了雍正重修的情况："关圣帝君存正气于雨（宇）间，作明神于千古，庙祀于余村者由来已久，其创建之初年，缺贞珉而无考，经营之首善遂湮没而不彰，国朝雍正间有余悦姓祖讳彩者曾作领而补修之，墙壁有记，略而未详，兹不具论。"①这表明王降关帝庙最早很可能是悦姓的一个家庙。道光十九年的重修中，悦姓仍然占据绝对主导的地位，这从维首的组成可以看得非常清楚："执事维首：悦奉箴、悦继昌、悦联魁、牛松保、郭永生、悦奉公、悦通泰、悦恒泰、悦秉均、悦鸿喜、悦志庚、悦广河。佐理维首：常其恒、牛兆淮、悦润、王云起、悦应泰、悦会通、郭喜孩、悦同山、悦志全、悦茂昇、悦秉正、悦秉起、悦广德、悦志和、悦大

---

① 《重新改修关帝庙碑记》，道光十九年，现存高平北城街道王降村关帝庙。

生、悦大魁、悦大银、悦大和、悦荣魁。"①执事维首一共有12人,其中10人都是悦姓。佐理维首情况类似。但是,悦姓主导修庙活动并不能说明这个关帝庙是家庙。道光碑文中明确说"适值岁时伏腊,乡党萃处之期,谈及社事,有善念素存者情愿以己八十金之产兑换他人一庙之基,施社改移修理"。显然关帝庙的修建是"社事"的一部分。王降关帝庙实际上也经历了一个类似大山石堂会关帝庙那样的从家庙到社庙的庙宇性质改变的过程。

道光重修的经费来源为:"入祟谷钱六百六十贰千一百四十六文,入外来布施钱三百壹十九千三百九十四文,入本村布施钱贰百五十贰千壹百文,入利钱八十七千三百文,入杂项添余钱三十三千九百肆十六文。"关于经费的构成前面已经有过论述,从这些经费来源也可以看出村社活动的情况。除了村民和商人捐款外,一部分经费来自前面所说的"止戏收谷"的直接积累,这反过来可以证明村社原来每年都在收取看戏的费用,收费来组织唱戏活动一定也是社事的一部分。收费的具体形式是收取实物的谷。收取的这些谷要么是在市场上出卖之后换回货币然后用于支付演戏酬神的各种费用,要么就是直接用这些谷来支付费用。从碑文中祟谷来看,前者的可能性更大一些,那么在距离王降不远的地方就存在粮食市场。经费来源的另一部分"利钱"显然是指利息,这部分利息就是社产运作的收益了,或者来自于社产的"发典生息",或者来自于社费的直接借贷,都可以看作是利钱。利钱的存在同样表明了村社的"社事"具有连续性,并不仅仅是在修庙过程中的临时性的募捐款项。

道光三十年(1850)庚戌,关帝庙戏台毁坏。碑文中没有记述戏台毁坏的原因,从其文义看应该是突然发生的灾害。王降村社的反应非常迅速,从第二年也就是咸丰元年辛亥就着手重修戏台。重修过程历时七年,到咸丰七年才完全竣工。咸丰七年刊立三块碑刻,分别记述了这件事情以及本村和外地商人的捐款情况。从这次重修戏台的情况来看,王降村社对于戏台毁坏的事件反应迅速及时,在戏台损坏之后立刻就着手重修。社事的连

---

① 《重新改修关帝庙碑记》,道光十九年,现存高平北城街道王降村关帝庙。

续性是很明显的，村社组织在管理村庄公共事务过程中有很高的效率。咸丰七年重修戏台时主要是依靠外省商人捐款来进行的，但是修建过程中实际上出现了资金不足的情况，以至于无法完成彩画工作："木石之工甫毕，丹青□□难营，故欲□□以收钱，而村人告困，欲延年以积聚，□岁□□还□□社维首及村积善之家，酌家之厚薄，钱之□（多）寡，以完绘画之工云尔。"① 在这种情况下，村社又再次组织维首和村民来捐款，这才最终解决了剩余的工程。

以上王降关帝庙碑文充分说明关于社事的两个要点。第一点是社事应该是连续的，大概主要是围绕祈报和唱戏活动而每年都有收支情况。每一年的社费会出现一定的余钱，这应该就是道光重修碑文中所说的"杂项添余钱"。第二点是虽然社费存在一定的运营收益，但是村社组织一般不会直接拿社费作为资本用来投资，从这个意义上来说村社还不能看作是一个商号那样的经济组织。社费的增值或者说村社活动的收益主要是通过放贷来获得的。从数量上来说，村社运营活动的收益可以说是很少的，从道光重修碑也可以看出，利钱这一项的收入仅占总的经费的6%，可见利钱是很少。当出现了要修庙的需要的时候，村社往往需要长时间的积累才能积攒足够的经费。这并不能说明村社经济上有多困难，而是由村社的性质所决定的。村社每年收取的社费绝大部分都用在当年的社事活动之中，其中日常性的活动主要就是春祈秋报、演戏酬神这样的活动。村社并不是以获利为目的的商号组织，因此每年的余钱数量是相当少的。道光重修中"杂项添余钱"仅占总经费的2%，这也说明每年的余钱是极少的。

第四节　关帝庙与村社治理

"村村都有关帝庙"的现象实际上预示着关帝庙与村庄之间的一种本质

---

① 《重修舞楼碑记》，咸丰七年，现存高平北城街道王降村关帝庙。

性的联系，因此考察村庄与关帝庙之间的关系是本书的重要内容。庙宇是村社治理的核心，它是村社组织的具体的活动空间。关帝庙中的碑刻实际上分为两类，一类是庙宇兴建工程的碑刻，另一类则是和村社治理有关的碑刻，包括禁约碑和诉讼碑，通过对这些关帝庙中现存村社治理类碑刻的初步考察可以知道关帝庙在村社治理中所起到的作用。高平地区部分村庄中存在着一个村多个关帝庙的特殊情况，这些情况反映出了村庄内部的各种关系，与此相反的是关帝庙碑刻中还可以反映出村庄之间的关系。透过这些碑刻可以看到传统社会村庄内外的各种复杂关系，以及关帝庙在处理这些关系中所起到的作用。本节以关帝庙中出现的禁碑、规约碑和诉讼碑为主体来进行考察。重点不在于这些碑刻的内容本身，那是另外的研究课题，重点在于说明关帝庙与这些碑刻内容之间的关系。碑刻的内容本身非常重要，但是，学界或多或少都忽略了碑刻存放位置的重要性。正是因为高平地区关帝庙大量保存完好，使得我们有机会清楚地知道碑刻存放位置。这样就能够将这类碑刻的内容与其存放地关帝庙联系在一起来考察。

一、关帝庙作为村庄中心

（一）关帝庙在村庄中的位置

关帝庙的位置很大程度上影响着其在村庄中的地位，从而影响了其在村社治理中的功能和作用，因此首先需要梳理关帝庙在村庄中位置的情况。关帝庙在村中的位置可以分为四大类。第一类是位于村中心，第二类是位于村四周，第三类是位于村庄边缘，第四类是位于村外的山岗或山沟中。下面分别介绍其具体情况。

1. *村庄中心的关帝庙*

高平现存两百多个关帝庙中大概有五十多个位于村中心的位置，占总数四分之一左右，其中绝大多数可以肯定具有村庄主庙或者大庙的地位，是村庄中心。创立比较早的关帝庙基本上都位于村中心，是村中主庙。高平最早关王庙郭庄关王庙是这类庙的典型，郭庄原有近二十个庙宇中，关王庙是最重要的社庙，所有禁约碑都在关王庙中，全村修庙的碑也在关王庙中，这些都可以证明关王庙事实上起到村庄中心的作用。迪阳关王庙、西李门关王庙、石瓮关王庙、原村关王庙、大山石堂会关帝庙、北岭关帝佛庙、常乐关帝庙都是这种情况。这些关帝庙基本上都是建于晚明时期。这一类村庄绝大部分都是比较大的村庄，关帝庙本身规模也比较大。北王庄关帝庙、小仙关帝庙等其他一些关帝庙可能也是这种情况，但是碑刻失落无考。一般来说，越是大的村庄建庙的历史也越早。根据这些规律可以做出一些合理的推测。例如：位于南城街道办的庄子关帝庙位于村中，规模庞大，前后三进院，可以说是高平现存关帝庙中规模最大的，可惜现存最早碑刻为同治五年。同治五年重修时已经接近现在的规模，仅仅是没有看楼，当时碑文作者已经无法知道庙宇建修历史了。根据其位置和规模来推测，庄子关帝庙的历史可能非常悠久。在以上关帝庙中，西李门关王庙后来地位衰落，规模远不及村庄东西的两个祖师庙和村北的玉皇庙，算是村庄发展的另一种类型。焦河和西李门类似，庙宇众多，规模都很大，关帝庙在村中心，这个关帝庙应该也是历史悠久的村庄中心，但是现在关帝庙已经被拆毁，仅存戏台。西李门和焦河都是周边发展中间衰落的例子。

　　有一些比较小的山区村庄，庙宇本身比较少，关帝庙的建立也比较晚，基本上是村中唯一的大规模庙宇，这一类村庄中关帝庙也无疑具有主庙地位。这类关帝庙较多，例如梅叶庄关帝庙、龙王沟关帝庙、庄上关帝庙、沙院王佛陀关帝庙、西南庄关帝庙、朵则关帝庙、下崖底关帝庙、沟头关帝庙、成家山牛家坡关帝庙、泮沟关帝庙等。关帝庙作为主庙大体上就是以上两种情况，数量上来说，两种情况大概各占一半。极个别村庄关帝庙位于村中，但是规模很小，也没有碑刻。这可能是原来作为主庙遭到毁坏之后残留或者重修的部分建筑。这类情况不多，例如南沟关帝庙。

　　位于村中作为主庙的关帝庙还有其他一些特征。第一，各种非修庙类的碑刻较多，包括禁碑、诉讼碑、规约碑等。这是其村庄管理中心、教化中心、信息发布中心、社会调解中心等大庙职能的体现。第二，几乎全部建有戏台，绝少例外，现在没有旧时戏台基本都是因戏台被拆毁或者改建为工农兵戏台。这是其娱乐文化活动中心的体现。第三，绝大部分都曾经作为村委会等办公场所，甚至现在还是村委会所在地。第四，绝大部分都是由村社负责组织管理和维修的，都是社庙，大部分都是大社的庙。第五，大部分这类关帝庙历史悠久，规模较大，很多关帝庙旁边都有开阔的村民广场，在村庄的空间布局中居于核心位置，村中最主要的公共活动场以这类关帝庙为中心。

2. 位于村庄四周的关帝庙

位于村庄四周的关帝庙共计一百余个，东西南北四个方向没有特殊的选择性，相对来说南面略少，仅有十几个，其他东西北三个方向都是三十个左右。这是因为奶奶庙在南面有明显的优势，大部分村中南面的庙都是奶奶庙，因此关帝庙就偏少。在这些关帝庙中可以肯定有一部分是属于村中小社的社庙，例如伯方西关帝庙就是这种情况。

伯方村至迟在晚明时期已经出现了东、南和西三社并存的格局，西关帝庙是一个明确的由西社进行管理的庙宇。光绪十四年重修碑文中说道："余乡村西旧有关圣帝君庙在焉，列金方而站酉位。创自明季，不记何年，问之故老，迄无知者，改修于雍正四年，易小以大，革故鼎新，增修南院，以备优人，凤翼改观，鱼鳞增色。西社均摊，东南不域。"① 这里的"西社均摊，东南不域"的含义非常清楚，西关帝庙的维修只和西社有关，和东南两社没有关系。权利和义务是对等的，相应地，西关帝庙只有西社才享有权利，东南两社在此不享有权利。

3. 位于村庄边缘的关帝庙

关帝阁是村庄边界的象征，目前统计关帝阁共有三十多个，这个统计数字应该比实际数量要少很多，因为目前有很多阁其实处在荒废状态，村民已经无法知道究竟是奉祀什么神灵的阁了，因此漏计的较多，实际数量应该不少于五十个。东南西北四个方向没有特别的区别，东西两个方向略多，分别为十个左右，南北两个方向略少，共计十个左右。这大概是因为

---

① 《关圣帝君庙重修碑记》，光绪十四年，现存高平寺庄镇伯方村西关帝庙。

南边大部分都是观音奶奶类型的阁，北面大多数是祖师玄武类型的阁，特色比较鲜明。东面多为文昌阁，而关帝和文昌合祀阁上的情况较多。这些阁中绝大部分都是一眼三间单向的普通阁，关公与文昌或者观音合祀的双向阁大概有十余个。有两个阁形制特殊，一个是伞盖的关帝文昌阁，是三层的，关帝和文昌分居二三楼。另一个是常庄的阁，是三眼的关帝魁星阁。

4. 位于村外的关帝庙

位于村外山岗或山沟中的关帝庙极为罕见。原村窑则头东掌关帝庙位于村北山岗上，村民俗称后庙，规模很小，仅为单殿庙宇，始建于嘉庆时期。寨上关帝庙位于村东山沟之中，小河边，也是罕见的明确有求雨功能的关帝庙。

一部分关帝庙与其他庙宇正对，当地老百姓将这种布局叫作两看庙。这种两看庙一般都是南北向的，大部分情况下是北面是关帝庙，南面正对奶奶庙。

还有另一种特殊位置就是关帝庙正对一条道路，位于道路尽头处。这种布局最典型的是仙井关帝庙，位于村东部南北向大路和村中东西向主路交汇处，坐东朝西，正位于村中东西主路尽头。张庄关帝庙也是如此。这一类村里往往有一个大型的主庙，关帝庙只是在四周某个方位起到辅助作用，规模一般也不大。

（二）关帝庙与村社禁约

目前已经发现的关帝庙中禁碑共计十三通，表 3-6 中列出了这些碑刻的基本情况。从时间上来说，大部分关帝庙禁碑是从乾隆到道光时期所刊立。从刊立主体来说，大部分都是县一级政府刊立的，但是也有上一级政府或者村里大社刊立的。从这些关帝庙在其所在村庄中的位置来看绝大部分都位于村中心，存在禁碑的关帝庙位于村中心的比例远远高于关帝庙整体的比例。下面首先来看一下几个现存禁碑而不在村中心的关帝庙的情况。

河东村的庙宇布局比较特别，村庄呈带状结构，村东是进入村中的村口，东西向沿道路分别有观音堂和圣观堂两个极小规模的庙宇，村中没有大型庙宇。村西有一个一阁两庙组成的大型的庙宇集群，中间为进出村庄的西阁白衣阁，西阁南侧是财神庙，北侧就是关帝庙。可以说河东村的庙宇结构造成了其村庄中心不是位于村中心，而是位于村西这个庙宇集群处，这种村庄结构还有其他例子，可能和其村庄发展历程有关系。河东关帝庙在缺乏村中心大庙的情况下事实上就起到了大庙的功能，因此其中有禁约碑刻是很合理的。东沟的情况与河东村类似，东沟村是南北向带状结构的村庄，村中心没有大庙，只有村南村北各有一个阁，村北是春秋阁，村南是三教阁。村北的春秋阁事实上充当了东沟村的村庄中心。

琚庄关帝阁是另一种情况，琚庄的这块禁碑实际上并不在关帝阁上，而是在关帝阁西侧的戏台旁边。琚庄关帝阁位于村东，正是进村的入口处，一过关帝阁就是一个戏台，这通禁碑就在戏台旁边。显然，这个位置其实就是一个村民出入村庄的必经之路，这里能够起到最好的告示作用。从这种意义上来看，关帝阁、旁边戏台和这通禁碑的选址都利用了这个优越的地理位置。

石末北凹村的情况比较特殊，这个庙共有两块碑刻，一块是重修紫金山上庙宇的碑刻，另一块就是紫金山禁止采石的碑刻，两块碑刻都和紫金山有关系。而紫金山上庙宇并不是北凹村独有的，碑文中明确说"今兹南、北凹、翁家庄三社，重修紫金山神宇"[①]。紫金山位于北凹村西南方向，山上的庙宇是南凹、北凹和翁家庄三个村共有的庙宇，从这些碑刻放在北凹关帝庙里来看，与紫金山有关的三社公共的议事活动应该就在北凹关帝庙里进行。紫金山的禁止采石显然和对紫金山的风水龙脉和植被树木等的保护有关系，因此这块禁碑位于北凹关帝庙也就顺理成章了。这个个案说明关帝庙不仅仅可以作为一个村庄的中心，同时也可以作为几个村庄共同的一个协商的办公地点。

[①] 《紫金山三社重修记》，道光二十五年，现存高平石末乡北凹村关帝庙。

邢村关帝庙的情况最为特殊，邢村有历史悠久的炎帝庙和二郎庙，两庙至少可以追溯到元代。炎帝庙是村中大庙，其地位非常清晰。但是禁桑羊和禁偷窃的禁碑还是出现在了关帝庙之中，而碑文最后出现的甘霖社理应是源于求雨的一个机构，这个机构很可能和炎帝庙有关系，甘霖社是负责落实这个禁碑内容的机构。邢村的这种情况或许意味着邢村社庙功能已经开始出现一定的分化，炎帝庙主要功能是祈雨（甘霖社）、治病（现存治病后的还愿碑）和行业工会（现存与鲁班有关碑）等方面的功能，而关帝庙的主要功能则是村庄中社事等公共事务的议事、公示和调解等功能。

从以上的分析可以看出现存禁碑而没有位于村中心的关帝庙实际上有两种情况，一种情况是村庄没有位于村中心的大庙，这种村庄一般都规模不大，人口不多，村社事务也没有那么复杂多样，位于村庄四周的关帝庙就在事实上作为村社主庙履行功能。另一种情况是关帝庙具有一定的特殊的功能，无论是北凹的三村会商社事之地，还是邢村的功能分化也好，它们禁碑的内容也都比较单一。

和以上这些关帝庙有所不同的是位于村中心的关帝庙内的禁碑内容往往更为复杂多样，特别是一些大规模的村庄，禁碑内容往往不是简单的一两项，而是非常复杂多样。大山石堂会关帝庙的禁碑内容和东沟类似，比较简单，仅仅是禁止采石，而这个村也只是一个小自然村，隶属于大山村。西德义和河东类似都是单一的禁赌碑，这个村规模也不大，仅有关帝庙这一个庙宇。郭庄关王庙的情况最为复杂，禁止内容非常多，而且还出现了上一级的提刑按察使司发布的禁约，这是非常罕见的。西南庄、义庄、龙王沟和徐庄这几个村的禁碑是最常见的禁碑类型，在很多村庄中都有见到，其内容基本类似，是当时村庄中普遍存在的一些社会问题。

总的来说，从关帝庙中现存禁碑来看，关帝庙在村社管理中的作用主要取决于关帝庙在村庄中的位置和地位，而和关公信仰本身基本没有太大关系。禁碑中所反映的往往是一个地区在特定时段内的普遍存在的问题。禁碑具有规约、教化和公示的多重意义。禁碑所刊立之处一般也就是商议、决定、调解和处罚与禁碑有关事项的地方。

表3-6 关帝庙中所见禁碑情况一览表

序号	刊立时间	所在关帝庙	庙的位置	所禁事项
1	康熙四十二年	大山石堂会关帝庙	村中心	采石
2	乾隆三十年	河东关帝庙	村西	赌博
3	乾隆五十一年	郭庄关王庙	村中心	胥吏陋规
4	乾隆五十八年	郭庄关王庙	村中心	娼、赌、丐、邪教、酗酒、滋讼等
5	嘉庆二十二年	琚庄关帝阁	村东	（碑文漫漶）
6	嘉庆二十四年	西德义关帝庙	村中心	赌博
7	道光二年	邢村关帝庙	村西	偷窃田禾，牧羊咽桑
8	道光十二年	西南庄关帝庙	村中心	娼、赌、酗酒、打降、牛羊践踏坟墓
9	道光十四年	义庄村关帝庙	村中心	禁桑羊
10	道光十九年	北凹村关帝庙	村南	紫金山采石
11	道光二十一年	龙王沟关帝庙	村中心	窝娼聚赌，纵羊咬桑、丐匪恶讨
12	民国二十一年	东沟村春秋阁	村北	开窑
13	无纪年	徐庄关帝庙	村中心	赌博、夏秋桑羊、六畜、乞丐

说明：（1）本表依据对高平地区关帝庙历史文化遗存的实地调查编制；（2）本表收录范围为高平地区关帝庙中现存的禁碑；（3）有关本表庙宇及其碑刻的具体内容可参见《高平历史文化遗存调查资料汇编》。

（三）关帝庙与村规民约

禁碑在某种意义上也具有规约碑的性质。区别主要在于大多数禁碑只是表明禁止相关事项的要求，但是缺少规约碑里那些相对比较详细的具体可操作的规条。但是在某些禁碑中会比较详细地列出这些规条，禁碑事实上就是规约碑了。只是这一类型的禁碑规定的事项内容有一定限制，只涉及那些禁止去做的事情，规约碑的内容则更丰富一些。西栗庄关王庙中民国二十二年的规约碑是最典型的例子，其规定的主要内容如下：

一条：本社向来维首共分八□（班），仍照旧例，上交下接输流周转，论何□不得改变。

二条：本社办公人员每逢公事，鸣金到社，勿得迟延，如有推抗不到，误公事者，公议处罚。

三条：本社起收款项限期五日，一律交齐，勿得延缓，如有届期不交纳者，公议处罚。

四条：本社办公火食烟茶一律免除，只准五月十三日及秋报时各食顿钣，如敢故违，公议处罚。

五条：本社看秋巡夫社首兼办，只准由社津贴大钱三十仟文，以作杂费，无论何班，不得改变。

六条：本社办公人员如有心意不合，假公报私，致涉讼端等情由，起诉人自行出费，不得由社起款。

七条：本社办公人员如有专扛舞弊等情，无论事实轻重、钱数多寡，皆按加倍处罚。

八条：本村各户人民如有争执情事，先得由社处理，如不服处者，准其自行起诉。

九条：本村各户如有愿养零羊之家，每户只准五只，每羊每只给社纳费三百文，补助社费。

十条：本社办公人员，除遵守新立规章以外，再有特别情形，由社召集村民开会公议解决。①

这里不讨论规约碑中的具体内容，只讨论规约碑和关帝庙的关系。以上规条中有很多都隐含着提到了关帝庙在规约的具体执行过程中所起到的作用。例如，第二条"本社办公人员每逢公事，鸣金到社，勿得迟延，如有推抗不到，误公事者，公议处罚"。这里所说的"到社"究竟指到哪

---

① 《整理社事节俭社费碑记》，民国二十二年，现存高平三甲镇西栗庄关王庙。

里？显然，碑刻立于关帝庙之中，到社其实就是到关帝庙。关帝庙事实上就是村社的办公场所。传统村庄中一般都在关帝庙这类的大庙中设置铜钟，看庙的住持敲钟就是有公事，相关人员就需要到庙中商议事情。① 其他规条中也有类似情况，例如第三条和第九条中所说的缴纳社费，第八条所说的调解纠纷，第十条所说的召开村民会议等，事实上都是在关帝庙中进行的。因此，关帝庙绝不仅仅是烧香、磕头和祭祀的地方，更是事实上的村社办公场所。

其他规约碑中所述情况与西栗庄关王庙类似，例如义庄关帝庙中有关于禁桑羊的详细规定，其中有一条明确规定："一议栽桑以后，男妇幼童各自守分，不许乱采，并禁窃取秋夏田禾等物。违者，无论巡夫旁人，皆许扭庙鸣钟，待维社首分其情形轻重议罚，概不允别人讲情，违者议罚。"② 这里所说的"扭庙鸣钟"当然是指关帝庙。其他规条里也都有提到关帝庙的："境内四季不许在地内埂边打柴以及窃伐树株，违者，无论经谁查出，扭庙议罚。""巡夫因循懈怠，维社首亲见，并不戒饬，明系徇情故纵，经旁人鸣钟指出，入庙议罚。"③ 由此可见，在规约具体的执行层面上，落实这些规约的具体地点就在关帝庙。这就是关帝庙所履行的社会管理职能。

（四）关帝庙与诉讼

关帝庙中现存诉讼碑与关帝庙的关系有两种情况，一种情况是这个诉讼案件直接和关帝庙有关。例如前面提到过的拥万关帝文昌阁的诉讼案例。在这个案例中，因为争议的标的物实际上就是关帝文昌阁和紧挨着它修建的民房。这个诉讼碑放在关帝文昌阁中和文昌阁本身在村庄中的任何社会功能没有什么关系。另一种情况就不是如此，诉讼碑出现在其中是和这个关帝庙在村庄中的功能有密切关系的。前面曾经提到过的寨上村与丹水村因为争井的归属权而发生的诉讼，最后以立碑的方式来解决，碑刻之

---

① 赵树理：《李家庄的变迁》，人民文学出版社 1978 年版，第 2—5 页。
② 《大社永禁桑羊碑记》，道光十四年，现存高平河西镇义庄村关帝庙。
③ 《大社永禁桑羊碑记》，道光十四年，现存高平河西镇义庄村关帝庙。

所以立在关帝庙中，绝不仅仅因为关帝庙距离争议标的物更近一些，而是因为这个关帝庙事实上起到了寨上村村庄中心的作用。寨上村是一个小的山区村庄，只有关帝庙和文昌阁两个庙宇。虽然关帝庙不在村中，而是在村外山沟里，但是诉讼碑立在关帝庙中是最恰当的。诉讼的判决结果之所以要通过立碑的方式保留下来，主要有长期留存作为证据和公示两个作用，放在关帝庙中能够最好地体现这两个作用。

诉讼碑还有一个重要的特点，按道理说，对于诉讼结果，争议双方都应该保留结果才对，事实上一般都只有获得比较满意结果的那方才会保留诉讼碑刻。东李门村的诉讼案件发生在东李门村东西两个小社之间，诉讼内容为：

> 今吾村东煞口有荒地一处，本为东社□□（领土），内有松树，吾等意□伐卖济公。不料西社争端，讼及官厅。当经县长李先生派人调□（查）□明树株系在东社□内，与西社无涉，断令东煞口荒地一处仍属东社领土，内中松树□□东社伐卖以济公□今以后此地无论生出何物，即土木金石止许东社经营，与西□（社）无干涉。吾等谨遵县长明断，犹恐日久无凭。故将此事勒石以为永记耳。①

东李门这个村呈东西向带状结构，目前东西向沿主路有三个庙宇，关帝庙位于最东边。这个关帝庙和伯方东西两个关帝庙一样是东社这个小社的社庙。这个诉讼案发生在东西两社之间，东社对结果显然更加满意，诉讼碑出现在了东社。从这个案例可以看出诉讼碑和禁约碑的不同，禁约碑的对象是全村的所有人，要向全村所有人进行公示、教化和警示，但是诉讼碑往往只是和特定的一个群体有关系，也就是和发生争议的群体有关系。因此，拥万诉讼碑立在作为诉讼标的物之一的关帝文昌阁中，东李门诉讼碑立在获得好处的东社的社庙关帝庙之中。关帝庙中另外两个村沟村和下

---

① 无题名碑（诉讼碑），民国四年，现存高平河西镇东李门关帝庙。

崖底的诉讼碑上的纠纷都是发生在村庄之间的，其性质和寨上关帝庙的类似，后面讨论村际关系时再详细论述。

（五）关帝庙的其他社会功能

1. 结义

大山石堂会万历三十二年《三义洞记》中记载了当时士大夫结义的事情：

> 洞之西南隅，建宁镇奉常卿郭公之书房建焉，名曰"依云书屋"，又曰"丞阳书院"，亭馆楼池斋舍备俱，诸公子肄业其中。予自万历元年癸酉岁，补入弟子员，往来经斯地，见其山水会聚，景色清幽，随想慕先尘。越三载，丁丑岁春初，因负笈以从，继而诸友接踵毕至，得胜地而人文复萃，不觉臭味相投，芷兰意契，即于园中宰牲口血，结为伯仲，以慕桃园之义。每至芳辰令节，及较艺之暇，相与登眺山溪，见东北龙王庙前，有水一池，清碧蜿蜒，而庙宇狭隘，且将倾颓，西北佛堂，就岩穿洞三区，古迹犹存，而台基败戾几尽。此皆吾侪所当改作。两山之间可穿三义洞，以寓敬仰之思。①

这个三义洞的开凿和当时陈区建宁交界地区的底层士大夫群体结义有很大关系，所谓"不觉臭味相投，芷兰意契，即于园中宰牲口血，结为伯仲，以慕桃园之义"。晚明文人结社非常盛行，他们首先结成了书院这样的组织，然后进一步效仿刘关张桃园结义，或许在结义的时候就已经有关公信仰的成分。后来，在游山玩水的过程中产生了开凿石窟的想法，三义洞就在这样的背景下创建完成。可以说晚明关帝庙的兴盛和当时繁荣的结社和结义现象有一定关系。关公代表了结义，是结义的象征。大山石堂会的三义洞就是这一类型的关帝庙的一个典型代表。

---

① 《三义洞记》，万历三十二年，现存高平陈区镇大山石堂会三义洞。

2. 确立信用

西南庄乾隆三十九年的一块碑刻中讲述了这样一件事情：

> 里有朱映彩公，权子母之术，与尚鸿泽兄二人友善，素相往来。因而鸿泽兄于乾隆辛卯、癸巳三次揭到映彩公银壹佰肆拾两，俱有约为凭。不意甲午正月，映彩公偶疾而终。鸿泽兄即于是年三月，协同至戚王如川公、表弟王受囗（玉）兄，见其二子朱积兄、朱聚兄，将此三次揭项共还银壹佰捌拾两，本利清楚，毫无欠少。及抽三项揭约，并无一纸。屡问屡追，时至五月，杳不知其所之矣。穷思银清约欠，后世子孙必受其害。二人时常较论，正在角口鸣官之际，适值乡地宋勋过其地，本里秦贵宝公习其说。二人不忍坐视旁观，急为平论其事，潜息其端。向其二子而言曰："疏忽失约，自不小心，必如之何免其后患？"而二子亦复慨然应曰："书词勒石，永保无虞。匿约后图，当官治罪。"于是，因失约三纸，立碑勒石于庙廊之下。且情愿罚到本社结义庙布施银贰拾两，以为庙中公用之费。垂此确据，昭如日月，虽万代之远而毫无虑也已。自兹以往，彼此各得其平，交道益见其善。一举而三善全，斯不亦相安无事也哉！①

这件事情本身是很简单的，由于放贷人去世，债权债务关系由放贷者的儿子继承了，但是，由于实际经办人已经不在世了，出现了借据丢失的情况。已经归还了本利款项的借贷者因为没有收回借据，感到非常不放心。这种问题本身是一种信用危机，在当时的社会里，这种民间借贷中出现的危机并没有一个统一的解决办法。信用危机有扩大化到发生诉讼的程度，在这种情况下，经别人建议，借贷者决定通过在关帝庙中立碑说明情况的办法来解决这一危机。从碑文来看，借贷者所担心的不是他们自己会被放贷人再次索要借贷款项，而是担心"后世子孙必受其害"，正因为如此才

---

① 无题名碑（信用碑），乾隆三十九年，现存高平东城街道西南庄结义庙。

需要通过刻碑立石的方式流传后世，以避免以后可能遗留给子孙后代的麻烦。在这里，关帝庙起到了确立社会关系中的信用关系的作用，很好地解决了借贷关系中出现的信用危机问题。这里需要注意的有两点，第一点是为什么要通过立碑这种形式来解决信用危机问题，而不是通过写下收据之类的办法。这是因为碑刻比起纸质文书来说能够更长久地保存，不容易损坏，这就是纸质文献和石刻文献的差异。第二点是碑刻为什么要立在关帝庙之中，这是因为这次对信用危机事件的解决带有公示性质，只有立在关帝庙之中才能起到更好的公示效果，让所有人都知道这件事情，这样就能最大程度避免出现赖账的情况。值得注意的是，在这件事情中，关公未必起到了多大的作用，但是关帝庙却起到了至关重要的作用。关公这个神灵的作用和关帝庙这个社庙的作用事实上应该得到清晰的区分。

3. 关帝庙与更房

关帝庙中出现了很多和更房在一起的情况。村中有更房不知道从什么时候开始，关于更房的作用，民国时姬家庄创修更房碑文中说："更房者，乃一村之必要，御冬防匪，非须臾之可以离也。"[①] 看来这里的更房不同于日常理解的城市中夜间打更报时的那种含义，而是一种示警性质的东西，这或许就是前面规约碑中"扭庙鸣钟"的鸣钟的地方。在田野调查中发现，多所关帝庙的山门前面都有一个小房间，据村民说，那以前就是更房。更房和关帝庙建在一起丰富了关帝庙在村社治理中的功能，关帝庙因此具有了警示的作用。

4. 村庄公益活动

前面所说的反映在禁约碑和诉讼碑里的那些村庄治理的内容主要涉及村庄中存在的一些问题、争议、矛盾和纠纷之类的方面。村庄治理还有另一方面的问题，那就是建设的方面。这些村庄公共建设方面的内容存在一些公益性的活动，关帝庙在其中也起到重要的作用。

种树是重要的公益活动，这一类碑刻其实不少："古者立坛建庙，皆有

---

① 《补修春秋阁碑》，民国二十二年，现存高平北诗镇姬家庄春秋阁。

所树,故夏后氏以松、殷人以柏,周人以栗,孔明庙前有古柏。我朝国学有古槐,皆所以补风气壮观瞻,使游览者得以休息于其下。余村关帝庙北形势不齐,亦宜种树补其所缺。幸有成姓印①湖程印霖元者,村中之善士也。愿将其地施及社中,于是,树之以木,茂盛扶疏,虽非徂来之松,新甫之柏,亦足以悦目而赏心,是为志。"②前面提到的紫金山禁止采石其实也和保护紫金山上的树木有关系。促进种树和禁止采石其实是一个问题的两个方面,对于村社来说,种树首先的一个意义在于木材是村社的重要财产,这些木材砍伐以后卖钱能够解决村社的资金问题,其次的考虑即是上述成家山碑文中所说的风水方面的原因,最后基本上才是接近于环境保护意义上的"壮观瞻"之类的说法。

修墙铺路也是重要的公益活动:"兹村帝君庙历有年所而明禋之礼兼欲求备,奈赀财不裕,终贻临渴掘井之议,信士皇甫加宝等倡议捐资储为祭享之费目,乾隆元年捐银陆拾贰两五钱,积至乾隆叁拾陆年,约计千有余金,除补修建墙,买地铺路,盘罩桌椅之外,尚有贰百金焉,以是金而修明禋祀庙貌且永垂不朽矣。"③南庄村的这个关帝会在成立的时候事实上是为了解决关帝庙的日常祭祀经费的问题,后来主要的功能也是资助修庙的资金需要,购置庙内的财产等,但是除了这些以外,它还进行了修墙、铺路等活动,这些活动都是村中集体需要,和关帝庙与关帝会本身没有必然关系。这就是关帝庙或者关帝会所承担的村庄公益活动的职能。值得注意的是从事这些修墙铺路之类公益活动的主体是关帝会,而并不是大社,后面专门讨论关帝会的时候还会涉及这方面问题。

(六) 一村多个关帝庙

一村多个关帝庙的情况不多,有以下几个案例:康营和伯方都是东西两个关帝庙,大野川和沟村是南北两个关帝庙,董寨是北西两个关帝庙,

---

① 此印字比正文字号略小,下一个印字相同。当为刻姓即字的印之处,但并未刻印,只写印字。
② 《关帝庙种树施地碑记》,咸丰十一年,现存高平米山镇成家山关帝庙。
③ 《关帝会敬神乐输碑记》,乾隆三十六年,现存高平河西镇南庄关帝庙。

永禄是南东两个关帝庙。此外，谷口是一个关帝庙和一个关帝观音阁，大山石堂会是一个三义洞一个关帝庙，双井村有一个关帝阁和一个关帝庙。这种一村多庙的情况比较特别，为什么同一个村中要有两个及以上的关帝庙呢？这种案例的数量不是很多，本节专门讨论这种情况。

伯方东西两个关帝庙的情况前面已经有了介绍，它们实际上是分别属于东西两个小社的社庙。康营的情况较为类似。西关帝庙留下的文字记载很少，神台上有少量石刻文字，没有纪年，仅有"本村施主"字样，后面是一共13个人的名字。这种形式的石刻一般都是晚明时期的东西，郭庄大门外也有类似的石刻题字，称呼也是施主。基本可以断定这处神台上的石刻题字是晚明时期的。那么，西关帝庙应该至少是晚明时期修建的。西关帝庙正殿有脊枋题字，文字内容为："二十四年九月创修舞台耳楼五间，自修之后，永保阖村人口平安，是为记耳。经理人西半村关帝会首，木、石、瓦工匠张玉山、刘高志、张德祥。"这个题记是民国时期重修时留下的。这里明确出现了西半村关帝会的说法。与此对应的是东关帝庙也有东关帝会的说法："按村禁约处罚，伊无力交纳罚金，抵来毛厕一个以作罚款，是毛厕归东关帝会所管辖矣。"[①]因此可以确认在民国时期东西两个关帝庙分别由东西两个关帝会所管理。东关帝庙的始建时间有些模糊，康熙碑刻上虽然明确为创修碑，但是碑文中又说很早就存在关帝庙，可能在很早时候就存在着类似神龛庙宇这样的关帝庙，康熙时期是最早创建了关帝庙的建筑。东关帝庙很有可能也是在晚明时期就已经存在雏形了。康营东西两个关帝庙和伯方东西关帝庙一样基本都是在晚明时候就存在，而康营村和伯方村一样也是大致在晚明时确立了基本的庙宇格局，康营村和伯方村一样是规模很大的村庄，在管理上东西两个关帝庙在两个村中都有相对独立的管理机构，只是伯方是东西两社，康营是东西两会。沟村和永禄碑记比较缺乏，但是情况应该和伯方差不多。永禄仅有南关帝庙有碑刻，从南关帝庙的碑文来看，组织管理关帝庙的是名为关帝社的组织。这个关帝社的性质特别

---

① 无题名碑（罚款碑），民国十七年，现存高平马村镇康营东关帝庙。

值得注意,它虽然名为关帝社但并不仅仅管理关帝庙,更管理着永禄村西南部的所有的阁庙,碑文中列出了这些阁庙,包括:"永禄村坤隅旧有关帝庙三楹,及左旁北平三间,右村边佛爷堂、白衣堂各一所,圈门一座。距西南里许,领(岭)上有山神庙一所,详其创始无可稽考。惟清同治十二年重修关帝庙及创造北平房碑记昭然,据此可知,庙虽不一,其社无二。"庙宇修好之后,碑文又说"孟冬告竣,西南隅诸庙莫不灿然一新"①。从碑文来看,关帝社这个民间组织不是一个单纯管理一个庙的普通关帝会那样的组织,而是一个管理一片区域的地方性小社,南关帝庙是这个社的社庙,这个社也因此称作关帝社。这个关帝社和东关帝庙没有任何关系,地域性的区分远远比关公信仰的区分要重要。因此,永禄东南两个关帝庙的情况应该和伯方的情况是一样的,都是属于一个大社下面的小社的社庙。沟村现在是一个行政村,它事实上是由好几个自然村组成的,南北两个关帝庙分别属于不同的自然村。就村庄来说实际上是不同村庄的关帝庙,在某种程度上也可以说是分别属于不同的小社,这和伯方的情况一样。大野川两个关帝庙情况也类似,南关帝庙明确有野川南村的说法:"野川南村有关圣庙,寄修屋壁间,规模隘而倾圮。"②这表明大野川实际上也分为北村和南村两个小村,两村各有一个关帝庙。

大山石堂会的情况比较特殊,山上的三义洞建于前,是晚明周围区域的士绅群体共同开凿的。村中心的关帝庙创建略晚,是村中姬氏家族的家庙。民国时期重修关帝庙的碑文中也提到了一个村有两个关帝庙的情况:

> 我国祀典于二月戊日祭武庙,岂徒祈福保平安哉!盖以关圣帝君之精忠若日月之照临,光于四方,显于中土,而民不能忘也。大明天启年,泫邑石堂会先民姬仕书尝见村中祠庙东有龙王山,北有高禖祠,虽亦有三义洞,并无专供之武庙,恐淹没其忠义,后人无所取

---

① 《补修关帝社所属各庙宇暨重修佛堂庙碑记》,民国二十七年,现存高平永禄乡永禄村关帝庙。
② 《重修关圣庙记》,光绪二十四年,现存高平野川镇大野川村南关帝庙。

法，于是独出己资刱立关帝庙，为村人享祀之所，立社之地，一慈善事业也。①

碑文作者在民国时候推测天启年间姬仕书创建关帝庙的想法当然是一种臆测，不过这也正在一定程度上反映了当时村民对于三义洞之外专门修建关帝庙的看法。值得注意的是从各方面的情况来看姬仕书家族似乎有很大可能性是商人家族，他们的富有可以支撑独立创修那么大规模的庙宇，他们请的撰写碑文者是没有功名的焦作地方的人，这些都有商人的特点，不过这也只是推测罢了。如果这种推测成立，那么三义洞和关帝庙就在承担着不同的功能，而且对应着不同的群体。三义洞是文人士绅游玩的地方，关帝庙则是商人家族奉祀关公的地方。

其他几个案例则比较简单。谷口的情况比较清楚，关帝庙和关帝观音阁其实存在着一个前后相继的关系，位于村南的关帝庙始建时间不详，道光时期改建为奶奶庙。而这个时候谷口村实际上另有两个奉祀关帝的地方，一个就是关帝观音阁，关帝观音阁始建时间不详，现存嘉庆五年重修碑。另一个奉祀关帝的地方是谷口济渎庙的春秋楼。或许，村民觉得一方面有了济渎庙春秋楼和关帝观音阁之后不再需要专门的关帝庙，另一方面奶奶庙却非常需要一个独立的庙宇。于是，将关帝庙改建为奶奶庙。董寨北关帝庙村民称之为结义庙，应该是类似于三义庙一样的共同奉祀刘关张的庙宇，西关帝庙村民称作西庙，有村民说是关帝庙，因为目前仅存一块民国时期大社罚款的碑刻，实际上不能确定究竟是不是关帝庙。董寨的一村两庙的具体情况实际上无法考证清楚。双井一阁一庙仅有一块民国时期修照壁碑刻，同样无法考证。

（七）村庄中心的典型个案：郭庄关王庙

郭庄位于建宁镇的西南部，是建宁和北诗、陈区三个乡镇交界之处，

---

① 《重修关帝庙碑记》，民国十六年，现存高平陈区镇大山石堂会关帝庙。

地理位置重要，是建宁到高平的必经之路。西面隔鱼仙山与陈区的大山村相望，南面紧邻北诗镇的化壁长畛，北面是建宁镇所在地，东面经由苏庄直达陵川礼义镇。郭庄关王庙是高平地区现在所知创建最早的关王庙，也是作为村庄中心的关帝庙的典型。

1. 明代的郭庄关王庙

郭庄关王庙位于村中心，是村中大庙。郭庄古庙宇很多，关王庙应该是历史最悠久的。高平地区村庄中历史比较悠久的古庙位置一般有两种情况，一种情况是在村外具有特殊地理条件的地方，例如小岗、河谷、水池旁等，另一种情况是村中心。前一种情况的古庙更早，大概都是金元时期的，伯方仙翁庙就是这种典型。后一种情况稍晚一些，大多是元明时期始建，郭庄关王庙就是后一种情况的典型。

郭庄关王庙始建于洪武年间。万历九年（1581）重修碑的碑阴上分两部分列出了洪武创修与万历重修的大量人名。洪武年间的文字为："洪武年创立庙人名开列于后：郭礼谦、男郭□通、郭述周、郭述荣、张谷中、刘钦甫、郭思敬、郭彦才、郭怀术、郭子昭、郭思礼、王□行、郭秀宝、郭景林、刘颙之、刘伯宁、刘怀玉、郭起宗、郭仕贞、郭孟岩、郭怀德、郭宗让、郭景昭、郭景辛、刘羽、刘九思、崔子敬、郭从秀、郭从□、郭大方、郭怀翼、刘谷瑞、郭仲成、郭克中、郭仕能、崔登□、张宗义、郭仲才、郭鹏飞、郭□举、连仁美、石仲安、秦仕通。"这一段就是高平地区有确切纪年的有关关帝庙的最早记录。万历碑刻距离洪武创修有二百多年的时间，万历碑刻的记录是否可信呢？虽然万历碑刻上没有对洪武创修的情况做详细的记述，但是它列出了多达43个人名，这样具体详细的信息一定有可考的详细资料。万历刊刻碑文的时候一定有洪武创修时候的详细记载，要么是碑文，要么是账册缘簿之类。所以，郭庄关王庙创立于洪武时期基本上是可信的。碑文中列出了43个人名，其中郭姓28人，刘姓七人，崔姓二人，张姓二人，王姓一人，连姓一人，石姓一人，秦姓一人。郭姓占绝大多数，与郭庄的村庄名称相符，除郭姓外刘姓略多，其他都是数量很少的杂姓。这些人在洪武创修过程中所起到的作用没有明确说明。不过根据后面万历重修过程中的记录同样可以大致推测出一些端倪。与洪武年对应的记录是"万历九年修庙人名开列于后",其说法与洪武创修时完全一致,其后所列出的人名明确说明是修庙施主。"施主"这个词汇在高平地区晚明碑刻中使用较多,入清以后就不怎么使用了,实际上就是捐资人。因此,基本可以断定洪武时期的43个人名不是维首之类的组织者的名字,而是捐资者的名字。

万历九年重修时郭村的捐资者数量大大增加,增加到一百多个,姓氏的结构基本未变。郭姓还是绝大多数,不过增加了姬姓、申姓和闫姓等,不过数量都很少。从捐资者数量的大幅度增加可以推测郭庄人口在从洪武到万历的两百年间应该增加了很多。如果假设洪武和万历期间捐资者占村民总人数的比例一致的话,那么郭庄人口基本上是翻了一倍。如果进一步假设村中各户绝大部分都参与捐款,那么基本可以推测明初和明末郭庄村的户数了。这样的村庄基本上是一个中等规模的村庄。万历碑刻中不仅出现了本村的施主,还有几个本村之外的施主,包括县城、西火、建宁、石村。西火,今属长治县,在郭村北面约十公里,建宁在郭村东北约两公里,石村在郭村西约五公里。这些都是附近比较大的村庄。万历四十六年碑文中也追溯了万历九年重修时的情况。"据旧碑记乃于□□,即本村岁进士凤岗郭□□(维高)……之德□若□□者,□□万历□□□□慕缘大社,规模两庑对峙。"① 这里的记录可以确信是万历九年的重修,碑文中提到的郭凤岗名郭维高,号凤岗,万历三十二年大山石堂会《三义洞记》碑文中有他的名字:"郭维高,字士□,号凤岗,郭庄人,岁贡生。"② 而郭维高正是万历九年重修碑的书丹者,他就是万历九年重修关王庙的参与者之一。值得注意的是郭维高的身份,他在万历九年碑文中的头衔是"廪膳生员",在万历三十二年的头衔变为"岁贡生",而在万历四十六年的头衔变为"岁进士"。岁进士是岁贡生的别称,两者含义相同。乾隆《高平县志》

---

① 《重建大圣仙姑庙壁记》,万历四十六年,现存高平建宁乡郭庄关王庙。
② 《三义洞记》,万历三十二年,现存高平陈区镇大山石堂会三义洞。

有对郭维高的记载："郭维高，万历二十九年，辽州训导。"[①] 郭维高是万历二十九年成为岁贡生的，正在万历九年与万历三十二年之间。郭庄关王庙在洪武创修时候的规模无法推测，大概当时的关帝庙庙宇规模总体上都比较小。根据万历四十六年的记录可以大致推测万历九年时候的关王庙规模。碑文中的"两庑对峙"的说法表明至少在万历九年，郭庄关王庙已经具备了一个完整院落的规模了。这条记录中同时出现了大社的说法，这表明万历九年的重修应该已经有大社参与了。不过，"募缘大社"的说法又表明大社在这次修建过程中还是起到给予资金上的帮助的作用，并非完全主导的。这个时代的关王庙还是以乡绅组织建设为主。

万历四十六年重修的大圣仙姑庙实际上是仙姑殿，应该是关王庙中的一个配殿。大圣仙姑在高平地区很少见，而这种名称在很多地方都是不同的神灵。就晚明时期高平的情况来说，可以推测可能是求子类的神灵或者和蚕姑有某种关系。目前没有确实的材料可以佐证。如果仙姑殿是关王庙的配殿，那么这次重修实际上可以看作是万历九年重修关王庙的延续工程。此次修庙的发起人中出现了维那和僧人，这一时期的维那已经不完全是寺庙中的职务了。僧人的出现也表明晚明时期僧人有参与关王庙的修建活动。整体来看，明代的郭庄村和关王庙都是比较稳定的，郭庄村从明初的四十多户发展到明末的一百多户，人口大约翻了一番。在此期间，关王庙一直作为村庄中主要庙宇，在晚明万历时期明显有一个增修扩建的时期。

2. 清代前期的郭庄关王庙

在万历重修之后，郭村关王庙就在不断的补修和增修过程中。顺治十二年补修，顺治十四年又增修了东北角，到乾隆四十七年又增修东北角。到乾隆晚期这个时候，郭庄关王庙的格局应该基本成形了，后来就没有太大的变动。

郭村是一个各种矛盾斗争比较激烈的村庄，这种情况集中在从顺治到乾隆这个时期。这个时期的碑刻大部分内容都和村庄的各种矛盾有关，

[①] 傅德宜修：《（乾隆）高平县志》，凤凰出版社2005年版，第125页。

反倒和修庙关系不大。

顺治十二年和顺治十四年有两块与茧用有关系的碑刻，为了解清早期这个区域的蚕茧行业提供了很好的材料。茧用作为修庙的一部分资费来源在高平很多其他庙宇中也常常出现，例如乾隆七年下马游村三义庙中也有茧用收入："又收茧用银并远□木头银房价银二十三两一钱八分。"茧用实际上是牙行的收入："于是□请村众聚庙调处□蚕茧牙用，尽系入社，众悉唯唯。"① 这些收入原来归里甲系统的"里老什排"所有。村社认为这些收入应该归属村社，用于庙宇补修之类的公用。这件事情引起了诉讼，知县的判决支持了村社。但是，这件事情似乎并没有完全平息下来，反而矛盾越来越激化了。

乾隆五十八年的禁碑在高平地区是比较少见的一种，有两个其他禁碑所没有的特点。一是发布禁令的不是知县，而是"提刑按察使司"，这是省里的主管诉讼的机构。二是内容很少见："永禁：干犯尊长，越诉滋讼，讼棍教唆，金刀杀伤，借尸讹诈，包娼窝赌，崇信邪教，酗酒生事。"② 这里面所讲的事情很多是其他村庄从未见到过的。这些事情既然在严禁之列，一定是曾经发生过类似事件。与"越诉滋讼，讼棍教唆"相联系的，再考虑到这是省里的按察使司发布的禁令，那说明郭庄村在这个时候一定有人在越级告状。这表明村庄里的矛盾非常激烈，以至于县一级都无法得到妥善解决。具体是什么原因不得而知，不知是不是还和茧用有关。从现存另一块乾隆时候的告示碑可以看出即便郭庄的事情和茧用无关，还可能和里甲的税收有关系。乾隆五十一年告示碑的内容是知县下令禁止收取纳粮贴费："前据崔堪翼等呈称，县属完纳钱粮，除正耗之外，复有柜书私收贴费一项，相沿成弊，甚属□宫（害），吁请革除前来，查贴费陋规，有干例禁，本县到任以来，正拟兴利除弊，以靖闾□□积弊，以相沿日久，稍事因循，致滋扰累，当经批示，据呈出示，永远革除在案。"③ 看来，无论越级

---

① 《补葺关帝庙记》，顺治十二年，现存高平建宁乡郭庄关王庙。
② 《禁碑》，乾隆五十八年，现存高平建宁乡郭庄关王庙。
③ 《告示碑》，乾隆五十一年，现存高平建宁乡郭庄关王庙。

诉讼的是什么内容，钱粮税收可能是激化问题的焦点。

清代前期的这些禁约碑大量出现在关帝庙中表明这个时期的关帝庙作为村庄中心的地位已经确立了下来。村庄各种矛盾争议要在这里进行调解和处理，处理的结果要在这里公布。

3. 清代中后期到民国的郭庄关王庙

清代中期以后，郭庄至少先后进行了两次全村的大规模庙宇兴建工程，一次是道光二十三年，一次是民国十一年，整体规模远超以前。这些全村规模的修庙碑刻均立于郭庄关王庙之中，这从另一个角度表明关王庙的村庄中心地位。

道光十八年到二十三年期间，郭庄村全村进行了一次大规模的庙宇重修："于是即于道光十八年正月初十日伐木变资，遂与社工允将南真泽宫一概重修，继将高禖祠并戏楼去旧换新，复及松泉寺、关帝庙，无不缺者补之。"① 到了民国时期，补修庙宇数量又大为增多："余观斯村东则祖师殿，西则龙王宫，土地庙设于东北，大王庙建于东南，松泉寺、高禖祠联络山腰，文昌宫、白衣阁并峙村边，关帝大庙适居其中，南海厅楼排列于外，共计神庙一百八九十间。"② 据实地调查的情况，郭庄的庙宇还不止碑文中所说这些，郭庄原来庙宇数量接近二十个。传统村庄庙宇并不一定都是村社管理的，碑文中出现的庙宇并不就是全部庙宇，这两次重修主要的经费来源是卖树，这是出卖社产的办法。村社负责管理，经费来自社产出卖，这表明这些庙宇一定是属于村社的社庙。

所有这些社庙中最重要的就是居于郭庄村正中心的关王庙。这从以下几个方面可以看出来。首先，关王庙的修建所用资费是最多的："重修真泽宫、高禖祠、补修松泉寺、七佛殿舞楼共花钱伍百五十二仟六佰五十一文。补修关帝庙并谢土做碑共使钱四佰七十二千七佰七十五文。"③ 从这个花费比例可以看出，关王庙重修所费经费接近其他四个庙的总和。这种情况要么

---

① 《重修诸神庙碑记》，道光二十三年，现存高平建宁乡郭庄关王庙。
② 《补修各庙碑记》，民国十一年，现存高平建宁乡郭庄关王庙。
③ 《重修诸神庙碑记》，道光二十三年，现存高平建宁乡郭庄关王庙。

就是其他庙的规模加起来和关王庙差不多,要么就是关王庙的修建更加精细和讲究。关王庙本身面积不算特别大,只有一进院,实际情况应该是后者。其次,所有这些庙宇的重修碑刻都立在关王庙中,这表明关王庙是所有这些庙宇的主庙,是村中的大庙。最后,从位置来看,关王庙"适居其中",这种位置关系不是无关紧要的,它表明了关帝庙在村中地位的特殊性。这种位置并不是有意的设计,而是历史自然发展的结果,在村庄规模不断扩大,人口不断增多,功能分化越来越复杂的情况下,其他庙宇逐步创建,而关王庙自然就成了整个村庄的中心。

二、关帝庙作为村际关系的纽带

关帝庙碑文所反映出来的村庄之间关系包括两个方面,第一个方面是村庄之间的互帮互助的良性关系,主要体现在村庄修建关帝庙时的发起、组织和捐款的情况。第二个方面是村庄之间的矛盾和纠纷等不良关系,主要体现在关帝庙中发生在村庄之间的诉讼碑刻上。

(一) 村庄之间的良性关系

关帝庙的发起者和组织者绝大部分都是本村的人,但是也有很多情况是外村的人,这反映出村庄之间的关系。万历创修的上沙壁关王庙的发起人、组织者和主要捐资者都是"双桂坊维那头"。双桂坊是县城中的坊,距离上沙壁村是比较远的。捐款名单里有不少双桂坊和米山镇的人,可见这次创修关帝庙的过程中,外村的人其实是起到了主导的作用。以上是创修的情况,重修也有这种情况:"适有在城招贤坊王府典膳邢永濯,念神功之大,悯庙貌之倾,乃谋诸本里善人史公卒、司聪、司鸿章辈,及本村社众。"① 从这些情况来看,大部分都是由高平县城里的人发起修建的。这一类的例子还有不少,圪塔关王庙的增修,徘南关王阁的创修都是外村的人发起的。

---

① 《重修关王庙记》,嘉靖五年,现存高平河西镇西李门关王庙。

县城里的人为什么会到距离那么远的村中去创建或者重修关帝庙呢？张家二郎关王庙的个案提供了一种可能性："建宁中里张家庄旧有二郎关王庙二楹，岁久墙壁颓圮，仪像剥坏，非所以妥神灵也。王君允诚因治庄于此，一见恻然，遂鸠工敛材，卜日营造，再月余丹垩辉煌，焕然一新，直是以享祀神明，昭布诚信也。则神之御灾捍患，保佑一乡之民者，宁有既乎？"①这里的王允诚这个人不是张家村人，而是城东厢人："纠首在城东厢王允诚，男王时春、王时夏、王时冬、王时贞。"这次重修的发起者、组织者和主要出资者全部都来自于城里的王允诚及其家庭。而王允诚之所以会到张家来重修二郎关王庙是因为他在这里的治庄，这里的治庄就是从南北朝以来就存在的庄田或者庄园。

外村在本村关帝庙修建中占据主导地位的情况主要发生在晚明时期，有鲜明的时代特点，以上所举的例子全部都是晚明的例子。晚明时期创建关帝庙时，确实有很多发起者是外村的人。这体现出晚明关帝庙建设高潮中明显的关公信仰传播的过程。关帝庙最早创建的时候确实是从一些有关帝庙的地方被带入到其他村庄之中的。这种情况在清代很少见。研究社会史的学者常常讨论村庄的封闭性问题，这里也有类似的问题存在。关帝庙作为村庄中的庙宇，它和其他村的关帝庙是否存在某种超越了村庄范围的联系？应该说这种联系是存在的，但是又不那么紧密。可以看到不少关帝庙在修建过程中，其他村庄的关帝会进行捐款的例子。例如鲁村镇关帝会给朵则的关帝庙捐款，鲁村位于今泽州县，距离朵则不算很远，但是也有一定距离。再如民国十一年郭庄重修关王庙时建宁关圣会也有捐款。问题是这种捐款并不只发生在关帝会之间，其他的各种神灵的会也给关帝庙捐款，这实际上体现的是村庄之间的交流，而不是关帝庙之间的交流。大社之间相互捐款资助对方修建关帝庙的情况就更多了，王寺西王寺关帝庙创修时有大量的周围村庄的大社的捐款，大山石堂会民国时期重修时也有大量的其他村庄大社的捐款。这一切都表明关帝庙碑文所体现出来的是村庄

---

① 《重修二郎关王庙记》，万历十二年，现存高平建宁乡张家村二郎关王庙。

与村庄之间的关系，很难看到有因为关公本身而发生的村庄之间的关系。

（二）村庄之间的矛盾与纠纷

村庄之间除了有相互帮助的良性互动关系之外，也会发生矛盾和纠纷，最终酿成诉讼案。诉讼碑中反映了这方面的情况，前面提到的寨上村与丹水就是一个典型个案。这个案例的起因是争夺古井的所有权。类似的例子也发生在下崖底村，争夺的不是古井所有权，而是井水的使用权：

> 凤台之南沟村①有井四眼，高平之东庄村无井，有三坑，因吃水争讼，在南沟村不得为直。孟子云："昏暮叩人之门户求水火，无弗与者，至足矣。"积蓄之水尚且与人，何况在井者乎？如必阻其吃水则天下行路之人汲水以济渴者俱可以阻之矣。何古今天下不闻有是事也？应全两村庄彼此通融，井水坑水任凭汲取，不得再行争竟，各具遵结可也。②

碑文中所说的东庄村是下崖底村的一个自然村，下崖底位于高平南界与泽州县交界的地方，发生争议的双方是高平的下崖底东庄村和凤台（今泽州县）的南沟村。下崖底东庄村仅有坑水，遇到天旱就会吃水困难，于是去南沟村取水，因此发生争议。最后的判决是有利于下崖底东庄的结果。以上两个案例虽然一个争夺物权，另一个争夺使用权，其实都和争水有关系。同样的争水诉讼也发生在民国十五年野川的沟村：

> 高平县知事陈，为公布毕案。据毕、许两沟村因水池纠葛，屡次□（兴）讼。本知事为息讼起见，委令该里村长高登瀛前□（后）两□会同妥议办法，呈县核夺去后。□据该村长呈称：奉令前往毕、许两村，会同村副、闾长暨□两村教员□同妥议办法数条，请核前来。

---

① 今庙南沟村，属泽州县大阳镇。
② 无题名碑（诉讼碑），嘉庆六年，现存高平河西镇下崖底关帝庙。

查所拟办法各条，虽属平允，尚欠周妥。本知事业将各□□□□改，合亟开列于后公布，两村人民一体遵照勿违。切切此布。

计开办法四条：

1. 池属共有。公掏公汲，岸上修筑、植树均归许家沟村管理。
2. 毕家沟村□水走路仍照旧规，许家沟村不得拦阻。
3. 向来挖池按两村人口拨工，永远遵守。
4. 拨河工价一项，许家沟村担负十分之七，毕家沟村担负十分之三，不得变更。①

碑文中提到的许家沟和毕家沟两个村现在虽然全部都是沟村的自然村，距离很近，但是本身相对独立。最后的判决实际上充分地照顾到了两个村的各自的利益，其中对各种复杂的情形则进行了细致的规定。

类似的村庄之间的矛盾不一定要通过诉讼的形式来解决，也可以通过协商来解决。三甲响水坡村关帝庙有一块合同碑，实际上是两村协商敬神费用的碑刻：

响水坡遵□□□□□路家山以田分摊费知□□□各村自备，事完即清。响水坡不预报路家山钱文，路家山不预报响水坡钱文。空口无凭，复有□□巧合。故立此约存照，后批。日后敬神以毕，一切神□□家居，响水坡以六分均分，路家山以四分均分。②

和沟村的情况一样，两村共同分担了敬神的费用。处理的事情不同，一个是修理水池花费，另一个是敬神花费。处理的方式不同，一个是诉讼，另一个是协商。但是处理的办法是一致的，都是分摊费用，这是妥善解决纠纷的最好办法。

---

① 无题名碑（息讼碑），民国十五年，现存高平野川镇沟村南关帝庙。
② 无题名碑（合同），咸丰八年，现存高平三甲镇路家山村关帝庙。

第四章　经济层面的关帝庙现象

第一节　关帝庙与村庄经济收入

关帝庙的兴建活动和日常管理都需要支出相应的经费，这既是村社管理工作的一部分，同时也反映出村社的收入情况。关帝庙的经费来源实际上构成了关帝庙的经济基础，它是从经济这个角度来看待关帝庙的结果，也可以从关帝庙角度来看待村庄经济。本节首先梳理关帝庙所有的收入来源，这个来源等同于村社的收入来源。不同的收入来源在总收入中的比例差别是很大的，因此还需要具体地考察在每个关帝庙的兴建工程中，这多种收入来源的构成情况。村庄经济收入还会受到各种因素影响，有正常的情况，也有特殊情况下的变动，最后一部分简单讨论灾荒对村庄经济收入的影响。

一、村庄经济收入来源的种类

关帝庙兴建活动的资金来源复杂多样，以下对所有的资金来源做一个统一的归纳整理。

（一）布施捐款

1. 商人或商号捐款

商人或商号捐款是庙宇修建过程中极为重要的一种捐款方式，相关具体情况参看本章第三节的详细讨论，这里不赘。

2. 外村个人或家庭捐款

周围村庄的捐款一般数量不会很大，但是一个重要的组成部分。和外省商人商号募化一样，外村个人或家庭的捐款同样是用缘簿的形式来完成的："于是编修缘簿，募化邻村及村中，善男信女解囊相助，以共襄盛举，得布施钱三百余串。"① 和外省募捐不同，周围村庄的人的捐款恐怕不会是专门进行的，而是带有一定的随意性。为村中修庙捐款的人所在村庄距离不会特别远，一般就是周围的几里地到十几里地的小区域内。根据碑文中外村人的捐款可以看出村庄之间的关系，那些村庄相互之间经常有来往，因此在别的村修庙过程中会捐款。通过对这些村庄之间关系的统计归纳，往往可以看出村庄所在小区域的构成情况。

3. 其他组织捐款

这样的组织比较多，详述如下。

（1）周围村庄的大社

在有些碑刻的捐款名单中满满地都是周围其他村各个大社的捐款，这种现象明显是周围小区域内几个村之间已经形成的一种礼尚往来的习俗。王寺西王寺关帝阁创修过程中就有大量的周围村庄大社的捐款：

> 围城村大社捐钱叁千文，响水坡大社捐钱叁仟伍百文，边家沟大社捐钱叁仟伍百文，李家村大社捐钱叁仟伍百文，东王寺大社各捐钱叁仟伍百文，张家庄大社捐钱壹仟贰百文，孔家村大社捐钱壹千文，永禄村大社捐钱壹千文，蚕村圪套社捐钱壹千文，蚕村后沟社捐钱壹千文，北李村大社捐钱壹千文，石门村大社捐钱壹千文，北李村大社捐钱壹千文，石门村大社各捐钱壹仟文②。

这种捐款方式似乎越是在山区村庄，出现得越多。此类型的捐款一般

---

① 《重修关帝庙碑记》，民国十六年，现存高平陈区镇大山石堂会关帝庙。
② 《创修关帝阁碑序》，咸丰四年，现存高平北城街道王寺西王寺关帝阁。

都出现在清代中期以后，较早的碑刻上很难发现，这表明清代中期以后，伴随着村社组织制度日趋成熟和完善，村社之间的交往也日渐密切。他们通过这种相互为对方捐款的方式来加强联系，形成一个利益共同体。

（2）其他庙宇中的各种社和会

和以上大社的组织不同，这类组织主要是因某种信仰组织起来的自愿性组织，其实基本上就是管理某个庙的那个组织。这类组织和后面将要谈到的关帝庙里的关帝社或者关帝会的性质是一样的。这种例子也不少，如子孙社、老君社、财神会等。

（3）八音会

王寺西王寺关帝文昌阁创修的时候有八音会的捐款："入来八音会钱拾叁串贰佰肆拾捌文。"① 这里的八音会显然不是指那种音乐形式，而是指八音会这个组织。这是一种专门从事音乐表演的演出团体或行业组织。

4. 本村个人或家庭捐款

本村个人或者家庭的捐款最为常见。晚明时候常常会出现一个家庭所有成员共同捐资的情况，南王庄关王庙就是典型的例子，这里不再重复引用。需要注意以下几个问题。首先，这种捐款的普遍性有多大。从各方面的情况来看，本村的捐款是具有极大的普遍性的，即基本上村里的家家户户都要捐款，没有遗漏。如果这个推测基本合理，那就可以通过庙宇碑刻上捐款的数量来合理地推测当时村中的户数，进而推测村中人口数量。其次，正是因为本村捐款有极大的普遍性，那么这种捐款就很难说是完全自愿的，而是多少带有一定的摊派性质，这和其他捐款有所不同。最后，本村捐款实际上是以家庭为单位的一种捐款。晚明碑文上还有不少女性作为家庭成员出现的捐款记录，但是到了清代这种记录越来越少，这并非是说女性不参与庙宇公共活动了，而是捐款越来越规范化，一般以家庭为单位进行，碑文上只记录户主的名字了。

---

① 《创修关帝阁碑序》，咸丰四年，现存高平北城街道王寺西王寺关帝阁。

5. 布施土地

布施的并不一定都是现金，更重要的可能是土地。大多数情况下布施土地的原因是庙宇在扩建过程中需要使用周围的土地，土地所有者将土地捐给村社。北岭关帝庙道光二十七年碑刻中记载了关帝庙修舞楼过程中的地基问题，碑文中说是借用周围土地，这实际上就是将土地捐给了社里：

> 立墙碑。东社维首李大湑等兹因道光廿二年二月合社公议修理关帝庙舞楼，只因庙内西地基不便。此地原系李大儒、李大智、李渼（汉）三家房基坑厕院墙之所，因而合社与伊等相商将此地借与东社改修看楼等用，方可齐整。伊等慨然应允，任社中改修，各无异说，庙院西有李大智坑厕两处，院东南又有大智出入一道。改修之后，大儒等倘欲修理，许伊等在社西墙就社墙格梁檩。社中永不许拦阻。恐后无凭，故立墙碑为据。①

6. 布施实物

除了捐款之外，捐工和捐实物的情况也很常见，清代早期以前的碑文中出现得更多一些，乾隆以后出现这种情况就大大减少了。这和清代早期以前商品经济不发达，缺乏市场和货币有一定关系。明代的例子很多："山西泽州高平县丰益乡五都石村东里狄阳村秦继顿纠领上下三庄人等，本年七月初二日创立关王庙一座三间，三门一所，喜施地基，秦继交地基二间，秦继顿地基一间，秦应夏捐梁，秦国喜梁一根。"②明代以前的做法，柱子上还会刻捐施人的名字。建宁郭庄关王庙门口石头上就有施主的名字，虽然没有纪年，但基本可以肯定是明代的。

时间较晚一点的例子有安河嘉庆时期碑刻："王美及侄儿施地基一丈，崔蟠施地基四尺，王福施椿树一株，□□秦观施石柱一对、窗隔八扇，秦

---

① 《增修舞楼厢房看楼并修缮各殿碑记》，道光二十七年，现存高平河西镇北岭村关帝庙。
② 《创建关王庙记》，万历三十二年，现存高平陈区镇狄阳（迪阳）关王庙。

国卿施石柱一对，王敏全施椿树一株。"①

一般来说，捐的物品主要是建筑材料。以上有捐梁的、捐树的、捐石柱子的、捐格栅的，还有捐砖的"郭司训施银肆拾两、砖伍千个，郭淳施银拾叁两、砖壹千个"②，有捐檩条的"闫世上檩二根，又砖二百，钱五十文"③。

7. 捐工和管饭

捐工，有时候也叫输工："合村公议共起兴修之举，咸发同志之诚锐意捐赀，踊跃输工以及人口地亩人工车牛无不按数均摊。"④捐工实际上有很多种类，在碑文中有各种不同的说法，有人工、牛工："吴邦兴地亩谷、牛工、人工，三共施银九两七钱二分；赵正美地亩谷、牛工、人工，三共施银八两五钱八分"⑤，还有土工和车工："拨土工壹千九百九十三工，拨车工捌十六工"⑥，还有石匠工："杨金成地亩谷、石匠工、土工，三共施银十六两五钱四分。"⑦原则上，修庙涉及的每一种工种都可以以捐输的形式出现，但是类似木工这样需要较高技巧的工种不大可能以捐输形式出现，捐输的一般都是一些简单的体力劳动。技术工的商业化程度更高，劳动力价值也更高。只有少数例子，"牛进德烧脊兽施工"⑧，这是烧制脊兽捐施的情况。

捐工有时候是为了解决修庙经费不足而采取的一种临时性手段："计算钱项不赡其费，募捐布施仅足其半，岂可畏缩而废？于是公同酌议，在会皆曰愿效劳力，往前办理。"⑨

除了捐工以外，还有管饭。南庄村关帝庙有康熙五十五年关于管饭的一块题记，详细记载了当时每家每户管饭的数量："康熙五十五年金装像众

---

① 《重修阁楼碑记》，嘉庆二十五年，现存高平陈区镇安河村关帝文昌阁。
② 《重修关帝庙高禖祠碑记》，乾隆三十七年，现存高平陈区镇迪阳后庄关帝高禖庙。
③ 无题名碑（增修碑），万历五年，现存高平南城街道圪塔村关王庙。
④ 无题名碑（捐资），嘉庆二十四年，现存高平米山镇下冯庄关帝庙。
⑤ 《鲁班春秋大王阁创修碑》，乾隆二十八年，现存高平三甲镇朱家山春秋阁。
⑥ 《重新改修关帝庙碑记》，道光十九年，现存高平北城街道王降村关帝庙。
⑦ 《鲁班春秋大王阁创修碑》，乾隆二十八年，现存高平三甲镇朱家山春秋阁。
⑧ 《创修碑记》，康熙二十九年，现存高平马村镇康营东关帝庙。
⑨ 无题名碑（补修碑），光绪二十八年，现存高平北诗镇董庄村春秋阁。

人管饭开列如下：皇三起管饭壹天，张宗周管饭壹天……"①可见，在金妆神像的过程中，全村人在轮流管饭，每家每户一天。也有由一家或几家全部包下来的："张养清、张养济、张养廉各包匠人酒饭全管。"从这里可以看出修庙还给工匠喝酒。管饭和捐工一样都是无偿的劳役性质的捐输。这种情况越到后来就越少出现，不过至少到嘉庆仍然有这种情况："管饭：郭有全、张景障、张景庞、张景林、王有治。"

（二）社费与地亩摊派

1. 社费或者地亩钱的性质与数量

社费也可以叫社钱。社费或者社钱是村社每年向村民收取的费用，一般用于唱戏等公共活动的支出。社费非常重要，西栗庄民国二十六年（1937）有《整理社事节俭社费碑记》，是专门规定社事和社费的规约碑刻，后面还会详细讲到。村社一般每年都有社费的缴纳，通常也是按照每家每户拥有的土地数量，也就是地亩的数量出资的："二十二年至二十六年积余地亩钱贰百柒拾千文"②，五年时间内缴纳的地亩钱其实就是社费。这是一种日常的长期费用。这些钱主要用于唱戏、庙宇日常管理和其他社事活动的费用。缴纳社费可以说是每个村民或社民的一种义务，如果不履行这种义务也是需要补缴的，董寨关帝庙中有一块碑文就是叙述这种情况的："余幼年家贫在外时多，在家时少。每逢社、会□历年花费，家中妇女因财政困难未及送到。谈社首等因余常不家，未曾讨要。因循至今二十余年。余年今八旬有余，前途有日。是以□□友戚到局，会同社首将此事公全办理。今余取出银洋壹百伍拾元，暂以地抵押作抵。多年社费，□□神时，客以作了事。自此之后，永敦和好。无论社中征收粮秣、社费，应时随众推缴。"③

社钱究竟要交多少呢？石墼道光重修碑文中有这样的记录："择日开

---

① 无题名碑（金妆圣像），康熙五十五年，现存高平河西镇南庄关帝庙。
② 《增修舞楼厢房看楼并修缮各殿碑记》，道光二十七年，现存高平河西镇北岭村关帝佛庙。
③ 无题名碑（罚款碑），民国二十年，现存高平米山镇董寨村关帝庙。

工，花费不足，又□廿□年秋报以地亩派定，每亩八十文收起，前后二年一切收社钱。"①这里记载的标准是"每亩八十文"，这个数量应该还是不少的。不过这个记载是修庙期间的地亩钱，而且是在秋收以后征收的，这不一定能代表日常地亩钱的数量。社费或者地亩钱的数量可能在不同时代和区域也会有所不同，不过大体上差异应该不会很大。

2. 止戏收谷

在准备修庙的时候会提前几年停止村社各项开销，而将每年地亩钱积攒下来，这就是通常所说的"止戏收谷"。止戏收谷是极为重要的一种经费来源方式，在有些庙宇修建活动中，这种经费来源是占据主导地位的。其实质是通过压缩日常村社活动经费，经过多年的积累来完成规模较大的社事活动。例如："本村四方一时并起，且数年止戏收谷，而赀费少蓄。"②这类例子很多，不再一一罗列。有证据表明村社在停止唱戏的时候并不是完全停止祭祀活动，而是代之以更为简单一些的方式："更兼庙僧善镜亦虔心起造从中周旋，于是停演戏而雅赛田祖，按履亩而积聚钱财。"这里所说的"田祖"是神名，被认为是始耕田者，《诗·小雅·甫田》："琴瑟击鼓，以御田祖。"《毛传》说："田祖，先啬也。"或说田祖即神农氏。无论如何，村社会用一种更为简单的方式来祭祀。

3. 地亩摊派

除了上述这种压缩日常开支的办法之外，在修庙期间如果经费不足有时候也会按照地亩摊派，这属于每年缴纳的正常费用之外另加的费用："幸村中有数善人设法兴工，所有砖瓦、木石匠人工价照地亩起钱，共费钱三十千文。"③这里明确指出是为了解决修庙的料钱和工钱而进行的专项地亩摊派。再如："今三班维首公议，欲革故鼎新。奈工大费繁，一木难支，除按地亩摊收外，又赖遐迩善士勤助举义。"④这种情况很多，主要是解决一

---

① 《补修戏台西耳楼庙内东西厦碑记》，道光二十六年，现存高平神农镇石墼村关王庙。
② 《重新改修关帝庙碑记》，道光十九年，现存高平北城街道王降村关帝庙。
③ 《重修关帝二郎庙碑记》，嘉庆二十一年，现存高平建宁乡张家村二郎关王庙。
④ 《补修各庙碑记》，民国十一年，现存高平建宁乡郭庄关王庙。

些尾款费用不足的问题，数量也不算很多："下剩花费按地亩摊派。"① 有时候不仅仅是收取地亩钱，还要按照地亩来义务出工，类似国家的劳役："于是编修缘簿，募化邻村及村中，善男信女解囊相助，以共襄盛举，得布施钱三百余串，并社中集余钱一百余串，不足则按地亩均收，仍不足又按地亩卜工。"② 再如："所有散工亦照地亩起。每亩地做一工，又排管匠人饭五家，长工二家，俱开于后。"③

（三）社产与社费的经营收入

1. 社产的基本情况

（1）社产的种类

社产是村社拥有所有权的财物，最主要的社产是土地，土地包括社庙的地基，也包括为了解决社庙日常费用而专门购置的社田。除了土地之外，树也是一种重要的社产，它常常作为土地的附属物："买地基一块内有槐树一株使钱拾仟文。"④ 井同样也是一种重要的社产，寨上关帝庙的诉讼案就是因为古井的归属权而与旁边的丹水村发生了纠纷。除此之外，庙里的各种家具、祭祀用具等也都是社产："至乾隆叁拾陆年，约计千有余金，除补修建墙，买地铺路，盘罩桌椅之外，尚有贰百金焉"⑤，这里的盘罩桌椅就是这一类的东西。

（2）社产的权利确认方式

社产和其他一切财产一样需要通过契约之类的文书来确认其所有权，社产的情况尤其特殊，因为它是整个村庄的公共财产。和一般的财产相比，它具有很强的公开性，因此，社产常常需要通过碑刻的形式来公开进行确认。如果是土地，一般都需要列明四至，常乐关帝庙有《关帝庙记社

---

① 《关帝庙募化小引》，嘉庆十五年，现存高平河西镇梅叶庄关帝庙。
② 《重修关帝庙碑记》，民国十六年，现存高平陈区镇大山石堂会关帝庙。
③ 《重修关帝二郎庙碑记》，嘉庆二十一年，现存高平建宁乡张家村二郎关王庙。
④ 无题名碑，民国十二年，现存高平东城街道小北庄关帝庙。
⑤ 《关帝会敬神乐输碑记》，乾隆三十二年，现存河西镇南庄村关帝庙。

地石》：">窑门口中地三亩五分，系东西畛，其地四至已勒右石。东池里上地八亩，系南北畛。其地四至：东至韩鉴，西至郭东永，南至草道，北至水河。"①

（3）社产的来源

社产的来源可能有很多种。第一种方式就是购买。第二种方式是村民捐施：

> 余村关帝庙北形势不齐，亦宜种树补其所缺。幸有成姓湖程、霖元者，村中之善士也。愿将其地施及社中，于是，树之以木，茂盛扶疏，虽非徂来之松，新甫之柏，亦足以悦目而赏心。②

这是为了种树专门捐地的情况。前面提到的寨上村的施井也是一个典型的捐施产生社产的个案。

上述成家山的材料也包含着社产的第三种来源方式，那就是村社自己种植或生产。主要是树木，树是重要的社产，很多修庙的经费都是来自卖树的收入，这些树虽然也有捐施的，但大部分是村社自己种植的。

第四种方式是抵债，朱家山关帝鲁班春秋大王阁就有这种情况：

> 朱三则故父在世揭使鲁班社银乙两一钱，□年有余，□□未交，自知理曲，将原分到石沙上坡根下空地基一所，兑等给鲁班社，永远为死业。四至开明：东至道，西至界石，南至水中心，北至坡根。四至以里听凭社内修理，朱姓不得混赖，指碑石永远为证。③

村民在无法偿还债务的情况下将土地抵债给社里，从而成为社产。不过这个例子不是村社，而是鲁班社。

---

① 《关帝庙记社地石》，道光四年，现存高平河西镇常乐关帝庙。
② 《关帝庙种树施地碑记》，咸丰十一年，现存高平米山镇成家山关帝庙。
③ 《鲁班春秋大王阁创修碑》，乾隆二十八年，现存高平三甲镇朱家山春秋阁。

第五种方式是抵偿罚款，康营东关帝庙的情况是如此：

> 村之东边有一人焉，曰：裕山姓张氏，因行为毛厕狡扯，被人报告至社，按村禁约处罚，伊无力交纳罚金，抵来毛厕一个以作罚款，是毛厕归东关帝会所管辖矣。是为记。①

村民因为违反了村中禁约而被罚款，无力支付就以茅厕来抵偿。

2. 社产的出卖

出卖社产是一种极其常见的修建庙宇的经费来源方式。大部分情况下，最常见出卖的社产就是树。为了保证卖树修庙的经费来源，同时也为了保护社产不流失不被破坏，村社一般都禁止随便砍伐树木，卖树钱必须用于村社的公共事务："一议境内四季不许在地内堎边打柴以及窃伐树株，违者，无论经谁查出，扭庙议罚。"②由此也会引发一些诉讼的案例，这里就不再赘述。碑文中出现的卖社产还有一些其他的特殊情况，例如"又入贴备并卖石灰钱伍仟零二十二文"③，这里的卖石灰钱是一项收入来源，明确来说应该是出卖社产，石灰的来源可能有两个，一个是村社自己生产的，村社组织生产的情况并不罕见，另一个是以前的余货，具体情况很难判断，但是这个石灰是社产无疑，否则不能出卖来作为修庙经费。极少数情况下也有卖房子的，"入卖房价钱叁拾三千文"④，房屋作为村社固定资产很少会出卖，这类情况不多见。

在特殊的情况下，当村社都是同一个家族的时候，家族的财产也就是村社的财产了，这个时候可以用家族财产作为修庙资金。前面提到过的河西关王庙以祭田的收入来维修关帝庙就是这种情况，出卖社产也有这种情况："奈社小力微，不能满意，因思合村一姓，公议将赵氏祖茔楸榆伐卖若

---

① 无题名碑（罚款碑），民国十七年，现存高平马村镇康营东关帝庙。
② 《关圣帝君庙重修碑记》，光绪十四年，现存高平寺庄镇伯方村西关帝庙。
③ 《重修诸神庙碑记》，道光二十三年，现存高平建宁乡郭庄关王庙。
④ 无题名碑（重修碑），光绪二十年，现存高平寺庄镇地夺掌关帝庙。

干钱，择于宣统二年七月间开工而补修之。"① 因为村中都是一个姓，因此可以将赵氏祖坟上的树卖了作为修庙经费。

3. 庙田收入

庙田是最重要的社产，很多关帝庙都有庙田，庙田的收入主要就是用来支付庙宇的日常费用。这种庙田比较普遍，王报村也有顺治时期的《关夫子庙田碑记》。下面还有这类例子。这种做法在很多其他地方都有应用，例如国家文庙有专门的学田，同治《高平县志》中详细记载了县城文庙学田的情况。

除此之外，庙宇的庙田还有一种特殊情况。河西关王庙以祭田的收入作为修庙资金来源："我镇旧有关帝庙一所，为袁氏之家庙，相传为祖宗讳绕龙所创建。祖宗绕龙者，乃前清康熙丙午科武举也。以家庙而俸圣帝殆，亦欲仿其忠义哉，又置祭田拾余亩，以为祀神祭祖之费，其筹划可谓深矣。"② 碑文中明确称此庙为家庙，其所说康熙武举创建关帝庙的说法非常详尽切实，应该也是可信的。祭田本来是家族中专门设立的家族公共财产，用于祭祀先祖时提供经费。这种祭田的情况比较普遍，高平北庄著名的明代郭氏家族就在北李村附近拥有祭田。河西关王庙的特殊之处是，其本身是家庙性质，因此祭田收入就被用来作为修庙资金。河西关王庙是因为其具有家庙性质，祭田也是属于家族的田产，因此祭田在这里就具有了庙田的性质。

有些庙不仅仅是在建成之后购置庙田来解决日常费用问题，甚至在建庙之前就先购置庙田。先解决庙宇的经济来源问题，然后再修庙，这种思路应该说是非常有道理的。"于是先置庙田、神龛等项，下余钱文，意欲增修。"③ 由此可见，庙田对于关帝庙是多么重要。

4. 庙田的所有权及其管理

关帝庙的日常管理者是庙宇住持，这些住持可能是僧道尼，但也可能

---

① 《补修关帝庙碑文序》，洪宪元年，现存高平寺庄镇小会沟关帝庙。
② 《补修关帝庙碑》，洪宪元年，现存高平河西镇河西村关帝庙。
③ 《增修本庙碑记》，道光十七年，现存高平东城街道段庄村关帝庙。

是俗家的信众。而实际上在大多数情况下，这些人都不是庙产的所有者，庙产的所有者是村社。咸丰十年东崛山的碑文中详细地记述了庙产转移的过程：

> 吾村关帝庙自修建以后即有住持僧，看守田粒所入，以为僧自用之资，道光十二年主持僧去矣，僧去之后，每年所收租子除纳粮之外，约可余三石有零，子母相权，积至道光贰拾叁年，本利共计钱肆拾伍仟玖佰叁拾文，此钱存到维首李永成名下，诸维首者于咸丰九年正月十五日同在庙中与李永成表算明白，本利共取出钱壹佰贰拾叁千文西庙修工花费钱肆拾叁千壹佰陆拾陆文，拨付灯棚会粮食钱叁拾千文，下余之钱皆系关帝会花费公项所积，仍充公用。①

当住持僧还在的时候，庙田的收入是由住持僧来管理支配的。住持僧走了以后，这部分款项的管理职责就转移到了维首李永成的名下。这一方面说明了庙田的所有者和其收入的所有者都是关帝会，另一方面也说明住持僧和关帝会的领导人都可以作为庙田日常经费的管理者。

但是，也不是所有的庙田都是属于村社或者关帝会的，窑栈的例子就是一个反例：

> 吾村关圣庙昔有住尼小广勤俭生息，增置河西平中地三亩。去后归俗，因诸君子同念一族之谊并无争碍情事。今俗家长门李佩基，侄德裕等，二门（李）秀基、（李）成（基）等互相争夺，业经兴讼，幸赖咸友处和，两门情愿将地归庙，以免异日争执之衅，当日完词，以及诸费，庙内共花过银拾叁两有零，同中言明自此以后地属关圣庙社地以为住持度日之资。与小广俗家等毫无干涉，永不反口，勒石为志。②

---

① 无题名碑（庙田碑），咸丰十年，现存高平马村镇东崛山关帝庙。
② 无题名碑（庙田碑），嘉庆二十年，现存高平米山镇窑栈村关王庙。

碑文明确说这三亩庙田是原来的住持尼靠自己勤俭所积累下来的。尼姑小广还俗之后，这片地就属于她俗家的亲戚。他们因为所有权上发生争议而愿意将地施舍给关帝庙。施舍本来就是庙产的来源之一。当庙田从小广俗家转移到庙上之后，庙产的所有权就发生了变更，成了碑文所说的"社地"。它既是庙产，也是社产。总的来说，庙产属于村社或者关帝会的情况更多，属于住持僧尼的情况较少。住持一般只是管理者。

任何管理都可能会出现问题，河西关王庙就是如此。前面提到作为家庙的河西关王庙以家族祭田收入作为修庙资费，但是，这种管理后来出现了问题："乃后世营理非人，每年除祀神纳粮外，悉入己囊，置屋□倾斜，栋梁朽败于不顾。"① 因为袁氏家族中的管理者中饱私囊，造成庙宇无钱维修的困境。

5. 社产和社费的利息收入

村社或者关帝会收取的地亩钱在不使用的时候会放出去借贷获取利息收益："村中有乾隆六年至十二年按人口地亩捐积谷石并连年所征利息，共得银陆拾肆两四钱柒分，社内用过。"② 一般来说，村社对于每家每户有多少土地，土地情况如何（土地的等级）等情况都是非常了解的。但是和国家税收一样，一定有人试图瞒报地亩数字，企图少交费用。对此，社规一般都有严格禁令："一议自领桑种之时，如有隐匿地亩，务按报名多寡，按亩数领栽。如仍蹈故辙，日后查出，不惟有事社中不管，仍然公同议罚。"③

最常见的社产经营方式是将日常收取的社费放贷，然后获取利息，类似的情况很多，朱家庄嘉庆重修关帝庙中有"旧账出放本利共银贰百两"④。可见是原来剩余款项长期放贷之后的收益，本利合计二百两。这些社费的来源一般就是平常年份里的地亩摊派。"村中有乾隆六年至十二年按人口地

---

① 《补修关帝庙碑》，洪宪元年，现存高平河西镇河西村关帝庙。
② 《重修关帝庙高禖祠碑记》，乾隆三十七年，现存高平陈区镇迪阳后庄关帝高禖庙。
③ 《大社永禁桑羊碑记》，道光十四年，现存高平河西镇义庄村关帝庙。
④ 无题名碑（修观音阁碑），嘉庆二十一年，现存高平河西镇朱家庄关帝庙。

亩捐积谷石并连年所征利息，共得银陆拾肆两四钱柒分，社内用过。"① 这是六年的地亩钱的本利合计。

　　以上这些材料无法计算利率，有的材料能反映社费放贷以后的利率，利率的记载各不相同。常乐碑文中直接记载了利率是一分行息："踰三载，众始公议停会若赛，而计□收粱之例，亦兴每岁存钱，俱系张公宏声、□公蟠瀛二公经理，一分□（行）息。"② 西南庄的记载则是一分五厘："吾村曩请会一局，名曰立成，缘公雇乡约而足见也。迄会终，除雇乡约及补修各庙公费外，余钱肆拾千文，给村人吴松声等八家分使，按壹分伍厘出息，以为久雇乡约费耳。"③ 值得注意的是这里是贷给个人使用的，这种情况不太多见。贾村的记载则高达三分利："以为敬神如在之定例，本年划费银下余阴，公议纠首经理出放，三分行息，留本常存，得利每年与帝君献盘献戏。"④ 还有一些没有直接记载利率，但是可以大致做一些推算。"乾隆十九年姬诚和取石施银贰拾两，此银至三十年本利得钱捌拾肆两六钱贰分。"⑤ 这个利率是比较高的，达到了两分多。另一条和庙产有关的材料也可以看出利率水平："吾村关帝庙自修建以后即有住持僧，看守田粒所入，以为僧自用之资，道光十二年主持僧去矣，僧去之后，每年所收租子除纳粮之外，约可余三石有零，子母相权，积至道光贰拾叁年，本利共计钱肆拾伍仟玖佰叁拾文。"⑥ 道光十二年到二十三年共计十一年时间，每年三石多粮食，十一年以后共计 45930 文。以上利率的记载从一分到三分不等，可能因为时间、借贷对象和用途等因素不同而有所不同，值得进一步研究。

　　只要有借贷发生就会有积欠账目的情况，"入旧欠账钱捌串贰百叁拾文"⑦，这应该就是以前放贷没有收回而修庙时候收回的情况。这种记载反过

---

① 《重修关帝庙高禖祠碑记》，乾隆三十七年，现存高平陈区镇迪阳后庄关帝高禖庙。
② 《增修关帝庙碑记》，嘉庆二十五年，现存高平河西镇常乐关帝庙。
③ 《复成会终碑记》，道光十四年，现存高平东街道西南庄结义庙。
④ 《新创关圣帝君庙碑记》，乾隆三十四年，现存高平寺庄镇贾村关帝庙。
⑤ 《借用墙垣分明碑记》，乾隆三十年，现存高平陈区镇大山石堂会关帝庙。
⑥ 无题名碑（庙田碑），咸丰十年，现存高平马村镇东崛山关帝庙。
⑦ 《创修关帝阁碑序》，咸丰四年，现存高平北城街道王寺西王寺关帝阁。

来说明村社在持续地进行着社产的经营活动,因此才会产生积欠账目。无法收回的借款除了可以慢慢归还之外,还可以用地来抵债:"朱三则故父在世揭使鲁班社银乙两一钱,□年有余,□□未交,自知理曲,将原分到石沙上垅根下空地基一所,兑等给鲁班社,永远为死业。四至开明:东至道,西至界石,南至水中心,北至垅根。四至以里听凭社内修理,朱姓不得混赖,指碑石永远为证。"① 这也是社产来源之一。

(四)摇会

摇会,也称合会、拔会等,但是在高平地区的碑文中大部分称作摇会,因此,这里使用摇会这个名称。摇会实际上是一种为庙宇修建活动筹集经费的方式。相关的具体情况在本章第四节中详细介绍。

(五)管理服务收费

村社所承担的管理服务是多种多样的,这些服务一般都不是免费的,这类收入一般被统称为"灯油钱"。

1. 牙行服务

高平地区蚕桑业发达,在很多村里都有所谓"茧用"的收入。这个收入的实质是牙行的收入,其全称是蚕茧牙用。郭庄关王庙顺治《茧用入社》碑中详细地记载了这种称作茧用的牙行收入从里甲转移到村社的过程。

> 兹村素有平衡蚕茧一行,原为增饰神事之资,无何迁延日久,被里老什排恂称入社,各分而为自私之利,其□莫息问,有乡耆郭景隆等,目击心伤,非今是古,欲为长久之计,于是□请村众聚庙调处□蚕茧牙用,尽系入社,众悉唯唯,遂于本县范县翁案前□领帖文阜造官,称里老什排不得仍前擅自称收,许主神二人,社首二人,总催一人,每年轮流管理,或补葺庙宇,或增置器物,或别神事之用,谁曰

---

① 《鲁班春秋大王阁创修碑》,乾隆二十八年,现存高平三甲镇朱家山春秋阁。

不宜？①

对于茧用的管理有一套相当完备的制度，包括"主神二人，社首二人，总催一人"，而这些茧用费用主要就是用于庙宇的日常管理以及兴建庙宇等活动。茧用的情况在高平关帝庙的修建中还有其他一些例子。康熙二十四年寺庄关帝庙碑文中有蚕茧会施钱的记载，这里的蚕茧会可能也和某种牙行有关系。下马游三义庙乾隆七年的重修中有"又收茧用银并远口木头银房价银二十三两一钱八分"②。

2. 解决信用关系

村社在进行日常的管理过程中，也是会收取一定费用的。这也成了村社修庙活动中一个收入来源，虽然量很少，但却是一种重要的类型。西南庄乾隆时期因为借贷活动中缺少借据而在关帝庙中立碑的事情就是收费的，人们并不能随便在村社所管理的庙宇中立碑，要立碑是要付费的："于是，因失约三纸，立碑勒石于庙廊之下。且情愿罚到本社结义庙布施银贰拾两，以为庙中公用之费。"③二十两的数目在当时来说还是相当多的。这次事件中借款数目一共也不过是一百四十两，二十两的费用占了七分之一。

3. 调解矛盾

王寺西王寺咸丰四年创修关帝阁的修庙经费中记有"入李英赔佃李兴，灯油钱伍拾串"④，这里赔佃的具体情况不得而知，不过应该是村民之间发生争执由大社调解之后收取的费用，不过这个数额应该说是相当大的。如果村民因为一些事情要到社首那里告状，需要社首出面调解，也是要出一部分费用的。

---

① 《补修各庙碑记》，民国十一年，现存高平建宁乡郭庄关王庙。
② 《重修三义庙碑记》，乾隆七年，现存高平原村乡下马游三义庙。
③ 无题名碑（信用碑），乾隆三十九年，现存高平东城街道西南庄结义庙。
④ 《创修关帝阁碑序》，咸丰四年，现存高平北城街道王寺西王寺关帝阁。

4. 资助（借贷）村民

一般来说，村社的社费应该是不大用于向村民借贷的，但是也有这种情况发生："伯祖欠会银一□正，出银□两清讫。"① 碑文上的数字不很清楚，大概来说，这里的伯祖一定是本村村民，他所欠会里的钱再归还时应该是支付利息的。西南庄也有这种情况："吾村曩请会一局，名曰立成，缘公雇乡约而足见也。迄会终，除雇乡约及补修各庙公费外，余钱肆拾千文，给村人吴松声等八家分使，按壹分伍厘出息，以为久雇乡约费耳。"② 这里明显是将这些会费借贷给了八个村民使用，然后收取利息。这里的会应该是负责关帝庙日常管理的关帝会，关帝会借钱给村民有资助村民的意义，同时也成了关帝会的一部分收入。朱家山关帝鲁班大王阁也有个人借贷的情况："朱三则故父在世揭使鲁班社银乙（一）两一钱，□年有余，□□未交，自知理曲，将原分到石沙上坡根下空地基一所，兑等给鲁班社，永远为死业。四至开明：东至道，西至界石，南至水中心，北至坡根。四至以里听凭社内修理，朱姓不得混赖，指碑石永远为证。"③ 不过，因为这个阁庙是鲁班社修建的，当时的借贷主体还是鲁班社。

5. 维护治安和风气

在禁赌等活动中，如果发生争执需要扭送到官府的，社里也需要收取费用："凡赌博不遵罚者□□□（系）□送□□者之费用执年首事按地亩收钱。"④ 这种禁赌的行为既可以说是一种管理的活动，也可以说是一种服务的行为，无论如何对其定性，村社从事这项活动是要从当事人那里收费的。举报了这类行为的人也可以得到一些好处，这也是悬赏缉拿一类的手段在村社管理中的应用。

6. 罚款

和禁赌之类的活动类似，当村民违反了任何村规民约而被罚款都需要

---

① 《重修关帝庙高禖祠碑记》，乾隆三十七年，现存高平陈区镇迪阳后庄关帝高禖庙。
② 《复成会终碑记》，道光十四年，现存高平东城街道西南庄结义庙。
③ 《鲁班春秋大王阁创修碑》，乾隆二十八年，现存高平三甲镇朱家山春秋阁。
④ 《禁赌碑记》，乾隆三十年，现存高平米山镇河东村关帝庙。

向村社缴纳罚款，这些罚款也可以作为庙宇修建的收入。"村之东边有一人焉，曰：裕山姓张氏，因行为毛厕狡扯，被人报告至社，按村禁约处罚，伊无力交纳罚金，抵来毛厕一个以作罚款，是毛厕归东关帝会所管辖矣。是为记。"① 在这个例子中，关帝庙是没有权力收取罚款的，村社收取的罚款抵押物赠送给了关帝会。

原村关王庙发生了这样一个事件："本因庙南有小市房一座，东西南北各有地界，惟南至照壁后滴水与李葆墙界相连，李葆年幼一时，冒昧将此房租钱存于永庆号钱五十千文，道光十三年□修补房屋，又侵占小市房照壁滴水，社友当此此唱彼和，□名责实，房屋基址，并应得租资与李葆□中面讲，李葆默□自安口舌，是非公议。李葆得过房租大钱五十千文理宜取出，侵占照壁滴水应罚大钱五十千文，李葆欣然遵命，二共钱一百千整。日后社中修理，李葆将滴水即速退出，不□迟拖。"这个事件最后以退出租金并且罚款结束，这些租金和罚款都成了村社收入的一部分。

7. 巡秋

"巡秋"是一种重要的收入来源，在很多碑文中都有出现。庄子碑文中还出现了"镇秋"和"镇秋社首"的说法，应该也是指巡秋而言的。巡秋和华北地区研究中被很多学者提出的"看青"实际上是同一类的活动，就是在秋收的时候防止出现失火、盗窃等意外，以确保收成。从碑文中可以看出巡秋至少在同治年间就很普及，并不是民国时候才开始出现的。巡秋的收入主要来源于巡秋者的薪金："万思无策，惟于巡秋服务，可作生财之本，使所得薪金概充公。囊日积月累聚蚊而成雷；锚贮铢蓄，集腋而成裘。如是可为有生财之道。"② 碑文中明确将之称作服务。每家每户都有巡秋以确保收成的需要，这个工作最终由村社组织人来完成，这样每家每户就需要给村社的服务支付一定的报酬，这部分报酬就成了村社的收入。巡秋实际上是村庄集体事务，其收入最终也应该用于集体事务，因此将巡秋收入用

---

① 无题名碑（罚款碑），民国十七年，现存高平马村镇康营东关帝庙。
② 《补修观音阁碑记》，民国十四年，现存高平河西镇杜村关帝庙。

于修庙是最合理的。巡秋一般是由村社组织人来进行的，庄子关帝庙重修碑记中列出了巡秋人的名字："巡秋十年：王金福、邢铨三、邢凤三、王金声、邢玉柱、邢金、王全江"①，共计七个人。六七个人是巡秋的具体执行团队常见的规模："与罗贵牛公巡秋六人等计议彩画，金曰：'善。'遂积巡夏秋之工价钱二十五千文"②，碑文中提到的罗贵牛等六人应该就是巡秋的具体执行人或者负责人，之所以要商议就是因为巡秋收入实际上应该是这些人的薪金，就此而言实际上具有捐施性质，但是巡秋毕竟是为了集体利益服务，因此将之用于修庙是很合理的。巡秋的经费并不是很多，因此和止戏收谷的情况一样，也常常需要多年的积累才行："入王金声等巡秋十年余资钱二百一十千文、入邢克让等巡秋五年余资钱一百零五千文、入邢大通等巡秋五年余资钱一百零五千文"③，这是长达二十年时间中一共三代人巡秋的收入积累下来用于修庙的案例。和其他的村社资产类似，巡秋收入也要放贷出去来获取利息："遂积数年巡秋之价，本利凑聚钱若干。"④

8. 什排工钱

回沟民国时期修庙过程中什排工价是一部分收入来源："幸有田逢春先生者素□岐黄，热心公益，纠同首事八人等立志不苟，蓄意重修，若无其资因庙内有田数亩，每年所收之稞与每年什排之工价，义不忍卖，日积月累，由少成多，庙之克成厥功实基于此。"⑤什排是和里老类似的概念，常常与里老连起来说"里老什排"，里老是里的管理者，也可以叫作里正之类的，什排则是甲的管理者，也就是甲头。和乡约之类的人一样，里老什排的工作看来也是要向村民收费的，当村社兼任里老什排的工作的时候，什排的工价钱就可以归到社里面，作为庙宇修建的资金来源之一。这和巡秋是类似的，都是将村社执行的某方面的管理服务职能的正常收入转移到支

---

① 《补修殿宇以及创修看楼碑记》，同治五年，现存高平南城街道庄子村关帝庙。
② 《重修舞楼碑记》，同治五年，现存高平马村镇康营东关帝庙。
③ 《补修殿宇以及创修看楼碑记》，同治五年，现存高平南城街道庄子村关帝庙。
④ 《重修舞楼碑记》，同治五年，现存高平马村镇康营东关帝庙。
⑤ 《回沟村补修关帝庙创修舞楼碑记》，民国十五年，现存高平寺庄镇回沟村关帝庙。

付庙宇兴建活动上。

（六）其他较罕见的经费来源

此外，也有几类比较罕见的经费来源，详述如下。

1. 借贷

修庙活动中用借贷方式筹集经费是不常见的情况，但是碑文中也有出现。咸丰时期，王降重修舞台的过程中就有借贷："入河南布施带揭项借钱三百四拾仟零六百三拾文"①，按碑文的说法这部分借款大概是从河南借贷的，这证明庙宇兴建活动中不仅有外省布施，还同时存在外省借贷。与入项中的借贷相对应的是出项中归还本利的记载："出还揭项本利钱五拾八仟文。"② 碑文中没有说明本钱和利钱分别是多少，此次修庙总时长为七年时间，按照当时民间借贷的通常利率来说，以一分利计算，七年总利钱大概为本钱的70%，本钱大概为三十四千文。此次修庙总经费为"七百八拾三仟二百五拾四文"，三十四千文占此次修庙总经费的比例不足5%。由此可见，用借贷的方式来修庙，用社费来进行偿还，这种做法只是通常修庙经费来源的一种补充，不是主要的方式。

2. 经营矿产等手工业收入

石壑村道光二十一年重修碑文上出现了矸窑和工的收入记载："前存钱一百一十一千文，矸窑共收钱一百八十五千四百七十四文，工共收钱二百九十六千四百七十四文。"③ 这里的矸窑究竟生产什么还需要进一步考证，但是一定是某种矿石，按照碑文上的说法，这里的矸窑显然不是捐款，而是村社自己经营的窑的收入。这应该是村社自己经营的商品出售的收入。"工"这一项不知是哪一种工，但一定是某种劳务，是村社对外服务的收入。类似例子还有响水坡无纪年的碑刻上最后有两项收入："入搓掘会钱肆

---

① 《重修舞楼碑记》，咸丰七年，现存高平北城街道王降村关帝庙。
② 《重修舞楼碑记》，咸丰七年，现存高平北城街道王降村关帝庙。
③ 《补修戏台西耳楼庙内东西厦碑记》，道光二十六年，现存高平神农镇石壑村关王庙。

十捌千文、入茧庄钱玖拾伍千文。"① 这里的茧庄和通常见得更多的茧用未必是一样的，茧庄有可能是村社经营管理的生产茧丝的经济组织。这里的搓掘会是什么不得而知，但是它应该不是一般信仰名义结成的会的组织，而是明显带有手工业生产性质的会，即便不是一种商号，也是一种行业组织，推测其可能和纺织或者矿冶有关系。以上的搓掘会和茧庄都不是以捐款的方式来为村社捐钱的，而是直接以入钱的方式出现，这表明两个组织与大社关系极为密切，很可能就是村社兴办的手工业性质的组织。

3. 出租房屋

康营东关帝庙中出现了以租赁房屋的租金作为修庙资金来源的情况："入板店赁房及店房钱三十五千文……入关帝庙屋土钱七千文。"② 这种情况也比较少见，和上述矿产等手工业收入和劳务收入相比，这个收入属于财产性的收入。寺庄关帝庙光绪重修碑记也有租房收入："入布施钱贰佰陆拾千文、入圣贤会余钱贰佰伍拾千文、入卖谷余利钱伍拾柒千文、入历年房租钱柒拾肆千文、统共入钱陆佰肆拾一千文。"③ 就寺庄关帝庙的位置来说，这里所说的租房收入很可能是指出租沿官道旁边的店铺的收入。这种类型的村庄一般都是商业比较发达的村庄，租房者一定是外来人口，而且大部分应该都是在村中租房从事手工业或者商业贸易活动的。

（七）关帝庙日常管理经费来源

原则上，庙宇日常祭祀和管理的经费以及庙宇修建的经费来源是一样的，但是又有一些特色。对于村社管理的关帝庙来说，庙宇日常费用就是村社日常花费的主要部分，两者是合并在一起的，社费和地亩钱之类是其主要经费来源。除此之外，高平地区关帝庙日常管理费用还有一些比较有特色的经费来源。

---

① 无题名碑（捐款碑），无纪年，现存高平三甲镇响水坡关帝庙。
② 《东关圣帝君庙补修碑记》，民国十四年，现存高平马村镇康营东关帝庙。
③ 《创修舞楼暨耳楼碑记》，光绪八年，现存高平寺庄镇寺庄村关帝庙。

1. 庙田收益

庙宇日常管理费用最常见的来源就是庙田的收入，下面是一则典型的例子：

> 庵观寺院之设所以奉神明崇祀典也。宜肃静□□□（不宜烦）嚣，然必得住持以任之，而后□（清）有所归，顾有住□（持）□而无土田以结其日用，则亦不能久存，是□乎？□□越者之经理焉。吾乡旧有□□□（关圣帝）君□□废旧甚□□因三月在庙敬神，纠首□□，是庙□二年无住持，势必圮毁，公议请住持以守□，虑无养恋，纠首等劝善捐赀。新买得永远契地三亩五分。其地四至，东至坡，西至坡，南至郭姓，北至坡。又典契地三亩，共计六亩五分，以供住持衣食之需，使之洒扫殿宇，防守庙门。庶得常肃静而免烦嚣，永照尊礼神圣之意。至于加增地亩更令赡足，□（必）不能无望于后之积善缘者，是为记。①

碑文虽然有些漫漶，但是意思很清楚。对于购置庙田的目的，碑文中说得很明白，要解决庙宇日常管理问题就要有住持，没有住持，庙宇就会很容易损坏："二年无住持，势必圮毁。"而要请住持就要有费用，否则住持也待不长久："顾有住□（持）□而无土田以结其日用，则亦不能久存。"为了解决这个费用的问题就要购买庙田。

2. 修庙余钱放贷生息

修庙过程中募集的经费不一定能够完全用完，如果有了余钱，这些余钱就可以用来放贷收息："因立一会曰春秋会以供春秋之祭也。又奉水、火、财神位于左，移奎星像于右，持簿募资，共襄盛举，共得金贰百余贯，始得庀材鸠工，易旧为新，除费余钱四十贯，出息以为永久之祭计。"② 这次

---

① 《关帝庙碑记》，乾隆五十七年，现存高平河西镇常乐村关帝庙。
② 《重修春秋阁碑记》，光绪二年，现存高平北诗镇拥万村关帝文昌阁。

重修关帝阁过程中剩余的四十贯钱就通过生息的方式来解决日常祭祀的费用问题了。凤和关帝庙道光重修完之后也有类似情况："今村中有关帝庙一所，由来久矣，自道光年间尚义会重修，工程未竣而钱文不继，事几中止。于是又请结义会一局，劻襄赞助以济其美，而始告成焉。功成之后，余钱若干，出放生息，为每年祭祀之需。"①

3. 成立摇会

大部分摇会都是因为修庙而成立的，但也有一些摇会成立主要是因为要解决庙宇日常管理经费问题："兹村帝君庙历有年所而明禋之礼兼欲求备，奈赀财不裕，终贻临渴掘井之议，信士皇甫加宝等倡议捐资储为祭享之费。"②这个摇会的成立主要目的就是解决关帝庙祭祀的日常费用。这种类型摇会数量不多，这是因为庙宇日常管理经费需要不大，一般没必要专门成立摇会，南庄这个摇会实际上功能很多，并不仅仅用来解决日常费用，还捐助村庄中各种公益事业，它实际上是依托于关帝庙的一个民间性相对独立的筹款组织。

二、村庄经济收入的结构类型

上一节介绍的资金来源种类繁多，各种资金来源组合在一起，共同完成经费筹措的工作。特别是在清代中期以后，资金来源的构成日趋复杂（见表4-1）。本节介绍这方面的一些主要类型。

（一）总体的情况

晚明前清时期很多庙宇的兴建工程完全是由一个家庭或者家族来独立承担的。万历三十七年南王庄关王庙的重修就是完全由城西南里二甲的王姓家庭出资的："城西南里二甲施主：王云龙，妻李氏，弟王云凤，妻程

---

① 《补修关帝庙碑记》，光绪二十九年，现存高平东城街道凤和村关帝庙。
② 《关帝会敬神乐输碑记》，乾隆三十六年，现存高平河西镇南庄关帝庙。

氏，男王之鼎，王之钰，王之玺，故父王添禄，见堂母秦氏。"① 唐东嘉靖时候重修关王庙和南王庄非常类似，也是由家庭捐款修建的。前面多次提到的大山石堂会也是这方面的典型例子，从天启创修到康熙之前基本上都是姬氏家族一直在修建维护关帝庙的。拥万关帝文昌阁、迪阳关帝庙等，也都是这种情况。这种类型的关帝庙到了清代中期以后就逐步归社所有了，关帝庙修建的经费来源也逐步地多样化，不再由一个家庭或家族来承担。

一些规模比较小的补修仅仅依靠本村捐款就可以解决资金问题，这时候资金构成也非常简单，仅有本村的捐款或者地亩摊派。例如王降关帝庙咸丰元年到四年重修舞楼的过程中采取了止戏、社首捐款、外出募化商人捐款等很多手段解决资金问题。舞楼修好之后需要彩画，这时就没有再去外省募化，而仅仅由本村村民捐款解决，碑文中说："木石之工甫毕，丹青□□难营，故欲□□以收钱，而村人告困，欲延年以积聚，□岁□□还□□社维首及村积善之家，酌家之厚薄，钱之□（多）寡，以完绘画之工云尔。"②

以综合的方式筹款一般都发生在清代中期以后。在不同的个案中，各种经费来源比例差别极大，大体来说可以分为几种类型，下面分别以具体的个案为例来说明。

表4-1　关帝庙兴建活动的资金来源构成

序号	关帝庙名称	兴建时间	资金来源	商人捐款情况
1	西李门关王庙	嘉靖五年	捐资	
2	上沙壁关王庙	万历三十二年	地亩均摊	
3	迪阳关王庙	万历三十二年	捐资	
4	大山石堂会关帝庙	天启三年	姬仕书家族	疑为商人家庭
5	大山石堂会关帝庙	顺治三年	姬氏家族	疑为商人家庭
6	迪阳关帝庙	康熙十八年	捐资	
7	寨上村关夫子庙	康熙四十五年	募化信士钱粮	

① 无题名题记，万历三十七年，现存高平北城街道南王庄村关王庙。
② 《重修舞楼碑记》，咸丰七年，现存高平北城街道王降村关帝庙。

续表

序号	关帝庙名称	兴建时间	资金来源	商人捐款情况
8	大山石堂会关帝庙	康熙四十七年	捐资、助工	
9	西李门关王庙	康熙五十一年	捐资	
10	拥万关帝文昌阁	雍正七年	唐姓家族	疑为商人家庭
11	永宁寨关帝庙	乾隆八年	会	
12	南庄关帝庙	乾隆十二年	捐资	
13	大山石堂会关帝庙	乾隆三十年	捐资	
14	迪阳后庄关帝庙	乾隆三十七年	捐资、地亩钱和利息	
15	宰李关帝庙	乾隆四十年	捐资	有商号捐款
16	北苏庄关帝庙	嘉庆六年	捐资	
17	北岭关帝庙	嘉庆十一年	地亩均摊，捐资	大量商号捐款
18	朱家庄关帝庙	嘉庆二十一年	合会、捐资、地亩钱	大量商号捐款
19	河西关王庙	嘉庆二十四年	捐资	
20	常乐关帝庙	嘉庆二十五年		
21	寨沟河关帝庙	道光四年	地亩钱	
22	冯庄大冯庄关帝庙	道光十七年	捐资	
23	北岭关帝庙	道光二十七年	钱谷会积余钱，捐资	有商号捐款
24	朵则关帝庙	同治十一年	捐资	有商号捐款
25	拥万关帝文昌阁	光绪二年	捐资、合会	大量商号捐款
26	迪阳后庄关帝庙	光绪八年	捐资	大量商号捐款
27	董庄关圣帝君阁	光绪二十八年	捐资、合会	
28	迪阳后庄关帝庙	宣统二年	地亩捐输	
29	河西关王庙	洪宪元年	捐资	有商号捐款
30	大山石堂会关帝庙	民国十一年	捐资、社中余钱、地亩均摊卜工	大量商号捐款
31	西李门关王庙	民国十一年	会钱、捐资	有商号捐款
32	姬家庄春秋阁	民国十三年	捐资、合作、合会	有商号捐款
33	常乐关帝庙	民国	捐资	

说明：（1）本表依据现存于高平地区关帝庙的实地调查和现存碑刻资料整理编制而成；（2）本表中资金来源根据实际情况做了归纳和整理，具体碑刻出处从略；（3）本表所使用的碑刻材料具体可参看《高平历史文化遗存调查资料汇编》。

（二）以摇会为主的筹款类型

摇会是依靠本村村民自己多年的积聚来获取资金的方式，它常常不是最主要的方式。在有些庙宇修建过程中，摇会成为最主要的资金来源方式，这种情况有两个特点：第一个特点是这种村里村社一般不是很发达，村社资金来源比较缺乏，在不借助外省募化的情况下也只能依靠摇会这种方式了；另一个特点是这种类型的庙宇兴建活动时间都会拖得比较长，因为摇会要积累到足够的资财需要较长时间，修庙时间也就被拖长了。

这一类型中最典型的即是凤和关帝庙的例子。凤和关帝庙道光时期重修的过程中基本上是靠成立摇会的收入："入来尚义会钱陆百零柒千壹百壹拾文，入来布施钱壹百陆拾叁千壹百文，入来结义会钱壹百壹拾千文，总共入来钱捌百捌拾千零贰百壹拾文。"① 这次凤和关帝庙的重修实际上只有两个经费来源，一个是本村布施捐款，另外一个就是两个摇会。前后两次分别成立的尚义会和结义会共计收入钱 607220 文，占了总数的 80% 以上。摇会的收入显然是最主要的资金来源了。凤和村碑文上看不到有任何村社的记载，这个村在晚明前清时期是一个家族势力比较大的村庄，入清以后也一直没有看到有村社的存在。关帝庙的修建过程中基本上都是依靠摇会来获取资金。

朱家庄嘉庆年间重修关帝庙虽然摇会作用没有凤和关帝庙那么明显，但是也起到了至关重要的作用，此次修庙的经费来源如下："府县乡镇捐赀共银贰百叁拾玖两，会友布施共银肆拾壹两伍钱，旧账出放本利共银贰百两，数宗总共入银壹仟叁百肆拾贰两，会事收拔共银肆百陆拾壹两伍钱，五年地亩积蓄共银叁佰柒拾伍两，朱长命布施贰拾伍两。"② 朱家庄修庙的资金来源实际上可以说有三类，一类是摇会的收入，共计 37%，第二类是地亩钱的积蓄，共计 28%，这两类收入实际上都属于长年累月累计的类型，

---

① 《关帝庙重修劝捐输姓氏碑记》，道光三十年，现存高平东城街道凤和村关帝庙。
② 无题名碑（修观音阁碑），嘉庆二十一年，现存高平河西镇朱家庄关帝庙。

只不过一个采取了会的形式，另一个则没有。第三类是外省布施，占 18%，只是起到辅助的作用。剩下的一部分实际上是以前的余钱出放以后的收益（见图 4-1）。从总体上来看，摇会在其中起到了重要的作用。

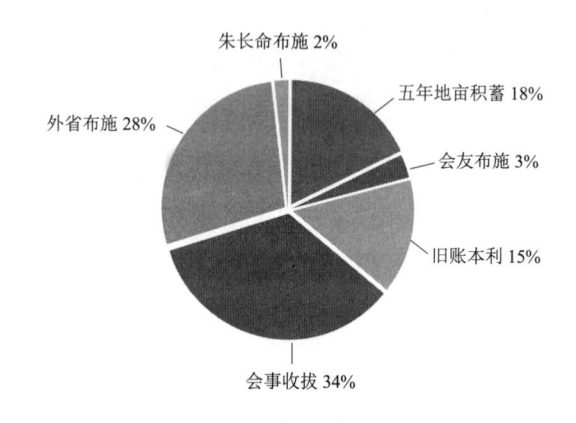

图 4-1　嘉庆二十一年朱家庄关帝庙重修经费来源比例图

朱长命布施 2%
五年地亩积蓄 18%
外省布施 28%
会友布施 3%
旧账本利 15%
会事收拔 34%

说明：（1）本图依据现存于朱家庄关帝庙中的嘉庆二十一年重修碑刻和对其实地调查整理；（2）本图百分比数字经过四舍五入的处理；（3）本图所用碑文资料见正文引文。

（三）以外省商人捐款为主

在关帝庙的碑文上常会见到很多外省捐款的商号和商人的名字，毫无疑问，外省商人捐款是庙宇兴建工程中的重要资金来源之一。以外省商人募捐为主要资金来源的村子是两个极端类型，一种是又穷又小的山区村子，村庄自身确实是村小力微，只能依靠外省捐款来修庙。另一种是商业很发达的村子，商人募捐非常方便，成本很低。

光绪二十年地夺掌重修关帝庙的资金构成是："入缘簿钱壹佰叁拾贰千一百六十文，入高禖祠钱贰拾九千零六百九十四文，入卖房价钱叁拾三千文，入来地亩钱五拾五千零七十文，以上共入钱贰百五拾千零四百廿四文。"[①] 缘簿钱共计 130 多千文，占了总数 250 千文的一半略多一些，这是

---

① 无题名碑（重修碑），光绪二十年，现存高平寺庄镇地夺掌关帝庙。

属于外省募捐占比较高的情况。

康营东关帝庙民国重修时外省募化比例基本与此类似:"入四方募缘钱三百五十二千二百五十文,入本村募缘钱八十七千有零,入东三社还来钱四十千文,入地亩钱一百三十一千七百,入板店赁房及店房钱三十五千文,入财神会钱三千文,入关帝庙屋土钱七千文。"①(见图4-2)

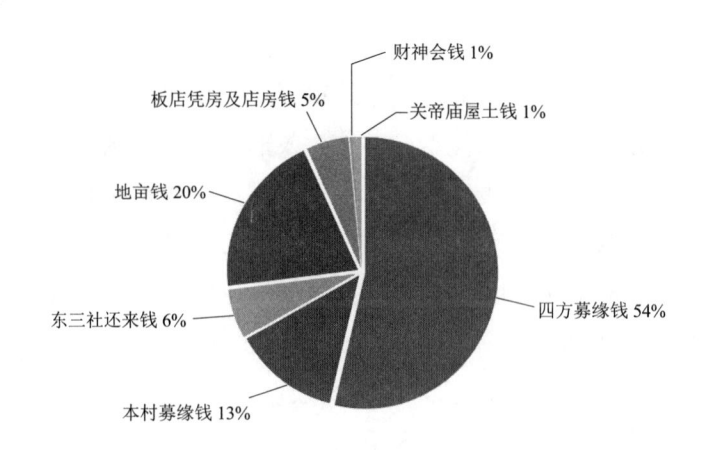

图4-2 民国十四年康营东关帝庙重修经费来源比例图

说明:(1)本图依据现存于康营东关帝庙中的民国十四年重修碑刻和对其实地调查整理;(2)本图百分比数字经过四舍五入的处理;(3)本图所用碑文资料见正文引文。

(四)以村社积累性收入为主

如果说外省募捐主要是靠出外经商的商人,那么止戏巣谷就主要是靠本村村民自己压缩日常开支了。止戏巣谷或者止戏收谷是重要的经费来源,王降关帝庙是这种类型的典型例子。王降村社决定修庙之后首先采取"止戏收谷"的措施来积累资财,经过多年积累完成修庙活动时的经费来源为:"入巣谷钱六百六十贰千一百四十六文,入外来布施钱三百壹十九千三百九十四文,入本村布施钱贰百五十贰千壹百文,入利钱

---

① 《东关圣帝君庙补修碑记》,民国十四年,现存高平马村镇康营东关帝庙。

八十七千三百文，入杂项添余钱三十三千九百肆十六文。"在这个经费构成中，除了村民和商人捐款外，一部分经费来自前面所说的"止戏收谷"的直接积累，另一部分是利息收益，这部分利息收益一定来自于社产的"发典生息"或者社费的直接借贷。本村和外来布施钱一共约占43%，其余一多半基本都是依靠本村多年积累的结果，也就是止戏粜谷的收入。（见图4-3）

庄子关帝庙的重修中绝大部分钱都来自村社积累性的收入："共捐银八十九两口合钱一百一十五千七百文，共捐钱七十九千五百文；社首入积成会钱三百千文；入王金声等巡秋十年余资钱二百一十千文；入邢克让等巡秋五年余资钱一百零五千文；入邢大通等巡秋五年余资钱一百零五千文；入众地亩内共妆钱三百七十千文；入按地亩拨工以千计合钱五百一十八千四百文；入秋社积谷三十八石口合钱七十六千文；入大社屡年余资钱五十千文；以上十宗共入钱一千九百二十九千六百文。"① 后面四项都属于积累性收入，共计占总钱数的53%左右，捐银和捐钱两项捐款合计仅占了10%，摇会和巡秋钱两项分别占16%和22%，从这些比例可以看出大社积累性收入是主体。多年以后民国重修中，粜谷收入仍然占主体："入缘布钱二百二十六千九百文，入地亩粜谷钱一千零四十一千八百二十九文，以上二宗共入钱一千二百六十八千七百二十九文。"② 地亩粜谷钱占了近80%。郭庄关王庙光绪重修也基本上主要依靠大社历年收入："共入大社钱一千一百一十七千三百七十一文；共入布施钱三百四十四千八百文；共入卖树木钱七十九千七百四十一文。"③ 其中大社入钱占了绝大多数。

---

① 《补修殿宇以及创修看楼碑记》，同治五年，现存高平南城街道庄子村关帝庙。
② 《补修关帝庙暨禅室碑记》，民国十八年，现存高平南城街道庄子村关帝庙。
③ 《重修关帝庙碑记》，光绪元年，现存高平建宁乡郭庄关王庙。

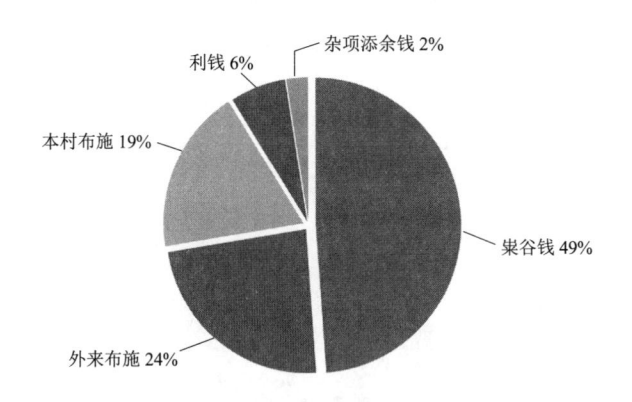

图 4-3　道光十九年王降关帝庙重修经费来源比例图

说明：(1) 本图依据现存于王降关帝庙中的道光十九年重修碑刻和对其实地调查整理；(2) 本图百分比数字经过四舍五入的处理；(3) 本图所用碑文资料见正文引文。

(五) 以村社的经营服务性收入为主要来源

止戏粜谷这个类型的收入来源主要是依靠将修庙资金转移到村民头上的办法来实现的，加收地亩钱更是会因为修庙而增加村民额外负担的做法。还有另一个方法就是村社依靠自己的经营和服务活动来获得修庙经费，这种活动既包括社产的出卖，也包括其他服务类的收费。和上面的区别就是它不再牺牲村民的利益来换取修庙活动的实现。

一般来说，社产经营不是主要的收入来源，但是有些时候修庙也有以社产经营为主要来源的，这种类型的社产经营大部分情况下都是卖树，卖树收益比较多，常常独自就可以支撑庙宇兴建。王寺西王寺咸丰四年碑刻上有："入本村布施钱贰拾肆串捌百文；入李英赔佃李兴灯油钱伍拾串；入来八音会钱拾叁串贰佰肆拾捌文；入大社积余钱叁拾叁串贰百捌拾文；入卖松树三棵钱陆拾陆串文；入外村布施钱拾捌串伍百文；入旧欠账钱捌串贰百叁拾文。"[①] 在这次修庙中，李英赔佃李兴灯油钱是属于村社服务性的收入，卖松树三棵钱是属于社产经营，基本都是由村社主导的收入类型。再

---

① 《创修关帝阁碑序》，咸丰四年，现存高平北城街道王寺西王寺关帝阁。

加上旧欠账钱基本也属于这种类型，除了这些村社经营收入之外，本村、外村和八音会的布施钱一共占了27%，不到三分之一（见图4-4）。回沟村民国时期修庙的构成如下："入缘簿钱四百二十八千七百七十文，入卖树钱一百八十二千三百文，入什排工钱一百一十六千八百五十文，□□（入粜）谷钱五十二千□（一）百四十文，入典地钱二百五十千文，入粮□钱七百九十千文，六宗共入钱一千八百二十千文。"① 缘簿捐款钱大概为23%，不到四分之一，其他四分之三多基本上全部都是村社经营性的收入。

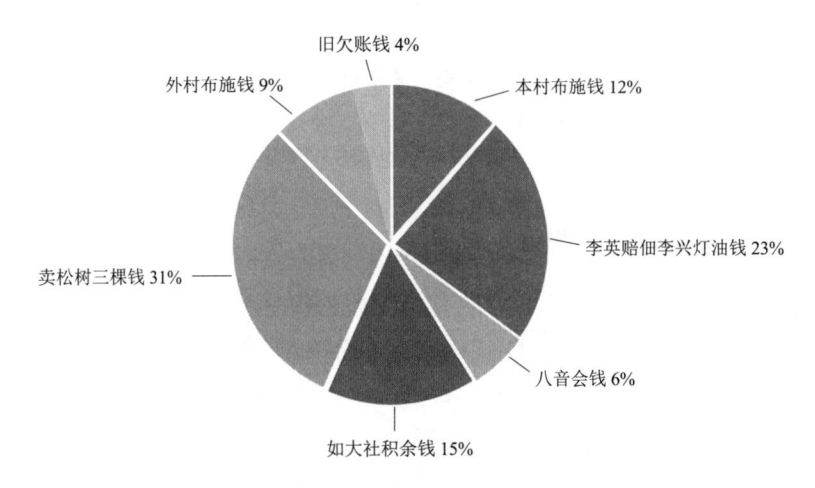

图 4-4　咸丰四年王寺西王寺关帝阁重修经费来源比例图

说明：(1) 本图依据现存于王寺西王寺村中的咸丰四年重修碑刻和对其实地调查整理；(2) 本图百分比数字经过了四舍五入处理；(3) 本图所用碑文资料见正文引文。

（六）综合类型

实际上关帝庙修建过程中还有更多各项收入，其比例基本差不多，没有哪一种有明显的优势。有些收入来源项目极多，非常复杂，从中可以看出村社组织功能繁多。

---

① 《回沟村补修关帝庙创修舞楼碑记》，民国十五年，现存高平寺庄镇回沟村关帝庙。

寺庄关帝庙光绪重修的收入来源包括："入布施钱贰佰陆拾千文，入圣贤会余钱贰佰伍拾千文，入卖谷余利钱伍拾柒千文，入历年房租钱柒拾肆千文，统共入钱陆佰肆拾壹千文。"①一共六十几千文中，大概三分之一是布施收入，三分之一是摇会收入，还有三分之一则是村社自身积累或者经营性的收入。

庄子关帝庙民国时候重修各项来源比例也基本差不多，没有特别突出的类型："入缘布钱一百零三千三百文，入社首镇秋之年积余钱二十二千文，入卖树钱四十六千五百文，入棠粮食钱三十六千五百文，入地亩□计合钱六十千零四百文，以上共入钱二百六十八千七百文。"②这个案例中缘簿钱大概占了38%，也即三分之一略多；棠粮食和地亩这种积累性的收入大概占了37%，也是三分之一略多；剩下的就是村社经营性的收入，三种资金来源各占约三分之一（见图4-5）。

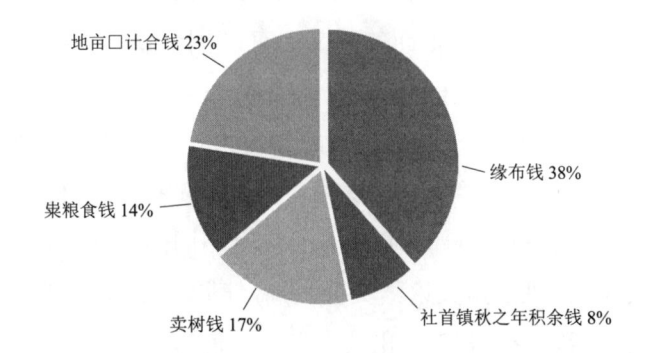

图4-5　民国九年庄子关帝庙重修资金来源构成情况图

说明：（1）本图依据现存于庄子关帝庙中的民国九年重修碑刻和对其实地调查整理；（2）本图百分比数字经过了四舍五入处理；（3）本图所用碑文资料见正文引文。

郭庄民国重修时的情况也是类似的，其资金构成是："入布施钱五百一十六串二百文、入地亩钱六百六十八串六百零一文、入杂款钱

---

① 《创修舞楼暨耳楼碑记》，光绪八年，现存高平寺庄镇寺庄村关帝庙。
② 《补建关帝圣庙暨禅室碑记》，民国九年，现存高平南城街道庄子村关帝庙。

一百九十二串二百九十文。"① 这里的杂款钱具体不详,但是基本上就是村社各项经营服务收入的累计,这样,布施钱和地亩钱总数差不多,都占了一少半,村社经营收入作为少量补充性收入。

三、灾荒对村庄经济收入的影响

现存关帝庙碑文中有不少关于光绪三年至四年(1877—1878)灾荒的记载,这次灾荒是华北地区发生的一次严重旱灾,对山西影响尤其巨大。由于1877年为丁丑年,1878年为戊寅年,因此史称"丁戊奇荒"。通过关帝庙中这些碑文的记载,可以看到丁戊奇荒对高平地区基层社会关帝庙兴建活动的影响。

丁戊奇荒影响到了一些原本准备完成的庙宇兴建活动,致使其无法完成而不得不延后。北朱庄关帝庙的碑文中有:"于光绪元年间,村中好善诸公□起关帝会一局,意欲积少成多,以为兴工之计,不料会未完而年遭大祲,延至今十有余年。光绪十三年春戮力同心,率作兴事,乘风雨之调顺兴土木之功程。"② 这里所说的"大祲"显然就是指丁戊奇荒,经过了近十年的恢复之后,工程才重新开展。几乎完全相同的情况也发生在凤和村关帝庙,碑文中说:"于是又请结义会一局,劻襄赞助以济其美,而始告成焉。功成之后,余钱若干,出放生息,为每年祭祀之需。不料至光绪三年时,遭荒歉将钱项废弃,及大祲以后,时和年丰,重为积聚,而钱项无多。"③ 同样是因为丁戊奇荒而导致摇会的失败。伯方西关帝庙的情况也是如此。

然而,大灾之年并不是完全没有庙宇的修建活动。朱家山村的鲁班关帝大王阁就是在光绪三年完成补修的,工程在光绪三年七月份结束,经历

---

① 《补修各庙碑记》,民国十一年,现存高平建宁乡郭庄关王庙。
② 《北朱庄关帝会创修西屋西北耳楼碑记》,光绪十四年,现存高平米山镇北朱庄关帝庙。
③ 《补修关帝庙碑记》,光绪二十九年,现存于高平东城街道凤和村关帝庙。

了一年多时间完成，这样，其开始时间应该在光绪二年初。其全部资费来源都是外地商人捐款，主要是开封和天津的商人捐款。由此可见，丁戊奇荒对于部分外地行商的商人影响并不是很大，在他们的鼎力支持下，商人故里的庙宇修建仍然还在正常进行。不过，这或许只是大灾荒开始时的情况，当大灾荒日趋严重的时候，庙宇修建毕竟受到很大的影响。到目前为止，在高平地区还没有发现任何一块光绪四年的碑刻，仅有光绪五年的两处，其中一处还是当时的县令捐俸修建骷髅庙，由于骷髅庙的特殊性，知县的这一举动可能和当时灾荒背景不无关系。光绪六年两块碑都是对丁戊奇荒进行反思的警世碑。与此相反，光绪二年的碑刻数量很多，仅关帝庙就有汤王头关帝庙、常庄关帝阁、拥万关帝文昌阁、杜寨关帝阁等五处，这表明丁戊奇荒毕竟对庙宇兴建还是产生了很大的负面影响。

商人捐款对于高平地区克服灾荒恢复修庙起到的重大作用从伯方西关帝庙看得更为明显："首事公议，终日流连，立会忠义，以待来年。会事未完，大祲忽至，人心星散。半途而废，此则前人之有志而未逮者。历有年矣，而后子弟仰承先志，尽力维持，乃完会事，小节虽起，大功未成，迟之又久，难定经营。群居或谓募缘求赀，造簿数块，捐金百余，增修舞楼，仅仅三楹，未至一月，工匠告成。"① 这次修庙在受到丁戊奇荒打击之后长期无法恢复，最后还是通过去外地募化的办法才解决了资费的问题。

在丁戊奇荒中，商人捐款支持了庙宇的兴建，反过来，通过庙宇碑刻的记载是否可以反映大灾荒对商号的影响呢？董庄关帝阁的情况可以作为参考。在光绪二年董庄三官庙的捐款中有不少商号捐款，但是到了光绪二十八年关帝阁就不再有商号捐款。这种差异是什么原因造成的呢？有可能是关帝阁修缮规模比较小，并没有必要外出募化，而三官庙是村中的大庙，两种修建性质不同。这种情形在碑文中也有很多反映。但是也有可能大灾荒对商号经营确实带来了很大的影响，以至于无力为村中庙宇捐款。

---

① 《关圣帝君庙重修碑记》，光绪十四年，现存高平寺庄镇伯方西关帝庙。

丁戊奇荒不仅仅使得原本计划的维修无法完成，在大灾荒中庙宇也无人做日常维护，所以损坏严重。灾荒过后，村民开始对灾荒中荒废的庙宇进行补修。董庄关帝阁碑文中描述丁戊奇荒过后关帝阁颓坏的情况："迄自光绪丁丑戊寅以后，兽脊滚落，砖瓦裂损，檩梁皆坏，遇雨淋漓，污泥堆积，满室亵渎，不可胜言。"① 光绪二十八年补修了关帝阁。这些材料就反映了灾荒过后的恢复重建工作。

第二节 关帝庙与村庄经济支出和管理

一、庙宇地基的获取方式与管理

（一）地基的来源

1. 购买或者捐施地基

关帝庙的扩展过程中常常会出现周围土地不属于庙宇而无法扩建的情况，这种问题的解决方法一般是买下这块地："置杨姓中地四亩五分，价钱五十五千文。"② 很多庙宇修建的花费中都有买地这一项。有的时候也可以劝说土地所有者捐施土地："乾隆三十二年正月十二日，西庙西山翅韩子兰情愿施地二厘四囗至五尺宽，其粮钱施主目封。"③ 到清代土地往往被分割到非常小来进行买卖或捐输，庙宇扩建买地基的过程可能非常复杂，要反复多次买很多小地块。

除了完全买地和完全捐地之外，还有一种折中的方法，一块地一部分买一部分捐。同样是上面的南庄关帝庙，在全部捐输的之外就有半买半捐的："乾隆三十一年十月十二日，西庙修后买皇甫君亨地一段三分四厘，受

---

① 无题名补修碑，光绪二十八年，现存高平北诗镇董庄村关帝阁。
② 《增修本庙碑记》，道光十七年，现存高平东城街道段庄村关帝庙。
③ 《关帝会敬神乐输碑记》，乾隆三十二年，现存河西镇南庄村关帝庙。

过二分，地价银七两，其一分四厘愿施西庙，二共粮银地主目封。"①其实这种方法是既能体现捐输的善行，同时还能给予原来地主一定的经济补偿，也是在长期的过程中逐步协商达成的一种方法。

2. 交换土地

也有的情况是土地交换，王降村关帝庙的位置比较特殊，位于一个小山坡上，周围非常狭隘，道光年重修时就遇到了没有土地来扩建的问题，这个问题是通过土地置换来解决的："迄于今代远年湮，屡经风雨飘摇，显著榱崩瓦裂，兼之祠宇浅隘，内面仅堪容膝，不便排列，展诚入庙告虔者咸有重修展拓之意，因基址不便均为束手，适值岁时伏腊，乡党萃处之期，谈及社事，有善念素存者情愿以己八十金之产兑换他人一庙之基，施社改移修理，形诸齿颊，众皆闻之，善心感发，以故兑换之家亦施基数尺，有力之辈更愿出多金，亦因众愿皆合，遂趁势周旋其中，急为修缘募化。"②从碑文来看，布施土地为两部分，一部分是村中善人用自己价值八十金的土地与庙旁土地做了置换，另一部分是庙旁土地的所有者也布施了一部分土地。这可以说是一个折中的办法，既完成了善举，同时又避免庙旁土地所有者损失太大。

(二) 围绕地基的争议与解决办法

大多数情况下，这类问题都能够妥善解决，但是当这些问题处理不好的时候则会引起一些不愉快的诉讼案发生，咸丰七年拥万关帝文昌阁的碑文中就记载了这样一件事情：

村之西北旧有关圣 (帝君)、文昌帝君神阁一座，近因宋太平直接神阁山扉滴水修建房屋，唐应瑞等拦阻以致控官兴讼蒙袁大老爷堂

---

① 《关帝会敬神乐输碑记》，乾隆三十二年，现存河西镇南庄村关帝庙。
② 《重新改修关帝庙碑记》，道光十九年，现存高平北城街道王降村关帝庙。

讯未结，今有乡亲等不忍伊等争讼，从公和处，姑念宋太平工已告竣，着宋太平命乐酬神，日后唐应瑞、仝侄松年、松生补修神阁，倘有伤毁宋太平房屋之处，宋太平各自补修，于唐应瑞等无涉。①

目前，紧靠着这个关帝文昌阁的院落仍然存在，现在还可以看到"直接神阁山扉滴水修建房屋"的情况，从碑文来看，宋太平修房屋是在建阁之后。出现这种争议的原因是阁庙没有清晰地明确其地基的范围，而阁庙这种建筑本来就是建在路当中的，它的位置就非常特殊。这种事情本来是可以妥善处理的，但是竟然发展到了去知县处诉讼的地步。最后的解决方案也是一种折中的办法。从这个例子可以看出，如果关帝庙旁边的地基问题处理不好就容易因此引起诉讼案来。

围绕地基发生的争议未必一定要通过诉讼解决，也可以通过社友协商解决：

本因庙南有小市房一座，东西南北各有地界，惟南至照壁后滴水与李葆墙界相连，李葆年幼一时，冒昧将此房租钱存于永庆号钱五十千文，道光十三年□修补房屋，又侵占小市房照壁滴水，社友当此此唱彼和，□名责实，房屋基址，并应得租资与李葆□中面讲，李葆默□自安口舌，是非公议。李葆得过房租大钱五十千文理宜取出，侵占照壁滴水应罚大钱五十千文，李葆欣然遵命，二共钱一百千整。日后社中修理，李葆将滴水即速退出，不□迟拖。②

原村关王庙的这次纠纷和上述拥万关帝文昌阁是类似的。最后通过协商得到了解决。侵占了照壁的滴水要退出，还要罚款。

---

① 无题名碑（诉讼碑），咸丰七年，现存高平北诗镇拥万村关帝文昌阁。
② 《补修东西看楼上盖并置西松领地碑记》，道光十五年，现存高平原村乡原村关王庙。

无论是以何种方式获得的土地一般都要通过立碑的方式来确认村社或者关帝会对其的所有权,碑上要写明四至。乾隆三十年大山石堂会关帝庙就有这样一块地基碑:

> 此房东墙原系姬发顺、姬芸之墙,社庙于乾隆三十年六月修盖此房,管工者姬发昌、宋乾、姬稳、姬诚和同合社人等礼请姬发顺、姬芸赴庙内言明庙内修盖房屋,借姬发顺、姬芸此墙修理,彼时姬发顺、姬芸□允,永无异说,嗣后年深日久姬发顺、姬芸若要重修房屋,此墙仍照旧基重修,此墙仍系庙内借用,不得更改,今恐无凭,立此借墙碑记永为存照。[1]

通过协商主要是确认了两个问题:一个是地基的范围的界限,不能侵占对方的地基;另一个是修理的责任归属。这和上面那个例子中的情况是很类似的。这类碑刻一般都需要在碑文中列明四至,上面这个庙最早创建时的四至情况是:"其地四至:东至水泉,南至石垚,西至道北,北至水河。又代制树凹地伍分,其地四至:东至山,南至埈,西至坡,北至山,共地三亩。"[2] 类似的包含四至的碑刻数量很多,都是用来确认庙宇地基范围的。

二、费用支出的结构特征

兴建庙宇过程中经费的花费总体上来说比较简单,总的来说分为工钱和料钱两大部分,两大部分比例基本上差不多,这种比例和现代庙宇建筑工程都差不多。王降关帝庙道光十九年的重修碑刻中比较详细地记载了修庙的各项花费情况:

---

[1] 《借用墙垣分明碑记》,乾隆三十年,现存高平陈区镇大山石堂会关帝庙。
[2] 《创建碑》,天启三年,现存高平陈区镇大山石堂会关帝庙。

出石料钱一百四十九千四百一十贰文；
出木料钱贰百二十一千九百七十五文；
出砖瓦钱一百贰十千零八百六十四文；
出石灰钱十三千八百七十文；
出毛钱十贰千九百八十文；
出铁货钱三十六千三百一十三文；
出石匠包工钱八十八千贰百卅七文；
出木匠包工一百七十七千四百三十四文；
出瓦匠包工六十九千一百八十七文；
出雇土工工钱六十八千六百八十文；
出拉石工钱四十千零零九十三文；
出拉砖工钱三十三千一百三十贰文；
出拉树工钱壹十贰千贰百文；
出屡次敬神钱三十六千三百四十三文；
出杂项零费钱壹百四十四千八百一十四文；
出油匠工钱六十九千五百文；
出勒碑石工钱六千九百卅文；
共出钱壹仟叁百壹拾壹仟九百陆十文肆文。①

将这些花费做一个简单的统计就能够得到一个按照比例绘制的饼状图（见图 4-6）：

---

① 《重新改修关帝庙碑记》，道光十九年，现存高平北城街道王降村关帝庙。

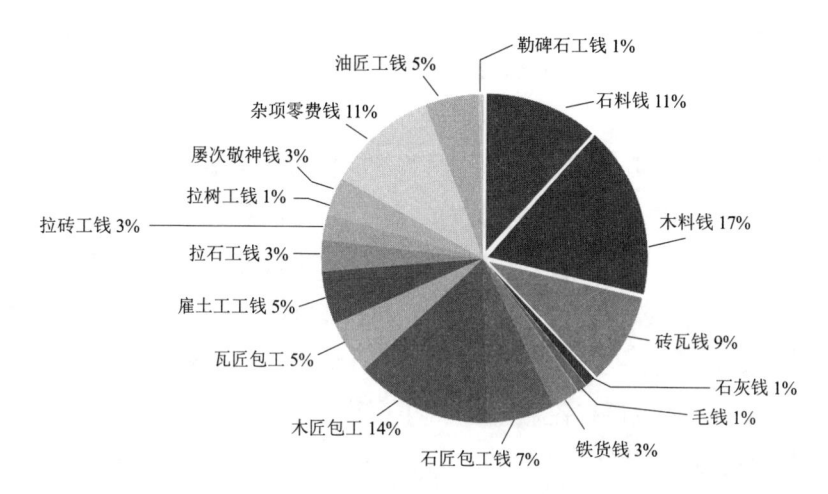

图 4-6　道光十九年王降关帝庙重修支出结构图

说明：（1）本图依据现存于王降关帝庙中的道光十九年重修碑刻和对其实地调查整理；（2）本图百分比数字经过了四舍五入处理；（3）本图所用碑文资料见正文引文。

上图中各种料钱共占比例为 42.66%，工钱占 57.34%，两者比例接近对半，工钱略多一些。料钱中最主要的是石、木和砖瓦这三项，这也是修庙的主要建材。工钱比较零碎，石匠和木匠工钱更多一些。这个个案在所有庙宇修建中都有一定的代表性。

兴建活动毫无疑问是有预算的，但是预算有时候也会出现超支的情况。因此，有时候会出现财政上空欠的情况，遇到这种情况就要设法弥补："会中人触目惊心，公同议定于十一年春夏之交，购买木石、颜料、仅数月间遂将神像重光，庙宇彩画，内外木植争口，以及舞楼诸处一日焕然改观矣。八月间，考核财政，竟空钱数十余缗，会中人无不反复踌躇。惟有牛玉梅等，设一妙策，又修缘簿一牒。于十二年春季在卫郡等县，募化众人之钱十余缗，方将此庙空项一一补齐。"①

---

① 无题名碑（重修碑），民国十二年，现存高平河西镇西李门关王庙。

三、经费管理制度

修庙的经费一般都有专人管理:"去年桂月,首事申三成、陈玉顺、李正贵、李二贵等奋然兴曰:'莫为之前,虽美弗彰,莫为之后,虽胜何继',乃议举申三成总理钱项,李正贵、李永顺职司账簿,增置庙西地基一区,共意修成静室一院。"① 这里有专门的总理钱项,这是管理出入各项所有费用的总负责人。又有专门的职司账簿,这是专门记账的人。经费的使用不仅有账簿,还应该有各种凭据:"下余钱文以备油漆庙宇,完工谢神之用,另注账簿以凭核算可也。"② 这里的以凭核算应该就是指票据而言的,这是记账的依据。实际上像捐款的缘簿也是记账的依据。类似这种文书材料目前也有不少发现。

关帝庙兴建活动所筹措的经费不可能在修建中正好花完,如果出现有剩余的钱,一般会在村社活动中用掉。有用于酬神祭祀的活动的:"下余钱文以备油漆庙宇,完工谢神之用,另注账簿以凭核算可也"③;有用于扶碑谢土的活动的:"除使净余现钱贰拾玖千壹百壹拾二文,扶碑谢土公用"④;有用于庙修好以后唱戏的:"除出净存钱三千有零 演戏销尽"⑤;也有笼统说用于村社活动的:"除使净余银伍两伍钱,入社使过"⑥。可见这种情况非常普遍。

关帝庙中也有将这些余钱留下来用作以后庙宇日常费用的:"因立一会曰春秋会以供春秋之祭也。又奉水、火、财神位于左,移奎星像于右,持簿募资,共襄盛举,共得金贰百余贯,始得庀材鸠工,易旧为新,除费余钱四十贯,出息以为永久之祭计。"⑦ 这也表明村社的财务是具有连续性的。

---

① 《增修本庙碑记》,道光十七年,现存高平东城街道段庄村关帝庙。
② 《增修本庙碑记》,道光十七年,现存高平东城街道段庄村关帝庙。
③ 《增修本庙碑记》,道光十七年,现存高平东城街道段庄村关帝庙。
④ 《关帝庙重修劝捐输姓氏碑记》,道光三十年,现存高平东城街道凤和村关帝庙。
⑤ 《东关圣帝君庙补修碑记》,民国十四年,现存高平马村镇康营东关帝庙。
⑥ 《借用墙垣分明碑记》,乾隆三十年,现存高平陈区镇大山石堂会关帝庙。
⑦ 《重修春秋阁碑记》,光绪二年,现存高平北诗镇拥万村关帝文昌阁。

第三节　关帝庙与工商业

一、关帝庙与工商业阶层

（一）商人

碑文中出现商号很多，它们绝大部分情况下都是捐资者，且是外省贸易的行商，商号数量很多。这种类型的碑刻一般会把商号捐款放在前面，外村和本村个人捐款放在后面。碑文中也有不少本地的坐贾或者小杂货铺之类的商号，它们的数量就不多了。这类字号和个人名字混杂在一起，没有特别明显的先后顺序的安排。

在极个别的例子中，有商号作为会首的情况出现："会首：广昌永、沂源涌各施钱壹仟五佰文，荣盛和、永义东各捐钱壹仟文……"① 或许正是因为这次重修的会首中有商号，碑文撰写者在碑文中特别说到了"想二帝君之圣迹庙遍四海，功被九州，虽庸愚无不熟识，言何容赘，但吾村口二帝君于一阁者，或欲士儒积阴骘以求功名，商贾依仁义以取财利。"这里明确提到奉祀关公是"商贾依仁义以取财利"。这样明确将商人与关帝庙联系起来的例子并不多见。

一般来说，很难判断碑文中出现的人名是不是商人，根据一些线索可以略作推断："及嘉庆十四年，峰山高公乃集村人而倡其事以完前人未完之功，而村人无不踊跃乐从。第工程浩大，费用维艰，于是募化于外，得银若干两，而高公亦募化于外，得银若干两，同心共济，交相为功，且因东南地基不广，峰山复捐施自己名下地基若干以为扩大之计。"② 去外省募化的人的身份大部分应该是商人，而在这次修庙中，高峰山不仅承担了发起者

---

① 《重修春秋阁碑记》，光绪二年，现存高平北诗镇拥万村关帝文昌阁。
② 《刘庄重修关帝庙碑记》，道光六年，现存高平河西镇刘庄关帝庙。

的职责，还同时承担了外出募化的职责。在捐款的缘簿上也常常会有商号与个人名字混杂出现的情况，这种情况下外省的捐款人应该都是商人。商人或者以商号名义捐款，或者以个人名义捐款，以商号名义捐款基本上出现在康熙以后，乾隆以后变得非常普遍。

常庄关帝春秋阁创修碑的碑文作者是明确记载的商人："友鹤王松龄残岁六十有五，就商四十余年矣，性本愚拙，且荒甚，扫腹露丑，姑记其实并书。"[①] 在同一时期刊立的另一块碑上，这位商人王松龄还为关帝庙赋诗一首，可见商人对关公的崇敬之情：

> 缅芳孤踪不记年，
> 福神此日镇中天。
> 春秋阁内占灵雨，
> 星斗台前积瑞烟。
> 东作西成资化育，
> 南来北往任周旋。
> 大观在上威千古，
> 正气一村仰浩然。
> 辛未开端早，成功丙子初，劳心费力庆，何如题名勒石丹书
> 丙子闰五月
> 松龄题

（二）手工业者

手工业者也就是传统"士农工商"四民中的"工"这一类人。广义上来说，他们一般也可以看作是商人的一种。碑文捐款中也大量出现一些从事手工业的商人，一般会以房、店、坊、堂、楼之类字号名称出现，有醋房、粉房、板店、染房，等等。

[①] 《建修春秋阁碑记》，光绪二年，现存高平原村乡常庄关帝阁。

以"窑"或者"炉"的名字出现的各种矿冶业的字号数量很多,特别集中出现在高平东北部的建宁、陈区和米山等乡镇,例如"佛陀村春盛炉、王家河王三多堂、黑土坡迪翔炉,各捐钱六千文。苏庄村元顺炉、大善村和兴炉"。这类例子极多,不再一一列举。这里的炉基本可以肯定是炼铁炉。

(三) 工匠与厨役

手工业者中有一个特殊的群体,那就是实际参与修建关帝庙的那些工匠。这些工匠有双重身份,从修庙工程角度来说,这是他们的工作,他们依靠这种生意来谋生。但是从信仰者的角度来说,他们同时又是关公信众的一部分。因此,他们在修庙赚钱的同时自己也会为关帝庙的修建捐款:"石匠孟君辅、孟君弼各捐银一两","油匠廉永聚、刘凤祥各捐银一两"[①],这是石匠和油匠的捐款。再如"泥水匠利润捐钱一百,油匠韩振□捐钱五钱,厨役秦自宝捐银一两"[②],这是泥水匠和油匠的捐款,还加上了厨役。

工匠不仅参与关帝庙的建设和捐款,个别情况下还会作为兴建活动的发起者:"户头松炎虽为梓匠,热心公益,邀请合族人等,重为整理。"[③] 梓匠就是木匠,这样的由木匠发起修建庙宇的例子不多见。不过,这仅有的例子发生在民国时期。除了以上这些之外,嘉庆五年石桥口关帝庙重修时还有"砖窑张廷玉银一两"[④],这里的张廷玉应该是砖窑的负责人,其本身可能也是工匠,但是商人身份更加明显。

二、商人捐款方式

(一) 持缘簿外出募化的方式

关帝庙碑刻上有大量的外地商号为兴建庙宇捐款,它们一般都是以持

---

① 《重修关帝庙创建大士阁记》,嘉庆六年,现存高平河西镇北苏庄关帝庙。
② 《葺补殿宇金妆圣像碑记》,乾隆四十年,现存高平河西镇宰李村关帝庙。
③ 《补修关帝庙碑》,洪宪元年,现存高平河西镇河西村关帝庙。
④ 《创修关帝阁碑记》,嘉庆五年,现存高平米山镇石桥口关帝庙。

缘簿外出募化的方式来进行的："惟有牛玉梅等，设一妙策，又修缘簿一牒。于十二年春季在卫郡等县，募化众人之钱十余缗，方将此庙空项一一补齐。"① 但是，缘簿并不一定是拿到外地去找商人募捐时候才用的，外村和本村捐款同样是用缘簿的形式来完成的："于是编修缘簿，募化邻村及村中，善男信女解囊相助，以共襄盛举，得布施钱三百余串。"② 不能说所有的商号捐款一定是通过村人持缘簿去外地募化的方式来进行的，部分位于商路上的庙宇也确实存在商人路过的时候捐款的可能性，这样的捐款也会记录在缘簿上。但是，这种情况毕竟是少数，大多数村庄不在商路上，也没有大型庙会，捐资地的商人也不可能到这个村庄来，这样的商人捐款绝大部分都是外出募化回来的。在具体的募化中，募化者是按照地域来分工的："募化首事：本邑邢广源、邢大通，应山王金科，京都邢伯炜，孝感邢华，商丘邢昇奎"③，这次募化有本地、应山县、北京和商丘几个地方，募化者按照不同地域分工协作完成。

（二）募化者的身份

拿着缘簿去外地找商人募化的人本身一般也是商人："因竭力共济，以兴其工，而又虑其财之不接也，再祈经商于外者出以缘簿转相募化。"④ 这里明确说明持缘簿外出的募化者的身份也是商人。因为外出募化的主要对象是商号和商人，如果完全不认识是很难募化成功的，这些募化者的身份不仅是商人，同时还一定是曾经在募化区域经商的商人，他们对募化区域商号情况很熟悉，有很多都是曾经打过交道的老相与。这个特点实际上是由持缘簿募化这种募化方式所决定的。这一规律其实也是判断碑文中出现的名字是不是商人的一个重要办法，凡是那些持缘簿去外省募化的人一般都可以肯定是商人。

---

① 无题名碑（重修碑），民国十二年，现存高平河西镇西李门关王庙。
② 《重修关帝庙碑记》，民国十六年，现存高平陈区镇大山石堂会关帝庙。
③ 《补修殿宇以及创修看楼碑记》，同治五年，现存高平南城街道庄子村关帝庙。
④ 无题名碑（重修碑），光绪二十年，现存高平寺庄镇地夺掌关帝庙。

（三）缘簿与碑刻

庙宇修建完工之后，碑阴捐款题名就是将缘簿抄录在上面来完成的，响水坡村关帝庙有两块碑文，实际上是完完全全照着缘簿抄录的，上面甚至没有任何说明，连刊立时间都没有，碑刻开头就是"缘簿书左"①。将响水坡村其他庙宇碑刻上的名字进行对照，基本可以判断这两块碑刻为同治前后刊立。与此类似的直接将缘簿刻在碑上的情况很多，相似的记载数量很多。实际上，碑文是由两部分组成的，前面的碑阳部分是邀请底层士大夫来撰写的碑文，后面的碑阴实际上主要就是根据募缘的缘簿刊刻出来的。这种缘簿刊刻为碑文的过程也有助于理解碑文中捐款题名的具体排布情况，有些捐款记录实际上是后来补充刊刻上去的，这种情况在碑文的整理中也需要特别注意。这种制度也会出现一些意外，有些特殊情况下，缘簿没有交回来，这样就无法在碑刻上刊刻捐资者名字，这也要做出说明："收王荣贵捐钱六千五百文，缘簿未交不知何意，虽有善心名氏未镌，诸位乡亲从宽不究。"②

（四）募化方式的意义

不同的捐款方式会影响到最终判断商号究竟是哪里的商号。总体上来说，碑刻上出现的商号至少有一部分是高平本地商人在外行商建立的商号，其中与商号同时出现的一些个人可能是在外行商的商人的名字。除此之外，包括高平商人在内的绝大部分的商号应该都是晋商的商号。在异地行商过程中，同属于山西籍贯的商人常常会建立会馆，相互结成商帮，在庙宇兴建中捐款是很正常的事情。其他地域的商号捐款可能性则很小。

三、商人分布区域

（一）高平商人分布区域的总特点

高平地区关帝庙碑刻上的商人行商区域分布具有鲜明的特点，表4-2

---

① 无题名碑（捐款碑），无纪年，现存高平三甲镇响水坡关帝庙。
② 无题名碑（重修碑），光绪二十年，现存高平寺庄镇地夺掌关帝庙。

中将商人行商区域做了归纳和总结。碑文上出现的商号并不全是高平商人的商号，但是可以肯定在那个区域一定有高平商人经营的商号，至少是以高平商人为主体经营的商号。在很多碑文中都存在着商号与个人名字混杂在一起的情况，这种情况就是以商号名义捐款和以个人名义捐款的差别。以个人名义捐款就意味着个人不能代表商号来捐款，其在商号中地位就比较低，可能就是普通的伙计之类，这些人很有可能就是高平人在外经商的情况。商号则不一定是高平商人经营的，但是一定也和高平商人有某种业务往来的关系。因此，通过对碑文上所出现的商号经商区域的考察可以得出高平商人在全国的分布情况。

从表4-2中来看，关帝庙中所见的高平商人分布范围北到承德和张家口的万全、怀安一线，南到广州、东到江浙、西到陕西，可以说分布范围极其广泛。特别是，康营东关帝庙有朝鲜捐款的记录，不过这种情况并不普遍。如此广泛的地理空间重要性并不是均等的，有几个区域是明显集中分布的，其他区域则比较罕见。集中分布的区域有以下几个。

河北南部地区并且延伸到与山东、河南交界之处，北到保定南部的蠡县、博野、高阳等县，东面不超过运河，西面靠近太行山，南面延伸到河南内黄和河北馆陶等地，集中的区域在衡水、邢台、邯郸等地。

湖北北部和河南南部地区，以南阳赊旗、襄樊和老河口为中心。赊旗、襄樊和老河口都有重要的山西会馆。这个区域一直都是高平商人活动的一个重要区域。

河南靠近泽州的几个县，主要包括今天的新乡、焦作等地级市下属的一些县区，几乎每个县都有，分布非常广泛。这个区域一直向东延伸到山东菏泽到河南商丘等地。

此外，陕西有一些零星分布，但是分布很广泛，北到神木，南到毗邻山西的大荔和朝邑等县，西安、凤翔等代表的关中地区也有出现。河南中部主要是周口附近有一些分布，但不是特别明显。安徽西北部靠近河南的地区也有不少分布，主要是砀山、五河、单县等地。值得特别注意的是在运河沿线从江浙地区到北京这个区域，特别是在山东境内的张秋、高唐和东明都有分布。比较远的地区只有零星的出现，例如河北北部的承德和张家口、南方的广东、国外的朝鲜等地，在这些地方高平商人出现数量太少，缺少代表性，但是也可以反映出高平商人最远到达的区域范围。

此外，山西本身几乎全境都有分布，除晋东南外，晋中、晋南、吕梁和晋北都有分布。晋东南荫城出现最多，晋中各县几乎都有，晋南集中在曲沃、翼城和襄陵附近，晋北则出现在大同、代县和河曲，数量不多，吕梁各县都有，其中孟门镇和碛口镇显得特别重要。

（二）商人分布区域的时代演变

从时代的演变来看，关帝庙中所见的高平商人最早是嘉庆时期，这一方面是因为这个时期本来就是关帝庙修建的高潮时期，而也正是这个时候高平地区村社组织开始变得非常成熟和兴盛，另一方面是这个时期商人以商号名义捐款变得日趋普遍和习以为常。以上所说的空间区域分布情况基本上完全符合从嘉庆到同治时期的情况。

同治以后，特别是光绪到民国时期，关帝庙中所见高平商人分布区域开始发生一些变化。朝鲜、广东、江浙地区以及运河沿线地区都不再出现。集中出现在上述河北南部、河南南部和湖北北部、靠近泽州的今河南到河北部分这样三个区域。此外，山西省内在吕梁、晋中和晋南都有不少分布，其中吕梁的情况比较特殊，似乎是在晚清才出现的新情况，在以前的碑文中不大见到。

（三）高平地区商人分布的差异性

考察高平地区每个小区域在外行商的商人分布区域的特点，可以发现高平地区商人分布表现出明显的地区差异性。西北寺庄永禄地区的商人大部分都在河北南部地区经商，寺庄也有不少在山西的晋中吕梁这些地区。西南以及南部的商人绝大部分都在河南经商，湖北北部和河南南部特别明显。东南部有一些商人在安徽北部经商，但是不太明显，数量也少一些。东北部很少出现在外经商的商人，主要都在从事煤铁加工行业，这个区域是荫城为中心的铁业区域的组成部分。

表 4-2　关帝庙中的商人捐款区域分布情况

序号	商人行商区域（县、镇）	区域范围	时间地点
1	方城	河南南部	嘉庆十二年北岭
2	潞安、凤台	晋东南	
3	获嘉、温县、偃师	河南北部	
4	赵康镇（襄汾）、太平、襄陵、荫城、泽州、壶关	山西	道光四年贾村
5	辛集、深泽、无极、藁城、周头村（晋州市）、晋州	河北南部	
6	清化镇、道口镇、清丰县、濮州、薄壁镇（辉县）、范县	河南北部	
7	东明县、张秋镇	山东	
8	南阳、汝宁	河南	道光八年牛家安家
9	高唐	山东	
10	京都	北京	
11	姑苏（苏州）	江南	
12	武邑、封邑、磁州、彰德、汲县、长垣、洛阳、广平	河南东北、河北南部	道光十年石桥口关帝庙
13	赊旗、新野、襄阳、河口、汉口、许昌、邓州、南阳、竹山、汉阳、襄阳、枣阳、七方镇	湖北北部、河南南部	
14	凤翔	陕西	
15	朝鲜	国外	
16	京都	北京	
17	颍州	安徽西北部	道光十七年康营东关帝庙
18	长治	晋东南	
19	苏州	江南	
20	叶县、周口	河南中部	
21	确山、罗山和息县	河南东南部	
22	济源、洛阳、卫辉、朱仙镇、汝州、偃师	河南东北部	道光十九年王降
23	赊旗、黄陂	河南南部、湖北北部	
24	延州（延安）、朝邑	陕西	

续表

序号	商人行商区域（县、镇）	区域范围	时间地点
25	京都	北京	道光三十年后山沟
26	西安	陕西	
27	河口	湖北	
28	肃宁、威县、张官寨（威县）、贺钊（威县）、磁州、博野、蠡县、大百尺（蠡县）、李岗（蠡县）、小陈乡（蠡县）、大庄镇（清苑）、洪善堡（清苑）、张登（清苑）、华桥（高阳）、高阳、官亭（巨鹿）、曲周、	河北南部	咸丰四年寺庄西关帝庙
29	蔚州、柴沟堡（怀安）、下保土寺（万全）、西山营（万全）	河北北部	
30	大同、代州	山西	
31	楚旺（内黄）、馆陶	河南东北、山东西北	
32	沁邑（沁县）	晋东南	咸丰四年王寺西王寺
33	赊旗	河南南部	咸丰七年王降
34	洛阳、开封、偃师、嵩县、宜阳、中牟、孟县、巩县	河南东北部	
35	东昌府	山东	同治四年刘庄关帝庙
36	信阳、孝感、小河溪镇（孝感）、马牧集镇（商丘）、应山县	湖北北部、河南南部	同治五年庄子关帝庙
37	陈村镇（隆平县）	河北	
38	京都	北京	
39	长子、凤台	晋东南	
40	京都	北京	同治五年康营东关帝庙
41	广东	广东	
42	平遥	山西	
43	元城、大名、南宫、威县	河北南部	同治十二年永禄南关帝庙
44	祁县、文水	山西	
45	威县、宁晋、直隶	河北南部	无纪年[1] 响水坡关帝庙
46	潞安、岳阳（今安泽）、壶关	山西	
47	单邑（单县）、周口、济宁	山东西南、河南东南	光绪元年郭庄关王庙
48	荫城	晋东南	

续表

序号	商人行商区域（县、镇）	区域范围	时间地点
49	汤阴、安阳、大名、浚县、朱仙镇、水冶镇、彰德府（安阳）、清化镇、淇县、道口镇、开封	河南东北部	光绪二年拥万
50	砀山、五河、郑集（徐州）、皂河镇（宿迁）、睢县、单县	安徽北部（豫苏皖交界处）	
51	平遥、太谷	晋中	
52	周口、北舞渡、赊旗、陈州、开封、禹州、郑州、归德府	河南	光绪二年常庄
53	天津	天津	光绪三年朱家山
54	开封	河南北部	
55	永宁州、孟门镇、石楼、临县、峪口镇、宁乡、兴县	吕梁	光绪二十年地夺掌
56	夏县、侯马、曹张镇、曲村镇、翼城、曲沃、猗氏、闻喜	晋南	
57	屯留、曲沃、荫城镇、太谷、潞安	山西	洪宪元年小会
58	开封、洛阳、睢县、郾城、获嘉、新乡、清化	河南北部	民国十四年康营东关帝庙
59	万泉（今万荣）、稷山、陵川、大阳、襄陵、晋城	山西	
60	老河口、皮鼓滩、旧口、竹山、羊尾山、黄州	湖北北部	
61	平遥、文水、祁县、太谷、太原、介休、交城、徐沟、碛口、河曲、神木	山西、陕西	民国十五年回沟
62	大位庄（获嘉县）	河南东北部	民国二十二年姬家庄
63	卫辉	河南	光绪二十四年大野川
64	威县	河北南部	
65	徐沟、清源	山西	
66	热河	河北北部	

说明：（1）本表依据现存于高平地区关帝庙的实地调查和现存碑刻资料整理编制而成；（2）本表中出现的地名有的改为现在地名，与碑刻上不完全一致。有些地名无法确定具体位置，省略了一部分。为避免烦琐，本表的具体碑刻出处从略；（3）本表所使用的碑刻材料具体可参考《高平历史文化遗存调查资料汇编》。

[1] 此碑为两块同样形制的碑文，没有纪年，是缘簿刻在石头上的，根据响水坡其他庙宇中捐款人名可以推测这两块碑刻应该刊立于同治年间。

四、商人捐款的作用和意义

大部分情况下,商号的捐款是通过本村在外持缘簿募化来进行的。村中因为修庙而到外省进行募化实际上有两种情况,一种情况是事先在做预算时就已经决定去外省募化,这时外省募化是重要的一个资金来源,主要是考虑到其他经费来源不够修建庙宇工程所需。贾村关帝庙道光重修时就是如此:"适有村众乡老陡起善念,于道光二年秋月造簿募化,逐户捐赀共得金壹佰八十七两有零,犹以为未足也。复持簿募化于外省州县,亦得金壹佰四十四两有零。"① 有了修庙的计划之后,首先在本村进行募化,发现募化不够以后就开始到外省找商人募化,这是募化活动大多数的情形。这种情况的募化对于庙宇兴建工程来说起到了至关重要的作用,因为如果没有这些外省募化的经费,虽然不能说庙宇兴建一定无法进行,至少会因此而延后几年乃至更多的时间。从前面的分析可以看出,村社完全可以通过多年积累足够的经费来修庙,但是这样做会压缩日常的开支,有时还会加重村民的负担,因此商人捐款对于修庙工程来说是非常重要的。

外省募化还有另一种情况,那就是在庙基本上已经修好的情况下,补充一部分经费,例如民国西李门关王庙的重修就是这种情况:"会中人触目惊心,公同议定于十一年春夏之交,购买木石、颜料,仅数月间遂将神像重光,庙宇彩画,内外木植争□,以及舞楼诸处一日焕然改观矣。八月间,考核财政,竟空钱数十余缗,会中人无不反复踌躇。惟有牛玉梅等,设一妙策,又修缘簿一牒。于十二年春季在卫郡等县,募化众人之钱十余缗,方将此庙空项一一补齐。"② 王降也是这种情况:"前者建庙囊空而募化多方,估缺名以待补。"③ 这种情况带有一定的偶然性,修庙工程在开始之前一定是经过了测算的,一般都会在经费已经准备充分的情况下才会开工动

---

① 《建修舞楼碑记》,道光四年,现存高平寺庄镇贾村关帝庙。
② 无题名碑(重修碑),民国十二年,现存高平河西镇西李门关王庙。
③ 《重修舞楼碑记》,咸丰七年,现存高平北城街道王降村关帝庙。

土,但是有时候预算难免不准确,而一旦遇到这种情况,村中积蓄往往在修庙中已经花费完了,在这个时候如果不继续修完就面临未完的工程,这种未完工程有时甚至会拖延几十年之久。如果要继续修完就需要追加投入,外省商人捐款就适时地解决了这个问题。

一般来说,外省募化的经费能够占到总经费的三分之一左右,具体数量则差别很大。少数庙宇兴建活动中外省募化所占比例能够超过一半,这就是比较多的。一般来说很少有完全依赖外省商人募捐来修庙的情况,村民一般只是在本村资金不足的情况下才会考虑到外省募化,并不完全依赖外省募化的收入。只有在一些特殊的情况下,才会出现完全依赖商人募化的情况。在这样的庙宇修建过程中,商人起到了决定性的作用,梅叶庄嘉庆十五年的重修过程中绝大部分资金都是附近浩村的一个字号名称为大成号的板店提供的:

> 尝思北□□隘,形势□区,故特建关帝庙于吾乡,春祈秋祀固所以端风化,亦所以妥神灵。每年七月,古迹□圣会献戏三天,神即妥而□牲无厌也。突于嘉庆丙子年,庙后有旧房三间,求□于人,吾辈急力经营。奈年不丰登,村无储聚,共同商议募化他方。素闻北浩村板店大成号不吝厚赀,甫言此事,廓恢宏之度,乐万善之归,愿施青金二十千文,下剩花费按地亩摊派。村中莫不诉然以为□得止,而何烦屡费踌躇也。是以垂其姓氏,俾后之人颂扬不置耳,则幸甚。①

碑文中所提到的浩村位于今泽州县西北部,今名北郜村,郜在泽州地区方言中发音为浩。郜村距离梅叶庄很近,算是一个小区域之内的临近村庄。板店这种店铺实际上属于当地的小坐贾一类的商号,并不一定有很强的经济实力,捐资二十千文也不算很多。虽然,这次募化并不能算作是外省商人募化,而是小区域内的小商人募化,但是,这也说明在有些时候的

---

① 《关帝庙募化小引》,嘉庆十五年,现存高平河西镇梅叶庄关帝庙。

庙宇修建中商人能起到决定性的作用。这种例子不算很常见，大概只能适用于规模较小的维修。

第四节　关帝庙与乡村金融

以成立"会"的形式筹集经费的主要是摇会，但也有其他方式，本节主要介绍摇会的情况，同时介绍以其他方式筹款的关帝会。本节讨论的摇会仅仅限于关帝庙碑刻中出现的与关帝庙筹款有关系的摇会，不能代表所有的摇会。摇会实际上是传统社会解决资金问题普遍采用的一种方式，关帝庙中的摇会不一定具有普遍的代表性。

一、摇会的运作方式

摇会，也称合会、拔会等，但是在高平地区的碑文中大部分称作摇会，因此，这里使用摇会这个名称。庙宇修建中的摇会和一般的合会运作方式不太一样，下面根据关帝庙碑刻讨论相关具体情况。

（一）摇会人数（分数）

参加摇会的人一般叫作会友，会友人数不固定，从十几个人到几十个人不等，一般来说，最少不少于十人，最多不超过一百人。每个会友叫作"一分"，一分不是按照钱多少来计算的，而是按照会友人数来计算的，多少分就是多少位会友。段庄摇会人数较少："爰集同志十六人，公请摇会一局"①，这个会实际上最后完成的时候只有11个人，应该算是人数最少的记录了。南庄的人数比较多，达到了52人。三四十人大概是最常见的情况。

---

① 《增修本庙碑记》，道光十七年，现存高平东城街道段庄村关帝庙。

朱家庄摇会会友共计42个："又央请会事四十二分，每分施灯油银壹两"①，东南庄的摇会是35人："三十五年间，李星聚等在庙公请摇会一局，共会三十分有奇"②，石桥口道光时候的会是22人。

（二）出资比例

一般来说，摇会中每个人出资数量应该是一样的，但是庙宇修建中有的摇会并不是这样，这个情况似乎有点特殊。大部分情况下，摇会中每个人出本钱基本是一样的，例如朱家庄摇会共计42个人，其中41个人都是出一两，只有1个人出了五钱，因此会友布施共计四十一两五钱。石桥口22人的会中仅有一人捐钱七百五，其他人都是五百。南庄的关帝会一共52个人，大多数人出钱数量差不多，总共六十二两五钱，每人基本都在一两左右。其实这种平均的倾向是不一定的，庙宇修建中的摇会和捐款类似，出资可以是不同的："三十五年间，李星聚等在庙公请摇会一局，共会三十分有奇，得会者乐输布施不一，共施钱拾伍千陆百文。"③ 每个人的出资比例是不一样的。

（三）会友身份

嘉庆二十一年朱家庄关帝庙的重修中请了拔会，碑文中列出了所有42个会友的名单："会友：杜友口、祁旭、杜友口、焦步瀛、宝国堂、张举、二合堂、焦张夥、杜七毛、双和堂、日增号、袁亨、焦腾海、刘文科、赵朱夥、刘朱夥、焦天枝、牛朱夥、铭盛堂、司永聚、口（金）翼堂、裕合堂、桂斌堂、俸禄堂、安焕堂、佩德堂、口实堂、焕光堂、和裕堂、王坦、朱铨、朱俸、朱铭、朱锡、王培、朱凤祥、朱化南、朱景魁、朱口（珍）、朱腾云、朱绂，以上各施银壹两，朱君纯施银五钱。"④ 在这42个会友中个人有23个，堂号有13个，夥名4个，商号仅1个。夥是一种非常初级的

---

① 无题名碑（修观音阁碑），嘉庆二十一年，现存高平河西镇朱家庄关帝庙。
② 无题名碑（修庙碑），乾隆四十一年，现存高平米山镇东南庄关帝庙。
③ 无题名碑（修庙碑），乾隆四十一年，现存高平米山镇东南庄关帝庙。
④ 无题名碑（修观音阁碑），嘉庆二十一年，现存高平河西镇朱家庄关帝庙。

合伙，可以看作最简单的初级商号，大约都是从事一些简单的手工业，而这里的日增号也应该是村中杂货店之类的小坐贾。其他的摇会中参与人员的情况与朱家庄的情况类似。石桥口有22个会友："会友：郭景仪捐钱七百五、赵公台、侯成金、康懋杰、郭万有、益咸堂、忠义会、致远堂、光裕堂、双和堂、程口（久）、宋栋各钱五百，二夥斋捐钱五百，张百顺钱七百五、协盛堂、明口堂、李允平、两合斋、同聚堂、同心会、郭建和、张子信以上各钱五百"①，其中个人11个、堂号有7个。另外有两个商号都叫作斋，应该都是小商号，性质上和夥其实差不多。另外有两个会"忠义会"和"同心会"，这是以会来作为会友又成立会的情况。东南庄摇会共计35个会友，其中个人13个，堂号2个，夥名5个，商号5个。也有的村里情况有所不同，南庄的52个会友全部都是个人，没有任何商号参与。这可能和其他地处山区有关，也正是在这个村，乾隆时候还在用"维那"这个名称。总的来看，参与组建拔会的会友基本上都是村里有一定经济基础的个人、家庭和坐贾性质的小商号，摇会成员范围一般不超出一个村。另一面来说，摇会的成员中除了纯粹的个人以外出现很多堂号、夥名、商号和会名，其中的原因可能是这些机构本身需要用钱，摇会的钱在它们需要的时候是可以借贷给它们使用的。这一点很重要，但是目前没有太多证据可以证明。

（四）成立与持续时间

关帝会的摇会最早的是常乐顺治十七年的摇会，明代的例子没有见到。摇会的成立一般是在兴建庙宇之前很多年，从开始谋划修庙的时候就成立摇会，一般要经过多年运作然后才能积累足够的经费，会终以后用会钱来修庙。也有的摇会实际上是在修庙过程中发现经费不够用了才成立的，这样修庙工程就要停下来。凤和的结义会最早就是这么成立的："戊申冬季，工成告竣，俨然神像整肃，庙貌维新。但缺费百金，不能勒石。复约乐善者联请结义会一局，藉众人之余荣，补前工之不足。"② 戊申年是道光二十八

---

① 《补修关帝阁碑记》，道光十年，现存高平米山镇石桥口关帝庙。
② 《关帝庙重修劝输捐输姓氏碑记》，道光三十年，现存高平东城街道凤和村关帝庙。

年,也就是说工程的最终完工因此而推后了两年。不过,这个结义会并没有终止,而是延续了下去,一直到光绪重修的时候还在运作。结义会是兼具筹款和管理两种功能的关帝会。

一般地,摇会的成立是在修庙活动开始之前很久,要很早就开始准备:"社首崔福盛等议,欲创建舞楼,但恐经费浩大,独力难支,乃预请圣贤会一局十数年间,得余赀叁佰余千文"①,这就是摇会的"预请"。从摇会成立开始一直到其费用全部用完的这个时间就是摇会持续的时间,这也是一个完整的账目从开始到结束的时间,这个时间持续长短不一。一般总要在十年左右。东南庄碑刻是乾隆四十一年刊立,摇会成立于乾隆三十五年,三十五年到四十一年共计7年,刊立碑文时摇会尚未结束。拥万关帝文昌阁摇会从同治十年(1871)到光绪二年(1876),共计6年。北朱庄是光绪元年到十四年,共计14年。寺庄也是十几年:"社首崔福盛等议,欲创建舞楼,但恐经费浩大,独力难支,乃预请圣贤会一局十数年间,得余赀叁佰余千文"②,可见十几年的情况是最普遍的。

有些摇会持续时间非常长。南庄关帝会成立于乾隆元年,在乾隆三十六年立碑时已经成立了36年,而且似乎还未结束。凤和结义会从道光三十年(1850)到光绪二十九年(1903),共计54年,持续时间很长了。西沙院关帝庙从乾隆五十四年(1789)到道光三十年(1850),共计62年。寺庄的圣贤会时间可能更长,从咸丰四年(1854)到民国二十六年(1937),共计84年,不过这个圣贤会中间可能中断过,是在宣统元年重新成立的。

(五)资金运作方式

摇会都是众会友捐款,然后将这些钱款放贷获取利息。值得注意的是最后会事收拔之后原来的本金一般就作为捐款,不再收回了。朱家庄摇会在庙宇建成之后的出入账里分别出现了"会友布施共银肆拾壹两伍钱"和

---

① 《创修舞楼暨耳楼碑记》,光绪八年,现存高平寺庄镇寺庄村关帝庙。
② 《创修舞楼暨耳楼碑记》,光绪八年,现存高平寺庄镇寺庄村关帝庙。

"会事收拨共银肆百陆拾壹两伍钱"①两项入项，这表明摇会一开始众会友出资的钱是不会收回去的，而是作为捐款一并捐给了庙里。这个案例是不是有代表性很难确定，但是其他碑文也有类似这样的说法："三十五年间，李星聚等在庙公请摇会一局，共会三十分有奇，得会者乐输布施不一，共施钱拾伍千陆百文。"②这里在谈到成立会时的出资时说的是"乐输布施"，意思显然应该是摇会结束后并不拿回来，而是算作捐款的。从这一点来看，这类修庙的摇会和一般的合会是不太一样的。它实际上就是捐款，并且用捐款的钱放贷再获得利息收益。从性质上来说，这种摇会是捐款和一般意义的合会的综合。

（六）资金收益数量与比率

从各种摇会最终的收益情况来看，基本上都是几百两银子（或几百千钱）的水平："入来尚义会钱陆百零柒千壹百壹拾文，……入来结义会钱壹百壹拾千文。"③尚义会时间比较长，结义会则是在庙宇基本修好之后才成立的，到立碑时仅仅成立两年。寺庄差不多也是如此："社首崔福盛等议，欲创建舞楼，但恐经费浩大，独力难支，乃预请圣贤会一局十数年间，得余赘叁佰余千文"④，余钱也是几百千钱左右。朱家庄情况类似。朱家庄摇会42个会友共计出资是四十一两五钱，到了拔会结束（会事收拨）的时候，拨会的收入本利合计达到了"共银肆百陆拾壹两伍钱"，这是原来成立拨会时候的十倍还多，但是不知道延续时间。南庄摇会可以算出利率水平："乾隆元年捐银陆拾贰两五钱，积至乾隆叁拾陆年，约计千有余金。"⑤经过36年时间，原来的六十二两五钱增值到一千多两，大概增加了十五倍，利率应该在三分左右，甚至更高。这个利率水平应有一定的代表性。总体来

---

① 无题名碑（修观音阁碑），嘉庆二十一年，现存高平河西镇朱家庄关帝庙。
② 无题名碑（修庙碑），乾隆四十一年，现存高平米山镇东南庄关帝庙。
③ 《重修关帝庙碑记》，道光三十年，现存高平东城街道凤和村关帝庙。
④ 《创修舞楼暨耳楼碑记》，光绪八年，现存高平寺庄镇寺庄村关帝庙。
⑤ 《关帝会敬神乐输碑记》，乾隆三十六年，现存高平河西镇南庄关帝庙。

说，摇会成立时候的本金一般是几十两的水平，十几年下来会有几百两，这是通常的情况。

（七）组织管理

摇会一般都设有会首，或者叫维首、总理会事之类的名称。会首不一定是出钱最多的人，恰恰相反，会首可能恰恰是出钱比较少的，因为他为摇会付出了劳动。南庄乾隆时候的几个摇会维首都是捐款比较少的。会首不仅仅承担摇会组织管理工作，有时候在修庙中如果出现经费不足的时候，会首也会追加一部分捐款："共入会（钱）、捐钱叁拾壹千七百二十五文，总共使钱肆拾壹千九百八十一文。下缺钱会首分摊。"[①] 这也是村中修庙组成的摇会和一般的合会不太相同的地方。

二、摇会的功能和作用

（一）修庙、置办庙田与庙宇日常管理

摇会最主要的功能是作为修庙的经费："奉献神圣会众善人等积银贰拾贰两□钱捌分，凑买木石砖瓦，不足使用外施银"[②]，大部分摇会成立都是因为要修庙。除了修庙以外，摇会钱也可以用于置办庙田："历年既久，积少成多，于是先置庙田、神龛等项，下余钱文，意欲增修。"[③] 置办庙田虽然不是修庙，但和修庙性质相同，同时也解决了庙宇日常经费问题。庙宇日常费用也可以直接由摇会来出资解决："兹村帝君庙历有年所而明禋之礼兼欲求备，奈赀财不裕，终贻临渴掘井之议，信士皇甫加宝等倡议捐资储为祭享之费目。"[④] 这个摇会成立的主要目的就是解决关帝庙祭祀的日常费用。

虽然很多摇会是因为修庙才成立的，但是摇会的钱并不是完全用于修

---

① 《汤王头村金妆圣象补修正殿重修寨墙门院》，光绪二年，现存高平南城街道汤王头关帝庙。
② 无题名碑（捐资碑），顺治十七年，现存高平河西镇常乐关帝庙。
③ 《增修本庙碑记》，道光十七年，现存高平东城街道段庄村关帝庙。
④ 《关帝会敬神乐输碑记》，乾隆三十六年，现存高平河西镇南庄关帝庙。

庙，摇会经费和修庙经费是相对独立的，分别记账，特别是当摇会组织和修庙的组织分离的时候，摇会是以一个组织的身份给修庙这件事捐款。前述南庄乾隆十七年的情况就是如此。当修庙经费出现空缺的时候，摇会也会以捐款方式补上："除布施外净缺钱一百三十二千文，此钱圣贤会补讫。"①

（二）其他公益活动

这包括修墙、铺路等，南庄关帝会就是如此："兹村帝君庙历有年所而明禋之礼兼欲求备，奈赀财不裕，终贻临渴掘井之议，信士皇甫加宝等倡议捐资储为祭享之费目，乾隆元年捐银陆拾贰两五钱，积至乾隆叁拾陆年，约计千有余金，除补修建墙，买地铺路，盘罩桌椅之外，尚有贰百金焉，以是金而修明禋祀庙貌且永垂不朽矣。"②从碑文最后所列出的花费情况来看，修墙铺路这样的村庄公益活动的花费是："辛卯年建墙铺路功完勒石，……以上总使过钱一百四十六千五百三十一文"，大概是千余金总费用的十分之一多一些。这也说明摇会是一种筹款方式，并不一定和修庙有关系。只不过在庙宇碑文中见到的自然大多和修庙有关系而已。

（三）雇佣乡约等其他村庄公共支出

乡约是明清时期乡村教化的一种制度，村中的乡约是需要支付费用的。"吾村曩请会一局，名曰立成，缘公雇乡约而足见也。迄会终，除雇乡约及补修各庙公费外，余钱肆拾千文，给村人吴松声等八家分使，按壹分伍厘出息，以为久雇乡约费耳。"③这里除了修庙之外，还有一个对于这个会来说主要的目的，那就是雇乡约。成立立成会和后来的复成会虽然也是为了修庙，但是主要目的是雇乡约，将余款放贷收息也是为了能够长久地雇乡约。

---

① 《重修关帝庙碑记》，咸丰四年，现存高平寺庄镇寺庄村关帝庙。
② 《关帝会敬神乐输碑记》，乾隆三十六年，现存高平河西镇南庄关帝庙。
③ 《复成会终碑记》，道光十四年，现存高平东城街道西南庄结义庙。

（四）向个人借贷资助村民

关帝会的会钱有时候是会借贷给个人使用的："余钱肆拾千文，给村人吴松声等八家分使，按壹分伍厘出息，以为久雇乡约费耳。"① 这里借贷对象和利率都很清楚，由于是贷给个人使用的，利率不算很高。摇会本身是通过放贷来获得收益的组织，因此，以这种低利率的方式贷给个人使用的做法本身带有某种公益性质，是对于村民的一种帮助。这个例子中出放的钱是余钱，基本上是在会事已经收拢之后进行的放贷，这里的放贷的性质不是获取收益，不是摇会的运作过程，而是摇会收益的使用用途之一。这是需要辨析的。

三、摇会的失败与延续

（一）摇会失败及其原因

有些时候因为特殊的原因，摇会会失败。原因之一是摇会时间太长，一些会友去世而破坏了连续性："爰集同志十六人，公请摇会一局，本拟共襄厥事，即始见终，讵意李禀、申永泰、李恒、申三帝、李振斗等相继辞世，迄今虽怀不齐之感而当日玉成盛心不可不表著于今。"②"时有庠生□常杜公者，首倡请会之举，以备修葺之费。奈大功未成而公共与前之□公皆相继作古矣。"③ 凤和的会也有这种情况。

另一个原因则是灾荒："于光绪元年间，村中好善诸公□起关帝会一局，意欲积少成多，以为兴工之计，不料会未完而年遭大祲，延至今十有余年。光绪十三年春戮力同心，率作兴事，乘风雨之调顺兴土木之功程。"④ 再如"首事公议，终日流连，立会忠义，以待来年。会事未完，大祲忽至，人心星散。半途而废，此则前人之有志而未逮者"⑤。这里提到的灾荒

---

① 《复成会终碑记》，道光十四年，现存高平东城街道西南庄结义庙。
② 《增修本庙碑记》，道光十七年，现存高平东城街道段庄村关帝庙。
③ 《创修戏楼并两廊以及重瓦大殿记》，乾隆五十四年，现存高平神农镇西沙院村关帝庙。
④ 《北朱庄关帝会创修西屋西北耳楼碑记》，光绪十四年，现存高平米山镇北朱庄关帝庙。
⑤ 《关圣帝君庙重修碑记》，光绪十四年，现存高平寺庄镇伯方村西关帝庙。

都是光绪初年的丁戊奇荒。

(二) 摇会失败以后的延续

摇会失败之后往往会过一段时间接着继续进行，上述段庄的摇会在原来16个会友中5人辞世之后，其他11个会友继续得以完成："兹也，嗣经申三成、陈法、申兴旺、李发旺、李裕兴、李贵荣、陈新年、陈子国、陈玉顺、陈米贵、陈锡俭等十一人互相经营□终乃事。历年既久，积少成多。"① 摇会的会友身份是可以转让的。从这个案例的情况来看，辞世的人退出了摇会，但并不清楚是不是存在会友身份转让的情况。

凤和关帝庙的情况一波三折，可以说是摇会失败又坚持完成的典型例子。凤和关帝庙很早就开始办摇会："里人有志修葺，虑役钜费广，未能猝办，相约同志携请尚义会一局。未曾动工，其人风流云散，大半缺如，究其积项微乎其微，继起者心切伤之。"② 尚义会失败之后，村民改为去外省商人募捐解决经费问题："于是又请村中善士在四方相劝捐输。丙午仲春，庀材纠工，重修正殿三楹，角屋二楹，门楼三楹，钟鼓楼四楹，补修南北厢房六楹。戊申冬季，工成告竣，俨然神像整肃，庙貌维新。但缺费百金，不能勒石。复约乐善者联请结义会一局，藉众人之余荣，补前工之不足，因为述其始末，会首勤劳使费具刻于碑，暨诸捐输姓名亦并载之，盖皆作善者也，不可泯也。"③ 外省募捐不足的部分，再次请了结义会一局。这次重修的余钱继续出放生息，可以说也是结义会的延续，但是又不幸遇到了丁戊奇荒和庚子之变："功成之后，余钱若干，出放生息，为每年祭祀之需。不料至光绪三年时，遭荒歉将钱项废弃，及大祲以后，时和年丰，重为积聚，而钱项无多。前光绪二十六年义和团起事，地方不靖，众会首在神前许愿，祈神保佑，至今平安，公议动土补修装饰庙宇，悬挂匾额以答

---

① 《增修本庙碑记》，道光十七年，现存高平东城街道段庄村关帝庙。
② 《关帝庙重修劝捐输姓氏碑记》，道光三十年，现存高平东城街道凤和村关帝庙。
③ 《关帝庙重修劝捐输姓氏碑记》，道光三十年，现存高平东城街道凤和村关帝庙。

神庥，以醻圣德云尔。"① 在几十年的时间里，尚义会和结义会两个摇会始终是凤和关帝庙兴修最主要的资金来源。

四、其他筹款的会

除了摇会之外，还有其他以筹款为目的的会："爰协合社维首李大湑等同力劝捐，共得钱若干，并本社旧有钱谷会积余钱均为修造兴作之资。"② 这里所说的钱谷会是以积蓄钱粮的方式来筹集经费的方法，这种筹款方式介于村社的"止戏收谷"和摇会两种方式之间。从参与群体来说，它和摇会更类似，它不像村社那样是所有村民强制必须参加的一种非自愿组织，而和摇会一样是一部分人参加的自愿组织。因此，筹集款项也是用于参会会友共同感兴趣的一些特殊的目的，而不像村社那样一定是用于村社集体的社事。从筹款方式上来说它更类似于村社的"止戏收谷"，更多地是以粮食收成的积蓄为手段，而不像摇会那样是纯粹以货币为运营对象的金融手段。从现象上来看，钱谷会更像是从村社"止戏收谷"方式到摇会方式的一种过渡形态。这种类型的会可以统称为钱谷会，但是未必使用钱谷会这种名称："现有会中积累谷石"，"圣贤会积谷十五石六升，作钱二十六千四百整"③。从这条碑文可以看出，这类钱谷会筹款方式很简单，就是积累粮食，然后卖出以后换钱。按照村中习惯，平时历年积谷收取的钱都要放贷生息："村中有乾隆六年至十二年按人口地亩捐积谷石并连年所征利息，共得银陆拾肆两四钱柒分，社内用过。"④ 这类钱谷会也是如此，一定会放贷收取利息："合社公议赞地亩捐谷若干石，义聚金为会，贷于人而息。"⑤

---

① 《补修关帝庙碑记》，光绪二十九年，现存高平东城街道凤和村关帝庙。
② 《增修舞楼厢房看楼并修缮各殿碑记》，道光二十七年，现存高平河西镇北岭村关帝佛庙。
③ 《补修南北庙小引》，嘉庆十六年，现存高平马村镇唐西西寨上关帝庙。
④ 《重修关帝庙高禖祠碑记》，乾隆三十七年，现存高平陈区镇迪阳后庄关帝高禖庙。
⑤ 《补修关帝庙碑》，无纪年，现存高平寺庄镇什善村关帝庙。

结　语

一、关帝庙

要理解关帝庙现象，首先要理解什么是关帝庙。学界习惯性地把庙宇当作是一种信仰活动的场所，这在今天或许是恰当的，而在传统中国却未必全面。在现代社会中，各种场所功能高度分化和独立，但是在传统社会中，很多不同社会、经济和文化功能融合在同一个场所之中，不能用今天对庙宇的概念去理解历史上的庙。庙当然是信仰活动的场所，但是庙的内涵和功能又绝不仅仅如此。在庙宇碑刻上常常出现"庙貌"这个词汇。从庙宇碑刻中的词汇含义来看，庙首先是一个建筑，它呈现出一种庄严肃穆的外表，这就是"庙貌"。具有这样庙貌的庙宇是村庄中的公共区域，它是村庄各种社会、经济和文化活动发生的地方，隐藏在庄严肃穆的庙貌后面的是具体的人的行为。事实上，自宋代以来高平地区的村社和庙宇已经高度结合在一起，这样的庙具有了社庙的性质，其性质完全不同于佛道教那样的建制性宗教庙宇。这种情况在明代中期以后大大加强，此时也正是关帝庙兴起的时间。在这个意义上的社庙绝不仅仅是一个信仰活动的场所，庙是乡村社会、经济和文化生活的一个缩影和集中体现。关帝庙是最典型的代表。对于历史学的研究来说，用"种加属差"这样的逻辑学方法来定义关帝庙也许并非最好的方法，历史学强调的是经过实证的历史的丰富性，因此将关帝庙与现代的各种场所做一番对比和罗列不失为了解关帝庙的最好的方法之一。

关帝庙是一座"衙门"，是基层政府的议事厅。村民们在这里讨论村里的大事。这可以说相当于现在的村委会，实际上1949年以后很多村庄的村委会都仍然设在庙里，只是在最近十几年才开始搬离庙宇，另外修建新的办公场所。碑文中经常出现"村中父老公议"等说法，他们"公议"的地点大多数情况就是在庙里面。社首和会首们通过组织各种活动和仪式来确立其社会地位，庙宇正是乡村精英们争夺权力的竞技场。

关帝庙是一个社民权利和义务的确认地，村民通过参加各种活动和捐款来确认自己在村社中的权利，也尽了自己对集体的义务。权利和义务是对等的，村民通过捐款履行对村庄中公共事务的相应义务，同时也就享有各项权利。

关帝庙是一座法庭，是乡村调解纠纷的地方。传统基层社会的矛盾并不都是通过类似法院这样统一的机构来进行处理，而是有多重的调解机制，其中在庙宇中进行的基层乡村组织的调解就是最重要的一个环节。庙是化解乡村纠纷，解决村民矛盾的地方。

关帝庙是一个新闻通讯社和学校，是乡村的信息中心和教化中心。庙中有大量禁约碑、告示碑和诉讼碑等，都既起到一种公示的作用，又起到教化的作用。中央政府、地方政府、地方乡绅、社首会首等，正是通过在庙中立碑公示的方式来向普通村民传达信息。

关帝庙是一处市场，乡村庙会常常在庙的附近进行，庙会会期的时候，庙宇就是附近几个村、十几个村的初级市场，村民在这里获取最基本的物质资料，商人把这里作为销售网络的终端。商品在这里流动到家家户户供人消费，货币在这里于人们中间流通。村民生产的手工业产品也从这里向上流入更高一级市场，商人通过设立在庙宇中的牙行到这里收购农产品和手工业品。

关帝庙是一所医院和心理诊所，人们在这里寻求心理的慰藉。以前，人们在罹患身心疾病的时候，除了自己用一些土方子来治病之外，就只有到庙中祈求神灵保佑。因此，庙客观上起到了现代医院或心理诊所的作用。

关帝庙是一间剧场，在高平的乡村里，几乎有庙就有戏台。戏台几乎是每个庙宇必不可少的"标配"。朝北看是座庙，转过身来朝南看就是演戏的剧场。庙是村庄娱乐活动的中心。戏曲既娱神又娱人。

关公信仰的研究者喜欢沿着历史的脉络叙述关公信仰的演变过程，讨论其"由人到神，从神到圣"的历史发展脉络，有时候也喜欢讨论关公作为守护神、战神、各种行业神、商业神、扶乩神、恩主公和财神等各种功能，也会讨论各个大区域中关公信仰的差异和发展过程。所有这些研究都是将关帝庙当作一种信仰的场所，继而研究其中民间信仰的流变情况。从上面的论述可以看出，高平地区的关帝庙绝不仅仅是一个信仰场所。因此对于"村村都有关帝庙"的现象就不能把它看作仅仅是对于关公信仰的研究，而实际上这项研究是通过关帝庙这个窗口来展开的对于一个区域的社会、经济和文化等方方面面的情况的综合研究。

二、关帝庙现象

本书的研究不是简单地研究几个关帝庙的个案，而是在一个县域大小的区域上来关注关帝庙现象，在本书的最后或许可以尝试着从高平这个县域大小的关帝庙现象略做一些扩展，来整体上概括一下关帝庙现象。这对今后的进一步研究是有益的。

关帝庙现象是一种历史现象。作为一种历史现象，关帝庙现象不能通过"种加属差"的方式来下定义，只能用描述的方式来进行界定。

关帝庙现象的延续时间是从晚明一直到当代，不同时期关帝庙现象有不同的表现形式，有些时段更加典型，有些时段则不成熟或残缺不全。大体上来说分为三个阶段。明代中叶（16世纪或嘉靖时期）开始到清代前期（18世纪初或康熙后期）是逐步形成期，约两个多世纪；从清代前期（18世纪）到民国中期是发展成熟期，成熟的时间点大体上在乾隆中期（18世纪中叶），这个时段也有约两个世纪；民国中期到现在是其转化衰落期，这个时段仅有不足一百年。每个时期只是大致的划分，其发展是连续的，不同区域也并不完全同步。

关帝庙现象是传统中国社会的一个整体现象，并不是个别区域、个别村庄、个别关帝庙的现象。但是它在不同的区域有不同的表现形式。有些区域更加典型，有些区域不成熟，有些区域则残缺不全。相对来讲，以山西、湖北和江南为三个顶点所形成的中原区域更加明显和典型，越向周边则越残缺不全。在同一个区域的不同小区域和同一个小区域的不同庙宇中也存在典型、不成熟与残缺的区别。

关帝庙现象有不成熟、典型与残缺三种类型的表现形式。不成熟和残缺都可以视作是典型的关帝庙现象的一种变形，是缺少了某些方面特征和内容的关帝庙现象。两者的区别是不成熟、是还没有得到充分发展的处在逐步形成状态的关帝庙现象，而残缺则是遭到破坏之后的转化衰落状态的关帝庙现象。以下叙述的是典型的关帝庙现象（为了简略，行文中省略"典型"这个定语），不成熟与残缺的关帝庙现象的表现形式需要具体问题具体分析，无法进行统一的概括。

关帝庙现象存在于关帝庙、村庄、区域和整个中国乃至中华文化圈的不同层级的尺度上。在这些不同的尺度中，均可以体现在政治、经济和文化三个层面上。

在关帝庙的尺度上，关帝庙现象在政治（社会）上体现为庙宇组织与管理；在经济上体现为庙宇经费的收入与支出；在文化上体现为关帝神灵及其相关习俗。在这个尺度上，关帝庙就是以关帝为文化符号，在一定的经济基础之上，具有相应的组织管理制度的一种庙宇。

在村庄这个尺度上，关帝庙现象在政治（社会）上体现为以庙宇为中心的村庄治理；在经济上体现为村庄集体的各项收入与支出；在文化上体现为围绕关帝庙展开的各项习俗文化活动。在这个尺度上，关帝庙就是村庄各项政治（社会）、经济和文化活动的中心、源头、目的与价值标准。

在区域这个尺度上，关帝庙广泛而密集的分布，形成"村村都有关帝庙"的格局。关帝庙现象在政治（社会）上体现为以关帝庙为中心建立起来相对独立的乡土社会基层组织结构体系；在经济上体现为关帝庙是连接跨区域经济活动的扭结点，在商人家乡主要体现为外省捐施，在行商区域主要体现为商人会馆；在文化上体现为关公文化精神成为整个区域社会共有的基本价值观。在这个尺度上，关帝庙成为区域社会的主要文化标志、发展动力与社会凝聚力的来源。

在中国整体乃至中华文化圈的尺度上,关帝庙遍布全国各地和所有受到中华文化影响的地区。关帝庙现象在政治上体现为国家对于民间社会自组织的部分放松、有限管理、积极引导、努力融合,鼓励与限制并存;在经济上体现为中国传统商人群体以关公精神为价值观来实现其扩大经营、获取利润、群体融合的努力与尝试;在文化上体现为从儒家思想中延伸发展出来的由关帝所代表的成熟的民间性商业伦理价值观。在这个尺度上,关帝庙是中国民间社会的象征,商人群体的象征和民间性价值观的集中体现。

作为一种历史现象的关帝庙现象具有一定的理论意义,它可以也应该被抽象为某种哲学或社会科学理论,但它首先是一种历史现象。

附录 1

高平关帝庙整体情况一览表

序号	庙宇学名	乡镇	位置	朝向	始建	重／增／补修
1	北沟关帝庙	北城街道	村西	坐东朝西	不详	不详
2	边家沟关帝庙	北城街道	村东南	坐北朝南	不详	民国十年
3	南沟关帝庙	北城街道	村中心	坐北朝南	不详	不详
4	南王庄关王庙	北城街道	村中心	坐北朝南	不详	万历三十七年、民国九年
5	王何北关帝庙	北城街道	村中心	坐北朝南	不详	不详
6	王降关帝庙	北城街道	村南	坐西朝东	不详（晚明）	雍正、道光十九年、咸丰七年
7	王寺西王寺关帝文昌阁	北城街道	村南	南北向	咸丰四年	不详
8	围城关帝庙	北城街道	村西	坐北朝南	不详	不详
9	董庄关帝阁	北诗镇	村东	东西向	不详（清中期）	光绪二十八年
10	姬家庄关帝阁	北诗镇	村西	东西向	民国十三年	不详
11	龙尾关帝庙	北诗镇	村西	东西向	不详（清前期）	道光元年
12	南坪关帝庙	北诗镇	村西	坐北朝南	不详	不详
13	上沙壁关王庙	北诗镇	村西南	坐西朝东	万历三十二年	不详
14	拥万关帝文昌阁	北诗镇	村西	东西向	雍正七年	光绪二年
15	寨上关帝庙	北诗镇	村东河谷	坐西朝东	康熙四十五年	嘉庆七年
16	中沙壁关帝庙	北诗镇	村西	坐北朝南	不详（晚明）	雍正四年
17	庄上关帝庙	北诗镇	村中心	坐北朝南	咸丰九年	不详
18	安河关帝文昌阁	陈区镇	村东	南北向	不详（清前期）	嘉庆二十五年

续表

序号	庙宇学名	乡镇	位置	朝向	始建	重／增／补修
19	大山石堂会关帝庙	陈区镇	村中心	坐北朝南	天启三年	顺治三年、乾隆、道光、民国十一年
20	大山石堂会三义洞	陈区镇	村北山上	坐北朝南	万历三十二年	不详
21	迪阳关王庙	陈区镇	村中心	坐北朝南	万历三十二年	康熙十八年
22	迪阳后庄关帝高禖庙	陈区镇	村东北	坐北朝南	不详（晚明）	乾隆三十七年、光绪八年、宣统二年
23	沙院王佛陀关帝庙	陈区镇	村中心	坐北朝南	不详	不详
24	王家碾上关帝庙	陈区镇	村东	坐北朝南	不详	不详
25	店上关帝庙	东城街道	村南	坐北朝南	不详（清前期）	道光十一年
26	东山关帝文昌阁	东城街道	村西	东西向	同治十二年	不详
27	段庄关帝庙	东城街道	村西	坐北朝南	不详（清前期）	道光十七年
28	凤和关帝庙	东城街道	村东	坐东朝西	不详（晚明）	顺治八年、乾隆三十八年、道光三十年
29	果则沟关帝庙	东城街道	村西	坐西朝东	不详	不详
30	龙王沟关帝庙	东城街道	村中心	坐北朝南	不详（清前期）	不详
31	西南庄关帝庙	东城街道	村中心	坐北朝南	不详（清前期）	道光十四年
32	小北庄关帝庙	东城街道	村西	坐东朝西	不详（清中期）	民国十二年
33	张家坡关帝庙	东城街道	村西	坐北朝南	不详	不详
34	张庄关帝庙	东城街道	村东	坐东朝西	不详	不详
35	北岭关帝佛庙	河西镇	村中心	坐北朝南	万历	乾隆二十年、嘉庆十一年、道光二十七年
36	北苏庄关帝庙	河西镇	村南	坐南朝北	不详（清前期）	乾隆十四年、嘉庆六年
37	常乐关帝庙	河西镇	村西	坐北朝南	万历	嘉庆二十五年、民国
38	东李门关帝庙	河西镇	村东	坐北朝南	不详（清中期）	不详
39	杜村关帝庙	河西镇	村北	坐北朝南	乾隆三十六年	民国十四年

续表

序号	庙宇学名	乡镇	位置	朝向	始建	重/增/补修
40	朵则关帝庙	河西镇	村中心	坐北朝南	不详（清前期）	同治十一年
41	河西关帝庙	河西镇	村北	坐北朝南	万历二年	嘉庆二十四年
42	河西会馆	河西镇	村中心	坐北朝南	不详（清中期）	不详
43	黄家沟关帝庙	河西镇	村西	坐东朝西	不详	不详
44	回山关帝庙	河西镇	村西	坐北朝南	不详	不详
45	焦河关帝庙	河西镇	村中心	坐北朝南	不详（晚明）	不详
46	刘庄关帝庙	河西镇	村南	坐北朝南	不详（清前期）	道光六年、同治四年
47	梅叶庄关帝庙	河西镇	村中心	坐北朝南	不详（清前期）	嘉庆十五年
48	南岭关帝庙	河西镇	村中心	坐北朝南	不详	不详
49	南庄关帝庙	河西镇	村西	坐北朝南	不详（晚明）	乾隆十二年
50	牛家庄关帝庙	河西镇	村南	坐北朝南	不详	不详
51	双井关帝阁	河西镇	村东	东西向	不详	民国二十一年
52	双井关帝庙	河西镇	村西	坐北朝南	乾隆	民国二十一年
53	西李门关王庙	河西镇	村中心	坐北朝南	不详（晚明以前）	嘉靖五年、康熙壬辰、民国十二年
54	下崖底关帝庙	河西镇	村中心	坐北朝南	不详（清前期）	不详
55	下崖底西坪关帝庙	河西镇	村北	坐北朝南	咸丰三年	不详
56	仙井关帝庙	河西镇	村东	坐东朝西	不详	不详
57	向阳关帝阁	河西镇	村东	东西向	不详	不详
58	小仙关帝庙	河西镇	村中心	坐北朝南	不详	不详
59	小仙小关帝庙	河西镇	村中心	不详	不详	不详
60	小仙北小仙关帝庙	河西镇	村西	坐北朝南	乾隆	不详
61	窑头关帝阁	河西镇	村东	东西向	不详	不详
62	义庄关帝庙	河西镇	村东	坐北朝南	不详（清前期）	道光十四年
63	永宁寨关帝庙	河西镇	村北	坐北朝南	不详（晚明）	乾隆八年
64	宰李关帝庙	河西镇	村北	坐西朝东	康熙十四年	乾隆四十年
65	寨沟河关帝庙	河西镇	村西	坐北朝南	不详（清前期）	道光四年
66	朱家庄关帝庙	河西镇	村西	坐北朝南	乾隆十七年	嘉庆二十一年

续表

序号	庙宇学名	乡镇	位置	朝向	始建	重/增/补修
67	郭庄关王庙	建宁乡	村中心	坐北朝南	洪武	万历九年、乾隆四十年、道光二十三年、光绪元年、民国十一年
68	建北关帝庙	建宁乡	村西	坐西朝东	不详	不详
69	筱川关帝庙	建宁乡	村西	不详	不详	不详
70	张家二郎关王庙	建宁乡	村北	坐北朝南	不详（晚明以前）	万历十二年、嘉庆二十一年
71	大周关帝塔	马村镇	村东南	不详	不详	不详
72	东崛山关帝庙	马村镇	村东北	坐北朝南	不详（清前期）	不详
73	沟头关帝庙	马村镇	村中心	坐东朝西	乾隆三十八年	道光十二年
74	金章背关帝庙	马村镇	村西南	坐北朝南	不详（清前期）	乾隆三十五年、嘉庆十九年
75	康营西关帝庙	马村镇	村西	坐北朝南	不详（晚明）	不详
76	康营东关帝庙	马村镇	村东	坐西朝东	不详（晚明）	康熙二十九年、道光十七年
77	唐东关王庙	马村镇	村北	坐北朝南	不详（晚明以前）	嘉靖二十三年
78	唐西关帝庙	马村镇	村东	坐北朝南	不详（清前期）	乾隆五十四年
79	唐西西寨上关帝庙	马村镇	村北	坐北朝南	崇祯十二年	乾隆十一年、嘉庆十六年
80	西周关帝阁	马村镇	村东	东西向	不详	不详
81	永安关帝庙	马村镇	村北	坐南朝北	不详	不详
82	掌握关帝庙	马村镇	村南	坐北朝南	不详	不详
83	北朱庄关帝庙	米山镇	村西	坐北朝南	不详（清中期）	光绪十四年
84	成家山关帝庙	米山镇	村北	坐北朝南	不详（清前期）	道光五年
85	成家山关帝阁	米山镇	村北	东西向	不详	不详
86	成家山牛家坡关帝庙	米山镇	村中心	坐北朝南	不详	不详
87	东南庄关帝庙	米山镇	村东北	坐北朝南	不详（清前期）	乾隆四十一年
88	东善关帝庙	米山镇	村中心	坐西朝东	不详	不详
89	董寨西关帝庙	米山镇	村西	坐西朝东	不详	不详
90	董寨北关帝庙	米山镇	村西北	坐北朝南	不详	不详

续表

序号	庙宇学名	乡镇	位置	朝向	始建	重/增/补修
91	勾要关帝庙	米山镇	村东	坐北朝南	不详	不详
92	河东关帝庙	米山镇	村西	坐西朝东	不详（清前期）	不详
93	井则沟关帝庙	米山镇	村西	坐北朝南	不详	不详
94	岭头关帝庙	米山镇	村西	坐北朝南	不详	不详
95	米东关帝观音阁	米山镇	村东	南北向	不详	咸丰元年
96	南圪塔关帝阁	米山镇	村西	东西向	不详	不详
97	石桥口关帝庙	米山镇	村西	坐西朝东	嘉庆五年	道光十年
98	石嘴头关帝阁	米山镇	村西北	南北向	不详	不详
99	吴村关帝庙	米山镇	村南	坐北朝南	不详	不详
100	下冯庄关帝庙	米山镇	村中心	坐北朝南	不详（清前期）	嘉庆二十四年
101	孝义关帝庙	米山镇	村西	坐西朝东	不详	不详
102	窑栈关王庙	米山镇	村西	坐北朝南	不详（晚明以前）	成化十二年、万历三十三年、乾隆四十六年
103	云东上村关帝庙	米山镇	村东	坐东朝西	乾隆四十八年	嘉庆元年
104	北陈关帝阁	南城街道	村北	南北向	不详（清早期）	乾隆四十一年、道光二十三年
105	圪塔关王庙	南城街道	村东	坐东朝西	不详（晚明以前）	万历五年
106	谷口关帝庙	南城街道	村南	坐南朝北	不详（清前期）	道光二十四年改建
107	谷口关帝观音阁	南城街道	村南	东西向	不详（清前期）	嘉庆元年
108	琚庄关帝庙	南城街道	村东	东西向	不详（清前期）	不详
109	南陈关帝庙	南城街道	村北	坐北朝南	不详（清前期）	不详
110	南许庄关帝庙	南城街道	村北	坐北朝南	不详（清前期）	不详
111	南赵庄关帝庙	南城街道	村北	坐北朝南	不详	不详
112	桥北关帝庙	南城街道	村西	不详	不详	不详
113	上玉井关帝庙	南城街道	村东	坐东朝西	不详	不详
114	上庄小韩庄关帝庙	南城街道	村中心	坐北朝南	不详（清前期）	乾隆五十三年

续表

序号	庙宇学名	乡镇	位置	朝向	始建	重/增/补修
115	汤王头关帝庙	南城街道	村南	坐北朝南	不详（清中期）	光绪二年
116	唐庄关帝庙	南城街道	村南	坐北朝南	不详	不详
117	徐庄关帝庙	南城街道	村中心	坐北朝南	乾隆	不详
118	庄子关帝庙	南城街道	村中心	坐北朝南	乾隆二十五年	同治五年、民国九年、民国十八年
119	赤祥关帝阁	三甲镇	村北	坐北朝南	不详	不详
120	槐树庄关王庙	三甲镇	村西北	坐北朝南	隆庆六年	不详
121	姬家关帝庙	三甲镇	村西	坐东朝西	不详	不详
122	靳家关帝庙	三甲镇	村东	坐北朝南	不详（清前期）	乾隆四十四年、嘉庆二十二年、道光五年
123	刘家关帝庙	三甲镇	村东	坐北朝南	不详	不详
124	刘家陈家关帝庙	三甲镇	村西	坐北朝南	不详	不详
125	刘家王家关帝庙	三甲镇	村东北	坐西朝东	不详（清前期）	道光十五年
126	路家山关帝庙	三甲镇	村东	坐北朝南	不详（晚明）	康熙
127	徘南关王阁	三甲镇	村西	东西向	万历三十年	不详
128	三甲南关帝庙	三甲镇	村西	坐北朝南	不详（清中期）	光绪二年
129	西栗庄关王庙	三甲镇	西北	坐北朝南	不详（晚明以前）	万历四年
130	响水坡关帝庙	三甲镇	村西	坐西朝东	不详	不详
131	邢村关帝庙	三甲镇	村西	坐北朝南	不详（清前期）	不详
132	朱家山鲁班春秋大王阁	三甲镇	村西南	东西向	不详（清前期）	乾隆二十八年、光绪三年
133	大西河关帝阁	神农镇	村东	东西向	不详	不详
134	东沙院关帝庙	神农镇	村东	坐东朝西	不详	不详
135	石壑关王庙	神农镇	村中心	坐北朝南	万历	道光二十一年
136	普通神农镇	神农镇	村南	坐南朝北	不详（晚明）	不详
137	西郝庄关帝庙	神农镇	村中心	坐北朝南	不详	民国二十四年
138	西沙院关帝庙	神农镇	村西南	坐北朝南	不详（晚明以前）	雍正八年、乾隆二十四年、乾隆五十四年、道光三十年

续表

序号	庙宇学名	乡镇	位置	朝向	始建	重/增/补修
139	许家关帝庙	神农镇	村中心	坐北朝南	不详（清前期）	咸丰四年
140	中村关帝阁	神农镇	村东	南北向	乾隆二十二年	道光
141	北凹关帝庙	石末乡	村西	坐北朝南	不详（清前期）	不详
142	毕家院关帝庙	石末乡	村中心	坐北朝南	不详	不详
143	东靳寨关帝庙	石末乡	村北	坐北朝南	不详	不详
144	南张寨关帝庙	石末乡	村中心	坐北朝南	不详	不详
145	石末会馆	石末乡	村西北	坐北朝南	不详	不详
146	双泉关帝阁	石末乡	村西北	南北向	不详	不详
147	西靳寨关帝庙	石末乡	村西	坐北朝南	不详	不详
148	拌沟关帝庙	寺庄镇	村中心	坐北朝南	不详	不详
149	北王庄关帝庙	寺庄镇	村中心	坐北朝南	嘉庆十三年	不详
150	伯方东关帝庙	寺庄镇	村东	坐北朝南	不详（晚明）	同治十年
151	伯方西关帝庙	寺庄镇	村西	坐北朝南	明季	光绪十四年
152	草芳关帝庙	寺庄镇	村西北	坐北朝南	不详	不详
153	地夺掌关帝庙	寺庄镇	村中心	坐北朝南	不详（清中期）	光绪二十年
154	高良关帝庙	寺庄镇	村北	坐北朝南	不详	不详
155	郜家庄关帝庙	寺庄镇	村中心	坐北朝南	道光七年	不详
156	回沟关帝庙	寺庄镇	村南	坐北朝南	不详（清中期）	光绪二十年、民国十五年
157	贾村关帝阁	寺庄镇	村西	东西向	乾隆三十四年	道光四年
158	牛家安家关帝庙	寺庄镇	村东	坐北朝南	不详（清前期）	乾隆四十七年、道光八年
159	伞盖关帝文昌阁	寺庄镇	村东	东西向	道光十九年	不详
160	什善关帝庙	寺庄镇	村中心	坐北朝南	不详	不详
161	寺庄村会馆	寺庄镇	村北	坐东朝西	咸丰四年	不详
162	寺庄村关帝庙	寺庄镇	村南	坐东朝西	不详（晚明）	康熙二十四年、嘉庆元年、咸丰四年、光绪八年、民国二十六年
163	王报关帝庙	寺庄镇	村南	坐东朝西	不详（晚明）	不详

续表

序号	庙宇学名	乡镇	位置	朝向	始建	重/增/补修
164	望云关帝庙	寺庄镇	村东	坐北朝南	不详（清中期）	同治四年
165	西德义关帝庙	寺庄镇	村中心	坐北朝南	不详（清前期）	不详
166	小会沟关帝庙	寺庄镇	村东	坐北朝南	不详（清前期）	道光三十年、洪宪元年
167	杨家庄关帝庙	寺庄镇	村中心	坐北朝南	不详	不详
168	杨家庄芦庄关帝庙	寺庄镇	村北	坐北朝南	不详	不详
169	长平关帝庙	寺庄镇	村中心	坐东朝西	不详（晚明以前）	嘉靖
170	赵庄关帝庙	寺庄镇	村中心	坐北朝南	不详（清前期）	道光三十年、民国十二年
171	北杨关帝庙	野川镇	村东	坐北朝南	不详（清中期）	民国二十二年
172	大西社上西社关帝庙	野川镇	村东	坐北朝南	不详（晚明）	道光二十六年
173	大野川北关帝庙	野川镇	村东北	坐东朝西	嘉庆二十五年	不详
174	大野川南关帝庙	野川镇	村东南	坐西朝东	不详（清中期）	光绪二十四年
175	东沟关帝庙	野川镇	村北	坐北朝南	乾隆三十四年	不详
176	东沟蒲沟关帝庙	野川镇	村北	南北向	崇祯元年	道光十五年
177	杜寨关帝阁	野川镇	村东	东西向	康熙	光绪二年
178	杜寨关帝庙	野川镇	村西北	坐北朝南	不详	不详
179	圪塔韩家庄关帝阁	野川镇	村南	南北向	同治十年	不详
180	圪塔西郭庄关王庙	野川镇	村东南	坐西朝东	道光三年	不详
181	圪台关帝庙	野川镇	村中心	坐北朝南	不详	不详
182	沟村南关帝庙	野川镇	村西南	坐西朝东	不详（清前期）	道光六年
183	沟村北关帝庙	野川镇	村西	坐西朝东	雍正	不详
184	后山沟关帝庙	野川镇	村西	坐北朝南	不详（清前期）	嘉庆九年、道光三十年

续表

序号	庙宇学名	乡镇	位置	朝向	始建	重/增/补修
185	路家关帝庙	野川镇	村西	坐西朝东	不详（清前期）	同治五年、民国四年
186	南杨关帝庙	野川镇	村东	坐东朝西	不详（清前期）	乾隆五十二年、嘉庆二十年、道光二十四年
187	寺沟西庄关帝文昌阁	野川镇	村东	东西向	乾隆六十年	不详
188	唐家山关帝庙	野川镇	村北	坐北朝南	不详（清中期）	光绪三十年
189	堡头关帝庙	永禄乡	村中心	坐南朝北	不详	不详
190	段家沟关帝庙	永禄乡	村中心	坐北朝南	不详	不详
191	扶市关帝庙	永禄乡	村南	坐北朝南	不详	不详
192	秋子关帝庙	永禄乡	村中心	坐北朝南	不详（清前期）	道光二十五年
193	永禄南关帝庙	永禄乡	村南	坐北朝南	不详（清前期）	同治十二年、民国二十七年
194	永禄东关帝庙	永禄乡	村东	坐北朝南	不详	不详
195	常庄关帝魁星阁	原村乡	村南	南北东向	光绪二年	不详
196	陈庄关帝庙	原村乡	村西	坐北朝南	不详	不详
197	大北山关帝庙	原村乡	村北	坐北朝南	不详	不详
198	大坡沟关帝庙	原村乡	村东	坐西朝东	道光七年	光绪十九年
199	冯村关帝庙	原村乡	村西	坐东朝西	不详（清前期）	康熙十二年、乾隆二十九年
200	交河关帝庙	原村乡	村西	坐西朝东	不详（清前期）	乾隆四十八年
201	良户关帝庙	原村乡	村东	坐北朝南	康熙四年	咸丰四年
202	山和背关帝阁	原村乡	村东	东西向	不详（清中期）	光绪元年
203	窑则头东掌关帝庙	原村乡	村北山上	坐北朝南	嘉庆	不详
204	原村关王庙	原村乡	村中心	坐北朝南	不详（清前期）	嘉庆二十年、道光十五年

说明：（1）本表在对高平关帝庙的实地调查和碑文等资料整理基础上编制而成；（2）本表不包括现在不存的关帝庙，也不包括三义庙和五虎庙等合祀庙；（3）本表不包括关帝作为配祀神灵出现的关帝殿；（4）始建时间没有明确记载的根据其他情况做了推断，加括号以示区别。

附录 2

整理说明

　　碑刻是广泛存在于乡村社会的一种文献，因其特有的公示性与宣传性，碑刻文献的真实性不仅更强，还往往能弥补正史记载之不足，以碑补史，以碑正史。自"新史学"以来，碑刻在内容上的丰富性和地域性愈发使其成为社会研究的重要素材与宝贵史料，对历史学、民俗学、社会学、经济学、法学等学科具有重要学术价值。碑刻文献中包含着地域生活的社会风貌和民众之间的各种社会关系，其中关于社会角色与社会群体、社会生活与社会合作、社会信仰与社会心态、社会问题与社会管理等内容能够推进对社会史、经济史、文化史等方面的研究。

　　有鉴于此，我们在现有收集到高平关帝庙的378通碑中，选辑了完整性好与代表性高的部分碑刻，共计84通。从区域范围来看，主要集中在北部的三甲镇，南部的米山镇、北诗镇和河西镇，西部的野川镇。从碑刻体裁和内容来看，主要选取了创修碑、重修碑、布施碑、诉讼碑、规约碑、记事碑等碑刻文献类型。

　　选辑的碑刻以调查地域的顺序进行编排，同一地域的碑刻以时间先后进行排列，以便读者查考。由于民间书写方式的地域性、随意性、差异性等传统，本书选辑的碑文内容中存在大量的通假字、别字；又由于碑文作者各自书写的风格与习惯，碑文内容也常会出现诸多如量词表述、数字写法等前后不一的现象等。本书为保持碑文原貌，故未对碑文不当处修改，特此说明。最后由于碑刻年代久远，部分字迹模糊辨认不清，加之编者水平有限，在辑点工作中一定难免错漏，不妥之处敬请读者批评指正。

山西高平关帝庙碑文选录

（1）题名：《重修关王庙记》

大明万历三十七年四月望日

重修关王庙记

城西南里二甲施主：王云龙，妻李氏，弟王云凤，妻程氏，男王之鼎、王之钰、王之玺，故父王添禄，见堂母秦氏。

所坏圣像一同补完。

泥水匠　贾国志

僧人　湛法

玉□□□□牛应□

（现存高平北城街道南王庄玉皇庙内）

（2）题名：《创修关帝阁碑序》

建修南阁之地者，北靠韩山峻岭，南近丹水波流，吾村昔有关帝神庙。古在南平之地，已久年深，风雨损坏，与村民心何忍？因此，吾村首事会同阖村公议一心，村之四面观望，惟有村南之地可修关帝神阁，保护一村，瑞气凝祥，速将古庙一概全移修理。南阁之用昔庙圣像，合村人等焚香移驾升阁，北面奉设文昌神位，普照合村，文光射斗，乃为一村之庆也。所建阁工费独力难成，奉缘募化，善士捐赀钱文，工成告竣，各捐善士台名于后。

围城村大社	捐钱叁千文	响水坡大社	捐钱叁仟伍百文
边家沟大社	捐钱叁仟伍百文	李家村大社	捐钱叁仟伍百文
东王寺大社	各捐钱叁仟伍百文	张家庄大社	捐钱壹仟贰百文
孔家村大社	捐钱壹千文	永禄村大社	捐钱壹千文
蚕村圪套社	捐钱壹千文	蚕村后沟社	捐钱壹千文

北李村大社　捐钱壹千文　　石门村大社　捐钱壹千文
北李村大社　捐钱壹千文　　石门村大社　各捐钱壹仟文
围城程维　捐钱壹仟文　　　孟家庄大社　捐钱捌百文
响水坡后庄　捐钱伍百文　　石门东南社　捐钱伍百文
北陈同裕成　各捐钱伍百

沁邑张有成　捐钱陆百文　　沁邑杨黑孩　各捐钱陆百文
沁邑张有库　捐钱叁百文　　沁邑万柱孩　各捐钱叁百文
沁邑宋改发　捐钱贰佰文　　沁邑杨栓驴　各捐钱贰百文
沁邑张满仓　捐钱贰百文

本村
李英　捐钱拾仟文　　　　　李芝囤　捐钱叁仟文
李廷　李成□　李立　李盛　李金盛　捐钱伍百文
张海　各捐钱□仟文
李荣　捐钱肆百文　　　　　李来辛　各捐钱肆百文
李广德　捐钱叁百文　　　　李三孩　捐钱叁百文
李天根　各捐钱叁百文　　　李成　捐钱贰百文
李长春　捐钱贰百文　　　　李□□　捐钱贰百文
□□龄　捐钱贰百文　　　　□四　捐钱贰百文
李小孟　捐钱贰百文　　　　李金玉　捐钱贰百文
李金荣　捐钱贰百文　　　　李美　捐钱贰百文
李小毛　捐钱贰百文　　　　李喜英　各捐钱贰百文
乔海水　施西墙地基一墙　　李美　施地基一段
李来章　施南地基五尺

入本村布施钱贰拾肆串捌百文
入李英赔佃李兴灯油钱伍拾串

入来八音会钱拾叁串贰佰肆拾捌文

入大社积余钱叁拾叁串贰百捌拾文

入卖松树三棵钱陆拾陆串文

入外村布施钱拾捌串伍百文

入旧欠账钱捌串贰百叁拾文

总共入钱贰百壹拾肆串零伍拾捌文

买木料笆门窗格搧共使钱贰拾叁仟壹百玖拾伍文

买砖瓦石头觅人牛二工使钱贰拾玖仟捌百贰拾陆文

请风□敬神备用募化盘费各匠人礼零用共使钱叁拾伍仟一百叁拾三文

买头发铁石灰钉则敬神谢土备用共使钱贰拾陆串一百叁拾陆文

木石瓦油画铁匠共施钱玖拾肆仟零叁拾文

玉工匠共使钱伍仟壹百肆拾文

总共使钱贰百壹拾肆仟零伍拾捌文

总理　李英

挽账　李成蹊

管工　李全□

排工　李福海

咸丰肆年腊月望日吉阖社仝立

（现存高平北城街道王寺西王寺关帝阁内）

（3）题名：《补修壁碑》

尝闻补修整理而能焕然一新，同志善念而后乐观其成，虽愚等心之恒情，实赖众善士之□助焉。吾村东矗有关圣帝君阁一座，东迎紫气，西挹霞翠，为一庄之保障。不知创修何代，无可稽考，兹年深久远，风雨飘摇，日月剥蚀，渐次圮毁。迄自光绪丁丑戊寅以后，兽脊滚落，砖瓦裂损，檩梁皆坏，遇雨淋漓，污泥堆积，满室亵渎，不可胜言。见者悯恻，咨叹无赀，工程颇巨，钱项难起，于是村中耆老数人靳和美、（靳）润发、毕新牛、（毕）长保、靳满堂、（靳）庚辛倡首募捐布施钱项，嗣后在会维首等众同心协力，庀材鸠工，兽脊、砖瓦、木料齐备，督匠修理，金装神像，彩画墙壁，一应完全，灿然复新矣。计算钱项不赡其费，募捐布施仅足其半，岂可畏缩而废？于是公同酌议，在会皆曰愿效劳力，往前办理，是时，维首等众各执其事，竭尽诚心，任劳无怨，酸辛勤苦，不辞其力，蓄储数年，志愿酬还，勒石刻铭，以志其事，而后工程告竣矣。是为序。

谨将捐赀善士芳名开列于左：
毕长保　捐钱柒仟文
增盛堂　靳润发　靳泉旺　各捐钱叁仟文
靳和美　李润　靳德钰　各捐钱贰仟伍佰文
吴华松　靳满仓　毕秋锁　各捐钱贰仟文
靳堂　靳贵平　靳在铧　各捐钱壹仟伍佰文
靳全顺　瑞元堂　靳松斗　各捐钱壹仟伍佰文
张善元　捐钱壹仟文
侯琪元　捐钱壹仟文
毕新牛　靳和庆　靳金锁　各捐钱壹仟文
田金玉　靳经　毕长清　各捐钱伍佰文
靳金孩　吴秋锁　靳柏枝　各捐钱伍佰文
靳和平　靳松狗　靳德元　各捐钱伍佰文
靳富泰　李胡保　□福孩　各捐钱伍佰文

靳稣耕　谨撰文
总理会事　靳润发　靳和美　李润
会维首

吴满囤　靳在铧　毕长清　靳堂　吴秋桂　靳富泰　吴华松　靳玉堂　靳泉旺　吴长泰　靳金锁　吴水法　靳德元　吴河法　侯琪元　仝勒石

大清光绪二十八年岁次壬寅腊月穀旦
玉工　韩玉岐　刊

（现存高平北诗镇董庄关帝阁内）

（4）题名：《姬家庄新创春秋阁大仙室更房碑记》

　　盖闻村之有神也，所以庇吾民。民之祀神也，必□□辉煌，俎豆丰洁，而神无弗佑焉。高邑岭以东里曰姬家庄，距城四十五里，僻处边隅，地狭人稀，久聘风水观觇，莫不以村西为患。阖社等因鉴于斯，始于民国十三年间召集村民会议，共维其事而立春秋阁焉。

　　大仙室者，原系杨树一株之地，由□□人民，以年湮成神，因砍伐□修大仙室一间，以安其神。

　　更房者，乃一村之必要，御冬防匪，非须臾之可以离也。

　　如斯一社□□最要之工，岂不宜创修乎？社首等协力维持，方得工程竣事。惟彩画一节尚不及尔。迄今九年，幸有白衣阁以及众会善士□□舒资以助其事，今工已告成，故此刊石永垂不朽云尔。

北方军官学校毕业生康侯李荣泰撰文
县里第四高校毕业生子英苏育才书丹

总理　李树修　杜肉孩　姬来富
社首　姬其祥　姬忠法　姬来根　姬新顺　姬鸣凤　杜丙生
举意人　张新根　杜法旺　李复锁　姬新富　姬腾云　姬添喜　杜安和

维持布施　共施钱二千文　　　献戏三天

李树修　施洋五元　　　　　姬老黑　施洋五元
保卫团　施洋五元、月签一根　白衣阁　施洋五十元
公议会　施洋五元　　　　　杜肉孩　施洋二元
获邑大位庄李永正　施洋五元　姬法则　施洋一元七角
李丑毛　施洋一元　　　　　姬福荣　施洋一元
杜新法　施洋二元　　　　　杜二丑　施洋一元
姬海旺　施洋一元　　　　　姬聚昌　施洋一元

木工　侯狗孩　靳财法
画工　韩树仁
泥水工　唐安孩
铁工　牛腾孩
村警　姬福只
玉工　王法法　张土印　镌字

中华民国二十二年十月下浣吉日阖社仝勒

（现存高平北诗镇姬家庄村西关帝阁内）

（5）题名：《新修关王庙记》

大明国山西泽州高平县举东乡十七都沙壁北里，众信意□同□在城双桂坊维那头祁仕莲□□□村人等□家□□资财□□□□亩摊钱，创立关王老爷庙共六间，以用等物共□□社内使用□□平安志事□吉立碑永□记耳。

总维那头

李进山　霍□秋　张应□　张孟金　张润　袁应登　李进文　李进宝　李奉金　袁□田　杨应春

□□实　系米山镇　施□壹棵　　□□清　系双桂坊　施□路官石
　　郭胜荣　系长□□　施银□钱　　□□秋　施檩□□
　　张相　施檩叁根　祁仕莲　　　系双桂坊　施□□□□
　　□□□　系双桂坊　施□□□□　□应源　施□□□

　　石匠　王□□　王□□　王□□
　　玉工　□□则
　　木工　□国强
　　□工　张□□
　　道□　李玄明　书

万历卅六年岁次戊申□月吉日立

（现存高平北诗镇上沙壁村西南关王庙内）

（6）题名：无题名碑（创修碑）
　　寨上村社全□募化信士钱粮创修协天大帝关夫子庙正殿柒间，保佑各省、各府、各州、各县、各庄众善信士各家吉祥如意，世祖开基丁酉年，金鸡独力显威名，□朝丙戌壬申日，刊石存名传世人。
　　七十三岁老人舒畅乐书

康熙四十五年十二月督工□□（合社）仝立

（现存高平北诗镇寨上村关帝庙内）

（7）题名：《井碑记》
　　夫物有正主，水有源头，余村东南有村人杜树元、杜树谭兄弟二人，祖遗水井一眼，本村汲取，遇旱则陆村共汲，相得已久。至道光四年间，杜树元兄弟分析虑及井台汲水酿祸难当，同其族叔杜宗蒲将井施于本村大社，照旧经理，施状存社，不意道光二十七年二月间邻近丹水村李培坦等立庙争井涉讼，在告蒙正堂游太老爷讯明断结，余等恐年远凭没，难以查考，今将堂断并施状刻碑以徒（图）永垂不朽后免端，是为记。

计开

堂断讯得王绪高等以立庙赖井谋坏村脉控李培坦等，呈出契据二纸，其井为杜树元祖上开凿，至道光四年施入社内，寔有证据，李培坦不得以古未道井不记流年含混之说没人之善，惟李培坦于井边立庙亦属善举，王绪高控称有碍伊村村脉亦属渺茫之说，不得以村数百家偶有疾疼即归咎于之非。断令两村公延堪舆，细为相度，如果于该村有碍，可以余等移易修盖，如无所碍，亦即立碑叙明前由，寨上施井之美，丹水有立庙之功，公汲此井，各务敦睦可也。

具呈人　王绪高　杜树良　冯广聚　杜招

执年社首　王绪高　杜树通　杜树稳　杜炳福

立施井文字人　杜树元　杜树谭

因分家，祖父遗留内有村精河地二亩，四至之内有水井一眼，此井分与弟，第不敢要，分与兄，兄不敢领，二人恐怕井台匪人做事，不如将此井所填，内有族叔杜宗蒲不愿，言说此井一来合村紧要所用，二来大旱之年五里三庄紧要所用，不然，我与大社商议将此井施与社中，可也不可？二人情愿蒙叔前去社中商议，大社情愿，口说无凭，总要亲笔写来井台四至，才能凭信，弟兄情愿将井台四至写与大社，东至路，西至路，南至河中心，北至崖根，四至之内水井一眼，尽系大社所管，日后井台有匪人做事，与施井人无干，社中一面承当，此井户族人出争端者与大社无干，施井人一面承当，二家情愿，不许反口，恐口说无凭，立施井文字存证。

同族叔　杜宗蒲

同社首　王绪高　张振昇　杜树德　杜长在

杜树元自书

道光四年十月二十八日

立施井文字人　杜树元　杜树谭

执年社首　杜树通　王绪高　杜树德　杜炳福

维首　杜树良　杜树温　杜头元　王家舜　杜九福　杜树昌　杜树谭　杜招　赵文成　赵发成　杜树德　冯启聚

合社仝立

石工　杜宗德

道光二十七年二月二十七日

寨上村

（现存高平北诗镇寨上村关帝庙内）

（8）题名：《万善同归碑记》

寨上村旧有关圣大帝神庙，因去岁祈祷雨泽，共沾恩膏，凡村中善男信女无不乐施，杜公宗蒲（下缺）

神袍松作当物如违者议罚，不受者送官究处，宗蒲公口嘱余为文以记（下缺）

之广运乃圣乃神，生有闻于当时，死又传于后世，实千古不概见之功业，至今（下缺）

能以言词罄其量于万一页耶？姑妄为之云尔：

志在春秋兮守法一王，匹马辞曹兮（下缺）

军水湮兮大义宜扬，参赞天地兮兮威震八荒，精忠贯日兮汉室争光，高山仰止兮圣德（下缺）

高邑敬盛号　施钱一仟文　　　（高邑）荣生号　施钱一仟文

本村

杜长荣　施钱八百文　　　　　杜宗蒲　施钱伍佰文

杜显元　施钱伍佰文　　　　　杜树稳　施钱伍佰文

王永成　施钱伍佰文	赵广太　施钱五百文
张锡　施钱五百文	杜宗胜　施钱四百文
杜秉仁　施钱四百文	杜宗实　施钱三百文
王绪高　施钱三百文	秦友宽　施钱三百文
杜宗贵　施钱三百文	杜树修　施钱三百文
（杜树）元　施钱三百文	（杜树）谭　施钱三百文
（杜树）成　施钱三百文	（杜树）纪　施钱贰百文
（杜树）全　施钱贰百文	

（下缺一排七个捐钱者）

道光七年岁次丁亥十一月二十日榖旦
维社首仝具

（现存高平北诗镇寨上村关帝庙内）

（9）题名:《三义洞记》

　　洞之西南隅，建宁镇奉常卿郭公之书房建焉，名曰"依云书屋"，又曰"丞阳书院"，亭馆楼池斋舍备俱，诸公子肄业其中。予自万历元年癸酉岁，补入弟子员，往来经斯地，见其山水会聚，景色清幽，随想慕先尘。越三载，丁丑岁春初，因负笈以从，继而诸友接踵毕至，得胜地而人文复萃，不觉臭味相投，芷兰意契，即于园中宰牲□血，结为伯仲，以慕桃园之义。每至芳辰令节，及较艺之暇，相与登眺山溪，见东北龙王庙前，有水一池，清碧蜿蜒，而庙宇狭隘，且将倾颓，西北佛堂□，就岩穿洞三区，古迹犹存，而台基败庚几尽。此皆吾侪所当改作。两山之间可穿三义洞，以寓敬仰之思。至己丑岁季夏，起盖龙王神祠，两旁树立楼阁，下□石池，居然改观，历十载始就绪。西佛堂庚子岁季夏修砌，石基上建堂舍，功尚未毕，而昔日诸昆有仕者，有隐者，亦有捐馆者。虽遭际不一，而金石之盟，无少或渝。因就大石凿为三义洞，以践雉坛之约，亦以效生平不忘之雅谊。经始于三十一年，冬杪告竣。于三十二年夏初，又将引龙泉水，旋绕于侧。窃有志未逮，时予将赴京诠选，替记其岁月如此。凡是役，太常公董其成，诸友暨诸亲资其用，其鸠工集事，财货出纳，皆经予之手。后有同志者，登斯地，睹斯境，其尚勿忘吾之拮据焉。

  郭嗣华 字符充 号效吾 建宁人 庠生 后为儒官
  郭嗣炳 字永孚 号肖吾 建宁人 庠生 后为金吾前卫指挥
  姬廷聘 字幕伊 号起萃 建宁人 庠生 后为明医
  郭嗣焕 字叔奕 号宪吾 建宁人 壬午举人 壬辰进士 陕西蒲城 直隶东明知县 苏州二府
  姬国光 字德延 号宝斋 石村人 庠生
  姬国豪 字威远 号怀津 魏庄人 庠生
  郭维高 字士□ 号凤岗 郭庄人 岁贡生
  赵国基 字启图 号环津 魏庄人 庠生
  郭嗣勋 字季成 号为吾 建宁人 庠增生
  凿洞刊字石匠 郭汝浩 郭汝训 郭汝教 俱郭家圪坨人

皇明万历三十二年岁在甲辰夏月吉旦
晋高平岁贡生郭维高撰

（现存高平陈区镇大山石堂会村）

（10）题名：无题名碑（禁碑）

  特授高平县正堂加五级纪录二次李，为给示严禁事，照得窝娼聚赌，有干例禁，纵羊咬桑以及丐匪恶讨滋扰，法更难宽，节经本县示禁在案。兹据龙王沟社首杨玺等以该村近有无知棍徒，非窝留娼妓，即大开赌场，引诱良家子弟，更有一种外来牧放羊只之人咬桑作践以及丐匪登门滋扰，种种为害，村分难安，禀请示禁，前来除饬，差访拿人，为此示仰该村社首、乡地、居民人等知悉，自示之后，倘有前项不法之徒仍敢在于该村窝娼聚赌以及纵羊作践以及丐匪登门滋扰，许该社首禀送案以凭按法究处，绝不宽贷，各宜禀遵，毋违，特示。

右仰通知

道光二十一（数字上加盖印章）年九月十八日
社首
张广恒　杨玺　张如恒　牛复茂　张永发　张广全　杨发□　张永顺　张征
仝勒石
告示

（现存高平东城街道龙王沟关帝庙内）

（11）题名：无题名碑（重修碑）

我村旧有□圣帝君庙宇一所，神恩广大，庇佑生民，乃村中共圣泽焉，但庙宇虽有，甚属狭隘，每逢祭祀□无容俎豆之地，吾等亦无容□之所，□□□思□□欲扩充庙宇而装塑神像□筑□以酬神恩于□，奈工程虽然不大，而资□□筹画。幸有土王会，贮蓄公款，倾囊相助。不足，大社补助□□□□□。兹于民国十一年六月吉日开工，至七月朔工已告竣，专此勒碑割石，以期永垂不朽焉，是为序。

谨将出入各款及材料匠工一切花费列后：
入来土王会□钱捌拾仟零□十四文
入来大社补助捐钱□□□仟六百□十四文

出木材使钱□□□□文
出□□脊兽使钱二十一仟□□文
出铁器使钱□□□□文

出□□□□头发使钱五仟五百五十文
出石灰使钱六仟五百零四文
出杂费使钱□□□□□
出瓦匠工资使钱二十八仟八百文
出石匠工资使钱六仟二百文
出木匠工资使钱十四仟八百五十文
出油匠工资使钱九仟五百文
买地基一块内有槐树一株使钱拾仟文
总□使钱一百七十三仟九百二十文

村副　宋致和
经理人　宋聚财　赵天顺

民国十二年七月上浣之吉

（现存高平东城街道小北庄关帝庙内）

（12）题名：《重修关帝庙创建大士阁记》

碑阳

北苏庄之南有圣帝关夫子庙，不知创自何时。乾隆十四年重修，立有碑记。迄今五十余年，墙倾檐堕，里之人虑无以展禋祀也。捐钱输粟，墍茨之，丹艧之，经始于嘉庆戊午年，越明年十月之望成。戚长有德，杨公暨舅氏贾纯德先生，嘱余为记。余问其规制，则曰：正殿三楹，左右角室四楹，东西禅室六楹。界之以重门，复于院之东南创修大士阁三楹，以临通衢，其外则西房五楹，为刲豵憩息之所。北建舞楼三楹，下设以通神道，而西翼以楼，东翼以阁，开偏门焉。庙貌虽狭隘，每当春秋祈赛，歌舞娱神，村中父老子弟长跽荐□，肃然生敬，于以颂扬忠烈，兴起颓风，胥于是乎系之。余因思自古义勇英贤，生而建伟绩，御灾捍患，没而为人钦祀，彪炳史册，代不乏人。然持所泣之方则然耳，或传述于博雅之儒已耳。地隔年湮，能举其姓氏者鲜矣。为圣帝祠宇遍九州，自王公大人以及野老婴孺，靡不祗畏瞻依。且灵应昭著，累代褒封，至于配天称帝，何哉？千古共此纲常，人心各有节义。帝当汉季鼎沸，遭逢昭烈而辅翊之辞爵。魏瞒绝昏，吴竖襄樊之役，威振许洛。虽天不祚汉，赍志昇遐而精忠大义，实足以弥宇宙而贯古今。宜乎千六百年，家家虔奉一关帝，人人虔奉一关帝也。余尝东至曲阜，恭谒孔林，西过解梁，敬瞻圣迹。窃叹至圣先师，为生民未所有。而帝立心行事如日之中天，孰得而逾之。昔人谓先师钟乾坤元气而立仁之极，帝钟乾坤正气而立义之极。天钟其特则，人绝其俦文，谓山西夫子追宗东鲁，素王不诚然乎？观音大士相传保赤子而渡群述，建阁祝禋，亦神道设教之意也。余梼昧无文，仅述所闻见，并识鸠工之端末，以垂久远云尔。

奉政大夫刑部安徽司主事庚申恩科举人中书科中书议叙通政司知事加二级龍山祁汝焭沐手敬撰

乡饮介宾国学生本郡弟子杨可贤敬书

岁嘉庆六年岁次辛酉十月中浣谷旦

维首　贾惇　杨可贤　李安邦　贾继仁　贾尧德　贾根清　贾五云　杨玉楷　李宏艮　杨国宾　贾文芳　杨镇奇　杨太安　杨国乡　杨琪芝　贾懿行　杨西周

住持　广兴

仝勒石

碑阴

碑额：无

题名：无

杨可贤　捐银八十两

杨可宗　杨兆凤　各捐银七十八两

杨正己　捐银七十五两

杨太国　杨西周　杨再辉　各捐银四十八两

杨长文　杨玉柱　杨玉楷　杨现芝　各捐银三十七两

杨国纲　捐银三十两

杨国宾　杨国良　杨桂成　各捐银二十四两

贾懿行　捐银二十二两五钱

贾正寿　贾振清　各捐银十八两

贾振文　捐银十五两

贾继仁　捐银九两

贾枢　苏永清　捐银十两零五钱

李宏强　贾五云　杨长治　贾永瑞　贾文芳　各捐银七两五钱

贾溥耀　贾祥吉　李安邦　李宏良　各捐银六两

贾振公　捐银五两二钱五分

贾舜德　贾禹德　各捐银五两

贾尧德　贾汤德　贾逊行　李安顺　捐银四两五钱

贾慄瑏　捐银四两

贾刘管　捐银三两七钱

李永福　李发顺　李本立　捐银三两七钱五分

贾秦　捐银三两一钱

贾振宗　赵乃龄　贾洱耀　贾振家　贾文藻　捐银三两

贾继芳　贾两丁　捐银二两五钱

贾可全　贾炎　陈裕粮　捐银二两二钱五分

李其旺　李商　捐银二两

赵暄　捐银一两九钱五分

贾大年　捐银一两八钱

贾惇　捐银一两七钱

贾大绥　捐银一两五钱

贾守郁　贾大廷　丁聚财　丁尔昌　贾长寿　李廷甫　苏三则　贾定

则　李得芳　贾继善　陈安业　贾履春　杨维鼎　各捐银一两二钱
　　贾大宾　捐银一两
　　贾士荣　杨安　丁来麟　焦信　贾尔顺　贾大红　贾根邦　贾振
基　丁振国　丁无暇　李学功　贾桐　李福荣　贾有郁　贾彦质　李
耀　贾遇成　李法成　各捐银八钱
　　贾义寿　丁承郁　丁秋生　贾廷献　贾恒生　贾文迁　赵广生　贾永
立　各捐银七钱
　　苏永立　捐银一两
　　贾宽郁　李宏范　贾永寿　李祥林　贾大有　李廷棍　赵起　贾天
赐　苏全善　贾振宽　李廷兴　各捐银六钱
　　贾群栓　李思耀　贾琚　贾进义　赵通　苏永富　各捐银五钱
　　石匠　孟君辅　孟君弼　各捐银一两
　　贾元方　李廷成　贾希孟　杨更保　丁明伦　李广宗　贾随法　贾胖
则　贾纪　贾永郁　贾业　贾永贵　丁冬则　赵大和　李孝　贾尔和　李
义　李里锁　各捐银五钱
　　油匠　廉永聚　刘凤祥　各捐银一两
　　丁金法　丁正名　丁宏亮　丁正顺　李宗　贾汉英　李茂　丁好
德　贾宁　李安会　捐银五钱
　　李邱和　丁正义　牛万海　贾成则　张炳　丁耀先　李福　李万
仓　捐银四钱
　　杨永兴　捐银五两
　　丁吉昌　丁正和　陈福昌　丁彦招　韩士邦　丁一新　郭建昌　丁羊
成　丁振凤　丁麟征　丁大宽　丁永昌　丁承荣　焦永宽　各捐银四钱
　　丁聚元　丁永成　赵九明　丁麟趾　杨琪芝（又贴金妆银十两）　各捐
银三钱
　　贾麟定　李文成　赵太顺　贾敏　贾心太　苏永生　贾顺成　陈福
寿　贾全安　赵广兴　贾守太　李得本　侯俊山　贾士林　杨七枝　贾复
成　李二仓　贾永信　杨桂成（又施门银五两）　各捐银三钱

张喜发　贾道义　李发旺　贾昌法　李本珠　贾重山　崔应林　贾文义　李自明　贾振先　李跟珠　贾春　李炉则　赵九宏　牛明　贾保锁　郑新　贾才郁　杨国乡　杨国纳　杨国正暨侄松成（施龛一座）　李□□　各捐银三钱

　　李得来　陈倒富　赵九和　邢秋保　贾积发　苏永昌　李秋保　贾寿阳　贾永高　赵进山　李广财　苏小生　贾明道　贾维新　李小孩　苏永新　各捐银二两二钱

　　合社共捐银一千零七十五两七钱

（现存高平河西镇北苏庄关帝庙内）

（13）题名：《关帝庙东大社遵官谕断碑记》

　　从来物类虽多，各有其主。人民虽杂，不宜相争。今吾村东煞口有荒地一处，本为东社□□（领土），内有松树，吾等意□伐卖济公。不料西社争端，讼及官厅。当经县长李先生派人调□（查）□明树株系在东社□内，与西社无涉，断令东煞口荒地一处仍属东社领土，内中松树□□东社伐卖以济公□今以后此地无论生出何物，即土木金石止许东社经营，与西□（社）无干涉。吾等谨遵县长明断，犹恐日久无凭。故将此事勒石以为永记耳。

　　民国四年
　　维首　侯来旺　冯金盛
　　社首　冯根则　侯群孩　冯如庆　冯群生　冯永发　史广得　祁巧年　冯双红　郭连花
　　仝勒石

（现存高平市河西镇东李门村关帝庙内）

（14）题名:《补修关帝庙及三官庙并奎星楼碑记》

窃闻莫为之前,虽善而弗彰;莫为之后,虽盛而弗传。前作后述,其功一也。是村之西北隅旧有关帝庙一所,村之东南隅建有奎星楼一座,皆创始于乾隆年间。村之北古有三官庙一所,明代创始。均系代远年湮,难免风剥日蚀之患。苟不补葺,一旦颓废,岂不前功尽弃而伤祀典?始有村长公辅杜君者,触目惊心,戚焉忧之。自忖职居当路,应任兴灭继绝之事。与众协议,无不乐从。遂于民国九年四月,先将三官庙修葺,越三月而工成。意图前进,行年颁（半）百,气力衰弱,以故中止。复有学勤杜君莅任村副,观此半途而废之状,奋发努力前进之志。与众谋议,提倡补葺,愿作领事。众知义举,慨然赞助。乃有社君育贤任为监督,杜君茂任为录士,杜君天柱、王君家宾、杜君学易均任干事,更有村副杜君怀瑾任为董事,协助诸君合力经营,光复先绪。旋虑工程浩大,需款其巨,加以历年削落,素无积蓄。其事诚非易举,思之再三,惟于社款储畜,并社仓权其子母,事乃有济。逮十一年而举事,又有议合会,捐资八十缗;公议会捐资七十一缗。可见人性好善,无异于我。始于本年五月开工,将口关帝庙正殿三楹,东北西北禅室各三楹,牛马王殿三楹,蚕姑殿三楹,东西禅室各四楹,舞楼三楹,东南、西南耳楼各三楹,下半院改用石铺,图其坚固耐久。奎星楼一座亦踵前补葺,悉仍旧制。于此工动数年之久,费款千缗之多。诸君昼经夜谋,毫无倦怠,其劳苦之处擢发难数。视此若非政通人和,岂能百废而俱举?至十三年工程告竣,诸君勒石,望后世嗣而葺之,庶几前功之不朽矣。

第一高等小学校毕业,现充国民学校校长牛生民撰书

村长　杜公辅

村副　杜学勤　杜怀瑾

经理人　王家宾　杜茂　杜育贤　杜天柱　杜学易

社首　李冬孩　杜可标　杜端　王三儒　王树礼　杜天梁　杜廷瑞　杜子珍　杜德才　杜青山　杜雨琳

副经理　杜学甫

玉工　司秋喜

住持　杜天禄

仝勒石

民国十四年五月初五日立

（现存高平河西镇杜村关帝庙内）

（15）题名：《补修观音阁碑记》

昔圣王之制祀典也，能御大灾则祀之，能捍大患则祀之。不在祀典之内者，皆淫祀也。村之西南隅建有观音阁一所，创自清雍正年间。要其创始也，大抵曰神圣寻囗救苦宝筏渡迷之德，而先士始创其庙以享以祀。蒙神圣庇佑后世，此则先士之本意。历有年代，风雨剥蚀，日霜倾圮，颓废状况日甚一日。倘今而弃基，虽继起者无从藉手。且先士之功劳，亦将休矣。惟缘是故，始有王君树礼等，举意补葺，欲光前而裕后，并开来而继往。俾先进后进，两有所感。谨告同乡会盟同志，定会名曰议合，心志相符，款项未有，虽有善心，不能彰著于当时，传述于后世，是有心犹无心焉。万思无策，惟于巡秋服务，可作生财之本，使所得薪金概充公。囊日积月累聚蚊而成雷；锱贮铢蓄，集腋而成裘。如是可为有生财之道，而守财之人尚无，纵有其人，亦未能取信于众。思虑及此，大为困窘，乃请托学勤杜君为之经理。斯人也，秉性正直，品行端方，慷慨好义，作事不苟，早为乡中所敬重，而众人之请托者亦为此耳。至民国三年得资一百六十五缗，始邀社中执事为作领袖。于本年开工，将观音阁正殿三楹，南北禅室各四楹，东厦三楹，西南、西北禅室各二楹，仍旧补葺，图写绘彩，施以丹青，光辉射目，焕然一新。越四月而告竣，需款一百八十缗之多。乞余文记之，余本不文，躬逢盛举，故竭素藏之俚言，陈述盛举之始末，勒诸贞珉，以垂不朽。是为序。

第一高等小学校毕业，现充国民学校校长牛生民撰书

社首　杜育贤等

总经理　杜学勤

议合会　杜根和　杜德才　王树礼　马裕仁　杜来狗　杜德标　牛占魁　张元孩　杜公璿　杜旺孩　张丙生　杜喜顺　杜金贵　王起来　王双双

玉工　司秋喜

住持　张根连

仝勒石

民国十四年五月初五日立

（现存高平河西镇杜村关帝庙内）

（16）题名：《关帝庙募化小引》

尝思北□□隘，形势□区，故特建关帝庙于吾乡，春祈秋祀固所以端风化，亦所以妥神灵。每年七月，古迹□圣会献戏三天，神即妥而□牲无厌也。突于嘉庆丙子年，庙后有旧房三间，求□于人，吾辈急力经营。奈年不丰登，村无储聚，共同商议募化他方。素闻北浩村　板店大成号不吝厚赀，甫言此事，廓恢宏之度，乐完善之归，愿施青金二十千文，下剩花费按地亩摊派。村中莫不诉然以为□得止，而何烦屡费踌躇也。是以垂其姓氏，俾后之人颂扬不置耳，则幸甚。

维首

杨立士　杨全士　姜应昌　张文德　杨魁士

大清嘉庆十五年七月穀旦

（现存高平河西镇梅叶庄关帝庙内）

（17）题名:《补修北岭来脉碑记》

夫天地者，万物之逆旅也；光阴者，百代之过客也。而人生居处□（未）有不善者矣。响有北岭古路原系一村之来脉，上□壶峰之祥映，下护一村之瑞气。历年水流□枯石露，村中公请堪舆先生视之，曰：此脉有亏，有关一村，当可补之，路宜土垫石补，路前积土成堆，以为山映，栽培树木以复来脉□而合社公议同力补修也，村中北有古井一口，石装倒卧，井口破碎，非□□路，难以往来，想井中之水居家日用之物，不可降矣，所应用花费倘社中余□，临工之日募化到杨松二家地□积土栽树使用，所补来脉者有益于□村修井垫路者，以便于各家合村之人同心作为，又蒙善施，其工竣矣，即人心之同乐居处，无有不善焉者矣，是为记。

□□杨□麟　施地六分七厘，随带粮正银五分
本村宋统元　施地六分七厘，随带粮正银五分

道光二十六年闰五月吉日
合社公立

（现存高平河西镇梅叶庄关帝庙内）

（18）题名:《供桌题记》

时大明国山西泽州莒山乡黄石都黄石里人氏见在东张后村居住，奉神子孙祠修造石贡桌一张。

维那头
赵仕玉　赵仕允　赵展　赵通
纠领廿七人等
计开□名于后：
赵应仓　赵天辛　赵守安　李孟真　赵□　赵仕万　赵仕□　赵佳　赵仕□　赵宠　赵仕训　赵仕镇　赵仕让　崔□义　赵崇义　赵一端　赵崇鸾　赵崇□　赵崇香　赵崇计　赵崇□

□□□石匠

王□□　同男　王应礼

万历二十四年七月□日□旦永远□□大吉利也

（现存高平南庄关帝庙内）

（19）题名：无题名碑（金妆关圣帝布施碑）

旹大清康熙伍拾五年二月日云。

金装关圣帝君，擅那皇甫加宝募化小□。尝闻之《书》曰："作善降百祥。"则善非一人之作，乃人人所共作也。创关圣帝君之神，威镇三国，望在九天，其忠义勇，犹为千古所宜钦崇。故无远无近，耄稚奔走享祀，亘古亘今，电霆扫，敬神威，此皆圣神庥德，有求必应，无愿不从者也。乞十方善士、贵官长者，喜奉资材，玉成胜事，勒石铭碑，永垂亦□于不朽耳。

寨上金顶会	施银五钱	信士皇三起	施银三两
信士王召守	施银五钱	信士皇教民	施银一两
信士王之晋	施银一两	信士张明英	施银二两
信士皇□祥	施银一两	信士王□玉	施银五钱
信士皇君弼	施银二两	信士皇甲先	施银一两五钱
信士王世忠	施银一两	信士皇君召	施银五钱
信士皇□民	施银一两	信士皇君佐	施银一两
信士杜全美	施银一两	信士皇连民	施银一两
信士王福兴	施银三钱	信士王之贤	施银一两
信士皇抚民	施银二两	韩贞美	施银一两
皇泽民	施银三钱	赵门皇氏	施银一两
皇加宝	施银五钱	张洪林	施银五钱
张见兴	施银五钱	王之魁	施银五钱
本村信女一会人等施银一两五钱		皇君廷	施钱一百

李蒲　施银一钱　　　　　皇君进　施银一钱
玉工　赵三义
擅那皇嘉宝仝合社维首等立

康熙五十五年·无题名题记（管饭）
康熙五十五年金装像众人管饭开列如下：

皇三起　管饭壹天　　　　张宗周　管饭壹天
皇君弼　管饭壹天　　　　皇君佐　管饭壹天
皇教民　管饭壹天　　　　张海林　管饭壹天
张明英　管饭壹天　　　　王之普　管饭壹天
王之贤　管饭壹天　　　　皇加宝　管饭壹天
皇田□　管饭壹天　　　　皇化山　管饭壹天
皇振都　管饭壹天　　　　皇建民　管饭壹天
皇郡永　管饭壹天　　　　皇德开　管饭壹

辛巳重抄

（现存高平南庄关帝庙内）

（20）题名：《河东南鲁续修关帝庙记》

稽《礼·祭法》云："圣王之制祭祀也，法施于民则祀之，以死勤事则祀之，以劳定国则祀之，能御大灾则祀之，能捍大患则祀之。"古□之法施于民、以死勤事、以劳定国、能御大灾、能捍大患，孰有如关圣帝君者哉？其在汉末忠孝节义，功勋事业，昭垂青史，炳若日星，前人之述备矣。延及后世历代加封，号为大帝，与夫□体称为夫子，与圣同尊。自天子以至于庶人，自朝庙以讫夫村荒，莫不家奉户祝，虔诚礼拜焉，讵□□哉？良以□帝君之德之泽，其印刻人心百世不能忘，诚有□法之所云者也。吾乡关帝庙□来久矣。后为风雨倾圮，庙貌颓坏，见者凄然，共嗟□□莫兴，康熙间先人有志未告厥成，今吾乡维那事皇甫振众等奋起善念，纠集一乡善士各捐资财绪修庙宇，庶神有所依而吾乡之酬报致享者有地而祭，法□□列祀典亦复举不废矣。爰是勒石铭碑以志不朽。

凡有施金无恩报答惟勒芳名于石：

□□文　施碑石一块

天坛会　施银伍拾两

小寨上张士达　布施银一两

皇甫振爵　施顶石两块

关帝会　施银叁拾□两九钱

维首

皇甫振襄　王之璞　皇甫君尧　皇甫君祥　皇甫君锡　皇甫君恩　张□位　□□　皇甫君兰　皇甫君重　皇甫振法　皇甫其文　皇甫振川　皇甫振玺　皇甫其玉　皇甫振德　张珩　皇甫其鹏　皇甫应年

王恺　布施银六两

张士位　布施银五两

皇甫君恩　布施银四两

皇甫君祥　布施银三两

皇甫振稷　布施银三两

皇甫振众　布施银三两

皇甫振河　布施银三两

皇甫振志　皇甫振□　□□□□　皇甫其鹏　皇甫振德　李茂皇甫臣　张珩　各布施银三两

皇甫珍　布施银三两

王之璞　皇甫王乾　王世正　皇甫其谟　皇甫振楷　皇甫者爵　皇甫其文　各布施银三两

皇甫振宽　布施银一两五钱

张士奇　布施银一两五钱

皇甫□□　布施银一两五钱

皇甫君尧　皇甫君亨　皇甫君重　张贵福　各布施银一两

皇甫振京　皇甫其安　皇甫振山　皇甫其章　皇甫振荣　皇甫其玉　皇甫振兴　各布施银一两

皇甫其业　王世积　皇甫盖忠　皇甫瑄　皇甫通　各施银壹两

皇甫完善　布施银伍钱

皇甫君锡　布施银五钱

皇甫君玉　皇甫育成　皇甫君灿　皇甫其兰　皇甫振伦　皇甫振宝　王进义　各布施银五钱

皇甫建　皇甫□　皇甫招　韩子兰　皇甫□　各布施银伍钱

王世勋　皇甫志　各布施银三钱

皇甫光孝　皇甫其荣　李公成　皇甫其元　皇甫□兴　皇甫君□　各施银二钱

□□□　布施银一钱

皇甫君兰　施□□

皇甫振东　皇甫振□　皇甫智　张□　皇甫其瑞　□汴　各施银一钱

皇甫其昌　皇甫振典　王兴　皇甫□则　皇甫□□　张子成　各施银一钱

大玉工　皇甫其瑞　镌

时大清乾隆拾柒年四月吉日功备芳名勒石永为记耳

维那首皇甫振寰等并合社仝立

（现存高平南庄关帝庙内）

（21）题名:《关帝会敬神乐输碑记》

帝君庙貌上自国都，下逮乡曲，与恒河沙比数者，夫人而知之矣。第庙所以栖神，关帝祀典弗隆，神必不奠厥攸居久且庙将目敝。是囗一庙，反重一罪，不如无庙之为得也。兹村帝君庙历有年所而明禋之礼兼欲求备，奈赀财不裕，终贻临渴掘井之议，信士皇甫加宝等倡议捐资储为祭享之费目，乾隆元年捐银陆拾贰两五钱，积至乾隆叁拾陆年，约计千有余金，除补修建墙，买地铺路，盘罩桌椅之外，尚有贰百金焉，以是金而修明禋祀庙貌且永垂不朽矣，由此义举，爰刊碑以昭兹来许云。

维首　皇甫加宝　皇甫光彩　王之璞　皇甫君正　皇甫镇京　皇甫正宽

皇甫君弼　王之璞　皇甫镇河　皇甫镇众　皇甫君兴　皇甫铎　各捐银贰两

王世忠　皇甫凤山　皇甫正川　张洪美　皇甫正法　皇甫君正　各捐银贰两

皇甫镇乾　皇甫御世　皇甫囗（光）彩　皇甫君廷　皇甫馨民　皇甫君进　各捐银贰两

皇甫财民　捐银壹两伍钱

皇甫珍　捐银壹两伍钱

皇甫正稷　捐银壹两伍钱

张兴　捐银壹两伍钱

皇甫正宽　捐银壹两

皇甫君玺　捐银壹两

皇甫圣　张贵福　皇甫镇京　皇甫其谟　皇甫君锡　皇甫馥民　各捐银壹两

李公鲍　捐银壹两

张士位　捐银壹两

皇甫加宝　捐银伍钱

皇甫正才　捐银伍钱

王世正　捐银伍钱

皇甫育成　捐银伍钱

皇甫镇湖　皇甫镇芳　皇甫镇府　皇甫君玉　皇甫进孝　李公裕　各捐银伍钱

皇甫玉乾　韩贵美　皇甫君名　皇甫其凤　王之魁　皇甫泽民　各捐银伍钱

皇甫振宝　皇甫君亨　皇甫其安　皇甫振荣　各捐银伍钱

乾隆三十一年十月十二日，西庙修后买皇甫君亨地一段三分四厘，受过二分，地价银七两，其一分四厘愿施西庙，二共粮银地主目封。

乾隆三十二年正月十二日，西庙西山翅韩子兰情愿施地二厘四口至五尺宽，其粮钱施主目封。

辛卯年建墙铺路功完勒石，计开

起石头抬石头共使工钱三十一千四百八十四文

买砖瓦石灰擎砖脚价共使钱三十九千六百一十四文

修墙铺路人工共使工钱二十九千一百零三文

石匠泥水匠土工人食共使钱二十二千五百一十五文

一应杂费共使钱二十三千八百一十六文

以上总使过钱一百四十六千五百三十一文

维首　皇甫君亨　皇甫正宽　王天培　王克勤

住持　广芯

大清乾隆叁拾陆年孟秋穀旦合会立

玉工　侯九鹤

（现存高平南庄关帝庙内）

（22）题名：《缮修关帝庙碑记》

南庄西北关帝庙，历史悠久，慈润乡邻，恩泽阖村，历代人称之为圣地。然经"文革"后面目全非，东厢南榭毁于一旦，荒芜极致，令人痛惜。全村干部呼声迭起，重修缮修，再还关帝庙之圣地。是时，村内善者皇甫新之次子皇甫永进捐资贰拾余萬元重新修缮，村内干部与社会各方人士，群策群力，热情支持，于公元二〇〇九年仲春奠基动工，仲秋竣工，历时半年有余。竣工之日，确保阖村平安吉祥，人杰地灵，以是为记。

  维首 皇甫金堂 皇甫天法
  施工 韩德生
  书丹 袁来德
  玉工 冯秀峰

公元二〇〇九年仲秋立

（现存高平南庄关帝庙内）

（23）题名：《增修照壁碑》

村之西僻关帝庙在焉，其庙土岭环绕，形势雄秀，为村中胜地。然考其创于何人，建于何时，则不知也。相传为村西数十家所创作，合村庇障者也。今有昔日创修家之后裔以继前志，复因其势加以修饬，于门外增修照壁一堵。藉以蔽内外，壮观瞻。工程将竣，鄙人等忽悟已往之不谏，知来者之可追，于是镌诸石而流诸后世也。

  山西省立囗泽中校肄业，现任本村教员韩维晋撰并书丹
  经理 （韩）宝三 韩建德 （韩）光裕 （韩）海金 韩槐旺 （韩）酉金 李影瑞 韩秋成 （韩）昌昌
  勒石

中华民国二十一年三月下浣之吉

（现存高平河西镇双井村关帝庙内）

（24）题名：无题名碑（诉讼碑）

敕授文林郎知凤台县事加三级纪录八次葛

凤台之南沟村有井四眼，高平之东庄无井，有三坑，因吃水争讼，在南沟村不得为直。孟子云："昏暮叩人之门户求水火，无弗与者，至足矣。"积蓄之水尚且与人，何况在井者乎？如必阻其吃水则天下行路之人汲水以济渴者俱可以阻之矣。何古今天下不闻有是事也？应全两村庄彼此通融，井水坑水任凭汲取，不得再行争竞，各具遵结可也。

此判

立合同

凤台县南沟村乡约王喜成、靳永成，社首杨魁

高平县东庄民张德润、张德龄

情回南沟村有井四眼，东庄无井，有三坑。自此两村义和，彼此通融，井水坑水任凭汲取，不得再行争竞，公同立此合同二纸，各执存照。

吾村与南沟村相离咫尺，一属凤台，一属高平。盖接壤而两县分焉。囊者敝村水缺，遇天旱而拮据尤甚。南沟村水養（养）不穷，于是莫不以南沟之水为生活之计矣。去岁季冬忽因担水见阻，致兴讼，蒙凤台县葛仁慈授书立判，砵摽合同。所谓普天之下莫非王土也，遂将判语合同勒石以为永久之照云。

大清嘉庆六年岁次辛酉五月十三日中浣之吉

东庄合社公立

（现存高平河西镇下崖底东庄关帝庙内）

(25)题名:《大社永禁桑羊碑记》

捧读圣谕重农桑以足衣食一条,内云:"圣祖仁皇帝尝刊《耕织图》,颁行中外,是以文武官僚俱有劝课之责。"窃思其所以谆谆示谕、永传不替者,凡为黎庶图衣食之本也。我辈身居草野,敢不永为凛遵哉?第有初者鲜克有终,善作者不克善成。如吾乡义庄,旧禁桑羊残碑犹在,不意半途而废,此事久不获见矣。兹幸有维首同七班社首等纷然振奋,复举此事,故公议条规,勒碑谨志,将我朝之教泽不坠,亦前辈之遗风不泯也。倘自此以往,农桑兼务,衣食丰足,则久之仁让成俗,比户可封,讵非吾乡之良谋也耶!是为序。

规条例后:

一议永远栽桑禁羊,所有历年一应花费尽属社中。

一议栽桑日期准于清明以前,不许迟延。

一议起初桑种大社采买,每一亩地发给桑种二枝,照期自栽,勿得有误,违者议罚。

一议嗣后累年各自多栽,利益无穷,如有将桑种无存绝不再栽者,从重议罚。

一议栽桑之后,觅四季长巡人二名,代巡夏秋两季,每一人长年工价钱拾贰仟整,按四季分发,不许支取。如每日游荡赌博怠不敬事者,一经查出,即行革去另觅。

一议栽桑以后,男妇幼童各自守分,不许乱采,并禁窃取秋夏田禾等物。违者,无论巡夫旁人,皆许扭庙鸣钟,待维社首分其情形轻重议罚,概不允别人讲情,违者议罚。

一议凡养群羊者,无论本村外村,于惊蛰以前、立冬以后入境牧放,不许擅入他人地内,损坏桑株等物。违者,无论巡夫平人,拉羊每一只罚钱二佰文。

一议群羊于立冬以前惊蛰以后,断不许入境牧放,违者即无损桑株田苗等物,亦拉羊每一只罚钱二佰文。

一议村中耍(育)羊之家,以一二只为止,无论春夏秋冬,不许牧放他人地内损坏桑株、田苗等物,违者议罚。

一议境内四季不许在地内堎边打柴以及窃伐树株,违者,无论经谁查出,扭庙议罚。

一议自领桑种之时,如有隐匿地亩,务按报名多寡,按亩数领栽。如仍蹈故辙,日后查出,不惟有事社中不管,仍然公同议罚。

一议巡夫以及社中人等,捉来犯规之徒,或拉来牛羊等畜,鸣钟三次,维社首理合同到。如有红白大事,或在染病,或系远出,不到可恕;倘静坐闲游故推不到者,一经查出,从重议罚。

一议巡夫因循懈怠,维社首亲见,并不戒饬,明系徇情故纵,经旁人鸣钟指出,入庙议罚。

一议巡夫不得徇情,倘有关切情面私自纵放,或只辨(办)己事并不巡查,经地主出首,除议罚外,仍行革巡。

一议犯规之家倘有逞强反目行凶殴辱,维社首除绳捆外送,□(报)官究治。

一议罚油多寡,系某人查出系某人扭庙,即许某人与社中均分,长巡者不得争论。

大清道光拾四年岁次甲午二月清明日勒石

(现存高平河西镇义庄关帝庙内)

(26)题名:无题名碑(举会修庙碑)

吾村南北径口旧有关帝神祠,因墙垣以面势。地形狭隘,难伸俎豆之仪;霜露沾衣,莫展椒醑 之献。曩者,吾辈爱举一会,欲重修而阔大之,积金数年,营造之费充备,岁在癸亥,鸠工庀材,竣于数日,于是神威有赫奕之光,庙貌并巍峨之观。庶乎永□(流)遐福□(于)无疆矣,是为记。

会首

张良玉　张时运　张见起　张瑚　韩忠　张尔仁　张尔礼　张怀

仁　张如英

乾隆八年二月二十七日立

（现存高平河西镇永宁寨关帝庙内）

（27）题名:《葺补殿宇金妆圣像碑记》

关圣帝君庙创自康熙十四年，历今百岁，□伤摧残，圣像虽屡新而复致尘封，朝夕焚叩时，深简亵之忧。爰□善众捐资乐贡，鸠工经营，使瓦裂而不裂，榱崩而不崩，涂丹艧而饰黝垩，精气之殿宇胥美轮奂□神容而金妆圣体秉烛之庙貌，咸瞻巍煌。虽建帝之庙，□颂帝之德而荡荡难名，即极笔墨之工亦莫由而尽其灵应也，万民默感之久，惟知神威赫奕，肃享祀报，千秋盛德，辉耀仰弘，纲于百代而已。

邑庠生许汝峨熏沐敬撰

太学生许文进沐手书丹

捐银姓名列后

巩村

李霆　捐银一两	孙吉士　捐银四两
杨义　捐银四两	李崇信　捐银四两八钱
孙吉兆　捐银三两□钱	孙孔　捐银二两五钱
孙永福　捐银二两五钱	李崇德　捐银二两二钱
李崇起　捐银二两三钱	孙有珠　捐银二两二钱

苏庄

贾孟新　捐银五钱	孙兴旺　捐银二两
孙有印　捐银一两九钱	焦甫　捐银一两八钱
孙有命　捐银一两七钱	孙学士　捐银一两六钱
韩金成　捐银一两六钱	孙永禛　捐银一两六钱
孙君玺　捐银一两六钱	孙良佑　捐银一两五钱

本村

其盛号　五钱
孙君太　捐银一两四钱
孙有山　捐银一两三钱
孙佐　捐银一两二钱
孙克义　捐银一两二钱
李永轩　捐钱四百文
孙吉逊　捐银一两
李明　捐银一两
孙有惠　捐银八钱
孙连登　捐银七钱
李浩　捐银三钱
孙有良　捐银五钱
孙永发　捐银五钱
孙有何　捐银四钱
孙起荣　捐银四钱
许汝峨　捐银三钱
孙永道　捐银三钱
李崇兴　捐银三钱
李孝　捐银三钱
李名显　捐银二钱
许铸　捐银三钱
邱子旺　捐银二钱
孙永义　捐银二钱
杨文全　捐银二钱
袁发　捐银二钱
许文进　捐银三钱
孙德　捐银二钱

孙立　捐银一两四钱
孙吉正　捐银一两三钱
孙永珠　捐银一两三钱
杨文公　捐银一两二钱
李小旺　捐银一两一钱
孙吉胜　捐银一两
侯林山　捐银一两
李永福　捐银一两
孙起聚　捐银七钱
孙起贵　捐银六钱
焦永安　捐银六钱
杨忠义　捐银五钱
孙元魁　捐银四钱
孙永太　捐银四钱
孙吉准　捐银三钱
孙有方　捐银三钱
孙兴发　捐银三钱
张□牛　捐银三钱
李之用　捐银二钱六分
孙士余　捐银二钱
孙金柱　捐银二钱
孙永昌　捐银二钱
杨文明　捐银二钱
庞起　捐银二钱
李贵　捐银二钱
孙长毛　捐银二钱
孙四旺　捐银二钱

孙跟乐　捐银二钱　　　　　孙吉起　捐钱一百
袁和　捐钱一百　　　　　　杨文宝　捐银一钱
□子兴　捐银一钱　　　　　李五金　捐钱八十
信女孙门焦氏　捐银五两五钱
泥水匠利润　捐钱一百
油匠韩振□　捐钱五钱
厨役秦自宝　捐银一两

维首
头班
李孝　孙有善　郭金成　孙有义　孙吉兆　孙吉士　孙永祯　孙有珠　孙君玺　孙永发
二班
孙兴旺　李崇起　孙有印　孙学士　孙吉正　杨义　孙佐　孙吉胜　孙有正　孙君太　孙连登
三班
孙□□　孙□□　孙起□　孙吉□　孙立　孙孔　孙良佑　李崇德　杨文公　孙永道　李□旺

乾隆四十年岁次乙未八月二十日公立
玉工　李守温沐手敬刊

　　　　　　　　　　　　　　　　（现存高平河西镇宰李村关帝庙内）

（28）题名：无题名碑（捐款碑）
（前面被砌入墙内，掩盖）
牛□□　钱壹千叁百文　　　牛植□　钱贰千七百文
牛春材　钱四千文　　　　　杨跟贵　钱四千贰百文

杨春　钱四千文　　　　　孟建栋　钱贰千七百文
陈禄源　钱四拾壹千壹百廿文　朱杵头　钱四千七百文
朱有贵　钱贰千九百文　　　牛文科　钱贰千二百文
张圪多　钱叁千叁百文　　　王得才　钱伍千贰百文
朱有福　钱叁千壹百文　　　王茂材　钱叁千壹百文
李永祯　钱四千八百文　　　杨兴　钱四千文
牛双兴　钱贰千文　　　　　牛金山　钱叁千伍百文
李永祥　钱贰千贰百文　　　牛群科　钱叁千文
牛呈麟　钱贰千九百文　　　牛稳麟　钱贰千叁百文
牛润　钱贰千叁百文　　　　牛育麟　钱叁千壹百文
朱润　钱壹千四百文　　　　张小圪多　钱贰千七百文
李永成　钱贰千文　　　　　杨枝发　钱四千文
韩猷溥　钱伍千九百文　　　韩猷淳　钱壹千伍百文
韩椿　钱壹千叁百文　　　　李秉仁　钱七千七百文
和金梁　钱壹千叁百文
以上共捐地亩钱四拾八千四百文
□作钱壹百零叁千六百文

道光四年岁次甲申仲冬下浣之吉立

（现存高平河西镇寨沟河关帝庙内）

（29）题名：《重修二郎关王庙记》

建宁中里张家庄旧有二郎关王庙二楹，岁久墙壁颓圮，仪像剥坏，非所以妥神灵也。王君允诚因治庄于此，一见恻然，遂鸠工敛材，卜日营造，再月余丹垩辉煌，焕然一新，直是以享祀神明，昭布诚信也。则神之御灾捍患，保佑一乡之民者，宁有既乎？

纠首在城东厢

王允诚　男王时春　王时夏　王时冬　王时贞

施主

张桅　张□　朱槁　张檀　牛生汉　牛廷贵　程亦周　何自新　张补顺　张新保　张自良　张自安　张自胤　苏自□　崔□　牛孟合　牛自忠　牛自□　苏万全　张来

工匠　李大银　李小银　程思明

万历十二年甲申孟秋吉日立

（现存高平建宁乡张家村二郎关王庙内）

（30）题名：《重修关帝二郎庙碑记》

关帝二郎庙自创修以来，民殷户足，村民乐业，皆神灵默佑，施恩于无穷。但世远年湮，庙宇颓坏，欲动工修理，奈村小人贫，况值修大庙时，连年兴工，财乏力亏，事出两难。幸村中有数善人设法兴工，所有砖瓦、木石匠人工价照地亩起钱，共费钱三十千文。所有散工亦照地亩起。每亩地做一工，又排管匠人饭五家，长工二家，俱开于后。自二月二十一日动工，至七月内功成告竣，特立碑记永垂不朽耳。

管饭　郭有全　张景障　张景庞　张景林　王有治

长工　张景唐　苏昌

时大清嘉庆二十一年七月二十五日

合社仝勒石

石工　王新

程家河

（现存高平建宁乡张家村二郎关王庙内）

(31)题名：无题名碑

吾村关帝庙自修建以后即有住持僧，看守田粒所入，以为僧自用之资，道光十二年主持僧去矣，僧去之后，每年所收租子除纳粮之外，约可余三石有零，子母相权，积至道光贰拾叁年，本利共计钱肆拾伍仟玖佰叁拾文，此钱存到维首李永成名下，诸维首者于咸丰九年正月十五日同在庙中与李永成表算明白，本利共取出钱壹佰贰拾叁千文西庙修工花费钱肆拾叁千壹佰陆拾陆文，拨付灯棚会粮食钱叁拾千文，下余之钱皆系关帝会花费公项所积，仍充公用，特勒碑碣以志其概云。

咸丰拾年岁次庚申正月中浣榖旦
维首
宋铭　张□　李永成　张炳望
仝立名

（现存高平马村镇东崛山村关帝庙内）

（32）题名：《关帝庙创修配房碑记》

盖闻成群立社，古今隆昭礼之文；崇德报功，百世重馨香之典。维我沟头旧有关圣帝君殿三楹，坐东朝西。著大义于天地，同胞生德；播精忠于古今，异心含羞。所以春秋崇祀，里人瞻礼甚隆焉。然斯殿也，建于乾隆三十八年，正殿虽已创造，然南北两庑及对面西廊迄无一就，其何以妥神灵而肃观瞻乎？夫天下之事，莫为之前，殊无基址之堪依；莫为之后，徒叹规模之难廓。吾乡虽处偏隅，而乐善者有人，好施者有人。爰同众商议创造北庑三间，南庑三间，西廊四间。乡众无不乐从，同心竭力，共襄盛事。然功程浩大，土木难兴。因照本乡地亩摊派钱贰佰叁拾三仟捌佰壹拾叁文，并出缘簿募化银钱贰佰叁拾贰仟叁百整，于道光柒年二月鸠工，于道光拾二年九月落成。若言乎壮丽之规模，虽未能畅然而满志，而视乎草创之始，则固已焕然而改观，不独可以妥神灵而安侑享，即春秋祈报亦何致有风雨之飘零也哉？兹当告竣之期，本乡地亩摊派银两不复细列，谨将乐输姓氏开列于左，以志后世之稽考云尔。

吉顺号　施钱叁拾仟

临溪　义和号　施钱贰仟

荫城　缘兴公　施钱叁仟

四义　李义升　施钱贰仟

马村　和合典　施钱贰仟

唐安　庞立业　施钱叁仟　崔珩　施钱伍仟　靳永达　施钱壹仟伍百　崔福　施钱壹仟　郭朋　施钱捌百　靳人龙　施钱伍百　张庆久　施钱伍百　万兴号　施钱拾九仟　公和号　施钱壹仟　合成号　施钱叁仟　牛锦泰　施钱贰仟　积义隆　施钱贰仟　王锡典　施钱叁仟　靳耀　施钱肆仟　张庆善　施钱壹仟　崔璨　施钱壹仟　张玉　施钱伍百　金振　施钱伍百　郭福材　施钱伍百　张培政　施银拾伍两，此银系买白衣阁戏楼地界用　同兴号　施钱壹仟　隆兴号　施钱贰仟

本村　李进泰　施钱贰仟　公和号　施钱贰仟　陈金声　施钱贰仟　靳大伦　施钱叁仟　宝长顺　施钱壹仟　靳永发　施钱壹仟　靳文　施钱伍百　崔福裕　施钱伍百　郭河　施钱伍百

宿州　仁和号　施钱贰仟　隆泰号　施钱贰仟

大阳　合顺窑　施钱叁仟　和顺窑　施钱贰仟　郭振远　施钱壹仟　张轮　施钱壹仟伍百　桑全　施钱壹仟　张绣　施钱壹仟　靳全　施钱伍百　司信　施钱伍百　郭王村　施钱伍百

大阳　金裕昌　施钱伍百

涧溪　潘泰恒　施钱贰仟

巴公　茂盛号　施钱贰仟　宝金窑　施钱贰仟　赵万　施钱贰仟　庞其桂　施钱壹仟　赵凤州　施钱贰仟伍百　张泽　施钱捌百　张德本　施钱壹仟　崔克俭　施钱伍百　张永年　施钱伍百　高扁　施钱伍百　张景福、（张景）文　施钱伍仟　慎益昌　施钱贰仟　郭振兴　施钱贰仟

河西　福兴号　施钱壹仟　德盛号　施钱壹仟　陈金和　施钱壹

仟	崔秉诚　施钱贰仟　崔福全　施钱壹仟　崔武　施钱捌百　崔怀
成	施钱伍百　靳增　施钱伍百　崔掌文　施钱肆百　靳永泰　施钱伍
仟	李舜年　施钱壹仟　贾有恭　施钱壹仟　泰山恒　施钱叁仟　中兴
号	施钱壹仟　靳彰　施钱伍仟　崔廷弼　施钱贰仟　桑茂　施钱壹
仟	崔有枝　施钱捌佰　张永富　施钱伍百　张蕴　施钱伍百　刘发
会	施钱肆百

陈村　苏藻　施钱伍仟

北山底　翟君招　施钱贰仟　祥聚号　施钱壹仟

陈村　姬兴　施钱壹仟　王藻　施钱壹仟　张礼、（张）和、（张）

| 宝 | 施钱伍仟　郭兴　施钱贰仟　崔秉乾　施钱壹仟　崔发　施钱捌 |
| 百 | 崔广　施钱伍百　申有常　施钱伍百　张阔　施钱叁百 |

蒙城　郭义合　施钱叁仟

	高都　马西顺　施钱叁仟　刘永春　施钱壹仟　和成窑　施钱贰
仟	管正江　施钱壹仟　杨万镒　施钱肆仟　崔节　施钱壹仟伍佰　王玉
柱	施钱壹仟　和聚林　施钱捌百　郭创　施钱伍百　牛佩王　施钱伍
百	赵惠　施钱贰百

凤邑增广生员王保真撰并书

督工　靳耀　崔珩　靳伦　贾长顺　张纶　仝立

大清道光十二年岁次壬辰菊月榖旦

（现存高平马村镇沟头村关帝庙内）

（33）题名：《重修关帝庙碑记》

　　尝思作庙奕奕，咏于诗篇，以是知庙之作也由来久矣。是村坤岗之上所立关帝高禖殿历有年，而乾隆庚寅甲辰年间村中善士同心协力，鸠工庀材增修东山神殿三间，西禅房三间，东西看亭六间，山门三间，庙外舞楼五间。嘉庆丁卯岁复重修关帝正殿三楹，东西角殿六间，于斯时也，殿宇告竣，门庑恢宏，当春祈秋报之时，固足以妥神灵而隆祀典，值鼓蜡吹豳之际，亦足以陈俎豆而答处诚。无如庙功虽已有成而粉饰尚未全备，今岁维首之人相聚谈论，佥曰：庙功至此可谓为山九仞只亏一篑耳，使逡巡不振，恐风雨之摧残，前功之徒劳，况有始尤贵有终，善创亦必善继。既已为之于前，胡弗全之于后。爰是筮吉兴工，或捐金或助畚，莫不输诚恐后，或理材或董工，亦咸踊跃争先。于庙之残□者而补葺之，未全者而完备之。雕镂黝壁，金碧丹臒，不数月而厥功告竣，维首人等请余作文以志，余观夫古今之事，虽由于天而转移之权实存乎人，即如斯庙之拓大辉煌，焕然维新，虽曰人力所致，然要非神之默佑不至此。他如铜台灰尘，王□之妖鼠诚不得如是庙之既新与又新，与日争光哉？然庙之旧者既新而新者，亦岂能不旧？惟愿后之君子以善继善，万代不朽云。

明经进士、侯补儒学松坡王廷锡敬撰（两枚印章）

邑庠生吾绛成世仰书丹（两枚印章）

邑逸士温□李德星谨篆（两枚印章）

嘉庆十九年岁次甲戌小阳月上浣榖旦立石

碑阴

碑额：百世流芳

题名：无

捐金形式列后

张天保　施银二十六两　　李祐　施银二十两

王公顺　施银十□两　　　王德财　施银十五两

李祐　施银十二两　　　　□自扬　施银十两

贺一熙　施银七两　　　　王公成　施银七两

侯和元　施银七两　　　　侯昌元　施银七两

李增来　施银七两　　　　杨瑞　施银七两

李德昂　施银五两　　　　武维武　施银四两

邢起贵　施银三两　　　李德昇　施银二两
李德昆　施银二两　　　陈守枝　施银二两
李德星　施银二两　　　吕龙　施银一两五钱
顾丕承　施银一两　　　车荣和　施银一两
侯兴元　施银一两五钱　贺富礼　施银一两
贺富财　施银一两　　　侯万　施银一两
张钧　施银一两　　　　张性　施银一两
李祎　施银一两　　　　王绩　施银一两
崔泰　施银一两　　　　王殿元　施银一两
邢泰　施银一两　　　　王金年　施银一两
邢爱　施银一两　　　　李德量　施银八钱
李慕　施银七钱　　　　王公泰　施银五钱
侯裕元　施银五钱　　　侯法元　施银五钱
侯正元　施银五钱　　　贺富兴　施银五钱
王金保　施钱五百　　　张天佑　施银五钱
牛永昌　施银五钱　　　李德晏　施银五钱
李德昱　施银五钱　　　李德晟　施银五钱
郭进有　施银五钱　　　李安住　施银五钱
史义　施银五钱　　　　侯直　施银五钱
张鉴　施银五钱　　　　王纲　施银五钱
李德旻　施银四钱　　　王明山　施银四钱
张天富　施银三钱　　　贾位　施银三钱
崔法　施银三钱　　　　侯同　施银三钱
贺富智　施银三钱　　　张国梁　施银三钱
张国柱　施银三钱　　　杨永全　施银三钱
王富　施银三钱　　　　李德景　施银二钱
靳寨　施银二钱　　　　李德昃　施银二钱
李德贵　施银二钱　　　李荣　施银一钱

武总武　施银一钱　　　　　巩全　施银一钱
巩进忠　施银一钱

总事　张恺　监生　李祐　西周纂监生　李正身
维首
邢起贵　陈守法　侯兴元　侯和元　李德昇　李增来　贺富财　贺
熙　王公顺　吕同声　武维武　李德景　庠生李德昆　监生张悦　邢泰
姓亭监生台殿　施银拾两
监生王模　施银壹两
木工
赵明　施银一两
常瑜　施钱五千
宋魁　施钱五千
绘工　张永丰　张岐
玉工　崔廷　仝刊

（现存高平马村镇金章背村关帝庙内）

（34）题名：《新修关王庙西面石台记》
庠生冯颢撰
冯陈二子通力合作，是台吉厥成功，请记云
肖□氏曰：台之修与不修，而庙之久□（可能为"远"）系焉
庙□存与不存，而众云："吉凶关焉。"二子之功，是台也。
庙□以□□□而众有以□□吉矣
是□妥神辑□之功，吾于二子□□也，
是为记云

时嘉靖甲辰辰月吉旦立

社首

陈□　庞□　□绶

同修施主

冯项　妻牛氏　男冯兰

陈助　妻崔氏　男陈打滚　小买

石工

牛□　牛得湖　牛大之

玉工　张进　刊

（现存高平马村镇唐东村关王庙内）

（35）题名：《北朱庄关帝会创修西屋西北耳楼碑记》

尝闻莫为之前虽美弗彰，莫为之后虽盛弗传。村中旧有关帝殿三楹，庙貌崇隆，神威赫濯。无如雨廊空□，院宇荒凉，村中父老触目惊心，久欲大其规模，窃叹有志之未逮也。于光绪元年间，村中好善诸公□起关帝会一局，意欲积少成多，以为兴工之计，不料会未完而年遭大祲□，延至今十有余年。光绪十三年春戮力同心，率作兴事，乘风雨之调顺兴土木之功程。于是极力捐资，广为募化，按会中之贫富分为轻重。有余者且资以多金。至光绪十四年九月间，而功程告竣矣，窃以荒芜之基址而一旦观厥成焉。夫岂尽关人力哉？抑亦神明之默助也，今聊溯创修之由，又捐资姓氏、多寡之数。并勒于石，以昭示后人，庶可以继前人之遗徽，仰圣庙于重新，是为记云。

大凹　聚西窑　施钱五仟文

大凹　玉瑞和　施钱四仟文

□（大）凹　吉泰成

马庄　隆泉涌

各施钱二仟文

南北□（庄）　布施列后

崔钟华　崔玉□（炉）　各施钱一千文

崔玉金　各施钱六百文

崔安枝　崔□佰　崔清□　崔□□　崔海□　各施钱五百文

崔好昌　崔淇全　崔守仁　崔金玉　各施钱四百文

□郎　崔瑞枝　崔田元　崔雨仁　崔黑麟　各施钱三百文

崔海英　崔钟文　崔如华　崔群马　崔迷昌　崔小半　崔二活　各施钱二百文

本村布施列后

毕利　施钱四仟文

马祯祥　程思问　程毛女　施钱二仟文

马小五　毕祯　毕亨　各施钱一仟五百文

刘福喜　巩根发　各施钱一仟三百文

崔永庆　崔长庆　崔恒元　赵恒庆　赵长生　各施钱一仟文

巩小嘴　崔保柱　巩金金　秦小铺　各施钱八百文

毕根聚　牛庄则　崔小巴　崔志义　赵成安　崔根枝　崔小狗　各施钱五百文

毕锦堂　秦长江　巩来锁　司□瑞　靳□胡　各施钱四百文

程凝祥斋　施钱七百文

秦喜旺　施钱五百文

朱庄　程成

云泉　陈枢

各施钱一仟文

国学生司淦沐手撰文

邑庠生程多音书丹

程思齐　施钱五仟文

程三旺　施钱贰仟文

□积玉　□□元　各施钱六□□（仟文）
□随旺　□□祥　各施钱二千二百文
马万成　施钱四千文
□来金　施钱一仟五百文

大清光绪十四年岁次戊子榖旦

（现存高平米山镇北朱庄关帝庙）

（36）题名：无题名碑

吾村协天大帝庙宇建者由来久矣。其侧有关、周二位尊神之像。迄今代远年湮，被雷震，神损不知其时也。属目者无不伤心，在村之人岂忍坐视其倾圮乎？有善士成学恭入庙礼像，瞻其倾颓，或发善心，愿施大钱拾贰仟整，以为侩（绘）像之资，众维首乐其诚心，请侩（绘）师焉。战神改为坐像，重塑金妆彩画一新，咸彰其事。今工已告竣，勒石刻名，垂诸久远。自此以往，神祈人悦，受福于无疆也已。

道光五年六月初一日立

（现存高平米山镇成家山村关帝庙内）

（37）题名：《关帝庙种树施地碑记》

古者立坛建庙，皆有所树，故夏后氏以松、殷人以柏，周人以栗，孔明庙前有古柏。我朝国学有古槐，皆所以补风气壮观瞻，使游览者得以休息于其下。余村关帝庙北形势不齐，亦宜种树补其所缺。幸有成姓印□湖程印霖元者，村中之善士也。愿将其地施及社中，于是，树之以木，茂盛扶疏，虽非徂来之松，新甫之柏，亦足以悦目而赏心，是为志。

成湖程　施沙坡一处，东西长四十五丈，南北宽一丈，无粮

成基 （成）全 （成）材 （成）业　施柏树一株
成霖元　施沙坡一处，东西长十三丈，南北宽一丈，无粮
邑庠生韩城敬撰
邑庠生韩席□（珍）　书丹
阖社维首仝立

时咸丰十一年六月吉日
玉工成丙戌刻石

（现存高平米山镇成家山村关帝庙内）

（38）题名：无题名碑

　　盖事之不属于己者，己顾不可自任。事之有关于己者，己亦不当自谇。余幼年家贫在外时多，在家时少。每逢社、会□历年花费，家中妇女因财政困难未及送到。谈社首等因余常不家，未曾讨要。因循至今二十余年。余年今八旬有余，前途有日。是以□□友戚到局，会同社首将此事公仝办理。今余取出银洋壹百伍拾元，暂以地抵押作抵。多年社费，□□神时，客以作了事。自此之后，永敦和好。无论社中征收粮秣、社费，应时随众推缴。亦不准异言交涉。此□三面疏通，均无异言。又恐空言无据，勒石流传永垂不朽云耳。

民国二十年九月
村民韩庆龙立

（现存高平米山镇董寨村西关帝庙内）

（39）题名：无题名碑

　　业蒙正堂孙老爷明示。吾侪窃谓赌博之风于今为烈也。倘不严为之防

而稍开其渐则一人倡而众人随。岂不虚负孙老爷出示禁约之心哉？是必勒石以垂久远，使世世子孙不得复入掷骰抹牌之场。而光棍浪子庶几可化而为乌有也。由是而里有仁风可以见，圣天子是盛治矣。爰是，村中父老互相商议，曰自禁时之后，凡属吾村，凡属吾村之境界，勿论老少均不得赌博，如敢再有赌博者议有罚束，如不遵罚，□□□□，送官究治，绝不徇情，以是为记。

一、凡有掷骰抹牌跌钱者罚银□□（伍两）。

一、凡有孩童耍杏子者罚银□□（伍钱）。

一、凡赌博不遵罚者□□□（系）□送□□者之费用执年首事按地亩收钱

乾隆三十年八月初一日合村仝立
玉工崔烈

（现存高平米山镇河东村关帝庙内）

（40）题名：无题名碑（捐资碑一）

（前面部分碑砌入墙内掩盖）

合村公议共起兴修之举，咸发同志之诚锐意捐赀，踊跃输工以及人口地亩人工车牛无不按数均摊。不数日而庀材咸备，阅三月而功程告竣。殿宇辉煌，庙貌聿新。院外舞楼开展，垣墙门户毕备，又增修耳楼上下六间，西房四楹，西北小角房一处，东厦三间，庶几神妥人安，福庇无既矣。但增修基址合志捐输姓氏宜标为此并勒贞珉以垂永久云。

计开

段永宁　银二十两　　　　牛通裕号　银十五两

闫勋　银十四两　　　　　张鸿伦　银十两

立盛号　银八两　　　　　闫恺　银七两

李思明　银七两　　　　　张子和　银七两

张子成　银六两　　　　　张全二　银六两
闫景山　银五两　　　　　闫大魁　银五两
闫大荣　银五两　　　　　张子林　银五两
李世苯　银五两　　　　　李遇魁　银四两
李杰　银四两　　　　　　李世经　银三两五钱
李世伦　银三两五钱　　　李珍　闫大年　闫登山
　　　　　　　　　　　　以上各三两
闫广山　闫来山　牛新　　段立松　闫坤太　以上各一两五钱
以上各二两
张子怀　银一两三钱　　　郭盛　银一两二钱
三义号　恒兴典　继盛号　闫毓柱　张子会　张美祥　张美科　牛茂　以上各一两
段永聚　李遇德　闫香山　闫大京　闫腾　李遇林　以上各一两
闫大用　张谓　闫天武　闫随枝　以上各六钱
泰德顺　闫喜山　牛来　李达　李学盛　段永昇　李富　郭文祥　以上各五钱
闫茂山　闫腾山　闫金山　闫根山　闫毓发　闫真　郭文忠　以上各一两
闫万禄　闫德昌　赵德旺　冯茂成　张永强　闫珠　闫万　闫珍　牛闫氏　以上各五钱
张万贵　张聚德　牛生响　以上各四钱

（现存高平米山镇下冯庄关帝庙内）

（41）题名：无题名碑（捐资碑二）

闫大仁　银四钱
李壮　李建　闫疤则　李世昌　张成　张盛　张喜太　张美发　张美玉　张万山　张万珍　牛坤林　李万有　牛春　李建珍　张美毕　李忠贤　闫立山　郭文聚　以上各三钱

闫毕氏　闫瑞成　陈锐成　成聚　闫腾汉　闫金振　闫百友　以上各三钱

张万宁　银三两

张子快　闫群山　闫天忠　张美忠　张子瑞　李荣　以上各五钱

张永发　李世元　张美安　李学茂　李忠义　李冬孩　李根聚　段永茂　靳本荣　牛松　牛坤禄　牛顺孩　李继荣　李伸　李朱氏　靳瑞昌　牛成林　李长春　牛海　牛永　张万朋　以上各二钱

张子盛　银一两

李广兴　闫大新　闫文义　牛宽　李增禄　段有谦　段永贵　牛松山　李全　李松　闫大本　段永通　段永鉴　段永进　段永达　张聚臣　张法顺　张万祯　张美昌　张子福　张德行　张万邦　张美富　张美能　张子海　李忠礼　张赵氏　以上各二钱

张子茂　银二两

陈瑞升　李成瑞　闫大振　闫永祥　王桂林　张小孩　张聚明　张方忠　张聚元　张美□　闫大通　闫忠　闫福德　闫增　闫顺成　闫大化　段永新　张美怀　闫千　闫顺山　牛来顺　闫长林　闫登　闫百朋　张美苍　张永文　史万香　闫跟振　以上各二钱

大清嘉庆二十四年仲夏月合社仝立

（现存高平米山镇下冯庄关帝庙内）

（42）题名：无题名碑

泽州高平县举东乡窑战村原有古迹，正西□□关王圣贤宝殿一座，自古成化十二年补修，被风雨损坏。今有本庄为首善人李守光、申守库、李朝先、李朝旺、李朝敬、秦世银等重修本社圣贤古庙□□施财，碑记开列于后。

米山镇

米思顺	银一钱	李时太	银一钱
宋思成	银二钱	李时盛	银二钱
王交□	银二钱	李印守	银一钱五分
李守元	银一钱	李守章	银二钱
申守库	银一钱	李朝先	银一钱
李朝旺	银五钱	李守成	银一钱
李自根	银一钱五分	李朝兴	银三钱
李朝方	银三钱	李朝运	银五钱
李朝郡	银六钱、瓦六百	秦世银	银七钱
靳朝云	银五钱	李朝增	银五钱、方砖二百
李朝臣	银三钱	李朝镇	银三钱
李朝奉	银三钱	牛朝海	银二钱
李朝亨	银二钱	牛国真	银二钱
申记福	银二钱	申记财	银二钱
申记增	银二钱	李国熙	□石一块
李朝敬	银五钱		

木匠　车尚兵　车郭顺

丹青　杨进忠

瓦匠　王孟春

玉工　李应信　李尚龙

万历三十三年岁乙巳十月十五日立石碑记

泽州集真观化主道士徐志春　撰

（现存高平米山镇窑栈村关王庙内）

（43）题名：无题名碑

吾村关圣庙昔有住尼小广勤俭生息，增置河西平中地三亩。去后归俗，因诸君子同念一族之谊并无争碍情事。今俗家长门李佩基，侄德裕等，二门（李）秀基、（李）成（基）等互相争夺，业经兴讼，幸赖戚友处和，两门情愿将地归庙，以免异日争执之衅，当日完词，以及诸费，庙内共花过银拾叁两有零，同中言明自此以后地属关圣庙社地以为住持度日之资。与小广俗家等毫无干涉，永不反口，勒石为志。

同中人　李清和　牛汉云

匠师　李成宝刊

嘉庆二十年四月廿日立

（现存高平米山镇窑栈村关王庙内）

（44）题名：无题名碑

大明国山西泽州高平县二十五都龙曲北里关王庙万历五年四月十六日□铸鸣钟一颗。重一千斤。

招贤坊承差张守一上中梁一根

计开修钟楼事

双桂坊

寿官李思上钱五十文

主簿李钧同男监生李鱼化上梁二根、砖百

本村

邵受上梁二根

赵守仓上砖百

邵孟夏上石柱一根，又砖二百

闫明章上石柱一根

闫世上檩二根，又砖二百，钱五十文
治平坊
王应宣上砖一百
张应登同男张明甫上石柱一根，钱一百五十文
张应夏上石柱一根，钱一百文，打碑用
王成相商棚檩一根，俱治平坊

本村人出钱六千文：
邵应本　邵孟冬　邵希全　每人出钱五十文
杨崇宰　牛应科　闫朝宰　邵□　每人出钱三十文
邵志交　崔虎　闫朝礼　侯汝田　宋守义　黄天科　邵应冠　秦
长　牛孟冬　牛孟夏　出钱二十文
　　牛孟春　邵志顺　闫朝宾　牛守在　出钱十五文
　　邵交刚　冯仕东　邵虎　秦□腾　邵志庆　赵景仕　闫留　闫朝
仕　邵应周　邵治国　邵应现　牛宗仪　赵景春　张应秋　邵应林　邵应
同　出钱十文

出钱四十文　邵应河
出钱十文　邵应元　邵孟秋

赤相村
石匠　田守□
木匠　张应元
泥水匠　曾春

社首
邵应积　张应科　邵坤　闫林　闫坤

万历五年十一月吉日立

（现存高平南城街道圪塔村关王庙内）

（45）题名：《汤王头村金妆□像重修□殿重修戒墙门院碑记》

村南旧有关圣帝君神庙一处，历有年所，屡经风雨剥蚀，栋折榱崩，里人触目心伤，欲补葺之，工程浩大，一木难支，今千秋会仝欲补葺，请会一局，不足动工，□与村中捐资，以成盛事，当工程告竣，永垂不朽云耳！

千秋会请会余钱十一千二百二十五文

源德典　贾玉标　各捐钱二千文

庞祺　许中立　贾岐泰　贾启盛　郭敏达　张凤温　各捐钱壹千文

双润馆　刘且保　贾魁元　贾启旺　贾生□　贺承恩　张聚泰　常让　庞来保　各捐钱五百文

刘永昌　贾金旺　刘天□　张瑞林　贾昌　焦桂芝　贾隋发　贾明顺　刘春保　史文明　贾应发　郭迷藏　郭增气　贾启贵　贾登瀛　常恭　许夔　刘李保　李辉庭　贾根泰　各捐钱三百文

共入会（钱）、捐钱叁拾壹千七百二十五文，总共使钱肆拾壹千九百八十一文

下缺钱会首分摊

会首　郭敏达　许中立　庞祺　常让　贾岐泰　庞来保　张聚泰　贾启盛　张凤温　贾明顺

仝勒石

光绪二年五月谷旦

（现存高平南城街道汤王头村关帝庙内）

（46）题名：《禁碑》

遵官谕永远禁赌博、夏秋桑羊、六畜、乞丐碑记

大清同治五年五月十五日阖社仝立

（现存高平南城街道徐庄关帝庙内）

（47）题名：无题名碑（修庙碑）

村中河口旧有神阁，为河水壅决基址，尽圮。□嘉庆元年始议建修，奈工大力微，不能一蹴而就，自是鸠工庇材，剡楹丹楹，至庚申而工始告竣。夫以帝君、大士之灵其所以佑黎民，而庇苍生者，固非一时之幸，千百世均有赖焉。是以序其始终，俾后人嗣葺，其无忘。兹将乐输姓氏列左：

铺上张材　施银一两　　　韩庄李永亮　施银一两五钱
申永元　施道一条　　　　靳得福　施银三钱
许法　施银五钱　　　　　许高　施银二两伍钱
许有威　施银二两　　　　许进　施银六钱
许有德　施银壹两四钱　　许永兴　施银六钱
许铎魁　施银二两　　　　许秉正　施银八钱
许积　施银二两　　　　　许永昌　施银八钱
许永有　施银二两　　　　苏海亮　施银一两
许全　施银二两　　　　　许茂　施银二两
许忠恺　施银五两　　　　许忠兴　施银六钱
许忠旺　施银七钱　　　　许乾　施银二两
许坤　施银一两　　　　　许兑　施银三两
许子荣　施银三两　　　　许子安　施银一两
子金　施银五钱　　　　　许李强　施银三钱

大清嘉庆伍年岁次庚申仲春之吉

玉工　靳得福　镌

（现存高平南城街道谷口村关帝观音阁）

（48）题名：《关帝庙建塑财神移改山门碑记》

历来正殿关帝，山门正东，西南文王，独空西北，今将西北建塑财神尊像，以便一村之祀典。复移山门于东北，新修增东亭一书室，庶觉庙貌肃肃，可壮大观。奈村小力博（薄）难以告竣，四外捐资，本村募化，共得二百余金，而工程不日告成矣。是以勒石以垂不朽焉。

王万钧捐来

春兴典　施钱拾五千文

李芳　梁楚元　各施钱拾千文

黎永春　全盛茂　左大成　各施钱陆千文

荣兴正　施钱五千文

周正鳌　周天训　公和典　三盛公　各施钱四十文

恒兴典　太平店　四聚典　广济典　同心典　宏盛典　广源典　广育典　裕盛典　全盛和　各施银贰两

王世贵捐来

义盛店　施钱五千文

复盛店　振升店　太盛店　复兴店　中和店　东益兴　致信号　协聚店　三盛公　聚义店　岐昌店　天兴合　鼎成号　益成号　复兴永　玉兴店　各施钱三千文

文胜典　福太店　恒裕堂　惠宝楼　隆祥店　大有店　裕盛店　复源店　元盛店　同祥店　同义店　各施钱贰千文

福昌店　双和店　义顺店　各施钱壹千文

王全栋捐来

　　田兴顺　施钱三千文

　　东兴顺　施钱贰千文

　　郜大顺　施钱贰千文

　　李修文　王全顺　王正道　王正祥　公义行　王成永　大德顺　同议

和　李太林　周于四　周于德　周鼎　周殿撰　杨德立　各施钱壹千文

　　王锦立　施钱五百文

王金梁捐来

　　恒兴成　永丰茂　各施钱贰千文

　　王天保　元兴明　太兴李　全盛永　祥顺号　德昌合　聚兴合　怡兴

典　四美协　聚兴源　忆发厂　源泰号　万永年　同新祥　各施钱壹千文

　　刘镇江捐来

　　赵义发　施钱壹千文

　　赵全义　施钱五百文

　　杨双盛　施钱四百文

　　怀兴店　司德顺　朱绍兴　泰顺号　涌义号　长盛号　公兴号　和兴

号　万兴号　隆昌号　公义号　正义华　德庆号　各施钱三百文

　　郭恒昌　牛玉顺　赵良兴　姬发升　广聚号　义涓号　义兴号　义源

号　新义号　建昌号　各施钱贰百文

　　本村陈文珠　施钱陆千文

　　魏福德　施钱贰千文

　　王克信　施西北角地基一处

　　本里弟子杜□明沐手书丹

维首

　　王万元　王新印　王克信　王廷柱　沐浴敬立

木匠　王三林　玉瓦工　靳荣光

铁匠　王松林　丹青　杨新孩　仝沐手

大清道光二十五年岁次乙巳仲冬下旬吉日刻石

（现存高平三甲镇刘家王家村关帝庙内）

（49）题名：无题名碑

维大明国山西泽州高平县丰溢乡三都中太南里西里庄西凹村迹跐有敕封义勇武安王行祠之殿，节年风雨吹霖，损坏倒塌。今有本村维那程佩、李成林、程奉，其兄得疎漏，纠率本村香老人等，重轻易筆，量力出钱，重修起盖，用磉石砌垒。立石永为碑记。

维那　程佩　李成林　程奉其

计开出钱人　程守林　程奉春　程奉夏　程守厰　芦世俅　赵溪　赵天义　李廷消　李廷雷　赵佑　吴万仓　芦万升　芦世清　程力　吴万库　芦世林　芦世□　赵子□　吴万□　芦世用　芦万良　赵天赐　吴万金　程守科　芦世甫　赵宿　赵滕凰　汤应时　芦朝金　汤还　王奉　杨九令　汤应艮　朱廷禄　王天贞　赵天珏　芦世秋　芦世冬　芦世科　李廷庄

万历三年岁次乙亥孟夏吉日

笔生　王万全书

石匠　邢村　邢希美　张应光

木匠　本村姬仲金　三甲村郭坤　郭元

团池　泥水匠　李朝鸾

（现存高平三甲镇西栗庄关王庙内）

（50）题名：《整理社事节俭社费碑记》

窃思事之败者，必由整理而成也；费之重者，必由节俭而轻也。如吾西庄西社现今公事繁忙，费甚多，村民资斧缺乏，起款维艰，若不积极整理，设社节俭，不足以维情状而解困难，故特召集村民迭次开会，取其同意，重立规章，兹将议定条件勒诸贞珉，永垂后世，俾勿忘焉。是为序。

一条：本社向来维首共分八□（班），仍照旧例，上交下接输流周转，论何□不得改变。

二条：本社办公人员每逢公事，鸣金到社，勿得迟延，如有推抗不到，误公事者，公议处罚。

三条：本社起收款项限期五日，一律交齐，勿得延缓，如有届期不交纳者，公议处罚。

四条：本社办公火食烟茶一律免除，只准五月十三日及秋报时各食顿钣，如敢故违，公议处罚。

五条：本社看秋巡夫社首兼办，只准由社津贴大钱三十仟文，以作杂费，无论何班，不得改变。

六条：本社办公人员如有心意不合，假公报私，致涉讼端等情由，起诉人自行出费，不得由社起款。

七条：本社办公人员如有专扛舞弊等情，无论事实轻重、钱数多寡，皆按加倍处罚。

八条：本村各户人民如有争执情事，先得由社处理，如不服处者，准其自行起诉。

九条：本村各户如有愿养零羊之家，每户只准五只，每羊每只给社纳费三百文，补助社费。

十条：本社办公人员，除遵守新立规章以外，再有特别情形，由社召集村民开会公议解决。

省立第三师范□□讲习所毕业张灿云撰

公立育中高等小学校毕业陈献策书

本乡乡长吴茂林　副　董秉章　副　邢明远

办公人员　程水则　吴社彪　程金年　吴贵全　程来芳　吴桂生　吴天光　程元昌　仝立

玉工　李文魁

司贴员　吴天腾

住持　王财则

民国二十二年季秋之月吉日刊

（现存高平三甲镇西栗庄关王庙内）

（51）题名：《补修碑》

大明国山西泽州高平县丰溢乡三都中太南里南庄，东有古迹关王庙一座，□年风雨湿毁。今有本村社首人李智、李朝京、李伏得、李朝周、李朝山、李奉灯等，纠领村众人等善男信女，喜舍资财，补修正殿。于六年九月廿四日，补立角楼二间，共圣事，保佑一方村众人口并六宫平安，永为记耳。开具于后。

计开　李书　李仲之　李朝凤　程孝　李苴　李应光　李朝用　李仲艮　李朝先　邰代仓　李仲科　李奉銮　李仲金　李奉学　李应科

北庄　吴方仓

性村　张四

长受　杜三　李伸

木匠　李方其

瓦匠　李朝乡

石匠　王应山

隆庆六年九月二十四日吉日重修

（现存高平三甲镇槐树庄关王庙内）

（52）题名:《创修耳楼重瓦舞楼补奁楼□院碑记》

重瓦舞楼

李广让　李金火　李□□　□□□　巡秋□□钱叁拾柒千

墁庙院补□□□巡秋□项一千文，巡秋□项钱八千文，□□施钱四千文

□□　陶绍鉴　黄有□　□□□　□有□　□隆盛

李兴发　黄□□　□□□　□□□　□成文

宋大福　□□□　□□□　□□□　兴太长

□□长　同□和　本村　李□□

□□□□□钱壹拾叁千文

清□（源）　保恒缎店　山东　协昌和　永兴□　□□恒　玉□裕

以上各□□□□千五百文

□□　□□良　□□　□兴□　□兴□　□□□　三□永

□□　□兴昌　三益□　西丰□　同和店　双旺裕

□□　保恒板店　同顺德　□三□　德隆号　德盛号

同合号　恒□□　恒□□　恒兴公　□和成　张浩

以上捐来各捐壹千文

□□　全盛德　广盛店　元兴店　信义□（店）

以上各捐钱叁千文

双盛公　日成店　宋尚纲　李□火　李福长　郭镇琇　牛成松　郭金昌　李宝隆　李天□　李天乐　李天来　李天贡

以上各捐钱贰千文

和顺永　复兴昌　纯生德　秦世□　秦世□　李温
以上各捐钱一千文

裕成德　通昇店　起盛店
以上各捐钱五百文

修耳楼共化钱九拾六千文，共捐钱八拾六千文
经理　李□□　施钱拾千文

光绪二十年
□□（前堂）街社首同勒石

（现存高平三甲镇三甲南村关帝庙内）

（53）题名：无题名碑（禁碑）

特授高平县正堂加六级记录十次李□□为给示严禁事照得偷窃田禾，律干治罪，牧羊咽桑，有妨蚕食，本县节经□禁在□。兹据邢村社首生员李灿文、张希舜，民人邢德富、陈永宽，以该村有不法之辈，遭贱田禾，偷窃瓜□，纵羊入地，咬食桑株种种，扰害村民难安，禀请示禁。前来合行给示严禁，为此示仰，该里乡地居民人等知悉。目示之后，如有前项不法之辈，仍蹈故辄，扰害地方者，许尔等立即赴案禀报，以凭严拿，按法究处，决不故宽。该乡地等亦毋得藉端滋事，致于并究不贷，各宜凛遵毋违，
特示。
右仰通知

道光二年七月初八日
泽州府府学增生张克之敬书
甘霖社六班维首乡地等仝立

石工　刘彩□

（现存高平三甲镇邢村关帝庙内）

（54）题名：无题名碑（捐款碑一）

缘簿书左：

王贵升在威县　捐来布施芳名

公和当　利和当　聚和当　双和当　以上六两各捐银

公兴川　捐银五两

全盛布店　永瑞生　义成集　世昌隆　三合当　永泰当　恒和当　德和当　以上各捐银四两

公盛布店　德盛昌　德兴泉　义全当　世源恒　大成号　恒隆当　以上三两各捐银

信复泰　德元魁　丰裕魁　德泰亨　德瑞祥　□裕成　广泉德　双和号　鼎泰珍　永泰昌　全盛号　源和布店　以上各捐银二两

王杰在宁晋捐来布施芳名

众当行捐钱拾千文

正泰和　德和永　广聚号　德盛缎店　德庆花店　庆丰泰　万隆花店　义和庆　昌泰福　积泰成　仙源花行　庆和堂　宝善堂　信有成　三义公　庆源永　义兴花店　裕顺和　德兴隆　洪昌聚　广庆花店　九思堂　以上各捐钱八百文

顺义粮店　魁兴粮店　玉成和　大有粮店　以上各捐钱五百文

恒裕丰　宝亨长　全盛美　益源号　丰顺堂　永义兴　义生和　复兴堂　迪德堂　裕兴楼　以上各捐钱四百文

慎修永　捐钱贰佰文

王燕在潞安府捐来布施芳名：

牛珍　捐钱叁千文

王天骥　王圻　广丰昌　余庆钱行　郭德安　以上各捐钱贰千文

万盛顺　万盛裕　万盛高　万顺泰　光裕昌　义和生　日新永　永盛声　乾元长　文锦局　李麟□　马庚曜　王鸣岗　武凤林　永茂当　王彬　李凤格　顺成店　安和堂　德泰顺　贾鹏翔　以上各捐钱壹千文

平世鉴　关维群　以上各捐钱二百五十文

（现存高平三甲镇响水坡村关帝庙内）

（55）题名：无题名碑（捐款碑二）

王勋在直隶捐来布施芳名：

通兴缎店　聚义店　恒隆店　涌众合　通聚号　天锦缎店　公成永　庆丰店　广顺店　敦善堂　同茂缎店　符玉恒　广盛永　德成永　公和合　容成缎店　崇德堂　协成永　陈洛兴　以上各捐钱壹千文

协聚磁店　义成恒　逢泰号　金牛号　以上各捐钱五百文

王煦在泽州府捐来布施芳名：

泰兴陈　协兴顺　泰兴德　以上各捐钱贰千文

永隆□　永恒通　以上各捐钱壹千文

李世素在岳阳县捐来布施芳名：

北平镇合行　捐钱叁仟文

李金台　捐钱贰千文

北平镇合社　捐钱壹千五百文

西雾村合社　宝丰社　赵文贵　张仓居　万和公　暴同兴　李天□　泰兴公　以上各捐钱壹千文

贺太平　苏生云　刘发贵　张成龙　万盛园　李天有　以上各捐钱伍

百文

  贾永奎　武显居　以上各捐钱四百文
  □年华　捐钱三百文
  吴凌秀　捐钱贰佰文

赵聚在在壶关县捐来布施芳名
泰兴楼　双兴楼　以上各捐钱叁千文

本村布施芳名：
赵聚　捐钱贰拾伍千文
王启彬　捐钱壹拾千文
李世素　捐钱贰千三百文
王勋　王煦　各捐钱叁千伍百文
李金保　捐钱壹千文

入大社地亩钱伍拾千文
入大社物料钱拾捌千文
入搓掘会钱肆十捌千文
入茧庄钱玖拾伍千文

（现存高平三甲镇响水坡村关帝庙内）

（56）题名：《修缮碑记》

  关帝庙历史悠久，但是神像前有后无，毁坏不堪，为保留文物古迹，花甲老人倡议自愿投工，在支村委的大力支持下，重塑关公神像现修缮竣工特立此碑永为纪念耳。

  礼教先生　王福录
  造型设计　王李同顺

工匠造型　王顶门　王红喜

施工人员　王寿儿　李全富　李随聚　赵祥枝　王树山　王七才　王八孩

总账务　王福民　李才章　王启龙

书丹　郭显文

玉工　刘晋平

公元二〇〇七年七月十七日

（现存高平三甲镇响水坡村村西）

（57）题名：无题名碑（创修鲁班春秋大王阁）

今夫始者创修石沙西阁一眼三间。本庄前街众等信士，施舍赀财、谷石、工力，俱已开列于后，永为碑记。

赵先前　施银乙两

吴邦兴　地亩谷牛工人工　三共施银九两七钱二分

赵正美　地亩谷牛工人工　三共施银八两五钱八分

吴江　地亩谷牛工人工　三共施银六两乙钱六分

李裕通　地亩谷人工　二共施银二两八钱乙分

牛见通　地亩谷人工　二共施银乙两九钱五分

赵正得　地亩谷人工　二共施银乙两乙钱五分

赵正祥　地亩谷人工　二共施银乙两一钱二分

乔彦　地亩谷人工　二共施银乙两零四分

朱成　地亩谷人工　二共施银七钱五分

赵正保　地亩谷人工　二共施银六钱六分

赵正贵　地亩谷人工　二共施银三钱

芮起成　地亩谷人工　二共施银二钱六分

赵云成　施人工三工

赵正海　施人工二工

李福　施人工乙工

朱金贵　施砖乙百六十个

子孙社余钱二千三百一十文　施于□□（鲁班）社使用

朱三则故父在世揭使鲁班社银乙两一钱，□年有余，□□未交，自知理曲，将原分到石沙上垰根下空地基一所，兑等给鲁班社，永远为死业。四至开明：东至道，西至界石，南至水中心，北至垰根。四至以里听凭社内修理，朱姓不得混赖，指碑石永远为证。

杨金成　地亩谷石匠工土工　三共施艮十六两五钱四分

朱增福　地亩谷石匠工贴工土工牛工　五共施艮十九两八钱七分

吴邦发　地亩谷石匠工土工贴工　四共施艮十六两六钱七分

乔玉保　地亩谷石匠工贴工土工　四共施艮十六两五钱三分

吴邦起　石匠工贴工土工　三共施艮十五两五钱八分

朱挡　地亩谷石匠工贴工土工　四共施艮十九两零三分

吴海龙　地亩谷石匠工土工贴工　四共施艮十九两五钱五分

以上修理一切费用使银二百两有余

众寺信士柒家维首仝立勒石

维首　吴邦发　乔玉保　朱增福　杨金成　吴邦起　朱挡　吴海龙

合会□□钱粮四十两有余

东关下庙僧人□□庄庙通喜书

时大清乾隆岁次癸未贰拾捌年岁在癸亥拾月朔日

柒家维首仝勒石

　　　　　　　　　　　　　（现存高平三甲镇朱家山村鲁班关帝大王阁内）

（58）题名:《补修碑记》

尝思有其举之，莫或废也；有其废之，必赖举焉。天下事皆然，而补修庙宇其尤重者也。村之西南隅，有关帝阁三间，实补坤之缺焉。历年既久，风雨吹渗，欲就补葺，实难为力。而村人有贸易四方者，募缘莫助，鸠工是敦，捐钱三拾吊以为补修之资。越年余，工程告竣勒石，是宜将诸善人所捐布施群注于后，以垂永久不忘。此所谓善作者，必赖善成；慎始者，尤贵慎终者也。是为序。

朱宝善捐来布施人名开列于后：

汴省　恒泰行　捐钱贰仟文　泰兴恒　捐钱贰仟文　文积堂许　捐钱一仟文　三盛号　捐钱一仟文　三和麟　捐钱一仟文　周万聚　捐钱一仟文　福通号　捐钱一仟文　宝聚斋　捐钱一仟文　仪顺永　捐钱一仟文　永魁号　捐钱一仟文　德盛隆　捐钱一仟文　公茂永　捐钱一仟文　富盛和　捐钱一仟文　隆昌盛　捐钱一仟文　合盛号　捐钱一仟文　蔚盛长　捐钱一仟文　平心公　捐钱一仟文　有馀长　捐钱一仟文　魁聚永　捐钱一仟文

天津　双义亭　捐钱一仟文　星记号　捐钱一仟文

京都　桂馨斋　捐钱一仟

浙绍　安定栈　捐钱一仟文

赤祥　朱典澧　捐钱一仟文

汴省　义和成　捐钱伍伯文　协成号　捐钱伍伯文　广义号　捐钱伍伯文　长盛号　捐钱伍伯文　逢隆泰　捐钱伍伯文

天津　张瑞　捐钱伍伯文

本庄　朱宝善　一仟文

金塑神面使钱九伯文　木匠带木料使钱伍仟四百文　泥水匠工使钱伍仟文　铁匠工带钉使钱一仟七伯廿八文　零费使钱六仟九伯七十二文　石碑使钱四仟文　共使钱二拾四仟文

维首　赵恭　赵恒　赵履　赵祯　朱有命　朱祥林　朱景林　朱德保　赵玉　赵鸿业　赵鸿宝　朱宝善

邑庠生李锜撰并书

木匠　赵子恭

泥水匠　刘跟杨

土工　赵桂林　赵二孩　赵拴牢　朱金然

玉工　朱有命仝勒石

大清光绪三年秋七月穀旦

（现存高平三甲镇朱家山村鲁班关帝大王阁内）

（59）题名：《创修徘南关王阁记》

关圣驾显□□，义气赫赫，威灵凛凛，照临宇内，如日中天，加祐平民，恩同覆载，本境布政司掾李腾臣心钦其灵乃聚□□相与谋曰："上党人民诸福并集，赖□神功居多也。兹于村西总要处建阁，□□以□神□，何如？"金曰："此诚盛举也，□然人心涣散不一，退怯不前者多，□□一心，□□以奏厥功哉？臣知其然，□□诸众遂同另省祭官李应元孙庠□□□先尊□□财□量其广狭　□□□□以筑□高台一座，上建西殿，（中间漫漶）一眼，侍者四□，建者姓（中间漫漶）妆饰复于壁（中间漫漶）是所，迨其成功，金碧（中间漫漶）莫不稽美矣，是功也（中间漫漶）祭于二十一年（中间漫漶）独补完结。诚恐（中间漫漶）以垂不朽。"

（中间漫漶）姓名于后：

（中间漫漶）

李腾朝	一两	孟治芳	一两
靳守□	银三两壹钟	李□□	五钱
牛忠现	五钱	杨□甫	五钱
李应芳	梁一根	□汝孝	五钱
靳保甫	三钱	李□□	三钱

孟超弼　三钱　　　　　　　李□弟　一钱
石匠　朱朝□
木匠　孟汝岗
瓦匠　李汝□
焚香道士　李通志
阴阳生　王珏

万历三十年孟秋月吉旦立
玉工　王国仕　刊

（现存高平三甲镇徘南关帝阁内）

（60）题名:《建修彩绘碑文》

吾村有关帝庙,是吾张姓先祖之创建,不知创自何代,是因帝德同天,精忠无二,故立祠以享祀焉。兹因建修财神庙院墙,复又整理,施以丹艧,以张帝德之英灵赫奕,庙貌巍峨,以志后世子孙之继先人之志云尔。

经理人

张三好　（张）长泰　（张）通□　（张）□义　（张）长生　（张）□则　（张）□鉴　（张）林变　（张）□□　（张）维□　（张）成信

仝勤

□□□前任村长　申廷辅　撰文

初小学校教员　张□绍　书丹

□工　王丑则
石工　韩水

民国二十四年孟冬吉立

（现存高平神农镇西郝庄关帝庙内）

（61）题名：无题名碑

院中残碑

位于院中，砌入地面里

文字：

关帝社积蓄银五百三十四两六钱

积蓄钱四十五千文

□存地基六处共价银七十二两五钱

姚姓房地基一处价银一百两

外客捐来布施银五百六十两

本村捐布施银三百四十七两二钱

开光捐布施钱六千三百一十四文

三社收焦籽六百三十五千九百文

剩下石头□橡树碾□银□□两二钱

收典□赵贺等姓房屋□□□五十二千

李立施□项银□□□□四□六分

李增华　王芝　许廷信　李友楷　王□□　许□亨　许□□　姚清□　赵鑑　许□宽　牛铎　□荣根

（现存高平寺庄镇北王庄关帝庙内）

（62）题名：《重修十里坡关帝庙碑记》

义，犹路也。路为天下所共由，夫人而知之矣。而义则有未尽知者。至/关帝之义，则无人不知之，惜乎其未能共由也。村之东南隅，旧名十里坡，道旁有石龛像，帝其（下遮掩）。帝之义如彼其大也，庙如此其小也，毋乃褻甚？村中父老聚而谋之，或劝赀于本土，或募化于（下遮掩）。于路之北度地庀材重修关帝庙三楹。不易地，式古也。拓其基，昭今也。必临道路，示鉴察也。考之《汉志》："十里有亭，亭有长（下遮掩）。"夫设官岂□畏□？何如祀神变□革心乎？心之慕义，久□相糜，□义亦取道于此（下遮掩）。庙，而民兴于义焉。未始非先王以神道教人之义，□□□□□□费之多寡工□之姓氏（下遮掩）耆众善士之捐资数目则于廊之西壁另刻石以（下漫漶）。

（漫漶）泫（漫漶）廷训（漫漶）

（漫漶）次重光协洽（漫漶）

（现存高平寺庄镇伯方村东关帝庙内）

（63）题名：无题名碑（重修碑）

碑阳

碑额：无

题名：无

曰此余父母之邦也。余生于斯，长于斯，弱冠舌耕于斯。第见其西枕鹤山，相连而及者有邱隅高峻，苍松翠然。镇其西北者乃有荒阜之处山神祠寓其上焉，徂徕之松振古如兹状。其西南者有小土山，非舍其梧櫄特生其槭棘也。东面廓然车焉而通衢。西南八家同井，中间十夫同沟，南北有土脊，虽不能如太行之脊亦可以护卫周村。户通樵径，牖纳崖云，居民数十家，如在其掌握也。村之东关帝庙一所以及南有舞楼，无奈年深日远，檐瓦疏折，不惟丹青剥落，亦且金碧凋零，欲补葺则财用缺乏，特恐图其始者未能要其终。村中有善士首出，因竭力共济，以兴其工，而又虑其财之不接也，再祈经商于外者出以缘簿转相募化。庶几慷慨义士乐善好施则积少成多，盛襄善事而庙宇辉煌，将见其暗然者昭然著美，肃然者焕然更新，工始于光绪庚寅年，工竣于光绪壬辰年工既成祈余为文。余禀赋愚拙，何致言文？亦不过勒石刻铭以垂众善于不朽云。

社首

王来顺　宋九荣

从堂兄医学正堂王镒篆额

愚小弟增广生员王超品撰书（两枚印章）

监工董事维首

宋振刊　王义　宋元法　王锦　王伶　王根润　王培芝　王毓兰

劝捐维首　王根润　王伶　王镒　王超品

仝勒石

光绪二十年元月上浣之吉

玉工　李金

碑阴

碑额：无

题名：无

王根润先父　捐钱贰拾一千五百文

永郡　玉成典　忠信堂　以上各捐钱贰千文

孟门　永兴典　□（捐）钱壹千文

□□　兴升典　三盛义　广泰典　源泰典　元盛新　以上各捐钱壹千文

石邑　□兴典　中和典　□成炉　万裕典　□（以）上各捐钱壹千文

□□　德成典　原顺典　以上各捐钱壹千文

临邑　昌盛典　李福丹　以上各捐钱壹千文

河南　泰和堂

峪口　恒蔚典

以上各捐钱壹千文

宁邑　仝顺典

兴邑　同盛典

以上捐钱壹千文

石邑　同德楼　捐钱五百文

收王荣贵捐钱六千五百文，缘簿未交不知何意，虽有善心名氏未镌，诸位乡亲从宽不究。

王伶在侯马镇捐钱五拾叁千九百六十文
夏邑　义兴丰　捐钱四千贰百文
侯马　万兴公　捐钱贰千八百文
曹张　德兴公
曲村　祥泰□
曲村　永兴合　焦盛魁　公顺永
翼邑　复盛泰　德昶和
侯马　大成和　天庆合　天长德　长盛兴　天长育
生员第恩给　州同常维经
沃邑　同兴茂　三顺德　德成永
以上各捐钱壹千四百八十
侯马　升议协　捐钱壹千六百文
沃邑　万兴协　□（高）县协和兴
以上各捐钱壹千六百八十
曹张　双裕和　义和成
以上各捐钱壹千一百十文
曹张　兴顺盛　捐钱八百四十文
曹张　丰泰荣　捐钱五百六十文
翼邑　集祥云　杨创兴　丰盛同　永丰魁
曹张　恒心正　顺兴合
猗氏县　陈治廷
以上各捐钱七百文

王镒兄□捐钱拾贰千文
邑里　圣贤会馆　捐钱捌千文
（邑里）　公议会　捐钱肆千文

以后六宗亦王伶捐

布经　杨永年　捐钱八千八百文

义庄　三圣会馆　捐钱贰千文

侯马　普盛永　捐钱壹千六百八十

闻邑　协兴永　捐钱贰千一百文

李庄　顺兴堂

义庄　协和胜

以上各捐钱五百文

王超品经手捐钱叁拾七千七百文

杨家庄　田庆林　捐钱贰千文

（杨家庄）杨根盛　田步选　王丙南　王益南　牛秀荣　王焕　以上各捐钱壹千文

（杨家庄）王明义　捐钱九百文

贾村　刘福泰

杨家庄　王殿魁

以上各捐钱八百文

杨家庄　王克恭　王丑则　马步霄　王殿佐

贾村　王元果

杨家庄　田步英

以上各捐钱五百文

釜山大社　捐钱肆千文

李□□　捐钱肆千文

杨家庄大社　捐钱叁千文

芦家峪大社　捐钱叁千文

半沟大社　捐钱贰千五百文

芦庄大社　捐钱贰千文

回沟大社　捐钱贰千五百文
公家山社　捐钱九百文

入缘簿钱壹佰叁拾贰千一百六十文
入高禖祠钱贰拾九千零六百九十四文
入卖房价钱叁拾三千文
入来地亩钱五拾五千零七十文
以上共入钱贰百五拾千零四百廿四文

出砖瓦木料石灰钱贰拾捌钱四百八十二文
出匠人工价钱八拾四千七百八十九文
出道士油匠杂项钱贰拾八千文
出开光酬神戏钱七拾八千一百六十九文
出扶碑花费钱拾贰千一百卅九文
出厨工头发钱拾四千八百九十二文
共出钱贰百五拾千零四百六十八文
王斌　捐钱五百文
维首仝具

（现存高平寺庄镇地夺掌关帝庙内）

（64）题名：《重新关帝神袍记》

　　盖闻竹帛千秋，精忠炳于日月，麟经一册，浩气塞于乾坤。不独扶汉主于三分，直使正人心于万世。吾村东南隅有关帝庙在焉，创立绵延，久蒙呵护。不料无良之人盗去神圣金袍，诚世间之罪人。恶报不稍缓也。入圣宇者触目惊心，曷以光圣仪而肃瞻拜乎？是以，村中人士乐成善举，神袍重新金装，以报庇荫之恩。所有花费由村人乐施以外，又募化四方君子，共襄善事。前之不堪寓目者，今则焕然一新矣。吾村人民康泰庆乐丰年，亦神灵之默佑耳。兹将好善之人勒于右石，以志不朽云。

清贡生克扬郜显明撰并书

董事人　张国英　宋喜法　宋有年　宋世忠　张法盛　宋德昌

闾长　宋法会　王胖则　宋水法　宋福玺　宋富水　张桐霖　仝勒石

玉工　王思忠　刊

中华民国三十一年七月上浣

（现存高平寺庄镇高良村关帝庙内）

（65）题名：《重新关帝神袍捐资记》

柏枝庄　王福贵施银廿元　明堃施银十五元　王怀礼施银十元　王业堂施银十元

东曲村　王昆山施银廿元　王秋羊施银廿元　安过良施银十元

杨家庄　王炳林施洋廿元　田凤枝施洋五元　五宏盛施洋五元

贾后沟　贾志恩施洋十元　贾枝孩施洋五元

沟南　张三保施洋十五元

冯家庄　李松真施洋十元

王报　田克勤施洋十元

贾村　刘补孩施洋十元

西曲　赵玉珍施洋五元

东德义　郭振山施洋五元

掘山　王炳文施洋五元

釜山　史礼根施洋五元

本村

志成号　天德成　三义公　同裕隆　广升长　各施洋十元

张芸生　施洋四十元　□□枝施洋卅元

张志咏　施洋廿五元

张志贞　宋润芳　宋有年　各施洋廿元

张法盛　宋德昌　各施洋十五元

张来法　宋镛　宋富荣　张福生　张春喜　宋天泰　宋水法　宋庚有　宋秃嘴　各施洋十元

王德元　宋同信　宋丙全　各施洋八元

王玉良　施洋七元

协义染坊　宋世忠　宋安乐　王胖则　宋富水　宋金法　张桐霖　张国英　宋文华　张琦　宋德贵　王文琳　宋金荷　宋东福　宋炉　宋成泰　张立枝　宋顺保　宋玉柱　宋海茂　宋景祥　赵喜法　王家珍　李思信　宋文山　宋景玉　宋景和　宋殿华　宋殿元　宋□□　李□□　宋三顺　宋金钱　宋□　宋连根　王文□　宋根□　宋民□　宋央泰　宋□珍　张宝珍　宋有□　各施洋五元

宋□□　宋承志　各施洋十元

（现存高平寺庄镇高良村关帝庙内）

（66）题名：《补修关帝庙创建舞楼序》

望云，吾邻村也，望云之苏云峰，吾契友也。每值过访，见村之巽方，旧有关帝庙一所，不知其创修于何时也，亦不知其董成于何人也。但历年既久，风雨飘摇，几致损坏，经其地者尝太息曰：庙所以妥神灵也。庙既坏，神何以安？先是，有社首十余人，云峰之父与祥亦与焉，他如岐山缑公、闰月张公、元龙、世瑞、成贵、苏公等皆村中领袖也。未几，散若晨星。其存者，仅张、苏三公三已，有心补葺之，虑力有未逮，又续社首苏元吉等数家共为图谋。爰捐租若干石，蓄积二十余年，得钱八百八十千有奇。而工费浩繁，向不浮于用。云峰之父与元吉、成功二公皆燕赵间大□也。始谋及三公。三公曰：吾辈远游异地，不能敦匠聚以经营，窃顾四方善士共成善举。于是，募化燕赵之间，得金百余两。而前后社首等皆能公一□私，小心从事。道光二十三年补葺殿宇，越二年乙巳筑堤，越四年己酉建舞楼基址，至同治三年舞楼巍巍，旁舍环绕，而功告竣。十数年之久，朝夕不怠者如一日。古人云：莫为之前虽美弗彰，莫为之后虽盛弗传，为乎斯。庙之成固赖皆旧社首有以启之，实赖新社首有以继之也。乙丑秋，云峰嘱余为文，余乐道善事，未可以不文辞，因志其始末，以勒于石。是为序。

例授文林郎吏部拣选知县乙卯科举人刘善果顿首拜撰
国子监太学生王燕宾顿首书丹

大清同治四年岁次乙丑秋九月上浣吉立
玉工　王振纲

（现存高平寺庄镇望云村关帝庙内）

（67）题名：《西大社禁赌碑文》

　　从来民风宜归于淳朴，民心宜归于真实，而民事民力宜归于正道，无如晚近之世有奸诈者出每每设立赌局，□□肥一己之身不顾坏一乡之俗引诱人子弟破毁人家产，甚至紊乎尊卑长幼，坏乎心术性命，上干国宪，下败民风。苟不预为禁焉，则赌博之害其将伊于胡底耶？兹有一二拔俗之士有振风扶俗之意。爰集老老幼幼公议演戏扶碑，严禁赌局以及孩童踢毽玩钱之事一并列在禁中，永不许有犯，如有犯者，入社公议罚戏三天如有不遵罚者各社送官究治，有一应杂费，按地亩均收。九月九社首管权。嗣后人皆务本业，庶几化民成俗而唐虞三代之治可复也欤？是为序。

明耿光拙笔
社首
郭福元　（郭）殿珍　（郭）起荣　（郭）淳　（郭）银　（郭）家驹
维首
郭诗　（郭）梓　（郭）振都　（郭）君后　（郭）贵荣　贾步云　（贾）思忠　郭起太　（郭）兴会　（郭）□（志）　郭安　（郭）福　（郭）镛　（郭）

银 （郭）好　郭恒太　（郭）希天　（郭）殿魁　（郭）丙发　（郭）安锁

大清嘉庆贰拾肆年贰月贰拾捌日立
石匠　闫永发

（现存高平寺庄镇西德义村关帝庙内）

（68）题名：《施地记》

窃惟有求必应，久蒙呵护之灵，夙愿未酬，时怀中心之报。兹因恒父昔年曾于上西社村大庙关圣大帝前有献戏心愿，不忆恒父偶尔捐馆□，斯愿未酬。今忽有耕地三亩，典价银叁拾两。社首张金裕等着恒备价典施。佥云：与其献戏而报崇朝，曷若典地而备焚修？恒言：遇有永远可置，何必着恒典施？村众所云：此时虽属典施，日后待伊回时，亦可复置永远。恒即俯首明言，勉襄厥事，镌石勒壁敬答神庥，非敢云芳流不朽，亦聊载典施时日云尔，是为记。

乾隆伍拾捌年玖月初玖日典施
信士□恒□男培栋仝沐手敬勒

（现存高平野川镇大西社上西社关帝庙内）

（69）题名：《重修西北祖师阁舞楼碑记》

尝闻始作之则谓之创，仍旧之则谓因。创固难，因亦不易。虽曰创因不易，惟在视乎人心何如耳。苟能诚其心，则人力亦可胜夫天。何有不能创因者乎？夫人讵敢胜夫天哉？惟天无亲，为善是亲。人则创因垂统为可继也。若夫成功，天也。诚之不可掩如此夫？信不诬耳。关圣帝庙诉其旧制，东西耳楼四间，舞楼三间，所有祖师阁规模狭隘，榑栌侏儒不足以壮观瞻，创自明末清初之时，历年久远，风雨摧残，而无一木石可能坚持其间哉。村中之人久谋兴工之举，社无积蓄，功程浩大，并非锱铢而及特有志而未焉。佥曰：此功固非寻常之功也。必待有非常之人而后方可有成者乎？时而神圣有感，人杰地灵，而即有此非之人焉？将南楼房上节卖钱若干，意欲为兴工之举，善虽行而不显于为。屈指相计，又隔数十年有余矣，而竟无人以倡之，由此而目睹荒凉，不忍座视，其圮时而工之将兴功德同也。有维首议之于众，相商曰：庙宇塌累乃为一村所关，若不急为修之，则将昔人之坠于地耳。佥曰：此诚善事也，特无人以倡之，有人以倡之，众莫不俯首而从命乎？于是年通人和，道光十九年冬动土，二十年春兴工，同心协力，殚心竭虑，鸠工抡材，经营图谋，照社拨工如子趋父事，不召而自来，捄之陾陾，削屡凭凭，百庆俱兴，馨皷弗胜欢乐之。始得重修舞楼三间，东西耳楼四间，又重修西北祖师阁，天柱高而北辰远，地势广而南溟深，较昔之宽宏为何如耳？正南观音阁则补修之，工之兴也浩大，工之成也疾迅岂非神圣使之然乎？凡工，本食资照社输纳积蓄之无多未必冀其有成也。佥曰：何不造修缘簿而募化于四方乎？天心有悔祸之机，人心有向善之意，使之因时而出村中有后福。生财者贸易于外，各时缘而募化于四方，所捐不等，而其善心则一也。有此功德理，宜与四方善士同登碑记流芳百世夫，而后彩画庙宇，补塑神像，诸庙焕然改观，吾故曰创固难，因亦不易也。今虽因之而与创始无异，而功程告竣，嘱余为文，余素不文，再三推辞，不得已聊为俚言以记之云尔。

维首　张世瑞　张修己　（张）德龙　（张）德秋　（张）进保　（张）秉恭　（张）秉铎　（张）玉海　（张）刘昇　（张）海林

黎邑后王铭箴撰　凤山前张锡恒书（两枚印章）

大清道光二十六年岁次丙午孟秋月穀旦
合社仝立
玉工　李秋发　勒石

（现存高平野川镇大西社上西社关帝庙内）

(70) 题名: 无题名碑（捐款碑）

外乡戚□说合姓名开列于左：

安体资　贾秉兰　安体元　安起义　常景运　安起能　常育成　韦□久　吕显　吕子良　玉工　尚思敬　勒石

本村广施福田姓名数目开后：

张兴宝　施银肆两　　　　张瑾　施银陆两
刘进德　施银叁两　　　　刘守祥　施银伍两
张盛　施银伍两二钱五分　张斌　施银叁两
张永安　施银贰两　　　　宋德成　施银贰两五钱
王世明　施银贰两五钱　　张忠　施银贰两
张明　施银贰两　　　　　张宗仁　施银贰两
张宗智　施银贰两　　　　张水　施银贰两
张世玉　施银贰两　　　　张金生　施银壹两伍钱
张金洞　施银壹两伍钱　　张兴业　施银壹两伍钱
张明堂　施银壹两伍钱　　宋金德　施银壹两伍钱
张金海　施银壹两伍钱　　张小集　施银壹两伍钱
张楷　施银壹两伍钱　　　张京则　施银壹两伍钱
张昌　施银壹两伍钱　　　张明泰　施银壹两伍钱
张勇　施银壹两伍钱　　　张明玉　施银壹两伍钱
张丑则　施银壹两□钱五分　张进武　施银壹两
张亮　施银壹两　　　　　张进忠　施银壹两
张先　施银壹两　　　　　张明喜　施银壹两
张明福　施银壹两　　　　邵贵臣　施银壹两
张宗礼　施银壹两　　　　张与旺　施银壹两
张珍　施银壹两　　　　　张进广　施银壹两
张瑄　施银壹两　　　　　张通　施银壹两
张明黑　施银壹两　　　　张寅　施银壹两
张宗信　施银壹两　　　　张金连　施银壹两

张金贵　施银壹两　　　张进食　施银壹两
张九功　施银壹两　　　张有福　施银壹两
张金泉　施银壹两　　　张金福　施银伍钱
张进功　施银伍钱　　　张金裕　施银伍钱
张跟宝　施银伍钱　　　张金盛　施银伍钱
张孝　施银伍钱　　　　张金义　施银伍钱
张仁　施银伍钱　　　　张金水　施银伍钱
张照　施银伍钱　　　　张小京　施银伍钱
张恒　施银伍钱　　　　张明才　施银伍钱
张美　施银伍钱　　　　张东孩　施银伍钱
张信　施银伍钱　　　　张锡爵　施银伍钱

以上共施银玖拾捌两伍钱，置地柒契，共拾陆亩壹分价银玖拾贰两，税契一切费用银陆两伍钱，额外碑石银拾两。

（现存高平野川镇大西社上西社关帝庙内）

（71）题名：无题名碑

关帝庙之创修也，经始者不一其人。然前后异时，修短有数。自嘉庆乙丑至今十余载，□□已多多矣。兹当工成（程）告竣，姓名不列之贞珉，而其人之善心诚意不将湮没弗彰乎？爰另为石刻，谨志姓名于左，特启表当时共事犹有列位老成云尔。

赵凝熙　张力　王化行　邢天勋　李彬　马修义　马鹏　高广元　田种德　高广明　王进财　田景□（准）

嘉庆二十五年六月吉日

（现存高平野川镇大野川村关帝庙内）

（72）题名：《重修关圣庙碑记》

夫庙昭神德报神功，而以壮人观瞻也。然欲昭德而报功又乌可不壮其观瞻欤？野川南村有关圣庙，寄修屋壁间，规模隘而倾圮。里人王喜瑞顿发善念，施地一段，又从外县劝捐来钱二十五缗。度照壁地缺焉，里人杨永龄又施地足之。于是里中人遂相与经始，庙仍其旧制，刱其新工。旋竣，昔之眇然颓然者，而今则伟然焕然也，猗与休哉！爰为作记勒于石。

邑庠生美村郝家珍雨亭氏撰并书

施财善士姓名列左：

卫县

公钱行　捐钱五千文

九合会　捐钱一千五百文

长泰店　中和殿　二家各捐钱一千文

原泰店　庆丰店　恒裕店　聚源号　利和祥　德泰祥　同心号　槐荫堂　庆裕成　慈德堂　东日升　以上十一家各捐钱五百文

咸县

和亨厚　乾亨永　福咸尼　成兴公　同信兴　信和兴　以上六家各捐钱五百文

矩邑

广裕增　捐钱一千文

明新源　捐钱五百文

省城

正心顺　天德永　各捐钱一千文

得源聚　捐钱一千文

徐沟县

德发和　捐钱一千文

悦德恒　捐钱一千文

热河

永泰店　天庆合　各捐钱五百文

清源

天泰和　捐钱五百文

本里

万喜瑞　捐银四两整

常兴旺　捐钱一千五百文

王钦安　杨永发　苏通泰　各捐钱五百文

王进财　捐钱三百文

□小半　捐钱二百文

玉工　何守弟　勒

大清光绪二十四年十一月朔日立

（现存高平野川镇大野川村南关帝庙内）

(73)题名:《重修关圣庙碑记》

盖闻莫为之前，虽美弗彰，莫为之后，虽盛弗传。天下事未有不创因相继而能历久常新者也，矧夫□关帝神功浩荡，共庇□□□□巍峨尤为骏迹哉。杜寨村东隅旧有关帝阁，外拥山河，当一方之保障，内环里社，壮百族之观瞻，所谓万姓皈依，千秋□□□□乎在矣。乃年深日久，瓦解土崩，抛砖落地，托宇下而覆虑严墙虚壁生云望门楣而摧同坏木，每值春秋祈报之晨，不无风雨飘洒之患，籍非急加整修，奚免渐就颓废乎？爰即村中兴役之家□□深情替里盛事，所幸人有同心，财无滞积，迺（乃）度材木，于□二月望日□□觏（睹）以争先既勤垣墉，至三月下旬，随程功而告竣，由是画栋雕梁辉映庄严法相，丹楹刻桷光增轮焕宏模，上重台而下曲榭，居然金阙玉京，绕绿水而排青山，何啻洞天福地，行见明虔祀事将俎豆而德著馨香默佑　关帝神恩被生灵而威昭赫濯，盛□永垂于不朽，宏规式扩以无疆，岂不遗微克绍继轨前贤旧迹，长新流芳后骥也哉。

本邑廪膳庠生　李懋政　撰文

本邑儒学庠生　牛振冈　书丹

经理首事　牛兆科　牛志道　牛连箕　牛忘德　牛钧玉　牛六指　王煦　牛衔　牛振海　王煊　李福龄　牛海一　牛积志　牛全志　牛文锦　仝勒石

玉工　魏汉

光绪二年蒲月下浣吉日

（现存高平野川镇杜寨村东阁内）

（74）题名：无题名碑

高平县知事陈，为公布毕案。据毕、许两沟村因水池纠葛，屡次□（兴）讼。本知事为息讼起见，委令该里村长高登瀛前□（后）两□会同妥议办法，呈县核夺去后。□据该村长呈称：奉令前往毕、许两村，会同村副、闾长暨□两村教员□同妥议办法数条，请核前来。查所拟办法各条，虽属平允，尚欠周妥。本知事业将各□□□□改，合亟开列于后公布，两村人民一体遵照勿违。切切此布。

计开办法四条：

一、池属共有。公掏公汲，岸上修筑、植树均归许家沟村管理。

二、毕家沟村□水走路仍照旧规，许家沟村不得拦阻。

三、向来挖池按两村人口拨工，永远遵守。

四、拨河工价一项，许家沟村担负十分之七，毕家沟村担负十分之三，不得变更。

民国十五年七月十七日
许家沟村乡公所抄刊

（现存高平野川镇沟村南关帝庙内）

（75）题名:《维修大庙墙垣记》

　　古老的大庙坐落在许家沟村村西,由于年长日久,风侵雨蚀,大庙瓦烂木朽,为保留其原貌完好。本村父老乡亲踊跃捐资,大庙于公元二〇一〇年农历三月二十三日破土动工,至本年农历四月十四日顺利完工。共建太平盛世,拥护万代民欲使捐资者芳名永存,故勒石记尔。

　　捐五百元者

　　许三红　张拴文　石灰厂

　　捐三百元者

　　邰文恒　郭建新　毕喘肉　张玉凤　张民志　郭碧清　毕金龙　张忠伟　许启元

　　捐二百元者

　　许启亮　郭三库　郭玉清　许建林　王广林　郭江河　郭建萍　许国根　张天才　郭建文　预制厂　许老胖　毕立山　许年顺　许永忠　郭路明

　　捐一百元者

　　许文忠　张民荣　郭海凤　毕秀莲　秦咏梅　毕有兰　崔路宝　张喜瑞　崔维生　陈德山　许胡旦　许红生　许福红　许三秋　许文胜　许新瑞　张有旺　许建新　许忠儿　许元楼　张福旺　张正广　窦拴牛　毕长青　许天根　王国文　陈有顺　许卫民　邰庆恒

　　捐五十元者

　　郭嫦娥　许小合肉　张民花　张荣儿　陈树林　张民富　张春财　张胡旦　许福元　许铁牛　路秋旺　张强富　许海旺　许春红　张拴玉　许来富　许富全　张晚民　崔元女　许起根　许忠宁　许河富　张正家　张成顺　毕义勇　窦来土　许拴儿　郭才库　陈根屯　郭玉女　陈书花　许合只　乔永胜　许民旺　许瑞龙　许才旺　张天富　常广树　许秋生　毕海龙　许河发　邰国恒　路永长　王爱凤　许小梅　许东吉　许天平　毕文玲　路福生　毕小旦　张建文　侯志强　郭晋东　毕全根　侯志新　牛雪梅　许河肉　小许民富

　　筹办人　许来娥　毕继叶　张民娥　崔瑞香

施工人　毕小旦　张建文

公元二〇一〇年农历四月十九日

（现存高平野川镇沟村南关帝庙内）

（76）题名：《重修关帝庙碑记》

余村关帝庙原碑失传，创业无考，相传为清初所建，庙虽小，但座落于深沟之巅，基石叠垒，而上殿廊一体，玲珑别致，造型独特，堪称一绝，尤以庙后一参天古楸，供两人合抱，从沟底直冲庙顶，犹如关圣神刀，直插云霄。暮春繁花盛开，似金铃垂挂，清香四溢，灵气十足，十分壮观。漫长岁月关圣文化内涵博大，源远流长，恩泽世代，厚德作人治家报国功德盖世，显耀赫然，引四方善信虔诚供奉，然年久风雨殿宇颓堕，基石崩塌，令人心瘁，坐视凋残，有负圣德，愧对祖先经公议决定重修并在村南新建文明门一孔，岁在甲申仲夏，合村民踊跃捐资，外籍业主亦以解囊甚为感人，为彰其功德，勒石志美流芳千古。

光荣榜

赞助列后：

外籍赞助

二千元者　郭俊顺

五百元者　郭晚印

二百元者　陈海斌　崔路宝

一百元者　毕向荣　毕新荣　申氏公司　许起元　方一沙厂

五十元者　毕大平　毕小平　张拴玉　毕满保　王英贤　焦起楼

一千元者　毕金龙

五百五十元　毕晋忠

五百元者

毕锐铭　毕铁生　毕忠生　芦晚廷　毕怀仁　毕积富　毕四清　毕长青　毕怀玉　毕民昌　毕小留　毕连庚　毕贵楼　毕立山

民众赞助

　　三百元者　毕大建文　毕金来

　　二百元者　毕文忠　毕才富　毕世文　毕振家

　　一百元者　董凤菊　毕小海　窦秋林　毕成富　毕东录　毕金根　毕振国　毕怀生　宋广元　毕长根　毕德茂　毕喘肉　毕富才　毕义勇　张巧花　毕九叶　崔维生　毕建光　毕振国　毕德富　毕亚洲　毕小勇　毕海生　毕新生　毕树清　毕大嘴　毕枝兰

　　五十元者　田良玉　田建忠　毕洛儿　毕建武　毕高生　毕臭圪塔　毕麦生　崔贵珍　毕小来　毕荣生　田建国　毕同庆　毕建新　毕有成　毕文祥　毕小旦　毕永昌　毕茂盛　王顺峰　毕积屯　毕三肉　毕金旺　毕老胖　毕东儿　田国华　毕庄屯　毕随和　毕贵高　毕晚富　毕土旺　毕顺清　毕文旦　王顺根　毕海清　毕仁旺　毕晚和　毕慧勇　毕顺和　毕青山　毕常根　毕保山　毕永胜　毕晋高　毕天根　毕春山　毕慧斌　毕积财　毕福岭　毕海龙　王富花　赵保才　毕小茂　毕茂忠　毕有富

筹建组

　　毕锐铭　毕吉祥　毕长根　毕怀仁　毕茂盛　毕德茂　毕喘肉　毕富财

化缘组

　　东凤菊　崔桂珍　毕九叶　张巧花

　　撰文　毕怀玉

　　书刻　陈庄郜氏五□

公元二〇〇四年农历四月十三日

（现存高平野川镇沟村西关帝庙内）

（77）题名：《补修关帝庙碑记》

且夫建庙立寺，古人创造于始，后人补修于继，皆所以主神享也。村之东旧有关圣帝君阁，夷考建立之处，坦中父老亦不知创自何年，始诸谁氏。阅粉墙笔载，而知乾隆五十二年，合社补修之。嘉庆二十年，贾通达又独立补修之，此阁之大度所由昉也。盖以地处经纬，路界往来。惟关圣帝君为汉室之砥柱，乃当代之英灵，远近无不庙祀焉。奈登斯阁也，见栋宇倾圮，丹青蚀落，无以肃观瞻，曷以洁享祀哉？兹合社公议补修，商户居民慷慨乐施，纠首者殚力董成。庙貌仍因旧式山门，略易位置，不数日倾圮者固之，蚀落者新之，人之力耶？神之灵耶？抑神之灵灵于人之力耶？工程告竣，执事者征余以文，余奇其落成之速，不敢以固陋辞之。特就补修之始末，诸善士之捐输，各工匠之花费，并志之以垂不朽，而昭来许云尔。

沁邑庠生王之杰沐手撰并书

总理维首

隆昌号　议叙正九贾本真　贾含英　从九贾自英　贾文林　贾景明

大清道光二十四年十月初一日公立

碑阴

题名：无

众善士姓名开列于后：

源发典　诚□典　贾本真　各捐钱拾仟

四怡盐店　捐钱七仟

贾自英　捐钱六仟

涌发义　隆昌号　义太号　贾自林　各捐钱伍仟

贾绣章　捐钱四仟

五积盛　捐钱叁仟

集义隆　贾含英　贾自文　贾文燦　各捐钱叁仟

新顺兴　捐钱贰仟伍佰

崇兴号　三盛公　贾文焕　贾文明　贾文林　贾文耀　各捐钱贰仟

贾文芳　贾文彬　贾景明　贾根祥　贾自谦　贾自立　贾自创　贾建勋　各捐钱贰仟

兴发公　保发馆　各捐钱壹仟伍佰

涌源染坊　捐钱壹仟

贾志善　贾自成　贾定策　贾建中　贾鸣尧　贾鸣凤　贾德邻　义顺号　贾宏宗　各捐钱壹仟　志诚馆　捐钱八百

双庆和　中和顺　各捐钱伍佰

和合楼　天益诚　天和店　三义店　福盛店　双福盛　复昇店　大兴店　贾德修　贾九福　贾裕文　贾牛孩　各捐钱伍佰

共捐钱壹佰叁拾叁仟叁佰文

收坑稞卖屋土旧木料钱八仟贰佰文

买木料砖瓦使钱肆拾壹仟贰佰文

买石灰巴条工价拾七千壹佰文

铁匠工价钱壹拾贰仟五佰文

瓦匠工价钱贰拾壹仟文

木匠工价钱玖仟九百文

石匠工价钱壹拾八仟八佰文

杂费零用钱贰拾贰仟壹佰文

以上共使钱壹百四拾贰仟六百文

除捐钱下缺钱壹仟一百文

铁笔　常锡和

（现存高平野川镇南杨村关帝阁内）

（78）题名：无题名碑

碑阳

盖闻先王以□神道设教，诚以民庇于神，神依于民，随地皆然，岂必各区胜地乃建庙立祠耶？是邑也，僻处山隅，古未有庙，里老张□□永昌者存缔造之志，谋于众曰："村无庙宇，因无享祀，由来久矣。愿东南创观音堂三楹，何如？"众咸曰："善，美举也。惟山有木，取之无禁，用之不竭，兴工作赀费固易易耳。"自是，鸠工萃材，不惮劳勋，历寒暑而冈间一时趋事赴功者如蚁归附而土木丹艧之功焕然一新，阅数载，霍子大生者等张子□□讳有立意在恢复，更于斯地夹路建关帝文昌阁，以补巽峰。缘饥馑迭至，有志焉而未逮。壬子春，集众重议创造，筮之获吉，爰公荷重任以兴厥□□感异而争先，工竞龙而施巧。未几榱栋辉煌，檐阿华彩，诚足壮一邑之观瞻者。又南向创修韦驮佛一楹，西向创修间局四楹，亦莫不次第改观，耸然拱翠焉，其绩宁弗伟与？《礼》曰：君子入庙而思敬。睹兹庙貌既有人焉为之于前，复有人焉继之于后，属在里党，谁不庆享祀之有地哉？自今日后刚大不阿，福庇下民者关圣帝君也，翊翼文明默佑人才者文昌帝君也，慈航普度泽被起诉者观音大士也。民庇于神，神依乎民，不益信乎？事起于乾隆三十六年七月十五日，工讫于乾隆六十年又二月十八日，落成后，余适馆于龙泉寺，因而索志于余，余不文，但即其营建之始末书之□（贞）珉。俾千载后与韩山丹水永垂不朽焉，是为记。

沁邑庠生乡饮介宾王濬拜撰
沁邑庠生王湛敬书

乾隆六十年岁次乙卯律中夹钟之月十八日勒石
玉工　霍大增

碑阴

碑额：无

题名：无

天下通都大邑□偏区僻壤，凡有所创建未有不费而能成其事者，而独兹庙也则□□□□南山厥木茂焉，以山之材作社只资，取不尽用不匮，不烦募缘捐赀，事竟底于有成也。虽曰人□（事），实关天成，工竣之后，谨将事之颠末列之于左，以昭兹乎来许。

前维首

张永昌　霍金山

后维首

霍大生　张有立　霍大轩　霍大顺　张有德

前后统计费钱壹佰九十仟文

施工人

霍金重　三十七工

张永昌　贰佰一十九工

霍金福　五十三工

霍金佩　四十六工

霍大鹏　一佰一十六工

霍金石　计二十工

霍金全　二十七工

霍大伦　五十工

张起义　计八工

韩祥　计二十工

张起仁　计九工

霍大枝　二十一工

总计　费钱□佰伍拾柒仟文

（现存高平野川镇寺沟西庄关帝文昌阁内）

（79）题名：《重修观音堂关帝文昌阁碑记》

西庄观音堂关帝文昌阁因年久失修，残垣断壁，杂草丛生。为了再现建筑原有雄姿，保佑百姓平安，在全村人民的积极捐助下，于公元二〇一一年正月二十八日动土开工至公元二〇一三年农历三月初九工程告竣，共建一院一阁，院内东西共七间房，阁楼三间，塑有观音、文殊、普贤、关帝、文昌圣像，光彩照人，栩栩如生，今勒石以记之，功德永存，流芳百世。

筹备组捐款

柒仟元　霍东昌

壹仟元　张德忠

捌佰元　张宏业

伍佰元　张文德　张元旦　霍海瑞

叁佰元　张建明

群众捐款

柒仟元　霍建军

陆仟元　张连根

伍仟元　张建有

叁仟元　霍海富　张连毕

壹仟伍佰元　霍海北　霍连发　张大云　霍磊

壹仟元　张晚牛　常连贵

捌佰元　张效忠　张晚枝

柒佰元　张文虎　张龙云

陆佰元　张纪年

伍佰元　乔小军　贾建保　张秋枝　张建保　张建文　霍建民　张建喜　张建龙　张伟伟　西沟村委

肆佰元　张堆文　李俊峰

叁佰元　杨晓和　贾金花　贾海枝　张天枝　张晚年　霍新菊　张锁义　张勇　张保龙

贰佰元　李文广　邢高高　杨喘珠　邵忠贵　杨建国　赵金枝　杨建文　霍乐则　张刚旦　张晚花　张永昌　张瑞年　张何仙　霍彩仙　张春兰　张建梅　张琴儿　张平英　张培仙　张国文　张彩梅　张翼儿　霍彩霞　张竹仙　张菊仙　张慧　张海林　张树峰

壹佰元　邵广福　毕小海　韩闺女　杨三晋　李雪则　石连平　张活儿　霍连枝　韩启发　张海枝　霍海乐　张腊英　张和平　张年娥　张瑞菊　张建兵　张东兰　张建玲　霍东菊　霍海菊　张富昌　张玉林　张小平　张建国　张建堂　霍英　张文龙　张锁凤　张喜娥　张秀平　张丽　张霞　张玲燕　霍青青

　　工匠　韩建国　赵书根

　　塑像　北杨　王贵智　邵改梅

　　书丹　李先平

　　刻石　韩启龙

公元二〇一三年农历三月初九日立

（现存高平野川镇寺沟西庄关帝文昌阁内）

（80）题名：《补修南北庙宇创修北禅房五间内外一切彩画施财善士碑记》
碑阳

　　尝思神昭万世之灵，有感遂通也。所以创业垂统，古人垂训事居先补旧增新，今人继绪志列后。本庙由来久矣，代远年湮，风雨所漂摇，闻之易有云思患而预防之理，所应然也。因而一村善士谋及修葺群叹力有不及难成善果，于是募化四方善士随心捐资，于本处善士共襄其事，虽曰人力岂非神功哉？今将施财信士姓名开列于后：

　　维首

　　赵保春　（赵）文元　各施钱壹仟贰佰文

　　（赵）文锦　（赵）瑾　各施钱壹仟文

　　（赵）德金　（赵）江　（赵）通泰　（赵）逃命　（赵）金锁　（赵）新楼　（赵）来幸　各施钱伍佰文

　　河坡沟底四至

　　东至北一截至埌跟　南一截至后檐滴水　南至路

西至南一截至路　北一截至垅下跟　北至关帝庙
庙后地基城一处四至
东至垅跟　西至路　南至城根　北至垅跟
临川居士王铜章撰

时大清光绪岁次甲辰年久（玖）月榖旦
玉功（工）　王金生　镌

碑阴
碑额：无
题名：无
募化人赵瑾
安平　永和义
晋州　忠义会
深泽　恩恒当　仁隆盐店
各捐钱贰仟文
（深泽）韩丰祥　恒泰号　泰兴花店　万全布店　永金恒　通兴缎店　聚益长　恒聚公　义聚和　各捐钱壹仟文
深泽　元盛合　兴盛布店　德和号　和德兴　和中油店　德合油店　豫泰亨　同泰号　成心和
祁州　兴盛号　复盛公　崔广和　育生堂　三合益
各施钱壹仟文
祁州　福隆义　义德公　同兴号　德和当
无极　恒兴聚　永益昌　升裕永　聚义成　瑞和永　晋泰昌　源盛昌
晋州　泰兴永　益兴信　浡兴丰
各施钱壹仟文
东鹿　德聚花店
晋州　三和花店　仁义公　裕顺合　广聚和　德庆祥　德永泰　协成

店　顺成花店

本村　祥盛堂

各施钱壹仟文

（本村）

赵发则　施钱伍佰文

（赵）德义　（赵）保春　（赵）德保　施根基石四间

本村

赵九发　新年　东盛　金枝　顺楼　金钟　沟仓　起发　永祥

各捐钱叁百文

南边地壹亩九分　其地四至

东至埃跟　西至逃命界石　南至坟界石　北至坟跟

动功一应共花钱壹佰贰拾捌串文

（现存高平野川镇唐家山关帝庙大殿前东侧）

（81）题名：《1999年题记》

大清光绪岁次甲辰年冬月穀旦补修南北庙禅房五间

公元一九九九年农历二月初三日开工大吉大利

　　时已长久，补修南北庙禅房五间，上盖院墙倒塌，使大神安灵，尊重祖先，创建山川之风彩，确保人民的安康兴旺发达，万事如意，全体村民捐款捐物捐工补修神灵之落。

　　序

赵金生　叁佰叁拾元　　　　赵老胖　贰佰捌拾元

赵贵生　贰佰元　　　　　　赵贵明　壹佰元

上野　邵庄儿　壹佰元　　　赵白旦　伍拾元

赵喜水　叁拾元　　　　　　赵旦则　叁拾元

刘进　贰拾元　　　　　　　赵太平　贰拾元

赵长库　贰拾元　　　　　　赵安根　贰拾元

赵胜利	贰拾元	赵茂生	贰拾元
赵民狗	贰拾元	赵生春	贰拾元
赵年成	贰拾元	赵士富	贰拾元
赵生才	贰拾元	赵有生	贰拾元
赵过门	贰拾元	赵海瑞	贰拾元
赵来旺	贰拾元	赵瑞发	贰拾元
赵海河	贰拾元	赵新堆	贰拾元
赵来富	贰拾元	赵随库	贰拾元
赵根兴	壹拾元	赵占魁	壹拾元
赵富毕	贰拾元	赵创云	贰拾元
赵喜才	贰拾元	赵随根	贰拾元
赵瑞生	贰拾元	赵年狗	贰拾元
赵来生	贰拾元	赵有才	贰拾元
赵有生	贰拾元	赵秀文	贰拾元
赵铁山	贰拾元	赵买到	贰拾元
赵民生	贰拾元	赵保儿	贰拾元
赵才生	贰拾元	赵有库	贰拾元
张保枝	贰拾元	赵云生	贰拾元
张全胜	贰拾元	赵春荣	贰拾元
郭月娥	贰拾元	赵旺红	贰拾元
赵晚儿	贰拾元	柳树底 邵年根	壹拾元

公元一九九九年农历三月二十六日

(现存高平野川镇唐家山关帝庙内)

(82) 题名:《1999年题记》

唐家山村民维修大庙捐工花名单

赵老胖　捐工贰拾贰工	马瑞英　捐工贰拾陆工
马圭女　捐工贰拾叁工	赵红生　捐工伍工
赵金生　捐工壹拾柒工	常桂香　捐工壹拾贰工
赵贺宁　捐工贰工	刘进　捐工壹拾叁工
悦改花　捐工陆工	赵长库　捐工壹工
张月平　捐工叁工	赵生才　捐工肆工
赵喜才　捐工贰工	崔金枝　捐工壹工
袁买香　捐工壹工	赵爱香　捐工壹工
赵喜水　捐工壹工	崔荣针　捐工壹工
赵有才　捐工贰工	赵随红　捐工叁工
赵根旺　捐工捌工	赵年狗　捐工叁工
赵来年　捐工壹工	赵青林　捐工壹工
赵胜利　捐工壹工	常荷花　捐工壹工
赵来根　拉土贰工	赵红育　拉土贰工
赵年成　拉土贰工	

公元一九九九年农历三月二十六大吉大利日

（现存高平野川镇唐家山关帝庙内）

（83）题名：《丙子年碑记》

缅芳孤踪不记年，
福神此日镇中天。
春秋阁内占灵雨，
星斗台前积瑞烟。
东作西成资化育，
南来北往任周旋。
大观在上威千古，

正气一村仰浩然。

辛未开端早，成功丙子初，劳心费力庆，何如题名勒石丹书

丙子闰五月
松龄题

（现存高平原村乡常庄关帝魁星阁）

（84）题名：《建修春秋阁碑记》

且天下事莫为之先，虽美弗彰，莫继之后，虽盛弗传。为之先，必继其后也。能继后亦如为之先也。若夫庙宇妥神各有其位，如炎帝位南方，大王镇河务。关圣帝君，福神也。凡有血气者莫不尊亲，位宜街市丰隆处。无如我村关夫子庙乃居村外东岸，重修不能，迁移不能。长者曰村中建春秋阁，设其位，神即如在，地利维艰，又不能。数十年，徒嗟奈何。王姓汝舟，三教堂西有坑基，辛未夏与王滋、张书绅等闲谈，愿让大社修理。会间，社友共评授价捌千整，适常姓唯一、（唯）品出入基亦愿与社兑换，如是方有修阁举。昔丁卯年岁荒，头版维首王万勋、赵壁等举秋报收粮敬神所需余粮若干，各务各班，二年许，庚子秋大社公议积粮，总理六人王文灿、张书绅、赵壁、王沛、米顺、赵琮秋收春放，一备工需，一防饥岁，在其位者率年经营，劳心费力，乃积粮数十石，可粜数拾千。滋、洁携簿周口恳契捐数拾两，由此小补必使工师得大木则吾岂敢。惟价广工省，可以观厥成。遂举李文德、王文灿、常唯一、张书绅，此乃巨擘，王沛、常守身、常瑢，为兴工，总领数人秉直无私朝夕不倦，于乙亥冬建基，丙子夏开工，北向南修春秋阁东向西修魁星阁，又帐房楼上下四间，阁下西来南往，南通北达，庶几神如在其上，施祥降福，则民安物阜云耳。

友鹤王松龄残岁六十有五，就商四十余年矣，性本愚拙，且荒甚，扫腹露丑，姑记其实并书。

各姓字捐输列后

周口票庄　日新岩　日升昌　兴泰蔚　义盛长
周口　义盛成
钱店　庆益义
舞渡　李全盛
赊镇　复生礼
周口　义盛成
钱店　庆益义
舞渡　李全盛
赊镇　复生礼
周口　兴隆泰
上九宗各施银贰两

陈州　刘树锦
周口　李清兰
周口　天福麟
汴省　聚丰长
上四宗各施钱贰千整

周口　谦顺隆　福来钰
禹州　谦和常
郑州　广魁久
归德　永兴成
周口　聚泰森
周口　德元公
西华　德兴成
陈州　丰盛德　启泰公
周口　何泰兴　泰和公
周口　公恒店　公源店　复生钱店

上十五宗各施钱壹千整

本境　公盛文　施钱叁千整
本境　三兴炉　施钱壹千整
本境　泰来昇（泰来）恒　施钱贰千整
本村　李文明　施钱叁千整
（本村）张益泰　施钱贰千整
周口　兴泰永　施钱五百文
本村　王滋　施砖五千整　人力五十工

监工　催（工）　常玺　常继新　赵珠
石工　徘南李发川
木工原料　韩红荣
泥工　南城李双喜

大清光绪二年岁次丙子闰五月既望之吉
阖社维首公立

（现存高平原村乡常庄关帝魁星阁）

参考文献

一、著作、译作

范绳祖修：《（顺治）高平县志》，线装书局 2001 年版。
傅德宜修：《（乾隆）高平县志》，凤凰出版社 2005 年版。
龙汝霖修纂：《（同治）高平县志》，凤凰出版社 2005 年版。
王树新主编：《高平金石志》，中华书局 2005 年版。
李俊民：《庄靖集》，山西古籍出版社 2006 年版。
黄华节：《关公的人格与神格》，台湾商务印书馆 1967 年版。
赵树理：《李家庄的变迁》，人民文学出版社 1978 年版。
王铭铭：《社区的历程》，天津人民出版社 1996 年版。
王铭铭、王斯福：《乡土社会的秩序、公正与权威》，中国政法大学出版社 1997 年版。
乔志强主编：《近代华北农村社会变迁》，人民出版社 1998 年版。
侯杰、范丽珠：《世俗与神圣：中国民众宗教意识》，天津人民出版社 2001 年版。
蔡东洲、文廷海：《关羽崇拜研究》，巴蜀书社 2001 年版。
冯俊杰编著：《山西戏曲碑刻稽考》，中华书局 2002 年版。
赵世瑜：《狂欢与日常 —— 明清以来的庙会与民间社会》，生活·读书·新知三联书店 2002 年版。
〔俄〕李福清（B. Riftin）等著：《古典小说与传说》，中华书局 2003 年版。
唐力行主编：《国家、地方、民众的互动与社会变迁》，商务印书馆

2003年版。

刘海燕：《从民间到经典——关羽形象与关羽崇拜的生成演变史论》，上海三联书店2004年版。

李秋香主编：《庙宇》，上海三联书店2006年版。

世界关氏宗亲总会第九届恳亲大会筹委会编印：《关公文化资料丛书》，内部资料，2008年。

朱海滨：《祭祀政策与民间信仰变迁：近世浙江民间信仰研究》，复旦大学出版社2008年版。

胡小伟：《关公崇拜溯源》，北岳文艺出版社2009年版。

王守恩：《诸神与众生》，中国社会科学院出版社2009年版。

王见川、皮庆生：《中国近世民间信仰》，上海人民出版社2010年版。

闫爱萍：《关公信仰与地方社会生活》，山西人民出版社2012年版。

姚春敏：《清代华北乡村庙宇与社会组织》，人民出版社2013年版。

〔德〕马克斯·韦伯：《新教伦理与资本主义精神》，于晓、陈维纲等译，生活·读书·新知三联书店1987年版。

〔美〕韦思谛：《中国大众宗教》，陈仲丹译，江苏人民出版社2006年版。

〔美〕杨庆堃：《中国社会中的宗教》，范丽珠等译，上海人民出版社2007年版。

〔美〕杜赞奇：《文化、权力与国家：1900—1942年的华北农村》，王福明译，江苏人民出版社2010年版。

二、论文

〔俄〕李福清（B. Riftin）：《关羽研究目录：附关索目录》，《汉学研究通讯》1994年。

黄旭涛：《新时期关公信仰复兴的原因探析》，《山西师范大学学报》2000年第1期。

刘志军：《对于关公信仰的人类学分析》，《民族研究》2003年第4期。

王庆成：《晚清北方寺庙和社会文化》，《近代史研究》2009 年第 2 期。

赵世瑜：《村民与镇民：明清山西泽州的聚落与认同》，《清史研究》2009 年第 3 期。

常建华：《明清山西碑刻里的乡约》，《中国史研究》2010 年第 3 期。

杜鹃：《百年关公戏研究综述》，《四川戏剧》2013 年第 4 期。

包诗卿：《庇佑"敌国"：明代江南地区的关羽信仰》，《史林》2014 年第 4 期。

宁俊伟：《关于山西清代部分地区关帝庙碑刻的研究——兼论关帝财神之职》，《世界宗教研究》2015 年第 5 期。

乔南：《清代山西解州城的商业——以关帝庙碑刻资料为中心的考察》，《中国经济史研究》2017 年第 3 期。

卫东海：《明清晋商精神的宗教伦理底蕴》，中国人民大学博士学位论文，2008 年。

包诗卿：《明代关羽信仰及其地域分布研究》，河南大学硕士学位论文，2005 年。

张强：《关帝庙建筑布局及其空间形态分析——以山西境内现存的关帝庙为例》，太原理工大学硕士学位论文，2006 年。

袁海婷：《山西解州关帝庙建筑艺术中石艺术图象研究》，西安美术学院硕士学位论文，2008 年

颜伟：《山西高平市神庙剧场及其演剧研究》，山西师范大学硕士学位论文，2015 年。

张亮：《晚清南部县武庙经管研究》，西华师范大学硕士学位论文，2015 年。

三、部分高平关帝庙碑刻

高平北城街道王降村关帝庙南墙根道光十九年《重新改修关帝庙碑记》
高平北城街道王降村关帝庙南院墙上咸丰七年《彩画舞楼捐钱碑》
高平北城街道王降村关帝庙南院墙上咸丰七年《补刻重修关帝庙捐钱碑》

高平北城街道王降村关帝庙南墙边咸丰七年《重修舞楼碑记》

高平北城街道王寺西王寺关帝阁阁内西墙咸丰四年《创修关帝阁碑序》

高平北诗镇董庄村春秋阁券门下光绪二十八年无题名碑

高平北诗镇姬家庄春秋阁阁上民国二十二年《补修春秋阁碑》

高平北诗镇上沙壁村关王庙正殿内墙上万历三十二年《新修关王庙记》

高平北诗镇拥万村关帝文昌阁下层墙上咸丰七年诉讼碑

高平北诗镇拥万村关帝文昌阁下层墙上光绪二年《重修春秋阁碑记》

高平北诗镇寨上村关帝庙村委会院内道光二十七年《井碑记》

高平北诗镇寨上村关帝庙正殿前康熙四十五年无题名碑（创修关帝庙碑）

高平北诗镇寨上村关帝庙正殿前道光七年《万善同归碑》（补修碑）

高平北诗镇寨上村关帝庙村委会院内道光二十九年《重修关帝庙碑记》

高平陈区镇安河村关帝文昌阁阁上嘉庆二十五年《重修阁楼碑记》

高平陈区镇大山石堂会关帝庙正殿东侧山墙天启三年创建碑

高平陈区镇大山石堂会关帝庙正殿西侧山墙天启六年创建碑

高平陈区镇大山石堂会关帝庙山门一层过道东侧顺治三年无题名碑（增修碑）

高平陈区镇大山石堂会关帝庙正殿西侧康熙四十二年禁碑

高平陈区镇大山石堂会关帝庙正殿廊下东侧康熙四十七年《重修关帝庙碑记》

高平陈区镇大山石堂会关帝庙过厅东侧耳房乾隆三十年《借用墙垣分明碑记》

高平陈区镇大山石堂会关帝庙正殿廊下西侧民国十六年《重修关帝庙碑记》

高平陈区镇大山石堂会三义洞石窟壁上万历三十二年《三义洞记》

高平陈区镇迪阳关王庙大殿前东侧万历三十二年《创建关王庙记》

高平陈区镇迪阳关帝庙大殿前西侧康熙十八年《重修关帝庙记》

高平陈区镇迪阳后庄关帝高禖庙大殿前东侧崇祯元年《创建广生帝君子孙神祠碑记》

高平陈区镇迪阳后庄关帝高禖庙大殿前西侧乾隆六年《高禖祠右修筑石岸记》

高平陈区镇迪阳后庄关帝高禖庙大殿前东侧乾隆三十七年《重修关帝庙高禖祠碑记》

高平陈区镇迪阳后庄关帝高禖庙东侧院墙上光绪八年《重修关帝庙记》

高平陈区镇迪阳后庄关帝高禖庙东侧殿前宣统二年《重创修碑记》

高平东城街道段庄村关帝庙内道光十七年《增修本庙碑记》

高平东城街道凤和村关帝庙山门下南侧墙上道光三十年《重修关帝庙碑记》

高平东城街道凤和村关帝庙山门下北侧墙上道光三十年《关帝庙重修劝捐输姓氏碑记》

高平东城街道凤和村关帝庙山门下前墙内北侧光绪二十九年《补修关帝庙碑记》

高平东城街道龙王沟关帝庙正殿前东侧道光二十一年禁碑

高平东城街道西南庄结义庙西耳房西侧乾隆三十九年信用碑

高平东城街道西南庄结义庙西厢房北墙上道光十二年禁碑

高平东城街道西南庄结义庙东厢房南墙上道光十四年《复成会终碑记》

高平东城街道小北庄关帝庙门口北墙上民国十二年无题名碑

高平河西镇北岭村关帝佛庙佛殿东侧嘉庆十二年《重修佛殿碑记》

高平河西镇北岭村关帝佛庙佛殿西侧道光二十七年《增修舞楼厢房看楼并修缮各殿碑记》

高平河西镇北岭村关帝佛庙西墙外道光二十七年施地碑

高平河西镇北苏庄关帝庙大殿前东侧嘉庆六年《重修关帝庙创建大士阁记》

高平河西镇常乐关帝庙西配殿北墙外顺治十七年捐资碑

高平河西镇常乐关帝庙嘉庆二十五年《增修关帝庙碑记》

高平河西镇东李家庄三义庙西侧殿内道光八年《大社公议禁碑记》

高平河西镇东李家庄三义庙西侧殿内同治年间分地碑

高平河西镇东李门关帝庙东侧殿前民国四年诉讼碑

高平河西镇杜村关帝庙东配殿前廊民国十四年《补修关帝庙及三官庙并魁星楼碑记》

高平河西镇杜村关帝庙西配殿前廊民国十四年《补修观音阁碑记》

高平河西镇朵则村关帝庙正殿前廊同治十一年《补修关帝庙创修舞楼碑记》

高平河西镇河西村关帝庙主殿廊檐东侧嘉庆二十四年《补修关帝庙碑文》

高平河西镇河西村关帝庙门厅过道东墙洪宪元年《补修关帝庙碑》

高平河西镇刘庄关帝庙正殿前道光六年《刘庄重修关帝庙碑记》

高平河西镇刘庄关帝庙山门旁同治四年《补修关帝庙碑记》

高平河西镇刘庄关帝庙山门旁同治四年捐资碑

高平河西镇梅叶庄关帝庙戏台下墙上嘉庆十五年《关帝庙募化小引》

高平河西镇梅叶庄关帝庙戏台下墙上道光二十六年《补修北岭来脉》

高平河西镇南庄关帝庙正殿外东墙内康熙五十五年无题名碑

高平河西镇南庄关帝庙正殿内西墙内康熙五十五年金妆圣像碑

高平河西镇南庄关帝庙正殿外西墙乾隆十七年《河东南鲁续修关帝庙记》

高平河西镇南庄关帝庙正殿外西侧乾隆三十六年《关帝会敬神乐输碑记》

高平河西镇双井村关帝庙庙前影壁民国二十一年《增修照壁碑记》

高平河西镇西李门关王庙殿内东壁嘉靖五年《重修关王庙记》

高平河西镇西李门关王庙殿内民国无题名碑

高平河西镇西李门关王庙外墙上康熙五十一年《重修三义庙碑记》

高平河西镇西李门关王庙前壁民国十二年重修碑

高平河西镇下崖底关帝庙正殿嘉庆六年诉讼碑

高平河西镇义庄村关帝庙门口道光十四年《大社永禁桑羊碑记》

高平河西镇永宁寨关帝庙西壁乾隆八年修庙碑

高平河西镇宰李村关帝庙大殿乾隆四十年《茸补殿宇金妆圣像碑记》

高平河西镇寨沟河村关帝庙大殿墙上道光四年捐修碑

高平河西镇朱家庄关帝庙前院西厢房嘉庆二十一年修观音阁碑

高平建宁乡郭庄关王庙正殿前西墙万历九年《重修关王祠记》

高平建宁乡郭庄关王庙正殿前东墙万历四十六年《重建大圣仙姑庙壁记》

高平建宁乡郭庄关王庙西侧殿前顺治十二年《补葺关帝庙记》

高平建宁乡郭庄关王庙西侧殿前顺治十四年《捐款碑记》

高平建宁乡郭庄关王庙正殿前东墙内乾隆四十年无题名碑

高平建宁乡郭庄关王庙西侧殿前乾隆五十一年告示碑

高平建宁乡郭庄关王庙山门外东侧乾隆五十八年禁碑

高平建宁乡郭庄关王庙西侧殿前乾隆年间《乾隆三十五年九月十三日万善同归碑记》

高平建宁乡郭庄关王庙山门外西侧道光二十三年《重修诸神庙碑记》

高平建宁乡郭庄关王庙西侧殿前光绪元年《重修关帝庙碑记》

高平建宁乡郭庄关王庙西侧民国十一年《补修各庙碑记》

高平建宁乡张家村二郎关王庙墙万历十二年《重修二郎关王庙记》

高平建宁乡张家村二郎关王庙嘉庆二十一年《重修关帝二郎庙碑记》

高平马村镇东崛山关帝庙正殿外东墙咸丰十年庙田碑

高平马村镇沟头村关帝庙南院墙道光十二年《关帝庙创修配房碑记》

高平马村镇金章背关帝庙正殿廊下嘉庆十九年《重修关帝庙碑记》

高平马村镇康营东关帝庙山门康熙时期《创修碑记》

高平马村镇康营东关帝庙山门口内道光十七年《重修关帝庙碑记》

高平马村镇康营东关帝庙山门同治五年《重修舞楼碑记》

高平马村镇康营东关帝庙山门民国十四年《东关圣帝君庙补修碑记》

高平马村镇康营东关帝庙山门民国十七年罚款碑

高平马村镇唐东村关王庙大殿东侧嘉靖甲辰年《新修关王庙西南石台记》

高平马村镇唐西村关帝庙东侧殿门乾隆三十三年《武当圣会重修月台永路为记》

高平马村镇唐西村关帝庙西厢房外北墙乾隆五十四年《陈氏捐金重修西庑记》

高平马村镇唐西西寨上关帝庙正殿前乾隆十一年《重修关圣帝君庙碑记》

高平马村镇唐西西寨上关帝庙正殿前嘉庆十六年《补修南北庙小引》

高平米山镇北朱庄关帝庙大殿东侧光绪十四年《北朱庄关帝会创修西屋西北耳楼碑记》

高平米山镇成家山关帝庙正殿西墙外侧道光五年金妆圣像碑

高平米山镇成家山关帝庙山门西侧咸丰十一年《关帝庙种树施地碑记》

高平米山镇东南庄关帝庙山门内侧墙乾隆四十一年修庙碑

高平米山镇董寨村关帝庙戏台下墙壁民国二十年罚款碑

高平米山镇河东关帝庙殿前南侧乾隆三十年禁碑

高平米山镇米东村关帝观音阁通道东侧咸丰元年《补修关帝观音阁碑记》

高平米山镇石桥口关帝庙北山门东侧嘉庆五年《创修关帝阁碑记》

高平米山镇石桥口关帝庙北山门东侧道光十年《补修关帝阁碑记》

高平米山镇石桥口关帝庙院子北山墙乾隆五十七年《台山公务小引》

高平米山镇下冯庄关帝庙大殿两侧墙嘉庆二十四年捐资碑

高平米山镇下冯庄关帝庙大殿两侧墙上嘉庆二十四年捐资碑

高平米山镇窑栈村关王庙东侧殿前万历三十三年修庙碑

高平米山镇窑栈村关王庙东侧殿前嘉庆二十年庙田碑

高平南城街道北陈村关帝阁大殿前南侧乾隆四十一年《重修关圣帝君阁碑》

高平南城街道北陈村关帝阁大殿前北侧道光二十三年《关帝阁重修碑记》

高平南城街道圪塔村关王庙院内南侧墙万历五年增修碑

高平南城街道谷口村关帝观音阁嘉庆五年修庙碑

高平南城街道琚庄关帝阁戏台旁嘉庆二十二年禁碑

高平南城街道南赵庄关帝庙正殿前墙壁道光三年《补修关帝庙碑》

高平南城街道南赵庄关帝庙正殿前左侧道光十五年《众会友碑记》

高平南城街道南赵庄关帝庙正殿前右侧道光十五年捐资碑

高平南城街道汤王头关帝庙门外墙光绪二年《汤王头村金妆圣象补修正殿重修寨墙门院》

高平南城街道庄子村关帝庙二进院东配殿前同治五年《补修殿宇以及创修看楼碑记》

高平南城街道庄子村关帝庙二进院三门东侧民国九年《补建关帝圣庙暨禅室碑记》

高平南城街道庄子村关帝庙二进院西配殿前民国十八年《补修关帝庙暨禅室碑记》

高平三甲镇槐树庄关王庙隆庆六年《补修关帝庙正殿记》

高平三甲镇靳家村关帝庙山门无纪年竹叶碑

高平三甲镇靳家村关帝庙东侧殿前嘉庆二十二年《重修关帝庙碑记》

高平三甲镇靳家村关帝庙东侧殿前道光五年重修碑

高平三甲镇刘家王家北山关帝庙北厢房外墙道光二十五年《关帝庙建塑财神移改山门碑记》

高平三甲镇路家山关帝庙外康熙十四年《积谷碑记》

高平三甲镇路家山关帝庙大队院中咸丰八年合同碑

高平三甲镇徘南关王阁万历三十年《重修徘南关王阁庙》

高平三甲镇三甲南村关帝庙山门东耳楼北墙光绪二十年《创修耳楼重瓦舞楼补凫楼□院碑记》

高平三甲镇西栗庄关王庙正殿前廊万历三年重修碑

高平三甲镇西栗庄关王庙山门门洞西侧民国二十六年《整理社事节俭社费碑记》

高平三甲镇响水坡关王庙大殿前西墙无纪年捐款碑

高平三甲镇响水坡关王庙大殿前东墙无纪年捐资碑

高平三甲镇邢村关帝庙大殿东侧道光二年禁碑

高平三甲镇朱家山春秋阁阁上南侧乾隆二十八年《鲁班春秋大王阁创修碑》

高平三甲镇朱家山春秋阁阁上南侧光绪三年重修碑

高平米山镇云东村上村关帝庙北配殿东墙嘉庆元年《重修关帝庙碑记》

高平神农镇石塾村关王庙大殿西侧墙道光二十六年《补修戏台西耳楼庙内东西厦碑记》

高平神农镇石塾村关王庙大殿门西侧光绪十一年《补修关帝庙创建北

岭玉皇殿乐楼西墙碑记》

高平神农镇西郝庄村关帝庙民国二十四年《建修彩绘碑文》

高平神农镇西沙院村关帝庙二进院门内北侧无纪年捐资碑

高平神农镇西沙院村关帝庙二进院门内西墙根雍正八年《重修炎帝庙碑记》

高平神农镇西沙院村关帝庙正殿外西侧乾隆二十四年《重修关帝庙高禖祠碑记》

高平神农镇西沙院村关帝庙二进院门东墙根乾隆五十四年《创修戏楼并两廊以及重瓦大殿记》

高平神农镇西沙院村关帝庙二进院门内西墙道光三十年无题名碑

高平神农镇许家村关帝庙西侧殿前咸丰四年《创修舞楼耳房碑记》

高平神农镇中村关帝阁乾隆二十二年《阁里创修关帝阁记》

高平神农镇中村关帝阁阁下楼梯口道光时期《重修春秋阁碑记》

高平石末乡北凹村关帝庙道光十九年禁碑

高平石末乡北凹村关帝庙道光二十五年《紫金山三社重修记》

高平寺庄镇北王庄关帝庙院内无纪年无题名碑

高平寺庄镇伯方村东关帝庙殿前无纪年《重修十里坡关帝庙碑记》

高平寺庄镇伯方村西关帝庙殿前光绪十四年《关圣帝君庙重修碑记》

高平寺庄镇德义庄观音庙大殿东侧光绪二十一年《重修三大士庙碑记》

高平寺庄镇地夺掌关帝庙院内光绪二十年重修碑

高平寺庄镇高良村关帝庙正殿东墙民国三十一年《重修关帝神袍记》

高平寺庄镇高良村关帝庙正殿东墙民国三十一年捐施碑

高平寺庄镇邰家庄关帝庙西侧殿地基处道光七年《关圣帝君庙创修碑记》

高平寺庄镇回沟村关帝庙正殿前廊民国十五年《回沟村补修关帝庙创修舞楼碑记》

高平寺庄镇贾村关帝庙正殿前乾隆三十四年《新创关圣帝君庙碑记》

高平寺庄镇贾村关帝庙正殿道光四年《建修舞楼碑记》

高平寺庄镇箭头村五虎庙北墙万历时期《重修五虎庙记》

高平寺庄镇箭头村五虎庙北墙顺治时期修庙碑

高平寺庄镇箭头村五虎庙大殿南侧道光二十二年《五虎庙改修舞楼并建斋房碑记》

高平寺庄镇箭头村五虎庙北墙角道光二十三年捐资碑

高平寺庄镇牛家安家关帝庙正殿前西侧乾隆四十七年修庙碑

高平寺庄镇牛家安家关帝庙正殿东侧道光八年《重修戏楼碑记》

高平寺庄镇寺庄村关帝庙山门墙康熙二十四年《重修圣贤庙叙》

高平寺庄镇寺庄村关帝庙山门墙嘉庆元年《重修关帝尊神庙碑》

高平寺庄镇寺庄村关帝庙内光绪八年《创修舞楼暨耳楼碑记》

高平寺庄镇寺庄村关帝庙内民国二十六年《口堂楼碑记》

高平寺庄镇寺庄村会馆大殿北侧咸丰四年《关帝庙创修碑文》

高平寺庄镇寺庄村会馆大殿北侧咸丰四年《会馆月捐碑记》

高平寺庄镇寺庄村关帝庙内侧咸丰四年《重修关帝庙碑记》

高平寺庄镇王报村关帝庙文昌阁北墙根东侧无纪年《重修夫子庙》

高平寺庄镇王报村关帝庙庙前南侧顺治十三年《关夫子庙田碑记》

高平寺庄镇望云村关帝庙正殿前东侧同治四年《补修关帝庙创建舞楼序》

高平寺庄镇西德义关帝庙大殿东侧嘉庆二十四年禁毒碑

高平寺庄镇小会沟关帝庙山门下道光三十年《重修舞楼增修戏房碑记》

高平寺庄镇小会沟关帝庙山门洪宪元年《补修关帝庙碑文序》

高平寺庄镇长平村关帝庙北看楼院明代《咏长平诗碑》

高平寺庄镇长平村关帝庙东侧房康熙二十一年《观音画像碑》

高平寺庄镇赵庄关帝庙山门道光二十三年《关圣帝君庙重修碑记》

高平寺庄镇赵庄关帝庙山门民国十二年《补修庙宇舞楼碑记》

高平野川镇大西社上西社关帝庙西侧殿捐修碑

高平野川镇大西社上西社关帝庙大殿前墙乾隆五十八年《施地记》

高平野川镇大西社上西社关帝庙西侧殿前道光二十六年《重修西北祖师阁舞楼碑记》

高平野川镇大野川村南关帝庙殿北墙光绪二十四年《重修关圣庙记》

高平野川镇大野川村北关帝庙大殿北侧嘉庆二十五年重修碑

高平野川镇东沟村春秋阁大殿东侧无纪年《修庙捐款碑》

高平野川镇东沟村春秋阁大殿东侧癸巳年《修复春秋阁碑记》

高平野川镇东沟村春秋阁大殿西侧民国二十一年《祖先会禁碑》

高平野川镇杜寨村关帝阁三官庙西南角光绪二年《补修关帝阁碑记》

高平野川镇沟村南关帝庙墙上民国十五年息讼碑

高平野川镇沟村关帝庙院内雍正二十六年无题名碑

高平野川镇后山沟关帝庙正殿墙上嘉庆九年捐资碑

高平野川镇后山沟关帝庙正殿墙上道光十八年捐资碑

高平野川镇后山沟关帝庙正殿西侧道光三十年《创修禅房看楼碑记》

高平野川镇后山沟关帝庙正殿东侧光绪三十年捐资碑

高平野川镇路家村关帝庙北看楼内墙同治五年《重修舞楼碑记》

高平野川镇路家村关帝庙北看楼内墙同治五年《捐资碑刻》

高平野川镇路家村关帝庙北看楼内墙民国四年《增修南北看楼碑记》

高平野川镇南杨村关帝庙正殿北侧道光二十四年《补修关帝庙碑记》

高平野川镇唐家山关帝庙大殿东侧光绪甲辰年《补修南北庙宇创修北禅房五间内外一切彩画施财善士碑记》

高平永禄乡永禄村关帝庙大殿前东侧同治十二年《重修关帝庙碑记》

高平永禄乡永禄村关帝庙山门西侧前墙外民国二十三年《马李两姓公施地基碑记》

高平永禄乡永禄村关帝庙大殿前西侧民国二十七年《补修关帝社所属各庙宇暨重修佛堂庙碑记》

高平原村乡常庄关帝阁阁上东墙内光绪二年无题名碑（诗碑）

高平原村乡常庄关帝阁阁上西墙内光绪二年《建修春秋阁碑记》

高平原村乡大坡沟关帝庙正殿北侧道光七年《创修关帝庙碑记》

高平原村乡大坡沟关帝庙正殿南侧光绪十九年《补修大殿创修西南角殿》

高平原村乡冯村关帝庙康熙二十二年《重修关圣帝君庙碑记》

高平原村乡冯村关帝庙乾隆二十九年《重修关帝庙碑记》

高平原村乡良户村关帝庙大殿东侧康熙五十四年《关帝庙重修碑记》
高平原村乡良户村关帝庙山门东侧咸丰五年《关帝庙重修碑记》
高平原村乡下马游三义庙正殿南山墙乾隆七年《重修三义庙碑记》
高平原村乡窑则头五虎庙正殿西侧康熙九年《五虎庙碑》
高平原村乡窑则头五虎庙正殿西侧康熙三十五年《牛王殿重修碑记》
高平原村乡窑则头五虎庙正殿西侧乾隆十九年《重修五虎神庙碑记》
高平原村乡原村关王帝庙西山墙乾隆二十二年《关圣帝君庙献炉瓶记》
高平原村乡原村关王庙正殿东侧嘉庆二十年《补修碑记》
高平原村乡原村关王庙正殿西侧嘉庆二十年捐资碑
高平原村乡原村关王庙东山墙东侧道光十五年《补修东西看楼上盖并置西松领地碑记》

后　记

　　山西大学历史学科素来就有重视民间文献的传统。从 2012 年开始，我们就对高平地区四百多个村庄进行了逐村逐庙的系列调查，在调查的基础上展开相关研究。这种调查和研究以村庄为基本单位，以庙宇为基本单元，以碑刻为史料重点，将碑刻文献归户到村庄庙宇之中，将庙宇放到村庄环境之中，将村庄放到区域社会背景之中，以"史料之获取、整体之认识和同情之理解"为基本目标，以历史为主兼顾现实，以宏观研究为主兼顾微观考察，以社会经济为主兼顾区域文化，逐步展开调查和研究。本书是基于这些调查所完成的系列成果之一，还有很多不足之处，区域比较和多学科综合研究还不够深入，今后，我们将继续扩大调查区域，将碑刻资料整理结集出版，并加强各学科综合研究。

　　田野调查工作实际上是很多人共同参与的结果，谨对他们表示深深的谢忱与敬意。首先感谢高平市委宣传部长牛晓明先生，正是在其大力支持下，研究团队才得以在高平顺利展开持续而深入的田野调查；同时也要感谢高平市委市政府其他工作人员的积极配合以及当地文化学者对我们的热心帮助。感谢王桂香女士、田斌江先生在中心多次田野调查中为我们提供生活和交通上的便利。感谢研究团队的全体老师和同学，在本书写作过程中，他们以各种各样的形式提供了大量帮助。

　　本书的出版，得益于商务印书馆李淼女士悉心编校。此外，本书还得到了教育部哲学社会科学研究后期重大项目的资助（项目编号：16JHQ008），在此一并鸣谢！

　　由于学识有限，书中一定有许多不足和疏漏之处，敬祈批评指正。

郝　平
2019 年 3 月于山西大学主楼